Llibre de les revolucions
Anglaterra, Escòcia, Irlanda, l'Amèrica del Nord, França i Rússia

Primera edició: maig de 2018

© Xavier Deulonder
© d'aquesta edició: Ediciones La Tempestad S.L., 2018

Imatge de coberta: *La llibertat guiant el poble* d'Eugène Delacroix

Llibres de l'Índex®
carrer Pujades, 6 - Local 2
08005 Barcelona
Tel: 932 250 439
E-mail: info@llibresindex.com
www.llibresindex.cat

ISBN: 978-84-7948-151-3

Fet a Catalunya

Xavier Deulonder i Camins

LLIBRE DE LES REVOLUCIONS
ANGLATERRA, ESCÒCIA, IRLANDA, L'AMÈRICA DEL NORD, FRANÇA I RÚSSIA

Llibres de l'Índex

SUMARI

INTRODUCCIÓ

Com és que el nostre món occidental d'avui dia no es regeix pas per les mateixes pautes polítiques ideològiques i religioses que l'Europa medieval i moderna i l'Amèrica colonial, malgrat que és en aquestes societats d'antic règim on té les seves arrels històriques? Evidentment, la resposta que amb el pas del temps tot acaba canviant no és correcta, perquè els principis ideològics que van estar vigents a Europa fins al segle XVII s'havien originat més de mil anys abans, a principis de l'Edat Mitjana, és a dir, poc després de la caiguda de l'Imperi Romà; per tant, van mantenir-se després del Renaixement, del Descobriment d'Amèrica i de la Reforma Protestant, els fets que, en la nostra història, assenyalen la fi de l'Edat Mitjana i l'inici de l'Edat Moderna. D'altra banda, anomenem Edat Contemporània el període que comença amb la liquidació de l'Antic Règim, és a dir del món social, polític i religiós existent durant les èpoques medieval (segles V-XV) i moderna (segles XVI-XVIII), i arriba fins als nostres dies.

L'origen dels principis del liberalisme, en els quals es basa la vida política dels països del món occidental, el trobem en els debats ideològics que es van formar durant les revolucions que van viure Anglaterra, Escòcia i Irlanda al segle XVII, a conseqüència de les quals, el regne de la Gran Bretanya, constituït el 1707 per la fusió dels antics regnes d'Escòcia i d'Anglaterra, fou un exemple de monarquia parlamentària, contraposat a l'absolutisme que es practicava als països regits durant el segle XVIII per la Casa de Borbó —França, Espanya, Nàpols i Parma— o per la Casa d'Àustria, dues de les més importants nissagues reials europees. D'altra banda, el pensament polític anglès i escocès del segle XVII va tenir una influència molt important a les colònies britàniques de l'Amèrica del Nord, tretze de les quals es rebel·laren el 1776 contra el govern de la Gran Bretanya per considerar-lo tirànic i despòtic; en realitat, allà on el pensament revolucionari generat a Escòcia i Anglaterra entre 1639 i 1688 es va aplicar fins a les darreres conseqüències fou a l'Amèrica del Nord, on els Estats Units d'Amèrica, constituïts a conseqüència de la insurrecció de les Tretze Colònies, proporcionaren un exemple d'estat republicà i democràtic, que serví per desmentir una idea que, fins aleshores, es considerava una obvietat de sentit comú: com a forma de govern, la república només és viable en una ciutat-estat —com ara Gènova o Venècia, estats republicans des de l'Edat Mitjana— perquè si s'intenta aplicar a un àmbit territorial més ampli, el resultat inevitable seran el caos i l'anarquia, que només es poden impedir conferint el govern a un príncep, és a dir, amb la monarquia.

Les doctrines polítiques de la Il·lustració són deutores dels pensadors de l'Anglaterra i de l'Escòcia de les revolucions i, a més, la Revolució Americana va tenir un fort impacte entre tots aquells francesos contraris a l'absolutisme monàrquic; tanmateix, en tot el procés que començà el 1776 amb l'alçament de les Tretze Colònies i culminà el 1787 amb la constitució dels Estats Units d'Amèrica no va donar-se pas cap règim del terror comparable al de Robespierre ni tampoc cap dictadura militar similar a la que va acabant imposant Napoleó a França. Seguramament, la Revolució Francesa és la prova que, si en qüestió de pocs anys, pretenem que un país passi d'estar governat per una monarquia absoluta de dret diví a organitzar-se com a república democràtica, el fracàs resultarà inevitable perquè sempre ens sortirà algú que tot això de la llibertat i de la democràcia ho entengui tal com a França van entendre-ho Robespierre i els seus seguidors, mentre que els revolucionaris americans tot el que van necessitar fer va ser democratitzar uns sistemes de govern que, a conseqüència del triomf del parlamentarisme a Anglaterra i Escòcia el 1688, ja eren liberals i contraris al despotisme. Naturalment, el caràcter dictatorial del govern d'Oliver Cromwell a Anglaterra, Escòcia i Irlanda així com la restauració monàrquica que s'hi va donar el 1660 també serveixen com a exemple del principi que acabem d'enunciar. Les limitacions que puguem trobar en el liberalisme europeu del segle XIX, segurament tenen origen en l'experiència de la Revolució Francesa.

Si la Revolució Russa de 1917 és un dels fets més importants del segle XX no és pas per la caiguda de la monarquia dels tsars sinó perquè el seu resultat final fou la consolidació d'un règim comunista; al capdavall, que, el 1910, el rei Manuel II hagués de marxar a l'exili i a Portugal s'hi proclamés la República és una cosa que, fora de l'àmbit intern de Portugal, no té cap transcendència. La idea de fer una revolució per instaurar un estat socialista estava plantejada als diferents països d'Europa des que, el 1848, Marx i Engels publicaren el *Manifest*

Comunista; ara bé, aquest projecte no va passar de ser una pura i simple especulació filosòfica fins al moment que Lenin i els bolxevics van prendre el poder a Rússia; per això, a partir d'aleshores, entre les elits socials d'arreu d'Europa va néixer el temor que al seu país pogués passar igual com a Rússia, la qual cosa explica en part el recurs al feixisme com a millor antídot contra l'amenaça comunista, com també en foren molts els qui veieren en la Rússia bolxevic i soviètica la realització de la utopia per la qual lluitaven. Naturalment, avui dia hem de veure la Revolució Russa com la primera mostra d'un fenomen molt propi del segle xx, anunciat, però, en certa mesura, pel precedent de la França de Robespierre: la revolució totalitària, la qual té com a conseqüència l'establiment d'un règim segurament més despòtic i autoritari que el que hi havia abans de la revolució; evidentment, el pas, en pocs mesos, de Rússia de l'absolutisme monàrquic del Tsar al totalitarisme comunista de Lenin és també un exemple sobre la dificultat existent de consolidar un règim democràtic allà on no hi ha una prèvia tradició liberal.

X. Deulonder

ANGLATERRA, ESCÒCIA I IRLANDA

1.PRECEDENTS
1.1.LA QÜESTIÓ RELIGIOSA

En la polèmica religiosa iniciada després que, el 1517, Martí Luter (1483-1546) hagués penjat a la porta del castell de Wittenberg (Saxònia) un escrit amb les seves tesis doctrinals i teològiques en favor de la reforma de l'Església, Enric VIII d'Anglaterra (1509-1547) va mantenir-se del tot fidel al catolicisme fins que, el 1527, per poder casar-se amb Anna Bolena, va demanar al papa Climent VII l'anul·lació del seu matrimoni amb Caterina d'Aragó (1485-1536), filla dels Reis Catòlics i, doncs, tia de l'emperador Carles V. Basant-se en principis del dret canònic però, sobretot, tement que accedir a la petició d'Enric VIII pogués predisposar contra seu Carles V, les tropes del qual, precisament el 1527, havien saquejat Roma, el papa va negar-se a declarar nul el matrimoni del rei d'Anglaterra. Llavors, Enric VIII trencà amb l'autoritat de la Santa Seu i, el 1535, aconseguí que el Parlament aprovés la Llei de Supremacia per la qual el cap de l'Església passava a ser-ho el Rei; tanmateix, l'Església d'Anglaterra, separada així de l'obediència a Roma, continuà conservant totes les estructures pròpies del catolicisme, excepte en el fet que, entre 1536 i 1541, a Anglaterra, Irlanda i Gal·les, el rei, actuant com a cap de l'Església, procedí a la dissolució dels monestirs, en confiscà els béns i els vengué.

Enric VIII fou succeït pel seu fill Eduard VI (1547-1553), a la mort del qual la corona passà a la seva germanastra Maria I (1553-1558), filla de Caterina d'Aragó, qui intentà restaurar el catolicisme, mitjançant una forta repressió contra els protestants, que, per això, li donaren el malnom de *Bloody Mary* (Maria la Sanguinària). Tanmateix, com que Maria I va morir sense descendència, el tron l'heretà la seva germanastra Isabel I (1558-1603), filla d'Anna Bolena, la qual tornà al protestantisme, i així, el 1559, el Parlament aprovà una nova Llei de Supremacia que situava la reina com a principal governant de l'Església a Anglaterra, i, també, la Llei d'Uniformitat, que obligava tothom a participar en el servei religiós del diumenge en una església anglicana; ara bé, durant la segona meitat del segle xvi, la nova Església d'Anglaterra, dita també Anglicana, sorgida de les reformes religioses d'Enric VIII i d'Isabel I, fou qüestionada tant pels catòlics com pels puritans, nom amb què es coneixia a Anglaterra els calvinistes, els quals, com que criticaven l'Església Anglicana per mantenir-se massa propera a les pràctiques litúrgiques i estructures jeràrquiques del catolicisme, esperaven poder dur-hi a terme una veritable reforma, que la depurés de tot el llast papista, és a dir, catòlic. Isabel I es mostrà igual de repressiva amb tots els contraris a l'Església Anglicana i, per això, Anglaterra va esdevenir el país on hom podia ser condemnat a morir a la foguera tant per ser papista com per no ser-ho.

A principis del segle xvi, el domini anglès sobre Irlanda, que remuntava al moment de l'accés al tron del rei Joan Sense Terra (1199-1216), era només nominal; tanmateix, després d'haver-hi sotmès una revolta el 1536, Enric VIII va decidir fer-hi efectiu el poder reial; per això, el 1541, va fer constituir el regne d'Irlanda del qual se'n proclamà rei; aleshores, començà la política de submissió de l'illa a la Corona que continuà després Isabel I, a finals del regnat de la qual arribà a existir un govern anglès centralitzat a Dublín que, per primera vegada en la història, dominà efectivament tot el conjunt de l'illa. A part de les tradicionals tensions entre els nobles irlandesos i la corona anglesa, d'ençà del segle xvi es plantejà la qüestió religiosa: Enric VIII i Isabel I aconseguiren implantar el protestantisme a Anglaterra i Gal·les, però no pas a Irlanda que, en la seva immensa majoria, es mantingué catòlica; per això, la Corona seguí la política de desposseir els irlandesos de les seves terres i expulsar-los-en per instal·lar-hi repobladors protestants —anglesos—, els quals, a més, acabaren esdevenint la nova classe dirigent de l'illa.

El 1560, l'Església d'Escòcia trencà amb Roma i inicià la seva reforma sota el guiatge del teòleg calvinista John Knox (1513-1572). D'ençà d'aleshores, a Escòcia es formaren dos partits religiosos: els presbiterians, partidaris de suprimir els bisbes i d'organitzar el govern de l'Església mitjançant sínodes i assemblees, i els episcopalians, defensors del tradicional govern de l'Església per bisbes; Jaume VI (1567-1625) afavorí sempre l'opció episcopaliana, ja que considerava els bisbes un element indispensable per al govern reial; així doncs, l'Església d'Escòcia acabà adoptant la doctrina calvinista però mantenint unes estructures jeràrquiques força semblants a les d'abans de la Reforma.

1.2. MONARQUIA I PARLAMENT

Igual que les Corts a Catalunya, a Anglaterra el Parlament aparegué durant el segle XIII, com a reunió dels estaments del Regne: els lords (nobles), els eclesiàstics i els comuns, nom amb què es designaven aquells que no pertanyien ni a la noblesa ni al clero, és a dir, l'estament que a Catalunya es denominava braç reial, i a França, tercer estat. A tot arreu d'Europa, els parlaments medievals, que, segons els països, rebien el nom de corts, estats generals o dieta, aspiraven a participar d'una manera activa en el govern del regne, oposant-se, doncs, a l'absolutisme monàrquic, que pretenia concentrar tot el poder en el rei, a qui es considerava investit d'una autoritat d'origen diví. Tanmateix, la principal feblesa d'aquests parlaments, on només hi participaven els nobles, les altes jerarquies de l'Església i el patriciat urbà, era que no es reunien pas regularment, sinó només quan els convocava el rei, que, com és lògic, aplegava corts només quan s'hi veia obligat per una situació de crisi política o bé si necessitava diners per a les seves guerres o per mantenir el luxe de la seva cort; llavors, els parlaments acostumaven a concedir al rei el subsidi que els demanava, però a canvi de concessions polítiques. En alguns països, la tensió entre el rei i els parlaments es resolgué a favor de l'absolutisme monàrquic tal com s'esdevingué a Castella i també a França, on els Estats Generals es reuniren el 1614 i ja no es tornaren a convocar més fins 1789. Tanmateix en d'altres llocs, com fou el cas dels regnes de la Corona d'Aragó, hi triomfà el pactisme, és a dir, la limitació del poder reial per les corts; aquest sistema pactista, però, va provocar fortes tensions com foren a l'Aragó les Alteracions de 1591-1592, enfrontament armat de les corts contra Felip II, i, a Catalunya, la Guerra dels Remences (1462-1472), en què l'enfrontament entre la Generalitat —un organisme representatiu dels estaments socials creat per les corts— i el rei Joan II (1458-1479) va complicar-se amb la revolta dels pagesos de remença contra els senyors, i la Guerra dels Segadors (1640-1659), motivada pel rebuig a l'autoritarisme de Felip IV i el comte-duc d'Olivares. En la Guerra de Successió Espanyola (1700-1713), allò que acabà determinant l'adhesió dels regnes catalano-aragonesos al pretendent Carles d'Àustria fou la defensa de les llibertats, és a dir, del poder de les corts i de les institucions enfront de la corona; per això, els decrets de Nova Planta de Felip V (1716) significaren la liquidació del pactisme catalano-aragonès, i la instauració a Aragó, Catalunya, València i Mallorca d'un sistema d'absolutisme monàrquic dissenyat segons els models francès i castellà.

La Guerra de les Dues Roses (1455-1487), tot un seguit d'enfrontaments civils en què la Casa de Lancaster i la Casa de York es disputaren la corona d'Anglaterra, es va resoldre amb l'accés al tron d'Enric VII (1485-1509), amb el qual començà el regnat de la nissaga dels Tudor. Per tal de consolidar el seu poder, i evitar, doncs, el retorn a les anteriors turbulències, els reis Tudor usaren el Parlament com a mitjà per legitimar les seves actuacions, sobretot quan es tractava d'aconseguir diners decretant nous impostos; per això, convocaren sovint el Parlament que, aleshores, acabà definint les seves estructura i funcionament, caracteritzat per l'existència de dues cambres, la dels lords i la dels comuns, ja que, després de la Reforma Protestant, hi desaparegué l'estament eclesiàstic.

1.3. JAUME I D'ANGLATERRA I VI D'ESCÒCIA

La dinastia dels Tudor va extingir-se arran de la mort sense descendència d'Isabel I, la qual nomenà successor Jaume VI d'Escòcia, rebesnét d'Enric VII, que així es va convertir en Jaume I d'Anglaterra; llavors, començà el regnat a Anglaterra de la dinastia dels Stuart, que havia arribat al tron d'Escòcia amb Robert II (1371-1390).

Jaume I d'Anglaterra (1603-1625) i VI d'Escòcia (1567-1625) era una persona amb una sòlida formació intel·lectual, d'ací que se'l considerés un model de príncep filòsof i que se'l conegués com "el rei teòleg". El 1598, va publicar el llibre *The Trew Law of Free Monarchies: The Reciprock and mutuall duetie betwixt a free King and his naturall Subiects* —*La veritable llei de les monarquies lliures: els deures mutus i recíprocs entre un rei lliure i els seus súbdits naturals*—, on, refutant les idees pactistes, derivades del rebuig dels hugonots —nom que es donava als calvinistes francesos— a l'absolutisme, exposades per l'humanista i historiador escocès George Buchanan (1506-1582) a *De Jure Regni apud Scotos* (1579), hi afirmava la teoria del dret diví dels reis, justificant, amb cites i exemples de la Bíblia, la idea que els monarques es troben per damunt dels altres homes, i, per això, només s'han de preocupar de no ofendre Déu. No fou aquest l'únic tractat polític en què legitimà l'absolutisme monàrquic; el 1599, aparegué a Edimburg el *Basilikon Doron* —*El do dels reis*—, reeditat a Londres el 1603, en el qual, donant al seu fill consells per ser un bon rei, insistí en el caràcter absolut del poder reial. A Escòcia, superant les tensions de la reforma protestant i mantenint l'equilibri entre els diferents clans aristocràtics, Jaume VI va aconseguir imposar la seva autoritat, però a Anglaterra, a causa de les seves idees absolutistes, Jaume I va tenir una relació molt conflictiva amb el Parlament davant del qual pronuncià una declaració de principis del tot contrària al pactisme que defensaven molts parlamentaris:

"Els reis són dits déus amb justícia perquè exerceixen un poder semblant al diví. Si considereu els atributs de Déu, veureu que es troben en la persona d'un rei (...) De la mateixa manera que és impiu i sacríleg jutjar els actes de Déu, és temerari i inconvenient per a un súbdit criticar les mesures preses per un rei"[1]

Poc després que hagués accedit al tron d'Anglaterra, Jaume I va rebre la *Petició Mil·lenària*, dita així perquè la seva signatura s'atribuïa a un miler de clergues que hi demanaven debatre la qüestió, encara no resolta del tot, de la reforma de l'Església. El rei va convocar la Conferència de Hampton Court (1604), on, prenent-hi part activa, va deixar clar que a l'Església d'Anglaterra havia d'haver-hi lloc per als moderats de totes les faccions, ja que només en quedaven exclosos aquells que, a diferència dels signants de la *Petició Mil·lenària*, no volien pas reformar l'Església sinó enderrocar-la; un dels acords més importants de la Conferència de Hampton Court fou la realització d'una traducció autoritzada de la Bíblia a l'anglès, que, publicada el 1611, es denomina *King James Bible* i, per als protestants de parla anglesa, esdevingué la versió oficial de les Sagrades Escriptures. La política conciliadora de Jaume I va quedar, però, estroncada arran del Complot de la Pólvora de 1605, en què un grup de fanàtics catòlics intentà fer volar les Cambres del Parlament amb el rei i els diputats a dins; a partir d'aleshores, es va desencadenar una política de repressió contra els catòlics. Malgrat tot, però, durant el regnat de Jaume I, l'Església d'Anglaterra va viure un període de relativa pau. Una regió d'Irlanda on el catolicisme es mantenia ferm era l'Ulster; el 1609, Jaume I va iniciar-hi l'expulsió dels catòlics i la colonització per protestants, molts dels quals no eren pas anglesos anglicans sinó escocesos presbiterians. D'altra banda, d'entre els puritans, hi havia els separatistes, una facció radical que, considerant impossi-

---

1   VENARD, Marc: *Los comienzos del mundo moderno (siglos XVI a XVII)*. Volum III. Barcelona, Argos Vergara, 1979 (Gran Historia Universal, 11) pàg 7

ble reformar l'Església d'Anglaterra, volien separar-se'n. El 1608, un grup de separatistes de Scrooby (Nottinghamshire) va marxar cap a Holanda per així fugir de l'hostilitat de l'Església i, també, del poble d'Anglaterra; uns deu anys després, van decidir traslladar-se a Amèrica, on feia poc que hi havia començat la colonització anglesa, i, amb diners aportats per comerciants londinencs, el setembre de 1620 van sortir d'Anglaterra amb el *Mayflower*, vaixell que arribà a Amèrica el 20 de desembre següent. Aquests expedicionaris, coneguts com els Pares Peregrins, fundaren una colònia, origen de l'actual Plymouth (Massachusetts)[2].

El 1614, el comte de Gondomar, ambaixador de la Monarquia Hispànica, havia ofert al rei Jaume la no intervenció en la seva política contra els irlandesos, majoritàriament catòlics, a canvi de la fi dels atacs de corsaris anglesos a les colònies castellanes i portugueses d'Amèrica, així com també li havia proposat el matrimoni de la infanta Maria, filla de Felip III, amb Carles, el príncep de Gal·les; evidentment, després que el Parlament s'hagués negat a concedir-li un subsidi que li havia demanat, l'elevada suma de diners de la dot que aportaria Maria d'Àustria podria anar molt bé a Jaume per resoldre els problemes de tresoreria creats pel deute acumulat d'Isabel I, per la inflació de principis del segle XVII i, també, per l'excessiva prodigalitat del rei. A Anglaterra, aquesta política d'aliança hispànica comptava amb el suport dels ministres i diplomàtics favorables als catòlics, però la rebutjaven els protestants.

La revolta dels protestants de Bohèmia contra l'emperador romanogermànic Ferran II fou un dels fets que donà inici a la Guerra dels Trenta Anys (1618-1648), vista com un enfrontament a nivell europeu entre protestants i catòlics. El 1619, els rebels de Bohèmia proclamaren rei l'elector del Palatinat Frederic V, un príncep protestant casat el 1613 amb Isabel, filla de Jaume I d'Anglaterra i VI d'Escòcia; ara bé, el 1620, les tropes de Frederic V foren derrotades a la batalla de la Muntanya Blanca per les forces de Ferran II, qui no sols recuperà Bohèmia, sinó que també s'apoderà del Palatinat, i, així, Frederic V hagué d'exiliar-se a Holanda. El 1621, Jaume I va convocar el Parlament d'Anglaterra per demanar-li fons amb els quals poder finançar una expedició en ajuda del seu gendre; la cambra dels Comuns va concedir una quantitat insuficient i, a més, va demanar no sols anar a la guerra

---

2   JONES, Maldwyn Allen: *Historia de Estados Unidos, 1607-1992*; traducción de: Carmen Martínez Gimeno Madrid: Cátedra, 1996 (Historia. Serie mayor) pàg 14

contra la Monarquia Hispànica, sinó també establir el compromís de casar el príncep Carles amb una princesa protestant i de dictar mesures contra els catòlics anglesos; en resposta, Jaume I va exigir-los, sota amenaça de càstig, que no interferissin en afers competència de l'autoritat reial com ho eren la política matrimonial i les relacions exteriors; els comuns van replicar-hi reivindicant els seus drets, entre els quals el de la llibertat d'expressió. Llavors, seguint el consell del comte de Gondomar i del duc de Buckingham —favorit de Jaume, igual com el cardenal Richelieu ho era de Lluís XIII, i el comte-duc d'Olivares de Felip IV—, el rei va dissoldre el Parlament.

Com que sense el subsidi del Parlament, l'acció militar resultava impossible, Jaume I considerà l'aliança hispànica com l'única manera possible d'ajudar el seu gendre; tanmateix, les negociacions i les converses amb la cort de Felip IV semblaven allargar-se excessivament; llavors, el 1623, el príncep Carles i el duc de Buckingham van emprendre una agosarada iniciativa: viatjar tots dos d'incògnit a Castella per entrevistar-se directament amb la infanta Maria; aquesta impetuosa actuació va resultar un fracàs total; la visita imprevista del príncep de Gal·les a Madrid i l'actitud arrogant del duc de Buckingham no van agradar gens a Felip IV i, a més, la infanta Maria tenia molt clar que ella no volia casar-se pas amb un príncep protestant i, per tant, el matrimoni només seria possible si Carles es convertia al catolicisme i abolia les lleis dictades a Anglaterra i Escòcia contra els catòlics; al final, el duc de Buckingham i el príncep Carles comprengueren que les interminables negociacions del matrimoni amb Maria d'Àustria no eren més que una estratagema hispànica per evitar la participació d'Anglaterra en la Guerra dels Trenta Anys. Després del seu fracàs a Castella, Carles i el duc de Buckingham van passar a desitjar una aliança francesa i anar a la guerra contra l'emperador Ferran II; per això, el 1624, convenceren Jaume I de convocar un nou Parlament; al final, el rei no va declarar la guerra però Carles va entendre que el Parlament s'havia compromès a finançar una operació militar.

1.4. CARLES I D'ANGLATERRA I D'ESCÒCIA
1.4.1. EL DUC DE BUCKHINGHAM

Igual com el seu pare el rei Jaume, Carles I d'Anglaterra i d'Escòcia (1625-1649) era un defensor aferrissat de l'absolutisme monàrquic, tal va deixar-ho clar afirmant que

"Els reis no estan pas obligats a retre comptes a ningú dels seus actes, excepte a Déu".

Els conflictes polítics començaren quan el Parlament va desaprovar el matrimoni del rei amb la princesa catòlica Enriqueta Maria, germana de Lluís XIII de França, celebrat a Canterbury el 13 de juny de 1625. Carles I va prometre al Parlament que no moderaria pas les lleis contra els recusants, nom que es donava als contraris a l'Església Anglicana, però, en un acord matrimonial secret amb Lluís XIII, havia promès fer exactament això. Precisament, fou aquest mal costum de recórrer, sempre que ho considerà convenient, a l'ús de dobles —o, fins i tot, triples— llenguatges allò que, al final, acabaria minant completament la credibilitat de Carles I, un cop se'n féu palesa la manca total de sinceritat i l'actitud deshonesta. La controvèrsia religiosa, per la qual a la reina Enriqueta Maria no se li va permetre assistir a la cerimònia anglicana de coronació del seu marit a l'Abadia de Westminster, celebrada el 2 de febrer de 1626, es va manifestar de nou quan el canonge Richard Montagu, enfrontat amb els puritans arran d'un pamflet que havia publicat atacant la doctrina de Joan Calví (1509-1564), sol·licità i aconseguí la protecció del rei qui va acabar nomenant-lo capellà de la cort.

En política exterior, per tal de socórrer el seu cunyat Frederic V, Carles I va declarar la guerra a Felip IV confiant d'aquesta manera poder-lo forçar a demanar a l'emperador Ferran II la restitució del Palatinat a l'elector; així, el nou rei semblava reprendre la política d'Isabel I de guerra amb la Monarquia Hispànica i de protecció dels protestants europeus; ara bé, el Parlament era partidari de menar un atac a les colònies d'Amèrica, per tal de finançar la guerra amb l'or que es capturés de les flotes castellanes o portugueses interceptades, mentre que Carles I s'estimava més dur a terme una acció a Europa, actuació que, evidentment, resultaria més costosa; al final, el Parlament va concedir un subsidi insuficient i, a més, va decidir limitar l'autorització al rei de recaptar l'impost aranzelari del *tonnage and poundage* a un període de només un any, malgrat que, des de 1414, aquest dret s'havia concedit als reis a títol vitalici; tot i així, la facció reialista de la Cambra dels Lords, encapçalada pel duc de Buckingham, va rebutjar enregistrar la proposta i, malgrat no disposar d'autorització parlamentària, el rei féu cobrar el tribut.

El duc de Buckingham, favorit de Carles I igual com abans ho havia estat del rei Jaume, va dirigir el 1625 un atac contra el port de Cadis, que acabà en una desfeta total; després, va enviar una flota a l'Atlàntic per mirar d'interceptar les trameses de plata de Mèxic i del Perú cap a Sevilla, però els serveis d'intel·ligència de Castella van descobrir els seus plans i evitaren el parany. Vistos aquests fracassos, va negociar amb el cardenal Richelieu d'ajudar-lo contra els hugonots per tal d'aconseguir ajuda de França contra les tropes hispàniques que ocupaven el Palatinat; com és lògic, el Parlament va escandalitzar-se amb la idea que tropes angleses poguessin atacar protestants, i a molts els van semblar confirmades les sospites, basades en la notòria i coneguda devoció catòlica de la reina Enriqueta Maria, que la cort menava una política criptopapista. Al final, el Parlament va decidir processar el duc de Buckingham per la humiliant derrota de Cadis, i Carles I no sols no va destituir-lo sinó que va dissoldre el Parlament, així com també va decretar un emprèstit forçós per finançar la guerra, és a dir, un tribut imposat sense autorització del Parlament, cosa que els jutges van declarar il·legal; per això, el rei va destituir el cap dels jutges i va arribar a fer empresonar més de setanta cavallers i nobles que s'havien negat a pagar. A continuació, el duc de Buckingham convencé el rei de declarar la guerra a Lluís XIII, amb la qual cosa, Carles I va trobar-se en guerra alhora contra França, el Sacre Imperi Romanogermànic, els Països Baixos, Portugal, Castella i la Corona d'Aragó. El 1627, per tal d'ajudar els hugonots assetjats a La Rochelle, amb els quals s'havia aliat Carles I després d'haver declarat la guerra a Lluís XIII, el duc de Buckingham va enviar una flota que acabà sent pràcticament destruïda; el 23 d'agost de 1628, mentre era a Portsmouth intentant preparar una nova expedició, Buckingham va morir assassinat per un oficial de la marina que havia resultat ferit en l'intent d'atac a La Rochelle. La notícia d'aquest magnicidi va causar un profunda tristesa a Carles I, i una gran alegria a molta gent que celebrà amb festes pels carrers i places la desaparició del favorit, a qui es considerava el culpable de tots els mals del país.

1.4.2. EL PARLAMENT DE 1628-1629

Com que les empreses militars dirigides pel duc de Buckingham havien deixat la Corona sense recursos, el 1628 Carles I va convocar de nou el Parlament, el qual, després de l'assassinat del favorit, va radicalitzar les crítiques al rei, centrades tant en la recaptació del *tonnage and poundage* sense autorització parlamentària com en la política eclesiàstica, rebutjada pels puritans, molt nombrosos a la Cambra dels Comuns, que consideraven massa proper al catolicisme el model d'església que Carles I impulsava. El 1628, el Parlament va presentar la *Petition of Right* en la qual demanava al rei reconèixer que no podia imposar tributs sense consentiment del Parlament, com no podia tampoc sotmetre els civils a la llei marcial, empresonar-los sense garanties processals i obligar-los a allotjar tropes a casa seva; malgrat la seva negativa inicial, després d'una setmana de vacil·lacions[3], Carles I va acceptar la petició, la qual esdevingué la primera llei escrita sobre llibertats individuals a Anglaterra; tanmateix, el rei va continuar reclamant el seu dret de cobrar drets de duanes, és a dir, el *tonnage and poundage*, sense autorització del Parlament.

Les sessions parlamentàries, que havien començat el 17 de març de 1628, s'ajornaren pel juny, i, el gener de 1629, Carles I va reprendre-les amb un discurs moderat sobre el *tonnage and poundage*, la Cambra dels Comuns, però, va denunciar com a violació de la *Petition of Right* el cas d'un membre del Parlament a qui li havien embargat els béns per no haver pagat aquest aranzel duaner. Pel març, Carles I va ordenar un nou ajornament dels debats, però un sector dels comuns va pronunciar aleshores tres resolucions contra el rei, la darrera de les quals establia que qui pagués *tonnage and poundage* sense l'autorització del Parlament seria considerat enemic i traïdor a les llibertats d'Anglaterra; aquesta moció no va ser enregistrada formalment, però molts la consideraren aprovada; aleshores, malgrat que l'oposició al rei no era pas universal, Carles I va decidir dissoldre el Parlament, i, a partir de llavors, va intentar governar sense convocar nous parlaments, tal com havia aconseguit fer-ho el seu pare durant sis anys, entre 1614 i 1620.

1.4.3.EL GOVERN PERSONAL DEL REI

Immediatament després d'haver dissolt el Parlament, Carles I va fer la pau amb Lluís XIII i amb Felip IV, però, tot i així, continuaven els problemes de tresoreria; llavors, per aconseguir diners sense haver de convocar un nou parlament, va restablir antics tributs que molta gent considerava ja obsolets, d'entre els quals cal destacar el *ship money*. En temps de la Dinastia Plantagenet (1154-1399), els reis d'Anglaterra havien exercit la prerrogativa d'exigir als pobles i comtats costaners el lliurament de

---

3   VENARD, Marc: *Los comienzos del mundo moderno (siglos XVI a XVII)*. Volum III. Barcelona, Argos Vergara, 1979 (Gran Historia Universal, 11) pàg 17

vaixells per a la flota en temps de guerra, prestació que es podia substituir per un pagament en diners; malgrat que, segons diferents constitucions aprovades durant els regnats d'Eduard I (1272-1307) i d'Eduard III (1327-1377), la Corona no podia cobrar impostos sense autorització del Parlament, sempre s'havia mantingut la potestat reial de recaptar el *ship money* en temps de guerra, tal com va fer-ho Jaume I el 1619 a Londres sense provocar cap tipus d'oposició, i el mateix Carles I durant els seus primers anys de regnat. Tanmateix, el 1628, l'exigència del *ship money* a tot arreu d'Anglaterra, i no sols a les localitats costaneres com s'havia fet sempre, va alçar tantes protestes que el rei va haver de revocar-ne l'ordre. L'octubre de 1634, el rei va exigir de nou el *ship money* a Londres i a les localitats costaneres, justificant-ho amb la necessitat de protegir el comerç dels atacs dels pirates i en el risc que corria Anglaterra arran de la conflictiva situació en què es trobava Europa, immersa aleshores en la Guerra dels Trenta Anys; així doncs, amagava el seu veritable objectiu: donar suport a Felip IV contra els protestants holandesos, una aliança que, com molt bé sabia Carles I, resultaria del tot impopular a Anglaterra; finalment, malgrat algunes protestes de Londres i d'alguna població més, el rei va aconseguir recaptar una important suma de diners; potser esperonat per aquest èxit, l'agost de 1635, Carles I va ordenar un *ship money* a tot arreu d'Anglaterra, tal com ho havia intentat el 1628, mesura que generà força protestes, les quals es radicalitzaren davant de l'exigència d'un nou *ship money* l'octubre de 1636, amb el qual començava a fer-se evident que, trencant amb les anteriors restriccions d'exigir-lo només a les localitats costaneres i únicament en temps de guerra o de gran perill, allò que pretenia el rei era instaurar un tribut general i permanent sense autorització parlamentària; a causa de les protestes, el 1639, Carles I només aconseguí recaptar amb el *ship money* un 20% de la quantitat total que havia demanat.

1.5. L'ARQUEBISBE LAUD I ELS PURITANS

William Laud, un eclesiàstic conegut per la seva antipatia al puritanisme, fou nomenat per Carles I, el 1628, bisbe de Londres i, el 1633, arque-bisbe de Canterbury, dignitat aquesta que el convertia en la màxima autoritat de l'Església d'Anglaterra. Aviat, a causa de la seva afirmació del valor dels sagraments i de la jerarquia eclesiàstica, en sintonia amb el rebuig del calvinisme pel rei, l'arquebisbe Laud va esdevenir impo-pular ja que molta gent trobava el seu model d'Església massa proper al catolicisme. Per tal de perseguir tots aquells que s'oposessin a les seves mesures, Laud va usar dues instàncies judicials:

a) la Cambra Estelada, una institució esdevinguda el símbol de l'absolutisme de Carles I així com un exemple de tribunal arbitrari on no es respectaven els drets dels acusats, sobretot en el cas de dissidents polítics, tal com s'esdevingué amb John Lilburne (1614-1657), un purità detingut per haver introduït il·legalment a Anglaterra llibres religiosos d'Holanda, que fou torturat i empresonat sense haver rebut ni tan sols una notificació dels càrrecs presentats contra seu

a) el Tribunal d'Altes Comissions Eclesiàstiques, el qual, creat per la Corona durant la Reforma, era la instància judicial suprema eclesiàstica d'Anglaterra, i actuava amb uns mètodes força semblants als dels Tribunals de la Inquisició dels països catòlics; així, el 1637, als puritans William Prynne, John Bastwick i Henry Burton els foren tallades les orelles i marcades les galtes a foc roent per haver escrit pamflets on criticaven Laud i la seva política.

La majoria dels puritans volia reformar l'Església Anglicana, però des de dins, sense separar-se'n; ara bé, molts d'ells començaren a considerar-ho impossible arran de la total sintonia de Carles I amb William Laud. Llavors, un grup de calvinistes anglesos va decidir emigrar a Amèrica per establir-hi una comunitat bíblica basada en les creences puritanes sota una forma de govern eclesiàstic i estatal que servís de model per a una reforma puritana de l'Església d'Anglaterra. El 1630, una expedició de disset vaixells transportà l'advocat purità John Winthrop (1587-1649), a qui la Companyia de la Badia de Massachusetts, controlada pels puritans, havia designat governador de la futura colònia, i gairebé mil colons cap a la Badia de Massachusetts; durant els deu anys següents, encara n'hi arribaren uns vint mil més; molts d'ells eren gent de condició humil que marxaven a Amèrica amb les seves famílies i els seus pastors, les congregacions dels quals emigraven com una unitat. Molts dels colons procedien de Boston (Lincolnshire), un petit poble de la costa oriental d'Anglaterra; per això, donaren el nom de Boston a la ciutat que, el 1630, fundaren a Massachusetts, on el 1640, ja hi havia més de vint poblets; cadascuna d'aquestes viles servia com a unitat política i administrativa, controlava els seus afers interns i regulava la distribució de la terra assegurant-se que les persones amb més riquesa i més posició rebessin finques més grans. Winthrop i els altres dirigents de la colònia tenien una concepció oligàrquica del govern segons la qual l'autoritat l'havien d'exercir aquells que Déu havia fet "elevats i eminents en poder i dignitat"; ara bé, el 1631, per assegurar-se el domini de la colònia pels puritans, la participació política va estendre's a tots els membres de l'Església, una condició, però, restringida als "sants manifestos" certificats pel clero, però de la qual se'n van poder beneficiar molts homes adults. A Massachusetts, on no hi havia cap separació entre religió i política, els predicadors puritans, vistos com els únics intèrprets legítims de les Sagrades Escriptures, hi tenien molta influència; per això, els dirigents polítics acostumaven a consultar amb els teòlegs principals com ara John Cotton (1585-1652), que, havent exercit com a pastor a Boston (Lincolnshire), va emigrar a Amèrica arran de l'hostilitat de l'arquebisbe Laud envers el calvinisme. L'Església puritana era tan intolerant i repressiva com pogués ser-ho l'Església catòlica; per això, a Massachusetts es tallaven les orelles als blasfems com també s'assotava, multava i expulsava els dissidents religiosos. El 1636, el predicador Roger Williams (1603-1683), foragitat de Massachusetts per defensar la total separació entre Església i Estat així com la llibertat de consciència, va fundar la ciutat de Providence en una terra que comprà als indis a la badia de Narragansett, on també s'hi van establir Anne Hutchinson (1591-1643), desterrada de Massachusetts en ser declarada culpable d'heretgia, i els seus seguidors; aquest va ser l'origen de la colònia de Rhode Island, que, el 1644, va obtenir del Parlament anglès una cèdula que hi establia la separació entre l'Església i l'Estat i la total llibertat de consciència. El 1636, el reverend Thomas Hooker (1586-1647), enfrontat a John Cotton, va marxar cap a la vall del Connecticut i hi fundà la ciutat de Hartford, mentre que un altre grup procedent de Massachusetts establí el 1638 la colònia de New Haven, on s'hi instaurà un règim purità encara més estricte que el de Massachusetts, fins al punt de no admetre-hi la celebració de judicis per jurats perquè tal institució no apareixia pas mencionada a la Bíblia[4].

4   JONES, Maldwyn Allen: *Historia de Estados Unidos, 1607-1992*; traducción de: Carmen Martínez Gimeno Madrid: Cátedra, 1996 (Historia. Serie mayor) pàgs 14-16

2.LES GUERRES DELS TRES REGNES
2.1.INTRODUCCIÓ

"Les Guerres dels Tres Regnes" és el nom que es dóna al conjunt de conflictes bèl·lics que, entre 1639 i 1651, patiren Anglaterra, Irlanda i Escòcia motivats per les disputes religioses entre catòlics, anglicans i puritans, per l'enfrontament del rei Carles I amb les institucions angleses i escoceses, així com per les revoltes d'Irlanda i d'Escòcia contra la primacia d'Anglaterra al conjunt dels tres regnes: les Guerres dels Bisbes a Escòcia (1639-1640), la Rebel·lió d'Irlanda (1641), la Primera Guerra Civil Anglesa (1642-1646), la Guerra de la Confederació Irlandesa (1642-1653), la Guerra Civil Escocesa (1644-1645), la Segona Guerra Civil Anglesa (1648-1649) i la Tercera Guerra Civil Anglesa (1650-1651)

Com que les Guerres dels Tres Regnes són contemporànies d'altres fets com ara la Rebel·lió de la Fronda a França (1648-1653) i les revoltes contra la corona espanyola de 1640 a Catalunya, que inicià la Guerra dels Segadors (1640-1659), i Portugal, que acabà independitzant-se el 1668, i del 1647 a Nàpols, on va constituir-s'hi una efímera república independent, alguns historiadors, com ara Hugh Trevor-Roper (1914-2003), consideren tots aquests conflictes com a la manifestació d'una situació de crisi general a Europa, motivada per l'esgotament del model d'estat sorgit durant el Renaixement, la base del qual era el príncep com a cap d'un poder monàrquic centralitzat que, per funcionar, necessitava bastir un gran aparell burocràtic, en constant desenvolupament, el qual, juntament amb la fastuosa cort del príncep, esdevenia una molt voraç casta paràsita que vivia a expenses dels tributs que pagava el poble; l'estat renaixentista va resultar viable mentre va durar l'època d'expansió econòmica del segle xvi, però el seu manteniment començà a resultar problemàtic durant el període de recessió que comença vers 1620. Per altra banda, el sistema de vida de la cort renaixentista, basat en un luxe i una despesa sense fre, va començar a ser qüestionat a nivell moral i ideològic per un moviment de retorn a formes de vida més sòbries, que a Anglaterra tingué la seva manifestació en el puritanisme5.

---

5 TREVOR-ROPER, H. R.: "La crisis general del siglo xvii" dins de *Crisis en Europa: 1560-1660*; John Bossy ... [et al.] ; compilación de Trevor Aston Madrid : Alianza, 1983 (Alianza universidad; 359) pàgs 72-109

2.2.LES GUERRES DELS BISBES A ESCÒCIA
2.2.1.LA PRIMERA GUERRA

El conflicte entre episcopalians i presbiterians, latent des que, el 1560, l'Església d'Escòcia havia trencat amb Roma, va esclatar el 1637 quan Carles I, amb la col·laboració de l'arquebisbe Laud, va introduir a Escòcia el Common Prayer Book d'Anglaterra, cosa que els presbiterians rebutjaren com un intent d'imposar l'anglicanisme a Escòcia; a la catedral d'Edimburg, va haver-hi sorolloses protestes contra la nova litúrgia i per tota la ciutat va estendre's un ambient d'histèria col·lectiva. Aquesta situació de revolta va dur a l'Aliança Nacional de febrer de 1638, en la qual els diferents sectors de la societat escocesa rebutjaren totes les reformes religioses del rei; pocs mesos després, el novembre, una Assemblea General de l'Església reunida a Glasgow va decidir expulsar els bisbes, amb la qual cosa, l'Església d'Escòcia esdevenia oficialment presbiteriana.

La negativa dels aliancistes a obeir l'ordre del rei d'anul·lar els acords de Glasgow va dur Carles I a la guerra contra Escòcia; ara bé, com que per finançar les operacions militars no va voler convocar el Parlament d'Anglaterra, per por que s'hi manifestés l'oposició motivada pels seus anys de govern personal, va haver d'iniciar la campanya amb els seus recursos confiant, a més, de poder utilitzar en profit seu els escocesos contraris a l'Aliança Nacional. Al final, però, l'oposició interna escocesa fou neutralitzada i, després d'algunes escaramusses, el rei va veure's obligat a acceptar la Pau de Berwick, signada el 18 de juny de 1639, per la qual prometia als escocesos la reunió d'una nova assemblea i d'un nou parlament per resoldre la qüestió eclesiàstica. El rei continuava considerant il·legítima l'Assemblea de Glasgow, però la nova assemblea reunida a Edimburg va aprovar uns acords idèntics als de Glasgow; a més d'abolir l'episcopat, l'Assemblea d'Edimburg va decidir excloure els clergues de l'exercici de càrrecs públics i, sobretot, declarà l'existència dels bisbes contrària a les Sagrades Escriptures, amb la qual cosa esdevenia conflictiva la continuïtat de la institució episcopal a Anglaterra i Irlanda; finalment, el Parlament que es va reunir després de l'assemblea va posar fi a l'absolutisme monàrquic a Escòcia.

2.2.2.LA SEGONA GUERRA

Carles I no podia acceptar pas el triomf del parlamentarisme a Escòcia si pretenia continuar governant Anglaterra com a monarca absolut; per això, el 1639, va cridar Thomas Wentworth, un antic parlamentari que el 1628 havia donat suport a la Petition of Right però que, després de la dissolució del Parlament, va passar a col·laborar amb el rei qui, el 1629, el nomenà membre del Consell Privat, el 1632, governador d'Irlanda, càrrec on mostrà clarament els seus mètodes autoritaris, i, a principis de 1640, el creà comte de Strafford.

En el contenciós d'Escòcia, Carles I creia que disposava d'un important trumfo: una carta dels escocesos adreçada a Lluís XIII demanant-li que fes de mitjancer en el seu conflicte polític; el rei i el comte de Strafford hi veien la prova d'un delicte de traïció i confiaven que el Parlament d'Anglaterra hi estaria d'acord; per això, el febrer de 1640, seguint el consell de Strafford i de l'arquebisbe Laud, Carles I va decidir convocar el Parlament, després d'onze anys de govern personal; tanmateix, el Parlament, reunit l'abril, va ignorar la qüestió de la carta a Lluís XIII i va manifestar-se contrari a concedir subsidis al rei si abans no es reparaven els greuges causats pel govern reial a Anglaterra; davant d'aquesta situació, Carles I va dissoldre de nou el Parlament. Com que només havia durat tres setmanes, des del 13 d'abril fins al 5 de maig de 1640, en la història d'Anglaterra es coneix aquesta reunió parlamentària amb el nom de Short Parliament.

Veient que Carles I no comptava pas amb el suport d'Anglaterra, a Escòcia es va reunir una Convenció d'Estats, és a dir, una reunió dels estaments parlamentaris sense el rei, una cosa, doncs, similar al que a Catalunya era una Junta de Braços, la qual va nomenar un comitè encarregat de preparar una defensa de les lleis, l'Església i la llibertat del país; el 17 d'agost, els escocesos començaren l'atac a Anglaterra i s'apoderaren de Newcastle, on s'extreia gran part del carbó que es consumia a Londres, cosa que obligà Carles I a iniciar-hi negociacions; els escocesos exigiren que en les converses del tractat de pau hi havia de participar el Parlament anglès, la qual cosa va dur a la creació d'estrets vincles entre els rebels escocesos (aliancistes) i el Parlament d'Anglaterra, que, convocat de nou el 24 de setembre, va començar a reunir-se el 3 de novembre de 1640. Segons el Tractat de Londres, ratificat pel rei l'agost de 1641, amb el qual es va posar fi a la Guerra dels Bisbes, Carles I va retirar totes les seves declaracions contra els aliancistes així com va acceptar totes les decisions preses pel Parlament d'Edimburg i va comprometre's a pagar reparacions de guerra als escocesos a canvi que aquests es retiressin de les regions del nord d'Anglaterra que estaven ocupant.

2.2.3. EL LONG PARLIAMENT

El segon parlament d'Anglaterra que Carles I convocà el 1640, dit Long Parliament perquè va reunir-se fins el 1659, va aprofitar la situació d'extrema feblesa en què es trobava el rei després de la Guerra dels Bisbes per obligar-lo a accedir a totes les seves peticions; per això, el monarca va promulgar les resolucions del Parlament en què es declaraven il·legals el ship money i els emprèstits forçosos, s'abolien la Cambra Estelada i el Tribunal d'Altes Comissions Eclesiàstiques, així com es revocaven totes les reformes religioses de l'arquebisbe Laud. A més, per assegurar-se que el rei no pogués recórrer a la solució de dissoldre'l, el Parlament va aprovar la Triennal Act, a la qual Carles I donà la seva aprovació el febrer de 1641, que obligava el rei a convocar el Parlament com a mínim una vegada cada tres anys, i si el monarca no complia amb aquest deure, llavors el Parlament es podia reunir pel seu compte; tres mesos després, Carles I va haver d'aprovar una altra resolució més radical encara: no es podia dissoldre el Parlament sense el consentiment de les cambres.

Per tal de soscavar del tot l'absolutisme monàrquic, una de les primeres actuacions del Parlament fou la d'iniciar un procés contra el comte de Strafford acusant-lo de greus contrafurs; el 10 de novembre, Strafford demanà al rei d'anul·lar el procés acusant la Cambra dels Comuns de mantenir tractes sediciosos amb els escocesos, però, havent descobert el pla, el dirigent parlamentari John Pym (1584-1643) va traslladar a la Cambra dels Lords el procés contra Strafford qui, malgrat la protecció que li havia promès el rei, el 25 de novembre de 1640 fou empresonat a la Torre de Londres; el 31 de gener de 1641, el Parlament presentà els càrrecs contra el comte de Strafford: haver intentat subvertir les lleis fonamentals del regne i haver governat de manera tirànica i autoritària; una de les principals acusacions era la d'haver ofert el seu exèrcit d'Irlanda al rei per sotmetre Anglaterra. Els jutges de la Cambra dels Lords no aconseguien pas trobar Strafford culpable d'alta traïció; per això, el procés s'aturà el 10 d'abril però, com que es tractava d'eliminar-lo fos com fos perquè se'l considerava un símbol de l'absolutisme monàrquic, la Cambra dels Comuns va aprovar tres dies després, per dos-cents quatre vots contra cinquanta-nou, una ordre de proscripció de Strafford, per la qual se'l podia condemnar a mort simplement perquè aquesta era la voluntat del Parlament. Aquesta ordre de proscripció (bill of attainder) podia ser aturada si la rebutjava la Cambra dels Lords, de la qual Strafford era membre; ara bé, davant l'amenaça d'una revolta popular i, sobretot, després d'haver-se descobert un pla d'assaltar la Torre de Londres per alliberar Strafford, els Lords van decidir aprovar la proscripció; donada la situació, a Carles I no li va quedar més remei que aprovar-la també, i Strafford fou executat el 12 de maig de 1641 a Londres davant d'una multitud.

En política eclesiàstica, un sector el Parlament va voler prendre mesures radicals més enllà d'abolir totes les reformes introduïdes per Carles I i l'arquebisbe Laud; l'11 de desembre de 1640, va ser adreçada a la Cambra dels Comuns una petició, signada per uns quinze mil londinencs, d'abolir la jerarquia episcopal d'Anglaterra. A més, una setmana més tard, el Parlament féu empresonar Laud a la Torre de Londres, on hi va estar reclòs fins que, el 10 de gener de 1645, ja en plena guerra civil, fou executat després que el Parlament l'hagués condemnat a mort recorrent també al procediment de bill of attainder. La Cambra dels Comuns va aprovar el març de 1641 l'exclusió dels bisbes de la Cambra dels Lords, mesura que aquesta cambra rebutjà; per altra banda, el febrer de 1641, la Cambra dels Comuns havia creat una comissió per discutir la petició d'abolició de l'episcopat, la qual va elaborar una proposició, presentada a votació durant el mes de maig pels diputats puritans Henry Vane (1613-1662) —governador de la colònia de Massachusetts (1636-1637)— i Oliver Cromwell, que, després de tensos debats, acabà sent rebutjada l'agost. A finals de 1641, el poble de Londres, atiat per John Pym o per algun dels seus seguidors, es va alçar per impedir als bisbes ocupar els seus escons a la Cambra dels Lords; llavors, com que Carles I va donar suport als bisbes, el febrer de 1642 les dues cambres van aprovar per majoria excloure els bisbes de la Cambra dels Lords.

2.3. LA REBEL·LIÓ D'IRLANDA

En resposta a l'establiment de pobladors protestants a Irlanda i a les mesures que la Corona decretava contra els catòlics, els irlandesos s'adreçaren a Jaume I i a Carles I demanant-los el reconeixement dels seus drets com a súbdits i la tolerància envers la religió catòlica. Amb Carles I, els irlandesos semblaven haver arribat a l'acord que el rei accediria a les seves peticions a canvi d'un increment en els tributs a pagar; ara bé, malgrat haver pagat els nous impostos, Carles I no sols ajornava la concessió de les seves demandes, sinó que, a més, Thomas Wentworth, governador d'Irlanda (1632-1639), va reprendre la política de colonització de l'illa per protestants amb les conseqüents expropiacions de catòlics.

Durant la Guerra dels Bisbes, Carles I havia negociat amb els nobles irlandesos reclutar un exèrcit per dominar la revolta escocesa, a canvi de permetre a Irlanda la lliure pràctica del catolicisme; llavors, al Long Parliament es va plantejar la possibilitat d'envair Irlanda i eradicar-hi el catolicisme, per així assegurar-se que no s'hi formés cap exèrcit reialista amb el qual Carles I pogués sotmetre Anglaterra. Per evitar aquesta invasió, a Irlanda, un grup de catòlics va planejar ocupar el castell de Dublín i prendre el poder per forçar el rei a accedir a les seves demandes; el 23 d'octubre de 1641, l'execució d'aquest pla no va dur, però, a un cop d'estat incruent sinó a una brutal repressió per part de les autoritats angleses i a una situació de guerra civil en què els catòlics atacaven els colons protestants. El Parlament d'Anglaterra va sospitar la complicitat del rei amb els rebels irlandesos; per això, molts diputats de la Cambra dels Comuns van témer que si es reclutava un exèrcit per enviar-lo a Irlanda, després el rei el podria fer servir contra ells; el març de 1642, el Parlament va aprovar una ordenança militar per la qual es retirava al rei el control de l'exèrcit.

2.4.LA PRIMERA GUERRA CIVIL ANGLESA (1642-1646)
2.4.1.CAUSES

John Pym i els seus col·laboradors elaboraren un document dit la Gran Amonestació, on es recollien tota la sèrie de greuges acumulats des de l'accés al tron de Carles I. Segons aquest text, tots els problemes d'Anglaterra tenien el seu origen en l'actuació perversa de tota una sèrie d'elements: els "Jesuïtes papistes" que odiaven la llei ja que els impedia dur a terme la subversió de la religió que planejaven, els bisbes i els clergues corruptes que fomentaven la supervisió i el cerimonialisme formal per legitimar la seva tirania i usurpació, i, en tercer lloc, els cortesans i consellers reials que actuaven segons els seus interessos particulars; tots aquests sectors s'havien dedicat a moure discòrdies entre el Rei el Parlament, per així aprofitar-se de les tensions polítiques en benefici propi6; per tot això, es demanava que els consellers del Rei els nomenés el Parlament. Després d'haver-se aprovat al Parlament per un estret

---

6   *The Grand Remonstrance, with the Petition accompanying it.* http://www.constitution.org/eng/conpur043.htm

marge d'onze vots, l'1 de desembre de 1641, La Gran Amonestació fou presentada a Carles I, qui, en un principi, rebutjà admetre-la; ara bé, per assegurar-se que el rei no pogués optar per ignorar-la, el Parlament en féu distribuir còpies per tot Anglaterra; finalment, el 23 de desembre, Carles I hi donà la resposta oficial: comprometre's a reparar els greuges però mantenint el dret a nomenar els seus consellers.

Si, per una banda, accedia a totes les peticions del Parlament, per l'altra, durant l'agost de 1641, Carles I va visitar Escòcia amb la idea de mirar d'allistar-hi un exèrcit reialista; per això, va acceptar-hi la total implantació del presbiterianisme com també el dret del parlament escocès a nomenar oficials reials. A més, el rei estava convençut que si els puritans havien cridat els escocesos a envair Anglaterra durant la Guerra dels Bisbes, era perquè els hi havien incitat els cinc agitadors més destacats de la Cambra dels Comuns: John Pym, John Hampden (1595-1643), Dezil Holles (1599-1680), Sir Arthur Haselrig (1601-1661) i William Strode (1598-1645), així com Lord Mandeville —comte de Manchester des de 1642— (1602-1671), que seia a la Cambra dels Lords; a més, també li semblava evident que aquests dirigents polítics estaven intentant de posar-li el poble de Londres en contra; per tot això, quan, poc després de la Gran Amonestació, van arribar a oïdes seves rumors que el Parlament volia processar la seva muller Enriqueta Maria, impopular entre els parlamentaris per la seva fidelitat al catolicisme, fins al punt que no sols feia celebrar la missa catòlica a Palau sinó que, a més, per a escàndol del Parlament, hi convidava papistes anglesos, Carles I va decidir prendre una mesura dràstica: arrestar el grup dels cinc agitadors de la Cambra dels Comuns, i processar-los per alta traïció; així doncs, per detenir-los, el 4 de gener de 1642, va entrar a la Cambra dels Comuns al capdavant d'una força armada, però va trobar-se que Pym, Hampden, Holles, Haserling i Strode havien fugit, és a dir que "els ocells havien volat", i gaudien de la protecció del poble de Londres alçat en armes; a més, l'opinió pública estava indignada per la violació dels privilegis del Parlament. En la ja tensa situació creada per les sospites de complicitat de Carles I amb els catòlics rebels d'Irlanda i per la desconfiança del Parlament envers el rei, expressada en la Gran Amonestació, l'assalt a la Cambra dels Comuns va significar la ruptura total que dugué a l'esclat de la Guerra Civil Anglesa. Aleshores, Carles I, no sentint-se segur a Londres, va traslladar-se a Oxford per alçar un exèrcit contra el Parlament, i, per la seva banda, la reina Enriqueta Maria marxà a l'estranger per mirar de trobar fons amb els quals poder finançar la campanya militar del seu marit. Després que Carles I hagués marxat de Londres, el març de 1642 el Parlament va decretar que les seves ordinacions tenien força de llei encara que el rei no les hagués aprovades, igual com, el 5 de març, s'havia concedit el control de la milícia local de Londres, un cos fonamental per defensar la ciutat contra qualsevol possible atac per part de forces reialistes.

L'abril de 1642, Carles I no va aconseguir apoderar-se de l'arsenal de Kingston upon Hull, una ciutat del Yorkshire que havia servit de dipòsit d'armes durant la Guerra dels Bisbes, perquè el seu governador, nomenat pel Parlament, obligà les forces reialistes a alçar el setge. Tanmateix, fins als inicis de l'estiu, el Parlament va mirar de mantenir contactes amb el rei, a qui, pel juny, feren arribar les Dinou propostes, d'entre les quals hi havia el compromís de no nomenar càrrecs de govern sense permís del Parlament, el qual també controlaria l'exèrcit i decidiria sobre el futur de l'Església; adonant-se que havia rebut un ultimàtum, Carles I va respondre amb una declaració on admetia que el seu era un govern de tipus mixt i no pas una autocràcia; ara bé, durant el juliol, les dues parts en conflicte s'estaven preparant per a la guerra, com també, les ciutats i els pobles declararen les seves simpaties per cadascun dels bàndols; a grans trets, Gal·les així com les regions septentrionals i occidentals d'Anglaterra (Cornualla, Devon, Cumberland i Northumberland) foren reialistes, mentre que Londres, les ciutats portuàries i les contrades del sud i de l'est es posicionaren pel Parlament. També hi hagué zones que volgueren mantenir-se neutrals i, per això, formaren bandes de combatents armats —dits Clubmen— amb el propòsit de defensar el seu territori dels atacs de qualsevol exèrcit fos del bàndol que fos. Carles I va pronunciar la Declaració de Wellington (setembre de 1642) on manifestà que donaria suport a la Religió Protestant, les Lleis d'Anglaterra i la llibertat del Parlament, mentre que, per la seva banda, els parlamentaris proclamaven que l'objectiu de la seva lluita era preservar el tradicional sistema d'institucions que s'havia desestabilitzat per culpa dels mals consells que el rei havia rebut dels seus perversos assessors. Hi havia parlamentaris que donaven suport total al rei; per això, d'entre els membres de la Cambra dels Comuns n'hi hagué més que acudiren a Oxford, on Carles I havia establert la seva cort el 1643, a participar en el Parlament presidit pe rei, que no pas a Westminster, on es reunien els radicals, que volien avançar cap a la tolerància envers els cultes dissidents, és a dir, les esglésies protestants sorgides a Anglaterra al marge de l'Església Anglicana, i una redistribució del poder a nivell nacional.

2.4.2.DESENVOLUPAMENT

En termes generals, la Guerra, formalment iniciada el 22 d'agost de 1642 quan, a Nottingham, Carles I va alçar el seu estendard, resultà favorable al bàndol reialista fins que, a finals de l'estiu de 1643, les tropes del comte d'Essex obligaren Carles I a alçar el setge de Gloucester i derrotaren les forces reials a Newbury (20 de setembre de 1643). En l'aspecte polític, Carles I va negociar un alto-el-foc a Irlanda per poder portar cap a Anglaterra les tropes que hi tenia destacades, mentre que, havent fracassat els intents de negociació amb el rei duts a terme per la facció parlamentària moderada, el Parlament va arribar a un acord amb els escocesos. Amb ajuda d'Escòcia, les tropes parlamentàries sortiren victorioses a la Batalla de Marston Moor (2 de juliol de 1644), en la qual resultà decisiva l'actuació d'Oliver Cromwell, qui, amb l'exèrcit que havia aconseguit reclutar entre els pagesos benestants del comtat de Cambridgeshire, s'havia distingit en les campanyes dutes a terme a Ànglia de l'Est el 1643. Poques setmanes després de la derrota de Marston Moor, els reialistes triomfaren a Lostwithiel (Cornualla); llavors, Carles I va dirigir-se cap als comtats meridionals per alliberar-hi les guarnicions de Banbury, Basing House i Donnington, que hi havien quedat aïllades mentre estava lluitant a l'oest. El rei va aconseguir apoderar-se del castell de Donnington, però, com que les tropes del Parlament concentrades a Basing House eren massa nombroses, abans d'avançar-hi va decidir esperar reforços. El 27 d'octubre de 1644, les forces parlamentàries van aconseguir la victòria a Speen, a prop de Newbury al Berkshire, i Carles I, veient debilitat el seu exèrcit, va decidir retirar-se cap al nord, abandonant una gran part de les seves armes i bagatges al castell de Donnington. Després de la victòria de Newbury, però, les tropes del Parlament no perseguiren pas el rei, sinó que menaren un atac contra el castell de Donnington que fou fàcilment rebutjat; finalment, el 9 de novembre, Carles I va aconseguir recuperar Donnington, amb la qual cosa va poder considerar que havia conclòs la temporada de campanyes militars de 1644 amb un notable èxit.

Els fets que seguiren a la segona batalla de Newbury dugueren al bàndol parlamentari a repensar la seva manera de menar la guerra. Les seves forces doblaven en efectius les del rei, però com que les reclutaven associacions locals de comtats, no se les podia enviar a combatre lluny del seu lloc d'origen. Per altra banda, hi havia importants discòrdies polítiques entre els generals del Parlament; els presbiterians, d'entre els quals destacava el comte de Manchester, eren sospitosos de voler arribar a una pau amb el rei, d'ací que no dirigissin les campanyes militars amb prou contundència; del comte d'Essex també es sospitava manca d'energia i, a més, no gaudia de gaire acceptació entre els seus subordinats; a més, l'Associació de l'Est va anunciar que no podia continuar pagant els seus exèrcits, que representaven la meitat dels efectius del bàndol parlamentari. Davant d'aquesta situació, el 19 de desembre de 1644, el Parlament aprovà la Self-denying Ordinance, per la qual es prohibia tant als diputats de la Cambra dels Comuns com als de la Cambra dels Lords ocupar càrrecs en l'exèrcit; per això, els comtes de Manchester i d'Essex, així com d'altres generals parlamentaris, hagueren de renunciar als seus comandaments militars. Per altra banda, el 6 de gener de 1645, el Parlament aprovà una profunda reforma militar que donà origen al "Nou Exèrcit", format per soldats professionals, les possibilitats d'ascens dels quals dependrien de la seva eficàcia en el camp de batalla i no pas de la seva condició social o riquesa. En aplicació de la Self-denying Ordinance, Oliver Cromwell, diputat de la Cambra dels Comuns, hauria hagut de deixar el comandament de l'exèrcit; ara bé, en reconeixement a les seves aptituds militars que havia demostrat en les campanyes de 1644, amb ell es va fer una excepció i, així, va arribar a ser el segon comandament del Nou Exèrcit, només per sota del comandant en cap Sir Thomas Fairfax (1612-1671). Cromwell basava la moral i la cohesió del seu exèrcit no sols en una estricta disciplina, sinó també en la seva profunda devoció puritana; per això, abans d'entrar en combat o en el moment d'haver de prendre decisions importants, ell i els seus homes pregaven i llegien la Bíblia, i és que per a Cromwell, aquella era una guerra santa com la que els hebreus havien hagut de fer contra els pobles pagans de Canaan7.

El 1645, en dues batalles decisives com foren les de Naseby (14 de juny) i de Langport (10 de juliol), el Nou Exèrcit desfeu les forces de Carles I, el qual va intentar fer-se fort a la regió dels Midlands, on dominava l'eix format per Oxford i Newark on Trent al comtat de

7   VENARD, Marc: *Los comienzos del mundo moderno (siglos XVI a XVII)*. Volum III. Barcelona, Argos Vergara, 1979 (Gran Historia Universal, 11). Pàg 24

Nottinghamshire. El rei va aconseguir prendre Leicester, situada entre Oxford i Newark, però es va trobar sense recursos per poder continuar la guerra; per això, el maig de 1646, després que, a finals d'abril, el Nou Exèrcit s'hagués apoderat d'Oxford, Carles I va anar a buscar la protecció d'un exèrcit aliancista escocès establert a Southwell (Nottinghamshire), que el féu presoner, amb la qual cosa arribà a la seva fi a la Primera Guerra Civil Anglesa.

2.5. LA GUERRA DE LA CONFEDERACIÓ IRLANDESA 1642-1648

El 1642, tant Carles I com els aliancistes escocesos enviaren tropes a Irlanda per combatre-hi la revolta catòlica que hi havia esclatat l'octubre de 1641. Aviat, els escocesos s'apoderaren de l'Ulster, i els anglesos de Dublín. En resposta, els irlandesos formaren la Confederació Catòlica, amb capital a Kilkenny, la qual controlava els ports de Waterford i Wexford, des d'on podia rebre ajuda de les potències catòliques d'Europa; tanmateix, els catòlics irlandesos foren vençuts pels anglesos i pels escocesos a les batalles de Liscarroll, Kilrush, New Ross i Glenmaquinn. Els irlandesos es van salvar de la desfeta per l'esclat de la Primera Guerra Civil Anglesa, ja que, per lluitar contra les forces del Parlament, Carles I dugué a Anglaterra moltes de les tropes que tenia a Irlanda; aleshores, la Confederació Catòlica aconseguí recuperar una gran part del territori, i només l'Ulster, Dublín i Cork quedaren en mans dels anglesos o dels escocesos. Malgrat haver estat capaç de crear un sistema de recaptació d'impostos estès a tota l'illa i de rebre diners de França, la Monarquia Hispànica i la Santa Seu, així com de disposar d'un exèrcit professional, la Confederació Catòlica no va emprendre la conquesta d'Irlanda sinó que, el 1643, signà una treva amb els reialistes anglesos i hi inicià un procés de negociacions que durà tres anys. Per això, entre 1643 i 1646 no va haver-hi grans batalles a Irlanda, sinó que tots dos bàndols es dedicaren a dur a terme petites escaramusses, operacions de neteja ètnica i destruccions de collites per aconseguir que l'enemic es morís de gana. Aquesta situació de punt mort va durar fins a la fi de la Primera Guerra Civil Anglesa (1646), quan la Confederació Catòlica abandonà les negociacions amb els reialistes anglesos i intentà dur a terme operacions de conquesta a Irlanda.

El 1646, a Kilkenny, on fou rebut amb grans honors, l'arquebisbe Giovanni Battista Rinuccini, enviat com a nunci papal, va declarar que l'objectiu de la seva missió era donar suport al Rei, però, sobretot, ajudar el poble catòlic d'Irlanda a aconseguir el lliure i públic exercici de la seva religió i la restitució de les esglésies i de les propietats eclesiàstiques; juntament amb el nunci, arribà també a Irlanda Richard Bellings, dirigent de la Confederació Catòlica que, entre 1644 i 1645, n'havia actuat com a ambaixador a França, Castella i Roma. Rinuccini no sols disposava de contingents de tropes, sinó també de grans sumes de diners amb les quals va aconseguir controlar la Confederació, ja que només concedia fons per a accions militars concretes; d'aquesta manera, esperava poder allunyar la Confederació d'acords amb els reialistes anglesos i dur-la cap a l'objectiu d'establir una Irlanda independent catòlica, i, sobretot, assegurar-se que els catòlics conservessin les esglésies i les terres de què s'havien apoderat dença de la revolta de 1641, tal com estava passat a l'Europa continental en els països conquerits pels catòlics durant la Guerra dels Trenta Anys, pràctica que s'inscrivia dins de l'esperit de la Contrareforma impulsada per la Santa Seu; a més, el nunci esperava poder usar Irlanda com a base per restablir el catolicisme a Anglaterra i Escòcia.

Dins del Consell Suprem de la Confederació, hi dominaven grans terratinents que consideraven suficient un acord amb Carles I que els garantís el seu dret de propietat, els drets civils dels catòlics i la toleràncxia envers el catolicisme; per altra banda, però, hi havia una majoria que reclamava un autogovern per a Irlanda, la recuperació de les terres concedides als colons protestants i establir el catolicisme com a religió d'estat. Rinuccini va acceptar, en principi, les garanties donades pel Consell Suprem que el punt de la conservació de les esglésies preses als protestants durant la guerra es mantindria en les negociacions de pau dutes a terme amb el duc d'Ormonde, comandant en cap de les forces reialistes angleses destacades a Irlanda, un protestant que havia lluitat contra la Confederació fins que hi acordà un alto-el-foc el 1643, pocs mesos després de l'esclat de la guerra civil a Anglaterra. Tanmateix, la pau acordada amb Ormonde només garantia la pràctica privada del catolicisme; llavors, considerant que l'havien enganyat a consciència, Rinnuccini va passar a donar suport a la facció radical de la Confederació, dins la qual hi havia una gran part del clero catòlic i dels comandants militars com ara Owen Roe O'Neill; per això, quan el Consell Suprem va intentar fer aprovar l'acord de pau, el nunci excomunicà els consellers i aconseguí que l'Assemblea General de la Confederació no sols rebutgés el tractat, sinó que, a més, fes detenir els consellers acusant-los de traïció, i elegís un nou Consell Suprem.

En l'aspecte militar, el 1646, la Confederació va aconseguir prendre el castell de Bunratty a les forces parlamentàries angleses i derrotar els aliancistes escocesos a la batalla de Benburb; a finals d'any, els exèrcits confederats de Leinster i l'Ulster, dirigits per Owen Roe O'Neill i Thomas Preston, posaren setge a Dublín, però com que el duc d'Ormonde n'havia fet devastar les rodalies, no pogueren alimentar les seves tropes i hagueren de retirar-se. El juny de 1647, el duc d'Ormonde cedí el comandament de Dublín a Michael Jones, cap de les forces parlamentàries angleses enviades a Irlanda, qui, l'agost, a la batalla de Dugans Hill, esclafà les tropes de Preston, que intentaven marxar cap a Dublín. Després de la greu derrota que, el novembre de 1647, havien patit a la batalla de Knocknauss, els Confederats consideraren que, per intentar evitar una invasió d'Irlanda per tropes del Parlament d'Anglaterra, no els quedava cap altra sortida que arribar a una entesa amb els reialistes anglesos, projecte que Rinuccini va rebutjar de nou. Tanmateix, llavors, sobre el tema de l'acord amb els reialistes, hi havia divisió tant entre el clero catòlic com entre els comandaments militars i l'Assemblea General de la Confederació; per això, malgrat que el nunci excomuniqués els partidaris del pacte i que, a l'Ulster, Owen Roe O'Neill combatés contra els defensors de l'acord, els catòlics irlandesos acabaren sumant-se a la coalició reialista, la qual cosa va dur a la dissolució de la Confederació Catòlica. El 1649, veient la causa perduda, Rinuccini se'n tornà cap a Itàlia.

2.6.LA GUERRA CIVIL ESCOCESA 1644-1645
2.6.1.ALIANCISTES I REIALISTES A ESCÒCIA

Davant la possibilitat que tropes catòliques irlandeses intervinguessin a Anglaterra en suport del bàndol reialista, els parlamentaris anglesos demanaren ajuda als aliancistes escocesos, amb els quals signaren el 1643 la Solemne Lliga i Aliança, on va acordar-s'hi mantenir el sistema eclesiàstic presbterià a Escòcia i implantar-lo també a Anglaterra i Irlanda, tot i que, d'una manera ambigua, s'hi anunciaven algunes concessions per a les esglésies dissidents angleses. Aquest pacte, pel qual els aliancistes escocesos enviaren al país veí un exèrcit a lluitar en el bàndol parlamentari, s'acceptà a Anglaterra perquè la majoria dels diputats eren presbterians, i aquells que no ho eren s'estimaven més aliar-se amb els escocesos que no pas perdre la guerra.

A Escòcia hi havia un fort bastió reialista a les contrades del nord-est i a la regió de les Terres Altes, on, a més que molta gent no era pas presbiteriana sinó episcopaliana o, fins i tot, catòlica, hi predominava l'ús del gaèlic, en comptes del scots, parla germànica pròpia de les Terres Baixes, sobre la qual encara avui dia es discuteix si és una llengua per si mateixa o bé un dialecte de l'anglès. A part d'aquests fets culturals, alguns dels principals clans de les Terres Altes preferien mantenir-se fidels a la distant autoritat de Carles I, que no pas sotmetre's al ben organitzat aparell de govern que els aliancistes havien establert a les Terres Baixes. Els Campbell, el més gran dels clans de les Terres Altes, dirigits pel seu cabdill el marquès d'Argyll, van unir-se als aliancistes, per la qual cosa, tots els seus enemics, principalment, el clan dels MacDonad, es feren reialistes. Un altre dirigent reialista escocès fou el marquès de Montrose que, malgrat ser presbiterià i originari de les Terres Baixes, considerava la fidelitat al Rei com un valor superior a qualsevol opció política o religiosa.

2.6.2. LA INTERVENCIÓ IRLANDESA

El 1644, la Confederació Catòlica d'Irlanda va decidir enviar tropes a Escòcia, amb la idea de combatre-hi contra forces aliancistes que, altrament, podrien ser enviades a Irlanda. Aquest contingent irlandès, dirigit per Alasdair MacColla, un membre del clan dels MacDonald originari de les illes Hèbrides, va arribar aviat a un acord amb el marquès de Montrose, que aquell mateix any havia fracassat en l'intent de provocar un alçament reialista a Escòcia. Després d'haver travessat les Terres Altes fins a Perth, l'exèrcit reialista de Montrose i MacColla s'enfrontà a les forces aliancistes a les quals derrotà l'1 de setembre a la batalla de Tippermuir i, el dia 13, a la d'Aberdenn; tanmateix, el marquès de Montrose va cometre l'error de permetre als seus homes saquejar Perth i Aberdeen, cosa que va provocar hostilitat contra les seves tropes en un lloc on les simpaties reialistes eren molt fortes. L'objectiu de MacColla, però, era combatre contra els Campbell; per això, va dirigir les seves tropes cap a Argyll, a l'Escòcia occidental, on, durant el desembre de 1644, saquejaren els dominis dels Campbell, els quals, el 2 de febrer de 1645, foren vençuts a la batalla d'Inverlochy per l'exèrcit reialista, que, d'aquesta manera, va apoderar-se de les contrades occidentals de les Terres Altes i va guanyar-se l'adhesió d'altres clans com ara els Gordon.

Els aliancistes patiren noves derrotes a les batalles d'Audelarn (9 de maig), Alford (2 de juliol) i Kilsyth (15 d'agost), i el marquès de Montrose va aconseguir dominar gairebé tot Escòcia fins al punt d'apoderar-se de ciutats com Dundee i Glasgow. Llavors, Montrose es proposà reclutar tropes al sud-est d'Escòcia amb les quals entrar a Anglaterra, però MacColla s'estimà més ocupar Argyll per continuar la seva guerra contra els Campbell, i els Gordon es retiraren per defensar les seves terres del nord-est; en aquestes circumstàncies, els aliancistes aconseguiren vèncer Montrose a la batalla de Philiphaugh (13 de setembre de 1645), cosa que, abruptament, posà fi al predomini reialista. El 1646, el marquès de Montrose va fugir a Noruega, i MacColla se'n tornà cap a Irlanda amb les restes del seu exèrcit per unir-se de nou a la Confederació Catòlica; a Escòcia, tots aquells que havien lluitat en les tropes de Montrose, en especial els irlandesos, foren perseguits i massacrats pels aliancistes com a revenja per les atrocitats que les forces reialistes havien perpetrat durant l'ocupació d'Argyll.

2.6.3.EL DESTÍ DE CARLES I

Des de maig de 1646, Carles I es trobava en poder de l'exèrcit que els aliancistes escocesos havien enviat a Anglaterra; en un primer moment, a Escòcia es va intentar negociar amb el rei perquè reconegués els acords presos per l'Aliança Nacional el 1638 i permetés l'establiment del presbiterianisme a tots tres regnes, a canvi d'obtenir el suport d'Escòcia; el 13 d'octubre de 1646, Carles I, que sempre es mantingué fidel a la idea, apresa del seu pare, de rebutjar el presbiterianisme com a sistema d'organització eclesiàstica incompatible amb l'autoritat reial, manifestà que estava disposat a renunciar al comandament de l'exèrcit durant deu anys o bé indefinidament, i, fins i tot, a permetre l'establiment del presbiterianisme a Anglaterra amb la condició que, al cap de cinc anys, s'hi restablís la jerarquia episcopal. Com que aquesta oferta no va agradar ni als escocesos ni als anglesos, els dos parlaments van acordar la retirada de les tropes escoceses d'Anglaterra després que se'ls paguessin els serveis i que corresponia al parlament anglès disposar de la persona del rei; així, a finals de gener de 1647, un cop rebé la meitat de la suma acordada com a paga del seu exèrcit, Escòcia lliurà Carles I a Anglaterra i en retirà les tropes.

2.7.LA SEGONA GUERRA CIVIL ANGLESA
2.7.1.L'EFERVESCÈNCIA POLÍTICA A ANGLATERRA

D'ençà de 1642, quan havia començat la Primera Guerra Civil Anglesa, la premsa era, si no de dret sí de fet, pràcticament lliure, i, per tant, hom podia exposar i discutir les idees polítiques més agosarades i radicals. Per altra banda, després de la detenció de l'arquebisbe Laud, els grups religiosos dissidents podien actuar sense problema, fins al punt que en sorgiren de nous com ara la Societat Religiosa d'Amics, fundada el 1648, com a grup dissident dels puritans; els seus membres, que s'anomenen quàquers, negaven la necessitat del sacerdoci i dels ritus, rebutjaven les idees establertes sobre litúrgia cristiana i govern eclesiàstic com també mostraven unes tendències democràtiques força radicals. En aquesta situació, amb la denúncia de les arbitrarietats perpetrades pel tribunal de la Cambra Estelada que l'havia processat en temps de l'arquebisbe Laud, el purità John Lilburne creà una doctrina de rebuig a l'autoritarisme i de defensa d'allò que ell denominava els freeborn rights, és a dir, els drets que tota persona té de naixement. La teoria política de Lilburne tingué un ressò tan ampli que es troba en l'origen de les garanties processals reconegudes per la Cinquena Esmena de la Constitució dels EUA, com també, segons el jurista americà Hugo Black (1886-1971), un jutge del Tribunal Suprem dels EUA que sovint citava Lilburne en les seves opinions, és la base dels drets fonamentals reconeguts per la Constitució dels Estats Units. L'abril de 1645, Lilburne va deixar l'Exèrcit perquè no havia volgut signar la Solemne Lliga i Aliança amb el Parlament d'Escòcia, ja que, segons el seu criteri, no s'hi havia acordat pas defensar la llibertat religiosa sinó, simplement, imposar el presbiterianisme a Anglaterra. Tres mesos després, Lilburne fou empresonat per haver denunciat que els diputats del Parlament vivien una vida de confort mentre els soldats combatien per la causa; per l'octubre se'l posà en llibertat accedint així a una petició adreçada a la Cambra dels Comuns, que comptava amb la signatura de dos mil ciutadans de Londres. Fou una nova campanya per la llibertat de Lilburne, a qui els seus seguidors anomenaven Freeborn John, empresonat el juliol de 1646 a la Torre de Londres per haver acusat el comte de Manchester de simpaties reialistes, l'origen al moviment polític dels levellers (anivelladors), partidaris, a grans trets, de la tolerància religiosa i de confiar el govern al Parlament, que s'hauria d'elegir periòdicament mitjançant un sufragi tan ampli que, gairebé, arribava al sufragi universal masculí.

Després d'haver aconseguit la victòria en la Primera Guerra Civil Anglesa, els soldats del Nou Exèrcit estaven descontents amb el Parlament, el qual, a més de no pagar-los el sou, volia enviar-los a lluitar a Irlanda contra els rebels catòlics; per altra banda, molts diputats estaven disposats a arribar a una entesa amb el rei, sense gaires reformes polítiques democratitzadores ni garantir la llibertat religiosa. El 18 d'octubre de 1647, representants dels soldats adreçaren a Sir Thomas Fairfax una petició de dissolució del Parlament dins d'un any i de canvis substancials en la constitució de futurs parlaments; aquest document, el rebutjaren els alts oficials i, així, s'arribà als Debats de Putney (28 d'octubre-11 de novembre de 1647), en els quals es presentà el manifest leveller, en el qual s'hi pot apreciar una gran influència del pensament de Lilburne, Acord del Poble, de caire republicà i democràtic, on es reivindicava el dret de vot per a gairebé tots els homes adults, la reforma de les circumscripcions electorals i la concessió del poder al Parlament, elegit pel poble cada dos anys, així com la llibertat religiosa i la fi de l'empresonament per deutes; totes aquestes peticions entraven en contradicció amb el document Els extrems de les proposicions, aprovat pel Gran Consell de l'Exèrcit l'anterior juliol, que condicionava l'adopció de reformes polítiques a la seva acceptació pel rei; els representants dels soldats, que desconfiaven de Carles I, volien emprendre una reforma política des de baix, i no pas des de dalt. A Thomas Fairfax i a Oliver Cromwell, comandants de l'Exèrcit, els preocupava el gran suport de què gaudien els levellers entre els soldats; per això, decidiren imposar Els extrems de les proposicions com a declaració ideològica de l'Exèrcit, rebutjant així l'Acord del Poble i aquells que es negaren a acceptar el nou estat de coses van ser empresonats o, fins i tot en alguns casos, executats. Malgrat tot, va continuar l'actuació política dels levellers, els quals, l'11 de setembre de 1648, presentaren a la Cambra dels Comuns la petició To The Right Honourable The Commons Of England8, signada per gairebé un terç dels londinencs, com també convertiren en una gran manifestació a la ciutat el funeral per Thomas Rainsborough un leveller oficial de l'exèrcit, així com també diputat, mort en combat contra els reialistes que, en els Debats de Putney, s'havia distingit per rebutjar qualsevol acord amb el rei.

2.7.2.ELS ACORDS DELS ESCOCESOS AMB CARLES I

Poc després d'haver derrotat els reialistes del seu país, els aliancistes escocesos dugueren a terme un gir radical en la seva política, arribant a establir un acord amb Carles I, presoner al castell de Carisbrooke

---

8   TO THE RIGHT HONOVRABLE THE COMMONS OF ENGLAND http://www. bilderberg.org/land/petition.htm

(Illa de Wight) després d'haver fugit del palau de Hampton Court, a les rodalies de Londres, on estava confinat. Els aliancistes escocesos rebutjaven el radicalisme polític anglès de certs grups com ara els levellers, com també lamentaven el no establiment del presbiterianisme com a religió oficial als Tres Regnes, a causa, sobretot, de la força que anaven prenent a Anglaterra els independents, molt influents en el Nou Exèrcit, els quals, oposant-se tant al catolicisme com a l'anglicanisme i al presbiterianisme, proposaven el control de l'Església per congregacions locals, sense cap mena de jerarquia d'àmbit superior; per altra banda, hi havia el temor que el Parlament anglès amenacés la independència d'Escòcia. Per tot això, dins del moviment aliancista escocès va prendre-hi el poder la facció moderada del duc de Hamilton, oposada a l'ala radical del marquès d'Argyll, la qual, el desembre de 1647, acordà amb Carles I que, a canvi de rebre un exèrcit d'Escòcia, a Anglaterra el rei hi establiria, durant un període de prova de tres anys, el presbiterianisme així com hi perseguiria els independents. Aquest acord, a més de provocar l'esclat de la Segona Guerra Civil Anglesa (1648-1649), va dur a una guerra civil dins del moviment aliancista escocès que es resolgué amb una pau entre les faccions radical i moderada després que s'haguessin enfrontat a la Batalla de Stirling (12 de setembre de 1648).

2.7.3. ELS ALÇAMENTS REIALISTES A ANGLATERRA

Els soldats de l'exèrcit parlamentari destinats a Gal·les duien massa temps sense cobrar els seus salaris i, a més, temien que se'ls llicenciés sense pagar-los; per això, durant la primavera de 1648, secundaren l'alçament reialista del coronel John Poyer, governador del castell de Pembroke, el qual s'havia negat a cedir el comandament a un oficial enviat per Thomas Fairfax, i havia tingut contactes amb el Príncep de Gal·les. Aquests rebels foren vençuts per forces parlamentàries a la Batalla de St Fagans (8 de maig), i els seus dirigents es rendiren a Cromwell l'11 de juliol, després de la fi del setge de Pembroke. Fairfax va derrotar els reialistes alçats a Kent a la batalla de Maidstone el 24 de juny, i, després d'haver pacificat Kent, es dirigí cap al nord per sotmetre els reialistes d'Essex, als quals vencé després del llarg i dur setge de Colchester (13 de juny-28 d'agost). Al nord d'Anglaterra, el general John Lambert va imposar-se a les forces reialistes de Sir Marmaduke Langdale a Cumberland amb la qual cosa, les tropes escoceses del duc de Hamilton van haver de desviar-se cap a Carlisle en la seva invasió reialista d'Anglaterra, que quedà avortada després que, entre el 17 i el 19 d'agost de 1648, Cromwell derrotés els escocesos a la batalla de Preston, fet que posà fi a la Segona Guerra Civil Anglesa.

Els vencedors de la Segona Guerra Civil Anglesa no tingueren gaires contemplacions amb els que l'havien iniciada; a l'endemà mateix de la rendició de Colchester, els cabdills reialistes Sir Charles Lucas i Sir George Lisle van ser afusellats; el coronel Poyer va ser condemnat a mort i executat el 25 d'abril de 1649 a Covent Garden (Londres), igual com el duc de Hamilton i d'altres nobles reialistes, com ara el comte d'Holland i Lord Capel, van ser decapitats a Westminster el 9 de març.

2.7.4. EL JUDICI I LA CONDEMNA DE CARLES I

Després de la Primera Guerra Civil Anglesa, els parlamentaris partien de la base que, malgrat haver obrat de forma errònia o incorrecta, Carles I havia pogut justificar la seva lluita, i, per tant, se l'havia de mantenir com a rei però amb els seus poders limitats per un nou sistema constitucional. Ara bé, des del moment que, a finals de gener de 1647, els escocesos l'havien lliurat a Anglaterra, l'objectiu de Carles I va ser intentar recuperar el poder absolut mitjançant un joc d'intrigues en què sempre mirà d'aprofitar-se de les tensions existents a Anglaterra entre el Parlament i l'Exèrcit o les desavinences del Parlament d'Escòcia amb el d'Anglaterra; en les seves maquinacions, una tàctica habitual de Carles I era la de prometre una cosa a un bàndol i, al mateix temps, prometre la contrària al bàndol rival. Malgrat la constatació que, amb la seva actitud, havia estat Carles I qui havia provocat l'esclat de la Segona Guerra Civil, l'endemà mateix de coneguda la notícia de la victòria de Cromwell a Preston, el Parlament va preparar-se a reprendre les negociacions amb el rei, el qual fou alliberat sota paraula del seu confinament al castell de Carisbrooke i allotjat en una casa de Newport (illa de Wight), on, el 18 de setembre de 1648, començaren les converses. Carles I, que tenia la intenció secreta de fugir de l'illa de Wight, va dedicar-se a allargar les converses tan com fos possible; per això, va voler fer l'efecte de concedir algunes peticions del Parlament com ara el control de l'Exèrcit o permetre la instauració del presbiterianisme durant un temps; una mostra de la veritable actitud del rei fou la d'acceptar no tenir més tractes amb la Confederació Catòlica d'Irlanda, però, alhora, enviar instruccions secretes al duc d'Ormonde que no acatés res del que ell hagués concedit en captivitat.

Arran de l'actuació del rei durant els anys 1647 i 1648, dins de l'Exèrcit molts opinaven que Carles I s'havia mostrat com una persona incorregible i sense honor i, a més, el culpaven de l'injustificable vessament de sang que havia representat la Segona Guerra Civil. Aquest sentiment d'animadversió cap al rei anà radicalitzant-se entre els militars i alguns sectors populars a conseqüència de l'actitud obstruccionista de Carles I en les negociacions de Newport. Durant l'octubre de 1648, el general Henry Ireton (1611-1651), gendre de Cromwell, redactà el document La protesta de l'Exèrcit, on, després de considerar impossible arribar a un acord amb Carles I no sols pel seu caràcter sinó també per les seves teories absolutistes, demanava, invocant la idea de la sobirania popular, dur a terme un judici sumaríssim contra Carles I ja que ningú, ni tan sols el Rei, podia situar-se per damunt de la Llei. A més, proposava un acord constitucional que, basant-se en els Extrems de les proposicions però prenent algunes idees de l'Acord del Poble, no deia res sobre la qüestió eclesiàstica, tot i poder donar a entendre que considerava la llibertat religiosa com un dret fonamental, així com establia que tots els futurs reis havien de ser elegits pel poble i amb la seva confiança, sense disposar mai del dret a vetar decisions del Parlament. Thomas Fairfax va presidir una reunió del Consell d'Oficials que es reuní a St. Albans el 7 de novembre on es decidí que l'Exèrcit havia de participar també en les negociacions amb el rei, per així assegurar-se l'acceptació dels punts dels Extrems de les proposicions. El 17 de novembre, Carles I va rebutjar aquestes propostes, igual com abans havia rebutjat les del Parlament. Els oficials van presentar La protesta de l'Exèrcit al Parlament el 20 de novembre, el qual, l'1 de desembre, la va rebutjar per 125 vots contra 58 a la Cambra dels Comuns. Per altra banda, malgrat que, després de dos mesos, les negociacions de Newport no havien arribat enlloc, el 5 de desembre el Parlament va votar continuar les converses amb el rei i també condemnà l'acció de l'exèrcit d'haver traslladat Carles I de Newport al castell de Hurst.

El 6 de desembre de 1648, el coronel Thomas Pride va situar-se amb les seves tropes a l'entrada de la Cambra del Parlament, i, segons anaven arribant els diputats, els obligava a identificar-se i, en el cas que figuressin en una llista que li havien proporcionat, no els deixava entrar; així, els soldats arrestaren quaranta-cinc diputats, i n'expulsaren cent quaranta-sis més als quals deixaren lliures; al final, únicament es permeté l'entrada a setanta-cinc diputats. No sembla que Pride hagués rebut ordres ni de Cromwell ni de Fairfax, però cap d'ells dos no féu res contra aquesta acció que, esporgant el Parlament de la majoria dels seus membres, deixà la cambra sota control dels partidaris de trencar les negociacions amb el rei; per això, el 13 de desembre, els diputats del Rump Parliament (Parlament Escapçat), malnom que rebé el Parlament anglès després de la purga de Pride, va votar la ruptura de les converses amb Carles I, i, dos dies més tard, el Consell d'Oficials de l'Exèrcit votà el trasllat del rei de l'illa de Wight cap a Windsor, per tal de sotmetre'l ràpidament a judici; a mitjans de desembre, Carles I fou conduït a Londres. L'1 de gener de 1649, la Cambra dels Comuns decretà la institució d'un tribunal per jutjar Carles I, així com també votà tipificar com a traïció el fet que un rei d'Anglaterra fes la guerra al seu Parlament. Per la seva banda, la Cambra dels Lords, tot i haver patit també la purga de Pride, va mantenir una actitud legalista de considerar que, amb aquests decrets, els Comuns s'havien extralimitat en les seves funcions. Llavors, a la Cambra dels Comuns, seguint els principis ideològics del general Henry Ireton que després de Déu és el poble l'origen de tot poder just, es decidí que, com a representants del poble, els Comuns disposaven del poder suprem de la nació i, per tant, els seus acords tenien força de llei malgrat no comptar amb l'aprovació ni del rei ni dels lords. Finalment, el 6 de gener, s'establí el tribunal format per tres jutges i cent cinquanta comissionats que havia de jutjar el rei, a qui s'acusava d'alta traïció per haver volgut alterar les antigues i tradicionals llibertats amb el propòsit d'introduir la tirania mitjançant una guerra cruel.

Ja des de la primera sessió del procés (20 de gener), Carles I va negar-se a reconèixer la legalitat del judici al·legant que cap tribunal no tenia jurisdicció sobre un monarca; segons ell, la seva autoritat com a rei li havia estat conferida per Déu en el moment d'haver estat coronat i ungit, mentre que el poder dels que pretenien jutjar-lo només es basava en la força9, i, precisament, el tribunal proclamava que ningú no es podia trobar per damunt de la Llei. Conseqüent amb la seva opció ideològica, Carles I va negar-se a respondre als càrrecs presentats pel tribunal, i, al seu torn, els jutges decidiren seguir el costum de considerar aquesta postura com una admissió de culpabilitat. Al final del judici, cinquanta-nou jutges trobaren el rei culpable d'alta traïció per haver actuat com un tirà, traïdor, assassí i enemic públic. La sentència de mort fou signada el 29 de gener de 1649, i es rebutjà la petició del

---

9   *King Charles I's Speech at his Trial* http://personal.pitnet.net/primarysources/charles.html

rei de poder apel·lar davant de les cambres dels comuns i dels lords. Conclòs el judici, Carles I va ser conduït del Palau Saint James, on estava confinat, al Palau Whitehall, davant del qual s'hi havia instal·lat el cadafal, en el qual, en execució de la sentència, fou decapitat el matí del 30 de gener de 1649, davant d'una multitud congregada.

Era costum que, un cop consumada l'execució d'un traïdor, el botxí n'exhibís el cap als espectadors pronunciant les paraules "Contempleu el cap d'un traïdor", cosa que també es féu amb Carles I, però sense pronunciar les paraules. Per altra banda, en un gest inesperat, Oliver Cromwell va permetre reunir el cap amb el cos per tal que la família el pogués enterrar. Carles I rebé sepultura en una cerimònia privada celebrada durant la nit del 7 de febrer de 1649 a la Capella de Sant Jordi del castell de Windsor.

3.LA REPÚBLICA
3.1.LA PRIMERA Commonwealth

Mentre era sotmès a judici pel tribunal que havia instituït el Rump Parliament, ningú no havia proclamat pas que Carles I hagués deixat de ser rei o que Anglaterra ja no fos una monarquia; així doncs, en principi, a la mort de Carles I la corona passava al seu fill Carles II, amb la qual cosa, a Anglaterra i Escòcia continuaria havent-hi un rei amb qui caldria negociar un acord constitucional. Precisament per evitar-ho, el 30 de gener de 1649, l'execució de Carles I va endarrerir-se unes hores per poder donar temps al Parlament d'aprovar un decret on, a més de declarar la Cambra dels Comuns com l'única font legítima de poder, es prohibia reconèixer ningú com a rei d'Anglaterra. El 7 de febrer, el Rump Parliament abolí formalment la Monarquia, i, el 14, nomenà un Consell d'Estat, format per parlamentaris, que havia d'assumir les tasques executives del govern d'Anglaterra; el primer president que tingué fou John Bradshaw (1602-1659), qui, com a president del tribunal que jutjà Carles I, havia estat el primer a signar la condemna de mort del rei. El 19 de març, el Parlament declarà abolida la Cambra dels Lords, i, el 19 de maig, es proclamà que Anglaterra havia passat a ser una Commonwealth, paraula que, en aquest context, es tradueix per república.

Durant la Commonwealth, el Parlament va instaurar el presbiterianisme i revocà la Llei d'Uniformitat de 1559, amb la qual cosa, passaren a tolerar-se moltes esglésies dissidents, malgrat que tothom continuava sotmès a l'obligació de pagar delmes a l'Església d'Anglaterra;

per altra banda, féu més accessible la Justícia ordenant que tots els processos judicials es fessin en anglès i no pas ni en llatí ni en francès, tal com s'havia fet d'ençà de la invasió normanda de Guillem el Conqueridor al segle xi. A més, també aprovà moltes lleis sobre moral i costums caracteritzades per un integrisme purità com ara tancar els teatres i establir una estricta observança del diumenge com a dia de descans i de pregària. Entre els diputats del Rump Parliament, hi havia dissidents religiosos contraris a l'existència de cap església oficial, alguns dels quals simpatitzaven amb els levellers, presbiterians disposats a aprovar el judici i execució del rei, així com també diputats exclosos en un principi arran de la purga de Pride, però readmesos després d'haver denunciat com a inútils les converses de Newport amb Carles I. Ara bé, molts d'aquests diputats eren petits nobles terratinents o juristes, per la qual cosa, tenien unes actituds socials força conservadores; d'ací que no emprenguessin pas cap reforma que pogués posar en perill els seus interessos.

La principal força del moviment republicà i democràtic dels levellers era l'àmplia difusió del seu ideari entre els soldats de l'Exèrcit; per això, el febrer de 1649, els alts comandaments prohibiren a la tropa d'adreçar peticions al Parlament. Pel març, un grup de vuit soldats es presentà a Sir Thomas Fairfax per demanar-li el restabliment del dret de petició; cinc d'ells foren expulsats de l'Exèrcit. El 27 d'abril, després que s'haguessin produït uns quants motins a l'Exèrcit, va ser penjat a la forca Robert Lockyer, un antic agitador leveller, i el seu enterrament donà lloc a una gran manifestació a Londres i a Westminster. L'1 de maig, mentre estaven reclosos a la Torre de Londres per ordre del Consell d'Estat, John Lilburne, William Walwyn (1600-1681), Thomas Prince (1630-1657) i Richard Overton (1640-1664) escrigueren el pamflet Un acord per al poble lliure d'Anglaterra, on hi exposaven el projecte reformista dels leveller. Tanmateix, després que, el 17 de maig de 1649, Cromwell esclafés amb força un motí de soldats a Banbury (Oxfordshire), el moviment republicà i democràtic quedà eradicat de l'Exèrcit, i ja no recuperà mai més la seva força, ni tan sols després que Walwyn i Overton fossin alliberats de la Torre, i Lilburne resultés absolt en el seu judici.

El gener de 1649, Gerrard Winstanley (1609-1676) publicà The New Law of the Righteousness —La nova llei dels justos— en què, basant-se en la seva interpretació d'un passatge del Llibre dels Fets dels Apòstols, presentà el projecte d'instaurar una societat del tot igualità-

ria sense propietat ni aristocràcia, a la qual s'hi arribaria només que
la gent del poble es dediqués a constituir petites comunes agràries au-
togestionàries amb la qual cosa, els aristòcrates i els terratinents aca-
barien trobant-se en el dilema d'unir-se a les comunes o bé morir-se
de gana ja que no hi hauria ningú disposat a llogar-se per treballar en
les seves terres. En un principi, els seguidors de Winstanley s'autode-
nominaven True Levellers, per distingir-se així dels simpatitzants de
les idees de Lilburne, que aspirava només a la igualtat política però
mantenint la propietat privada; tanmateix, al final, els True Levellers
foren coneguts com a diggers (cavadors). Els diggers organitzaren la
seva primera colònia al comtat de Surrey aprofitant terres comunals
o abandonades l'abril de 1649; aviat, però, es trobaren que alguns ter-
ratinents de la zona els hostilitzaven enviant bandes armades a ata-
car-los; els diggers intentaren pledejar al Parlament, però, arran d'una
sentència desfavorable, per l'agost hagueren d'abandonar la colònia
abans de ser-ne expulsats. Posteriorment, aparegueren en d'altres llocs
noves colònies de diggers, les quals, però, sucumbiren davant de les
pressions dels terratinents i de l'hostilitat del Parlament, per la qual
cosa, vers 1651, el moviment digger arribà a la seva fi.

3.2. LA TERCERA GUERRA CIVIL ANGLESA (1650-1651)
3.2.1. IRLANDA

La novella república anglesa es sentia amenaçada per l'aliança que
a Irlanda, on les forces del Parlament només controlaven Dublín i
Derry, havien establert els catòlics amb els monàrquics anglesos. Per
això, el govern anglès va enviar a Irlanda un exèrcit dirigit per Oliver
Cromwell, que desembarcà a Dublín el 15 d'agost de 1649. Durant els
mesos de setembre i octubre, Cromwell prengué Drogheda i Wexford
i s'assegurà l'arribada de suport logístic d'Anglaterra; a continuació, va
enviar una columna cap a l'Ulster i marxà cap a assetjar Waterford,
Kilkenny i Clonmel, situades al sud-est d'Irlanda. Les forces angleses
aconseguiren la rendició de Kilkenny, però no pogueren prendre Wa-
terford i, el maig de 1650, patiren moltes baixes abans que Clonmel
capitulés; tanmateix, Cromwell obtingué un important èxit diplomàtic
quan reeixí a convèncer els protestants monàrquics establerts a Cork de
passar-se al bàndol republicà. El 26 de maig de 1650, Cromwell marxà
d'Irlanda per anar a Escòcia a combatre-hi contra els monàrquics que
s'havien declarat fidels a Carles II, i la guerra d'Irlanda la continuaren

els generals Henry Ireton i Edmund Ludlow (1617-1692), els quals no arribaren a prendre Galway, la darrera ciutadella catòlica, fins a l'abril de 1652, un any abans que es rendissin les últimes tropes irlandeses.

Oliver Cromwell, per una banda, a causa de la seva profunda fe puritana, era visceralment hostil als catòlics, als quals considerava uns heretges que, com que donaven més importància al Papa i a la jerarquia eclesiàstica que no pas a la Bíblia, no vivien segons la Paraula de Déu, i, per altra banda, es considerava en el deure de venjar les matances de protestants dutes a terme a Irlanda pels catòlics d'ençà de la revolta de 1641; per això, a la campanya irlandesa, actuà d'una manera brutal, tal com va fer-ho després de la presa de Drogheda, en què no sols va fer-ne matar tots els defensors, començant pels capellans, sinó que va arribar a fer incendiar una església on s'hi havien refugiat dones i criatures, i en la presa de Wexford perpetrà massacres semblants, cosa que justificà escrivint

> "Estic convençut que he aplicat simplement el just càstig de Déu a aquests bàrbars tacats de sang innocent, i crec que aquest càstig els inspirarà tal terror que, d'ara en endavant, ja no tornarà a ser necessari vessar més sang"[10].

A més, la repressió fou terrible: uns set mil cinc-cents homes foren venuts com a esclaus a les colònies angleses del Carib i de l'Amèrica del Nord, i a les riques regions de l'est i del nord, els irlandesos foren expropiats en favor d'anglesos, molts dels quals eren antics soldats. Per tot això, avui dia, a Irlanda el record de Cromwell resulta tan odiós com el de Felip V o Franco als Països Catalans.

3.2.2. ESCÒCIA

El juny de 1649, des del seu exili als Països Baixos, Carles II havia nomenat lloctinent d'Escòcia el marquès de Montrose, el qual, però, condemnat a mort pel Parlament escocès, fou executat a Edimburg el 21 de maig de 1650, cosa que va culminar la guerra civil escocesa entre aliancistes i monàrquics. Malgrat tot, però, per tal d'assegurar la independència d'Escòcia i protegir l'església presbiteriana del parlament anglès, una

---

10   VENARD, Marc: *Los comienzos del mundo moderno (siglos XVI a XVII)*. Volum III. Barcelona, Argos Vergara, 1979 (Gran Historia Universal, 11). Pàg 27

delegació dels aliancistes escocesos s'entrevistà a Breda (Províncies Unides dels Països Baixos) amb Carles II, el qual, accedint a les seves peticions, es comprometé a instaurar el presbiterianisme a tots els tres regnes. El 23 de juny de 1650, Carles II desembarcà a Escòcia i jurà els acords de l'Aliança de 1638.

En un primer moment, Cromwell féu una crida a l'Assemblea General de l'Església d'Escòcia a reconèixer l'error que havia comès aliant-se amb els monàrquics, i, en no obtenir-ne resposta, va començar la campanya militar, que li resultà desfavorable, fins que, d'una manera imprevista, el 3 de setembre de 1650 a la Batalla de Dunbar, va derrotar el principal exèrcit aliancista, la qual cosa li va permetre prendre Edimburg, i, durant els mesos següents, apoderar-se de tot el sud d'Escòcia. Arran de la desfeta de Dunbar, el desembre de 1650, el Parlament d'Escòcia va decretar una lleva forçosa, i així va formar un exèrcit que quedà sota el comandament directe de Carles II, coronat rei d'Escòcia l'1 de gener de 1651 a Scone; les tropes eren molt nombroses però no estaven gaire entrenades i, a més, la moral de combat encara es ressentia del record de la recent guerra civil entre aliancistes i reialistes. Després de la derrota dels escocesos a la Batalla d'Inverkeithing (20 de juliol de 1651), l'exèrcit anglès avançava cap a Perth, on hi tenia la seva base Carles II, qui, llavors, ordenà al seu exèrcit envair Anglaterra amb el propòsit tant d'intentar encendre-hi alçaments monàrquics com d'evitar ser capturat per les forces angleses; llavors, Cromwell va encarregar al general George Monck (1608-1670) de finalitzar la campanya d'Escòcia, i ell es traslladà a Anglaterra per perseguir-hi Carles II. Després que les tropes escoceses fossin derrotades per Cromwell a Worcester (Anglaterra) el 3 de setembre de 1651, no disposant de recursos ni de tropes amb què poder continuar la guerra, a Carles II no li quedà cap altra solució que tornar-se'n a l'exili, cosa força difícil perquè el govern anglès havia ofert una quantiosa recompensa a qui el capturés i, a part que per tot arreu hi havia destacades patrulles de l'Exèrcit encarregades de buscar-lo, qualsevol sospitós d'haver ajudat el rei a fugir podia ser condemnat a mort per traïció; al final, comptant amb la col·laboració d'alguns monàrquics i de xarxes clandestines d'evasió creades per catòlics anglesos, Carles II va aconseguir arribar a Shoreham (Sussex), on, amagant la seva identitat, el 15 d'octubre pogué embarcar-se cap a França.

Segons el Decret d'Unió aprovat pel Rump Parliament el 2 de febrer de 1652, el Parlament d'Escòcia quedava dissolt i, a canvi, es concedia als escocesos el dret d'ocupar trenta escons al Parlament d'Anglaterra; al seu torn, l'Església Presbiteriana d'Escòcia va ser tolerada, però no va poder actuar com a església oficial, tal com ho havia fet abans. Durant tot el període republicà, Escòcia estigué sota el poder de les forces d'ocupació del general Monck, el qual va haver de combatre contra els alçaments monàrquics que es produïren, principalment, a la regió de les Terres Altes; bastants d'aquests rebels escocesos foren venuts com a esclaus a les colònies del Carib.

3.3. EL PARLAMENT D'EN BAREBONE

D'ençà de la fi de la Primera Guerra Civil Anglesa (1646), l'Exèrcit, que el Parlament havia creat per lluitar contra Carles I, havia esdevingut una força política autònoma, tal com va quedar clar el desembre de 1648 després que la Purga de Pride, donés origen al Rump Parliament.

Un cop va haver vençut les forces de Carles II en la campanya d'Escòcia, Cromwell, cap suprem de l'Exèrcit després de la renúncia de Sir Thomas Fairfax el 1650, va demanar al Rump Parliament la convocatòria de noves eleccions, l'establiment de les bases per unir els antics regnes d'Irlanda, Anglaterra i Escòcia en un sol estat, així com la institució d'una nova església oficial que, a més de disposar d'una àmplia base, garantís la tolerància. Tanmateix, el Parlament no va posar-se d'acord en la data de les noves eleccions, i, malgrat haver decretat la llibertat de consciència, va mantenir els delmes, rebutjats per molts sectors socials com a supervivència del catolicisme. Enutjat per la ineficàcia del Parlament, i per la possibilitat que els seus membres pretenguessin perpetuar-se en el càrrec, l'abril de 1653 Cromwell va exigir als diputats que nomenessin un govern provisional de quaranta membres, designats entre el Parlament i l'Exèrcit, i que dimitissin; el Rump Parliament va continuar amb les seves discussions fins que, el 20 d'abril de 1653, Cromwell el dissolgué ocupant la cambra amb un escamot de soldats i expulsant-ne els diputats. Tanmateix, Cromwell i els alts comandaments no estaven pas disposats a convocar unes eleccions lliures per por que en sortís un nou parlament amb una majoria que els fos contrària; llavors, el general Thomas Harrison (1606-1660) proposà la creació d'un òrgan de govern basat en el model del Sanedrí de Setanta Sants de què parla l'Antic Testament; aquesta idea resultava de l'adhesió de Harrison a la secta del Cinquè Regne, la qual, basant-se en les profecies del Llibre de l'Apocalipsi, creia que calia preparar-se per a la segona vinguda de Jesús i la instauració a la Terra del Regne de Crist com a rei de reis i senyor de senyors, esdeveniments que s'havien de produir en una data tan propera com l'any 1666, ja que, segons l'Apocalipsi, el número 666 és el Nombre de la Bèstia, que s'identifica amb l'Anticrist. A partir de la proposta de Harrison, durant el mes de maig de 1653 el Consell de l'Exèrcit envià cartes a les esglésies congregacionals de tot arreu d'Anglaterra demanant-los que els facilitessin els noms d'aquells que consideressin més preparats per formar part del nou govern; d'entre les llistes de nominats, Cromwell va designar els membres del nou consell, denominat oficialment l'Assemblea dels Sants, que començà a reunir-se el 4 de juliol de 1653 i, el 12 de juliol, va proclamar-se Parlament de la Commonwealth.

L'Assemblea dels Sants fou escarnida com a reunió de puritans de baixa condició social, poc preparada i sense experiència política, l'exemple dels quals era un dels diputats designats per Londres: un venedor de pell de nom Praise-God Barebone, adepte, a més, del Cinquè Regne; d'ací que els detractors del nou òrgan de govern l'anomenessin "el Parlament d'en Barebone". En realitat, però, molts dels membres de l'Assemblea pertanyien a classes acomodades i, en contra també del que en deien els seus enemics, els adeptes del Cinquè Regne, malgrat estar-hi força representats, no hi tenien pas majoria. La tasca legislativa de la nova assemblea quedà paralitzada arran de les disputes entre la facció moderada i la radical, formada per molts dels seguidors del Cinquè Regne, en qüestions sobre l'abolició dels delmes, o sobre les reformes legals, ja que, segons els diputats del Cinquè Regne, les úniques lleis d'Anglaterra havien de ser les que establien les Sagrades Escriptures. A més, a partir de novembre i desembre, els radicals començaren a guanyar votacions per majoria; llavors, els moderats s'adreçaren a Cromwell demanant-li que dissolgués la Cambra, tal com va fer-ho el 12 de desembre de 1653.

3.4. EL PROTECTORAT

Després de la dissolució de l'Assemblea dels Sants, és a dir, del "Parlament d'en Barebone", el general John Lambert (1619-1684) va redactar una constitució per a la Commonwealth d'Anglaterra, Escòcia i Irlanda, basada en Els extrems de les proposicions, en la qual el poder executiu corresponia al Lord Protector, càrrec electiu però vitalici, que, a més d'haver de convocar cada tres anys un parlament, que s'hauria de reunir com a mínim durant cinc mesos, havia de tenir la majoria dins del Consell d'Estat. El 16 de desembre de 1653, Oliver Cromwell fou nomenat Lord Protector; a la pràctica, però, el seu poder es basava en la seva popularitat entre l'Exèrcit; per això, quan el primer Parlament del Protectorat, que havia iniciat les seves reunions el 3 de setembre de 1654, va començar a aprovar reformes constitucionals moderadament republicanes, el Protector optà per dissoldre'l el 22 de gener de 1655. D'altra banda, després d'una sèrie d'alçaments monàrquics que tingueren lloc durant la primavera de 1655, per l'agost, Cromwell va prendre la decisió de dividir Anglaterra en deu districtes governat cadascun per un general responsable només davant del Protector; a més de mantenir l'ordre i de perseguir els sediciosos, els generals també havien de participar en la croada moral de Cromwell prohibint diversions com ara les carreres de cavalls, les representacions teatrals o dictant mesures contra el consum d'alcohol o la indecència sexual; arran de les peticions del segon Parlament del Protectorat (1656-1658), el gener de 1657, Cromwell va abolir el govern dels generals. El 1657, el Parlament va oferir a Cromwell la possibilitat de proclamar-se rei, cosa que, després d'una meditació de sis setmanes, rebutjà en un discurs que pronuncià al Parlament el 13 d'abril; el 26 de juny, Cromwell fou jurat de nou com a Protector amb uns poders ampliats, entre els quals, el de poder designar el seu successor.

Després de la mort d'Oliver Cromwell (3 de setembre de 1658), es va comunicar al seu fill Richard que el seu pare l'havia nomenat successor. Com a Lord Protector, Richard Cromwell (1626-1712), a qui l'Exèrcit no donava suport a causa de la seva nul·la experiència militar, es trobà amb el problema de l'immens deute del govern. Per intentar resoldre'l, convocà un nou Parlament, el qual es mostrà disposat a sanejar la Hisenda Pública retallant despeses militars. El 8 d'abril de 1659, Richard Cromwell féu arribar una nota de protesta de l'Exèrcit al Parlament, que la Cambra, on hi predominaven presbiterians moderats, cripto-monàrquics i republicans partidaris de tornar al sistema de la Commonwealth, decidí ignorar; a més, el 18 d'abril, la Cambra dels Comuns decretà prohibir les reunions d'oficials de l'Exèrcit si no comptaven amb l'autorització del Protector i del Parlament i, a més, va obligar els oficials a jurar no dissoldre el Parlament per la força. Tanmateix, però, després que l'Exèrcit hagués concentrat tropes a Londres, el 22 d'abril Cromwell acceptà la seva petició de dissoldre el Parlament i convocar de nou el Rump Parliament el 7 de maig; el 25 de maig de 1659, Richard Cromwell renuncià al càrrec de Protector.

3.5.LA NOVA COMMONWEALTH

Després de la dimissió de Richard Cromwell, no es va nomenar cap nou Protector, sinó que s'intentà tornar a l'antiga Commonwealth. El 9 de juny de 1659, Charles Fleetwood (1618-1692) fou nomenat comandant en cap de l'Exèrcit; ara bé, com que el Parlament no estava pas disposat a sotmetre's a l'Exèrcit, Fleetwood no va poder arribar a tenir l'autoritat de què havia gaudit Oliver Cromwell.

El 12 d'octubre, la Cambra dels Comuns va destituir el general John Lambert i nomenà Fleetwood cap d'un consell militar sota l'autoritat del President de la Cambra. L'endemà, Lambert va fer clausurar el Parlament i, el dia 26, es creà un Comitè de Seguretat del qual Lambert, designat cap de les forces armades d'Anglaterra i d'Escòcia, i Fleetwood n'eren membres. El Comitè envià Lambert a Escòcia a entrevistar-s'hi amb el general Monck, governador d'aquell país d'ençà de la derrota de Carles II per Oliver Cromwell. Tanmateix, el general Monck va decidir marxar cap a Anglaterra amb el seu exèrcit; llavors, com que les seves tropes anaren desertant, Lambert arribà a Londres gairebé sol. El 21 de febrer de 1660, el general Monck va convocar de nou el Long Parliament, admetent-hi també aquells diputats que Pride havia purgat el 1648; Fleetwood fou destituït i cridat a comparèixer davant del Parlament per retre-hi comptes de la seva actuació, i Lambert va ser empresonat a la Torre de Londres. El 16 de març de 1660, el Long Parliament va votar autodissoldre's, i el 25 d'abril va començar a reunir-se un nou parlament elegit, dit Parlament de la Convenció, on els monàrquics hi tenien majoria.

4.LA RESTAURACIÓ
4.1.CARLES II D'ANGLATERRA I D'ESCÒCIA
4.1.1.EL RETORN DEL REI

En resposta a un missatge secret del general Monck, el qual estava convençut que només la restauració de la Monarquia podia salvar Anglaterra del caos a què l'abocaven els enfrontaments entre els diferents cabdills militars, Carles II va emetre la Declaració de Breda (4 d'abril de 1660), en la qual, a més de l'elecció d'un parlament lliure que assessorés el rei, i de la tolerància religiosa, prometia una amnistia per als antics adversaris de la Corona que el reconeguessin a ell com a rei, de la qual, però, en quedaven exclosos els regicides, és a dir, els que havien participat en el judici i execució de Carles I. D'aquest document, se'n feren arribar còpies al Parlament de la Convenció com també al general Monck i al govern municipal de Londres. Després d'haver rebut la Declaració de Breda, el 8 de maig el Parlament proclamà que Carles II havia estat el legítim monarca des del moment mateix de la mort del seu pare, Carles I; el 29 de maig de 1660, Carles II arribà a Londres, on fou rebut amb grans mostres d'entusiasme popular.

El 29 d'agost de 1660, duent a la pràctica les promeses fetes per Carles II en la declaració de Breda, el parlament va aprovar una llei, en aplicació de la qual nou regicides foren penjats i esquarterats, d'altres van ser condemnats a cadena perpètua o, simplement, inhabilitats per a l'exercici de càrrecs públics per a tota la vida; fins i tot es va arribar a executar pòstumament regicides que ja havien mort com ara Oliver Cromwell, Henry Ireton i John Bradshaw, els cadàvers dels quals foren desenterrats, penjats i esquarterats; a més, el cos de Cromwell el llençaren a una fosa comuna sense el cap.

4.1.2.ESCÒCIA

El retorn de Carles II havia dut al restabliment de la jerarquia episcopal tant a Anglaterra com a Escòcia, amb la qual cosa quedaven revocats els acords de l'Assemblea General de Glasgow de 1638 que havien definit l'Església d'Escòcia com a presbiteriana. La restauració de l'episcopat va provocar fortes protestes, principalment al sud-oest d'Escòcia, on eren molt fortes les simpaties envers els aliancistes; a més, molts dels clergues presbiterians van anar a predicar als camps, fora de les esglésies que s'havien vist obligats a abandonar.

Com que durant les guerres civils els aliancistes escocesos sempre havien condicionat l'aliança amb el rei a la seva acceptació del presbiterianisme, el règim de la Restauració va decidir perseguir els presbiterians per mantenir l'ordre a Escòcia; els mètodes de repressió anaren des de multes als que no assistissin als serveis religiosos de l'església oficial fins a la pena de mort per als predicadors il·legals; a més, es reclutaren tropes a les Terres Altes per anar a saquejar aquelles comarques on els aliancistes eren majoritaris. Aquesta situació va dur a les rebel·lions armades de 1666 i 1679, aviat reprimides; a més, el 1680 a Sanquhar l'aliancista Richard Cameron, acompanyat de vint homes armats, va declarar trencada la fidelitat a Carles II i al Consell Privat d'Escòcia per lluitar pel vertader protestantisme, és a dir, pel presbiterianisme. En resposta, el Consell Privat d'Escòcia va autoritzar execucions extrajudicials d'aquells que fossin capturats amb les armes a la mà o que es neguessin a jurar fidelitat al rei; així començà el "Temps de les Matances", expressió creada per l'historiador Robert Wodrow (1679-1734) en la seva Història dels patiments de l'Església d'Escòcia des de la Restauració fins a la Revolució, que publicà entre 1721 i 1722.

4.1.3. IRLANDA

Malgrat els esforços de Carles II per mostrar-s'hi conciliador oferint-los compensacions i garanties sobre els seus drets de propietat, els catòlics irlandesos es sentiren decebuts perquè moltes de les confiscacions perpetrades per Cromwell no es revocaren pas. Per altra banda, els protestants consideraven massa benèvol el tracte donat per Carles II als catòlics, els quals, en opinió seva, mereixien ser castigats per les matances de protestants que havien dut a terme el 1641.

El 1678, arran del rumor que els catòlics irlandesos estaven planejant una revolta que comptaria amb l'ajuda de França, va desencadenar-se a Irlanda una nova onada de repressió anticatòlica en la qual es va detenir dos bisbes catòlics, un dels quals va morir a la presó, mentre que l'altre fou penjat i esquarterat.

4.1.4. ANGLATERRA

Carles II va dissoldre el Parlament de la Convenció el desembre de 1660, i, poc després de la seva coronació a Westminster el 23 d'abril de 1661, s'elegí el segon parlament del seu regnat, dit el Parlament dels Cavallers, amb una majoria reialista, però, sobretot, radicalment anglicana; el 1673, el Parlament arribà a obligar el rei a revocar la seva declaració de tolerància envers els protestants dissidents i els catòlics, i, a més, decretà l'obligació de tots els funcionaris públics de jurar fidelitat a l'Església Anglicana i de rebutjar les doctrines catòliques.

Un altre punt de fricció amb el rei fou la política exterior. A causa de les seves rivalitats comercials i colonials, Anglaterra i Holanda havien estat en guerra entre 1652 i 1654. El 1664, l'atac a les possessions holandeses de l'Amèrica del Nord donà origen a una segona guerra en què, el 1665, la flota anglesa derrotà l'holandesa a la Batalla de Lowestoft; ara bé, el juny de 1667, a la Batalla de Medway, vaixells holandesos arribaren a pujar el riu Tàmesi i hi destruïren tota la força naval anglesa, que es trobava ancorada en els seus dics; aquesta desfeta, després de la qual Anglaterra hagué d'acceptar les condicions de la Pau de Breda (1667), s'esdevingué poc temps després que Londres hagués estat assolada per una epidèmia (setembre de 1665) i per un gran incendi (setembre de 1666), que alguns volgueren atribuir a una conspiració dels catòlics. Arran de la derrota contra els holandesos, que afectà molt negativament el seu prestigi, Carles II va haver de destituir el comte de Clarendon qui fins aleshores havia estat el seu home de confiança, el qual hagué de fugir a França perquè el Parlament volia processar-lo per alta traïció. El 1668, Anglaterra va aliar-se amb Suècia i, també, amb Holanda per aturar l'ofensiva de Lluís XIV sobre els Països Baixos hispànics en la dita Guerra de Devolució; aquesta Triple Aliança, formada per països protestants, va aconseguir fer que França signés la Pau d'Aquisgrà amb la Monarquia Hispànica desistint així, momentàniament, dels seus objectius. Tanmateix, el 1670, per resoldre els seus problemes financers, Carles II signà el Tractat de Dover amb Lluís XIV, pel qual, a canvi de rebre'n una pensió anual, es comprometia a proporcionar armes al rei de França i, tal com ho establia una clàusula secreta, anunciaria la seva conversió al catolicisme, tan aviat com l'estat de coses dels seus regnes li ho permetessin; a més, Lluís XIV oferiria tropes al rei d'Anglaterra per lluitar contra els que s'oposessin a la conversió. Seguint aquesta política d'aliança francesa, el 1672, Carles II va unir-se a Lluís XIV en la seva guerra contra Holanda, però, després de dos anys de campanyes fracassades, el Parlament, tement que l'entesa amb França fos part d'una conjura per imposar el catolicisme a Anglaterra, obligà Carles II a deixar la guerra negant-li la concessió de nous subsidis per a empreses militars. Novament per intentar aconseguir-ne diners, Carles II va dur a terme negociacions secretes amb Lluís XIV malgrat que una gran part de l'opinió pública desitjava la guerra contra un país catòlic com ho era França; arran de tot aquest afer, la Cambra dels Comuns va decidir processar el ministre Lord Danby creient-lo, erròniament, l'artífex de la nova aliança; llavors, per salvar Danby, el rei va dissoldre el Parlament el gener de 1679. El nou Parlament, elegit dos mesos després, va reprendre el procés contra Danby, malgrat que havia rebut un perdó reial, al·legant que la dissolució de les cambres no invalidava les acusacions; finalment, a Carles II no li va quedar més remei que permetre l'empresonament de Lord Danby a la Torre de Londres.

4.1.5. EL DUC DE YORK

Carles II va arribar a tenir dotze fills, però, com que tots eren il·legítims, a la seva mort la corona havia de passar al seu germà Jaume duc de York i d'Albany qui, entre 1668 i 1669, mogut per les seves creences religioses, es convertí al catolicisme, decisió que, en un principi, va mantenir en secret, i, per això, continuà assistint als serveis religiosos anglicans; ara bé, el 1672, quan el Parlament obligà tots els funcionaris i oficials militars a jurar fidelitat a l'Església Anglicana i a rebutjar les doctrines catòliques, Jaume va dimitir del càrrec de Lord de l'Alt Almirallat, amb la qual cosa, se'n va fer pública la conversió. Desaprovant l'actitud religiosa del seu germà, Carles II va ordenar que Maria i Anna, les dues filles de Jaume, fossin educades en el protestantisme; però, per altra banda, va permetre al duc de York, vidu de la seva primera esposa, casar-se amb la princesa catòlica Maria de Mòdena, a la qual molts anglesos consideraven una agent del Papa. Tot i així, ni que fos a contracor, el 1677 Jaume va consentir que la seva filla Maria es casés amb el príncep calvinista Guillem d'Orange, un matrimoni que Guillem havia acordat amb el seu oncle Carles II.

A mesura que anaven passant els anys i Carles II no aconseguia tenir fills amb la seva muller, la reina Caterina de Bragança, els quatre embarassos de la qual havien acabat en avortaments, el neguit de certs sectors davant la possibilitat que un príncep catòlic heretés la Corona anaren creixent. Per això, va provocar una greu crisi política la denúncia el 1678 d'un suposat "Complot Papista" en què els jesuïtes i d'altres catòlics anglesos assassinarien Carles II per poder proclamar rei el duc de York, cosa que donaria inici a una gran matança de protestants. Segons sembla, no hi havia en realitat cap mena de conspiració, i tot es tractava d'un muntatge ordit per un personatge més aviat tèrbol que es deia Titus Oates (1649-1705), qui, donant cada vegada més noms de catòlics pretesament implicats en conjures, entre els quals el de la mateixa reina Caterina de Bragança, va esdevenir una mena d'heroi nacional fins que, el 1681, les seves acusacions, arran de les quals es va arribar a executar quinze homes que, segurament, eren innocents, van deixar de tenir credibilitat, i acabà empresonat per sedició. Davant de l'ambient d'agitació que es vivia a Londres per culpa de les denúncies d'Oates, Carles II va decidir convocar el Parlament, el qual va obligar el rei a iniciar noves investigacions en l'afer de les suposades conjures papistes. A més, Anthony Ashley Cooper (1621-1683) —comte de

Shaftesbury des de 1672—, capitost dels descontents amb l'excessiva presència de catòlics a la Cort, va fer tancar a la Torre de Londres cinc nobles acusats per Oates, tot i que el rei no creia en les acusacions, i, a més, va demanar públicament que el duc de York fos desposseït dels seus drets successoris; poc després, pel desembre, el Parlament va decretar excloure els catòlics de les seves cambres; per altra banda, es va expulsar de Londres tots els sospitosos de ser catòlics, igual com, en manifestacions al carrer, es van cremar efígies del Papa. Per tal d'evitar que s'aprovés excloure el duc de York de la successió al tron, a Carles II no li va quedar més remei que dissoldre el Parlament, i, per aquesta mateixa raó, va haver de dissoldre també els Parlaments que convocà el 1680 i 1681; al final, durant els seus darrers quatre anys de regnat, Carles II va governar sense Parlament, tal com ho havia fet el seu pare entre 1629 i 1640.

Segons es va descobrir el 1683, el comte d'Essex i d'altres dirigents dels whigs, facció política partidària d'excloure Jaume del tron, oposada, doncs, als tories, disposats a acceptar la successió del duc de York, estaven implicats, juntament amb el duc de Monmouth, fill il·legítim de Carles II, en un complot per assassinar el rei i el seu germà Jaume; un cop desarticulada la conspiració, el comte d'Essex es va suïcidar, i el duc de Monmouth fou enviat a l'exili després d'haver confessat la seva culpa. Com que el descobriment de la conxorxa va provocar una onada d'adhesió popular a Carles II i a Jaume, el rei va aprofitar-ho per cridar a formar part del Consell Privat el duc de York, els drets successoris del qual ja mai més foren qüestionats.

4.2. JAUME II D'ANGLATERRA I VII D'ESCÒCIA

El 1685, Carles II va morir sense descendència legítima, i el duc de York va convertir-se en Jaume II d'Anglaterra i VII d'Escòcia, sense despertar cap mena d'oposició. El nou Parlament, que va començar a reunir-se el maig de 1685, va votar una generosa pensió al rei, i, per la seva banda, Jaume II va manifestar-se disposat a perdonar els que havien defensat la seva exclusió del tron si ara l'acataven com a sobirà. Tanmateix, Jaume va haver de començar el seu regnat enfrontant-se a dues revoltes; la primera fou la del comte d'Argyll a Escòcia, que fou ràpidament dominada, i així, Argyll, que havia reclutat una gran part dels seus soldats entre el seu clan, els dels Campbell, acabà sent executat a Edimburg el 30 de juny de 1685. La segona revolta, coordinada amb la del comte d'Argyll, fou la del duc de Monmouth, qui es proclamà rei a Lyme Regis (Dorset) l'11 de juny; tanmateix, després de la derrota de les seves forces, Monmouth fou executat a la Torre de Londres el 15 de juliol de 1685. Tant el comte d'Argyll com el duc de Monmouth havien desembarcat a l'illa de la Gran Bretanya procedents de les Províncies Unides dels Països Baixos, on el príncep Guillem d'Orange, stadhouder (lloctinent) de les principals províncies —Holanda, Zelanda, Utrecht, Gelderland i Overijssel— i, alhora, gendre i nebot del rei d'Anglaterra, fes res ni per detenir-los ni per impedir-los continuar amb els seus plans. Per això, Jaume II va anar esdevenint cada vegada més suspicaç amb els holandesos. Després d'haver sotmès les revoltes de 1685, Jaume II va intentar assegurar el seu poder establint un exèrcit permanent, la qual cosa, però, anava contra la tradició anglesa de no mantenir exèrcits en temps de pau; a més, el sobirà va començar a usar la seva reial prerrogativa per nomenar caps militars catòlics dispensant-los de prestar el jurament de fidelitat a l'Església Anglicana prescrit pel Parlament el 1673 per a tots els funcionaris i oficials de l'Exèrcit. Malgrat la seva bona disposició inicial cap al rei, el Parlament va acabar protestant contra aquestes mesures, i, el novembre de 1685, Jaume II suspengué les sessions del Parlament, que ja no va tornar a reunir-se més.

El 1686, el rei va arribar a rebre en audiència el nunci papal Ferdinando d'Adda, com també va començar a nomenar catòlics per a alts càrrecs del govern dels regnes, la qual cosa li féu perdre el suport dels anglicans, amb els quals, sobretot durant la seva època de duc de York, hi havia tingut bona relació, principalment amb el sector més conservador, i, doncs, més proper al catolicisme. Continuant amb la seva política absolutista i catòlica, el 1687 va promulgar la *Declaració d'Indulgència*, dita també *Declaració per la Llibertat de Consciència*, en què usà la seva reial prerrogativa per deixar sense efecte les lleis que perseguien els catòlics i els protestants dissidents, amb la qual cosa va créixer el rebuig al rei per l'Església Anglicana, que s'accentuà encara més quan Jaume permeté als catòlics assolir càrrecs dirigents a la Universitat d'Oxford, en la qual va arribar a obligar el *Magdalen College* a elegir com a president un sospitós de ser secretament catòlic, actuació amb la qual el rei violava el dret del *College* a triar-se el seu president. Després que, l'abril de 1688, Jaume II hagués tornat a promulgar la *Declaració d'Indulgència*, l'arquebisbe de Canterbury i sis bisbes més van presentar una petició al rei demanant-li que reconsiderés la seva política religiosa, i el rei els féu empresonar tots set a la Torre de Londres, acusant-los de propaganda sediciosa; tanmateix, quan foren jutjats (30 de juny), el tribunal els declarà innocents, cosa que fou celebrada amb grans mostres d'alegria popular.

5.LA GLORIOSA REVOLUCIÓ
5.1.LA CRIDA A GUILLEM D'ORANGE

En principi, l'hereva de les corones de Jaume era la seva filla Maria, casada amb Guillem d'Orange; per tant, la seva política absolutista i catòlica es podia veure només com un problema temporal ja que Maria era protestant. Les coses, però, canviaren radicalment el 10 de juny de 1688 quan s'anuncià el naixement de Jaume Francesc Eduard, el primer fill baró del rei, a qui, com és lògic, s'educaria en el catolicisme i, per tant, quedava plantejada l'amenaça que Anglaterra i Escòcia restessin definitivament sota el domini d'una dinastia catòlica. Per això, es va donar un ampli corrent de rebuig al nou príncep, que es va manifestar en la predisposició de molta gent a donar crèdit a històries totalment forassenyades, difoses per protestants, segons les quals, en realitat, Jaume Francesc Eduard era un impostor ja fos perquè la seva suposada mare, Maria de Mòdena, no havia estat mai embarassada, o bé perquè l'autèntic fill del rei havia nascut mort i el que feien era presentar una altra criatura en el seu lloc. Per altra banda, d'ençà de la fi de la guerra franco-holandesa (1672-1678), Lluís XIV havia esdevingut el monarca més poderós de l'Europa occidental, i, a més, continuava amb la seva política expansionista; per això, el 1686, l'emperador romanogermànic Leopold I, aconsellat per Guillem d'Orange, va crear la Lliga d'Augsburg per mirar de contenir l'imperialisme francès. En un principi, el Príncep d'Orange havia tingut l'esperança que Anglaterra i Escòcia s'unissin a la Lliga d'Augsburg, però, al final, ja va quedar clar que Jaume s'alineava amb Lluís XIV.

El novembre de 1687, quan s'anuncià que Maria de Mòdena estava embarassada, Guillem d'Orange, vist a Europa com el defensor del protestantisme i l'adversari de l'absolutisme francès, va escriure una carta oberta al poble anglès en què desaprovava la política religiosa de Jaume II; a partir d'aleshores, alguns notables anglesos començaren a negociar amb Guillem d'Orange l'organització d'una expedició armada a Anglaterra; d'acord amb el seu rebuig a l'absolutisme, el príncep d'Orange prometia restringir el poder reial si accedia al tron i, a canvi, demanava que Anglaterra entrés en la coalició contra França. Després que, per l'abril de 1688, Jaume II hagués signat un acord naval amb Lluís XIV pel qual França finançaria un esquadró anglès al Canal de la Mànega, Guillem d'Orange va començar a planejar la invasió d'Anglaterra mirant d'aconseguir els necessaris suports econòmics i polítics, que li van arribar el 30 de juny en rebre una carta enviada per set notables anglesos, un bisbe i sis nobles, vinculats tant als whigs com als tories, que, després, se'ls denominaria Els Set Immortals, els quals li demanaven que obligués Jaume II a reconèixer com a hereva Maria, declarant que l'acabat de néixer príncep de Galles era un impostor. Per altra banda, a Anglaterra, agents orangistes iniciaren una campanya de propaganda presentant Guillem com un autèntic Stuart de debò —el príncep d'Orange era nét de Carles I— però, sobretot, lliure de les seves habituals tares: criptopapisme —en el moment de morir, Carles II s'havia convertit al catolicisme—, absolutisme i dissolució moral. A nivell internacional, havent-li promès que no perseguiria pas els catòlics, l'emperador Leopold I donà suport a Guillem, igual com també ho feren el duc de Hannover, l'elector de Saxònia, i, fins i tot, el papa Innocent XI, mogut pel seu enfrontament amb Lluís XIV. Finalment, fou el temor a un atac conjunt anglo-francès com el de 1672, allò que dugué els Estats Generals de les Províncies Unides dels Països Baixos a donar la seva aprovació als plans de Guillem el 29 de setembre.

5.2. L'EXPEDICIÓ

Després d'haver salpat dels Països Baixos el 28 d'octubre, la flota de Guillem va aconseguir desembarcar a Torbay (Devon) el 5 de novembre, on el príncep d'Orange fou rebut amb grans mostres d'entusiasme; a les seves banderes, hi havia escrit el lema "Les llibertats d'Anglaterra i la religió protestant jo mantindré". Guillem d'Orange disposava d'un exèrcit capaç d'enfrontar-se a els tropes de Jaume II; ara bé, es va decidir esperar que els orangistes anglesos es rebel·lessin i, a més, es va sotmetre els soldats a una vigilància estricta per evitar saqueigs, que poguessin predisposar la població en contra. El 9 de novembre, Guillem va prendre Exeter, i, tres dies després, al nord d'Anglaterra va començar a haver-hi nobles que es declaraven orangistes, així com alguns alts comandaments de l'exèrcit anglès desertaren i es passaren a Guillem, com també va arribar a fer-ho, fins i tot, la mateixa princesa Anna, filla de Jaume II. Tanmateix, l'actitud de la majoria dels anglesos va ser la de mantenir-se a l'expectativa sense prendre partit per cap dels dos bàndols.

Les forces de Jaume II foren derrotades pels orangistes a la Batalla de Reading el 10 de desembre; a més, va haver-hi importants aldarulls anticatòlics a Bristol, Bury St.Edmunds, Hereford, York, Cambridge i Shropshire, com també, les turbes protestants prengueren el castell de Dover governat pel catòlic Sir Edward Hales. Durant la nit del 9 al 10 de desembre, Maria de Mòdena marxà cap a França amb el seu fill, i l'endemà, Jaume II va fugir de Londres, llençant pel camí el Segell Reial al Tàmesi; tanmateix, el dia 11, uns pescadors el capturaren a Faversham (Kent). Aquell mateix dia, un govern provisional consti-tuït a Londres va demanar a Guillem d'Orange que restablís l'ordre, i també a Jaume II que tornés; al vespre, però, va haver-hi aldarulls a la capital, on foren assaltades les ambaixades de països catòlics. La nit següent, Londres va viure en un estat d'histèria col·lectiva arran del rumor —completament fals— que un exèrcit irlandès, és a dir, catòlic, atacaria la ciutat, per la qual cosa es va arribar a constituir un comitè popular de defensa. Després d'haver tornat el 16 de desembre a Lon-dres, on fou rebut amb aclamacions, Jaume II va intentar reprendre el govern, i va enviar un delegat a parlar amb Guillem d'Orange, el qual, aprofitant la por de Jaume II d'acabar executat com li havia passat al seu pare, Carles I, va respondre que no podia garantir la seguretat del rei; llavors, el 18 de desembre, Jaume II va posar-se sota la protecció de les tropes holandeses destacades a Rochester, el mateix dia que Guillem entrà a Londres, enmig de mostres d'entusiasme popular. El 23 de desembre de 1688, Jaume II va fugir a França, on Lluís XIV li donà acollida.

El 1686, Jaume II havia enviat a Boston Edmund Andros (1637-1714) com a governador del "domini de Nova Anglaterra" en el qual s'hi havien d'incloure les colònies de Connecticut, Massachu-setts, New Hampshire i Rhode Island com també Nova York i Nova Jersey; naturalment, estava del tot justificat el temor dels colons que el rei pretengués seguir aquest model per agrupar totes les colònies en dos o tres grans dominis eliminant-hi les assemblees i ampliant-hi els poders dels governadors, nomenats per la Corona. Arran de l'arribada de les notícies de la fugida de Jaume II, les elits americanes van fer empresonar Andros i les colònies recuperaren l'autonomia; fou doncs la crisi de la monarquia a Anglaterra, Escòcia i Irlanda allò que va possibilitar als colons americans resistir al projecte de centralització del govern mitjançant l'agrupació de les colònies en dominis[11].

5.3. LA DECLARACIÓ DE DRETS A ANGLATERRA

El 22 de gener de 1689, començà a reunir-se la nova assemblea elegida el 5 de gener, dita Convenció perquè un parlament només podia convocar-lo el Rei. Dins de les cambres, els whigs radicals proposaven elegir Guillem rei, donant així a entendre que el seu poder derivava del poble; els whigs moderats, en canvi, proposaven aclamar conjuntament Guillem i Maria mentre que els tories volien nomenar Guillem només regent o reconèixer com a monarca únicament Maria. Al final, sota l'amenaça de Guillem de tornar-se'n als Països Baixos si no el feien rei, s'arribà a la solució de proclamar conjuntament sobirans el príncep d'Orange —Guillem III d'Anglaterra— i la seva dona Maria Stuart —Maria II d'Anglaterra—, establint així un sistema en què les prerrogatives reials les exerciria Guillem en nom de tots dos. Guillem III i Maria II van ser coronats el 13 de febrer de 1689 després d'haver acceptat una Declaració de Drets (Bill of Rights), la qual, després d'enumerar la llista de greuges causats pel govern despòtic de Jaume II, limitava la prerrogativa reial establint que el Rei no podia suspendre pas l'execució de les lleis ni dispensar-ne ningú del compliment, com tampoc no podia instaurar impostos ni mantenir un exèrcit sense l'acord del Parlament, el qual calia convocar-lo amb freqüència; a més, protegia els súbdits contra actuacions arbitràries i els reconeixia el dret d'adreçar peticions al rei, com també exigia que les eleccions al Parlament fossin lliures i que, dins del Parlament, hi hagués una total llibertat d'expressió. El Bill of Rights, un dels documents bàsics del Dret constitucional anglès, juntament amb la Magna Carta, promulgada el 1215 pel rei Joan Sense Terra, la qual, durant l'època de les Guerres dels Tres Regnes esdevingué un símbol de l'obligació dels monarques de sotmetre's a la Llei, fou, juntament amb el seu equivalent escocès el Claim of Rights un dels elements clau en l'establiment del parlamentarisme britànic. A més, el Bill of Rights també se'l considera un precedent de la Constitució dels Estats Units, de la Declaració Universal dels Drets Humans de l'ONU

---

11   CLARK, Jonathan : "La América Británica ¿Qué hubiera pasado si la Revolución Americana no hubiese tenido lugar" cins de *Historia virtual: ¿que hubiera pasado si...?*; Mark Almond ... [et al.] ; bajo la dirección de Niall Ferguson Madrid: Taurus, 1998 (Pensamiento) pàg 92

i de la Convenció Europea de Drets Humans. Avui dia, tant el Bill of Rights com el Claim of Rights es mantenen vigents al Regne Unit, i, per això, se'ls pot citar en processos judicials; a Irlanda també es considera vigent el Bill of Rights, el qual, a Nova Zelanda, va ser invocat en un procés constitucional el 1976.

Un dels teòrics de la revolució orangista fou el filòsof John Locke (1632-1704), autor dels *Assaigs sobre el govern civil*, obra publicada el 1690 amb un prefaci on s'hi explica que el seu propòsit és justificar l'accés al tron de Guillem III d'Anglaterra. Locke, que durant els seus anys d'exili als Països Baixos havia conegut un ambient fortament contrari a l'absolutisme i al catolicisme, refutà en aquesta obra la teoria de l'origen diví del poder dels reis, i hi definí el govern legítim com una cosa sorgida sempre del contracte social entre els homes per garantir-se la llibertat i els drets de cadascú; per això, si un govern deixava de respectar els drets dels seus súbdits, aquests tenien dret a rebel·lar-se; a més, Locke va establir una teoria de separació de poders en què el poder legislatiu havia de prevaler sobre l'executiu, cosa que es traduïa en la preponderància del Parlament sobre la prerrogativa reial[12].

Segons la Llei de Tolerància aprovada pel Parlament el 24 de maig de 1689, es concedia la llibertat de cultes per als protestants dissidents, és a dir, per aquells que no acceptaven pas l'Església Anglicana, tal com era el cas dels baptistes, els quàquers —que a Amèrica tingueren un paper molt destacat en la fundació de la colònia de Pennsilvània (1681)— i els congregacionalistes, els quals podien tenir les seves esglésies i els seus mestres i predicadors. Aquesta llei, però, deixava explícitament fora de la tolerància els catòlics, els quals patien importants restriccions en els seus drets de propietat i d'herència, havien de pagar impostos especials, no podien enviar els seus fills a l'estranger per donar-los una educació catòlica, com tampoc no podien votar, i els seus capellans sempre s'arriscaven a ser empresonats. Totes aquestes restriccions van mantenir-se fins que, a partir de finals del segle xviii, el moviment d'emancipació catòlica aconseguí anar suprimint-les fins que, el 1829, es permeté als catòlics ser diputats del Parlament, revocant així la mesura d'exclusió decretada en temps del suposat "Complot Papista" de Titus Oates.

---

12   VENARD, Marc: *Los comienzos del mundo moderno (siglos XVI a XVII)*. Volum IV Barcelona, Argos Vergara, 1979 (Gran Historia Universal, 12). pàg 399

5.4.LA REVOLUCIÓ A ESCÒCIA

A Anglaterra, s'havia considerat que, marxant del país, Jaume II havia abdicat la corona; ara bé, a Escòcia, on no hi havia hagut actes de suport a la revolució orangista, es trobaven que la fugida del rei cap a França des d'Anglaterra no significava pas que Jaume VII hagués abdicat. El 14 de març, va reunir-se una Convenció a Edimburg; dos dies després, però, arran d'haver rebut una carta de Jaume VII amenaçant de castigar tots els que s'haguessin rebel·lat contra seu, la facció jaumina, formada per episcopalians i catòlics, abandonà la cambra. El 4 d'abril, la Convenció, controlada pels presbiterians, tots ells orangistes, invocant les teories de George Buchanan sobre l'origen contractual de la monarquia, va formular el Claim of Right i els Articles of Grievances, segons els quals, per haver violat les lleis constitucionals d'Escòcia amb el seu govern despòtic, Jaume VII havia perdut els drets al tron. L'11 de maig, el príncep d'Orange i Maria Stuart acceptaren la corona, esdevenint així Guillem II i Maria II d'Escòcia. Tanmateix, molts dels clans de les Terres Altes, i també alguns episcopalians de les Terres Baixes, com ara el vescomte de Dundee, s'alçaren a favor de Jaume VII; a la Batalla de Killiecrankie (27 de juliol), els jaumins derrotaren els orangistes, però en el combat va morir-hi el vescomte de Dundee, i, mancats així de lideratge, foren vençuts a la Batalla de Dunkeld (21 d'agost); tanmateix, gran part del nord d'Escòcia continuà hostil al nou govern. La victòria orangista a la Batalla de Cromdale (1 de maig de 1690) posà fi a l'alçament dels partidaris de Jaume VII.

Molts dels clergues de l'Església Anglicana es consideraven encara obligats pels seus juraments de fidelitat a Jaume II; en conseqüència, estaven disposats a acceptar Guillem com a regent però no pas a reconèixer-lo com a rei; per això, la cerimònia de coronació de Guillem i Maria fou oficiada pel bisbe de Londres, i no pas, com hauria estat normal, per l'arquebisbe de Canterbury, el qual no considerava pas legítima la deposició de Jaume II; el 1690, aquesta situació, a Anglaterra, va dur a la deposició dels bisbes que no haguessin jurat fidelitat a Guillem III. A Escòcia, va passar que la majoria dels bisbes no va voler acatar Guillem II, la qual cosa va permetre restablir a l'Església d'Escòcia el presbiterianisme, pel qual es regeix des d'aleshores.

5.5. LA GUERRA D'IRLANDA

La seva fe catòlica, que l'havia fet molt impopular a Anglaterra, va proporcionar a Jaume II un gran suport a Irlanda, sobretot després que nomenés governador d'Irlanda un irlandès catòlic i que readmetés els catòlics a l'Exèrcit, als càrrecs públics i al parlament irlandès. Per això, els catòlics d'Irlanda, decebuts amb Carles II per no haver revocat les confiscacions de terres perpetrades per Cromwell, creien que, amb Jaume II, sí que podrien recuperar les seves propietats perdudes.

Després que Guillem d'Orange hagués desembarcat a Anglaterra, el comte de Tyrconnell, el governador d'Irlanda nomenat per Jaume II, va assegurar-se que tots els punts estratègics de l'illa estiguessin defensats per guarnicions del nou exèrcit catòlic irlandès. L'Ulster, on hi havia la més gran concentració de colons protestants anglesos i escocesos, fou l'única regió d'Irlanda on hi hagué oposició als plans de Tyrconnell. El 7 de desembre de 1688, les forces catòliques començaren el setge a Derry, l'única ciutat de l'Ulster defensada per una guarnició protestant; mesos després, el 14 de març de 1689, la victòria de Dromore permeté als catòlics ocupar la part oriental de l'Ulster. Després d'haver fugit a França, on Lluís XIV, en guerra contra Guillem d'Orange, li va proporcionar tropes i diners per recuperar els regnes, Jaume II va desembarcar a Kinsale el 12 de març de 1689 amb un exèrcit de sis mil soldats francesos, i es dirigí cap a Dublín, on fou molt ben rebut, i, a continuació, al capdavant de les seves forces, formades per catòlics, protestants reialistes i francesos, s'uní al setge de Derry (18 d'abril).

El 7 de maig, Jaume II va presidir un parlament, anomenat pel posterior nacionalisme irlandès el Parlament Patriota, format, predominantment, per nobles catòlics, al qual va concedir, segons sembla a contracor, anul·lar el dret del Parlament d'Anglaterra a legislar sobre Irlanda, com també restituir als catòlics les terres que els havia pres Cromwell a base de confiscar les terres dels protestants orangistes. Tanmateix, el 28 de juliol, les forces orangistes aconseguiren obligar els catòlics a abandonar el setge a Derry, com també derrotaren els lleials a Jaume II a la Batalla de Newtownbutler. Aleshores, sobretot arran d'un desembarcament d'orangistes a l'est de la província, les forces catòliques abandonaren l'Ulster, on, amb base a Enniskillen, els protestants orangistes havien organitzat guerrilles, i acamparen a Dundalk. Guillem d'Orange va desembarcar a Belfast el 14 de juny de 1690 amb un exèrcit d'anglesos, alemanys, holandesos, danesos i hugonots francesos, amb el qual va marxar cap a Dublín. Després de l'èxit dels orangistes a la Batalla de Boyne (1 de juliol), Jaume II va perdre la confiança en la victòria, i fugí de nou a França; al seu torn, els exèrcits catòlics, abandonaren Dublín, on, al cap de poc, va entrar-hi Guillem d'Orange, i marxaren cap a Limerick.

La Batalla de Boyne i la fugida de Jaume II haurien pogut marcar la fi de la guerra a Irlanda, si a Dublín Guillem III no hagués dictat unes condicions de pau tan dures amb els catòlics, els quals van veure que, si volien veure garantides les seves vides i els seus drets de propietat, civils i de culte, no els quedava cap més remei que continuar lluitant. La resistència catòlica va continuar fins a la capitulació de Limerick el 23 de setembre de 1691. En un principi, el Tractat de Limerick, signat el 3 d'octubre, oferia unes generoses condicions als catòlics que volguessin quedar-se a Irlanda i prestar jurament a Guillem III; ara bé, el Parlament irlandès, dominat pels protestants, es va negar a ratificar les clàusules del tractat que concedien tolerància al catolicisme i plens drets civils als catòlics, i, a més, va reinstaurar les lleis penals que discriminaven els catòlics. La victòria orangista a Irlanda va significar, en primer lloc, la fi de les possibilitats de Jaume II de recuperar els seus trons per la via militar, i, en segon lloc, establir a Irlanda el monopoli del poder pels anglicans, d'ascendència anglesa, condemnant a la discriminació i a l'exclusió social tant els catòlics, és a dir, la majoria de la població de l'illa, com els presbiterians d'origen escocès, molt nombrosos a l'Ulster.

6.EL REGNE DE LA GRAN BRETANYA

El matrimoni de Maria II (1688-1694) i Guillem III (1688-1702) no va tenir descendència; per això, la corona passà a Anna I (1702-1714), germana de Maria II, la qual tampoc no tenia fills. El 1701, vivint encara Guillem III, el Parlament d'Anglaterra va aprovar l'Acta d'Establiment, que exclou de la successió al tron els catòlics i els qui s'hi casin; per tant, a la mort d'Anna, la darrera dels Stuart protestants, la corona havia de passar a Sofia de Hannover, néta de Jaume I d'Anglaterra, i no pas al príncep catòlic Jaume Francesc Eduard, fill de Jaume II i, doncs, germanastre de Maria II i d'Anna I. Aquesta llei de successió, vàlida en principi només a Anglaterra, va passar a estar vigent també a Escòcia després que l'Acta d'Unió de 1707, aprovada pels Parlaments d'Anglaterra i d'Escòcia, establís la refosa dels antics regnes d'Anglaterra i d'Escòcia en un nou estat que fou el Regne de la Gran Bretanya, per la qual cosa els parlaments escocès i anglès s'uniren per formar el Parlament de la Gran Bretanya, amb seu a Londres, i Anna I va deixar de ser reina d'Anglaterra i d'Escòcia per esdevenir reina de la Gran Bretanya.

Dins del Regne de la Gran Bretanya, constituït arran de l'Acta d'Unió del 1707, va continuar existint el parlament irlandès, el qual, però, no gaudia pas de la plena sobirania del parlament britànic de Londres, ja que només tenia facultats legislatives, mentre que del govern de l'Irlanda se n'encarregava el virrei, responsable únicament davant de les autoritats britàniques; a més, a partir de 1719, el parlament irlandès no podia debatre un projecte de llei sense haver rebut permís de Londres. Per altra banda, després de la Gloriosa Revolució de 1688, s'aprovaren lleis segons les quals els catòlics —la majoria de la població irlandesa— no podien ni ocupar càrrecs de govern ni participar en el parlament.

7.BIBLIOGRAFIA

Crisis en Europa: 1560-1660; John Bossy ... [et al.]; compilación de Trevor Aston Madrid: Alianza, 1983 (Alianza universidad; 359)

CANNY, Nicholas P.: *Kingdom and colony: Ireland in the Atlantic World: 1560-1800* Baltimore [etc.]: The Johns Hopkins University Press, 1988 (Johns Hopkins studies in Atlantic history and culture)

CORONA MARZOL, Carmen: *Història i cultura de la Gran Bretanya i Irlanda* Castelló: Publicacions de la Universitat Jaume I, 1998 (Material docent; 100)

DONAGAN, Barbara: *War in England: 1642-1649* Oxford: Oxford University Press, 2008

DUCHEIN, Michel: *Charles Ier: l'honneur et la fidélité* Paris: Payot, 2000

FRÉCHET, René: *Histoire de l'Irlande* Paris: Presses Universitaires de France, 1992. 6e éd. mise à jour. (Que sais-je?; 294)

GILLESPIE, Raymond: *Colonial Ulster: the settlement of East Ulster 1600-1641* Cork: Cork University Press, 1985 (Studies in irish history; 1)

GUIFFAN, Jean: *La Question d'Irlande* [S.l.]: Complexe, 1989

HILL, Christopher:

—*Le Monde à l'envers. Les idées radicales au cours de la Révolution anglaise*, Paris, Payot, 1972.

—*El Mundo trastornado: el ideario popular extremista en la revolución inglesa del siglo xvii* Madrid: Siglo XXI, 1983

—*La Revolución inglesa, 1640* Barcelona: Anagrama, 1977 (Cuadernos Anagrama. Documentos; 157)

—*Los Orígenes intelectuales de la Revolución inglesa* Barcelona: Crítica, 1980 (Crítica-historia; 15)

KEARNEY, Hugh: *Las islas Británicas: una historia de cuatro naciones*; traducción de Irene Macías Cambridge: Cambridge University Press, 1996

LOCKE, John: *Assaig sobre el govern civil*; precedit de la *Carta sobre la tolerància*; traducció de Jaume Medina i Joan Sellent; edició a cura de Josep Ramoneda Barcelona: Laia, 1983 (Textos filosòfics; 20)

LUTAUD Olivier:

—*L'Angleterre des Révolutions*. Paris, Colin, 1973.

—*Cromwell, les Niveleurs et la république* Paris: Aubier, 1978 (Bibliothèque sociale)

MARTÍNEZ RODRÍGUEZ, Miguel Ángel: *La Cuna del liberalismo: las revoluciones inglesas del siglo xvii* Barcelona: Ariel, 1999 (Ariel practicum)

MARX, Roland: *L'Angleterre des révolutions* Paris: Armand Colin,1971

POUSSOU, Jean-Pierre: *Cromwell, la revolució d'Anglaterra i la guerra civil*. Barcelona: Barcelonesa d'Edicions, 1995 (Realitats i tensions; 4)

RANELAGH, John: *Historia de Irlanda* Cambridge: Cambridge university, 1999

SMITH, David L.:

—*Oliver Cromwell política y religión en la revolución inglesa, 1640-1658* traducción: Isabel Bennasar y Miguel Morán Madrid: Akal, 1999 (Temas de historia; 6)

—*Oliver Cromwell: politics and religion in the English Revolution, 1640-1658* Cambridge [etc.]: Cambridge university press, 1992 (Cambridge topics in history)

STONE Lawrence: *Les causes de la Révolution anglaise*. Paris, Flammarion, 1974.

TOURNU, Christophe: *Un penseur républicain à l'époque de la première révolution anglaise - John Milton* Paris: CNED: A. Colin, 2008

TUTTLE, E.:

> —*Religion et idéologie dans la révolution anglaise: salut du peuple et pouvoir des saints,* Paris, L'Harmattan, 1989.
> —*Les Îles Britanniques à l'âge moderne, 1485-1783,* Paris, Hachette, 1996.

VENARD, Marc: *Los comienzos del mundo moderno (siglos XVI a XVII).* Barcelona, Argos Vergara, 1979 (Gran Historia Universal, 9, 10, 11 i 12).

L'AMÈRICA DEL NORD

1.LES TRETZE COLÒNIES BRITÀNIQUES
1.1.SITUACIÓ

COLÒNIES BRITÀNIQUES A AMÈRICA ABANS DE 1763				
REGIÓ NOM		COLÒNIES		
		CAPITAL	ANY DE FUNDA-CIÓ	
AMÈRICA DEL NORD	Nova Angla-terra	Massachusetts	Boston	1628
		New Hampshire	Portsmouth	1629
		Rhode Island i Providence	Newport	1636
		Connecticut	Hartford	1636
	Les Colònies del Mig	Nova York	Nova York	1664
		Nova Jersey	Perth Amboy i Burlington	1664
		Pennsilvània	Filadèlfia	1681
		Delaware	New Castle	1704
	Les Colònies del Sud	Maryland	Annapolis	1632
		Virgínia	Williamsburg	1607
		Carolina del Nord	New Bern	1712
		Carolina del Sud	Charleston	1712
		Geòrgia	Savannah	1732
	Badia del Hudson	Terra de Rupert	York Factory	1670
ANTILLES	Barbados		Bridgetown	1627
	Saint Christopher		Basseterre	1623
	Nevis		Charlestown	1628
	Montserrat		Plymouth	1632
	Antigua		St. John's	1632
	Illes Bahames		Nassau	1718
	Anguilla		The Valley	1632
	Jamaica		Kingston	1670
	Barbuda		Codrington	1666
	Illes Caiman		George Town	1670

AMÈRICA CENTRAL	Costa de Mosquitos	Sandy Bay	1638

Les colònies de Carolina del Nord i Carolina del Sud van crear-se arran de la divisió de l'antiga colònia de Carolina, establerta el 1629, mentre que les Colònies del Mig es formaren a l'antiga Nova Holanda, territori colonitzat a partir de 1609 per la Companyia Holandesa de les Índies Orientals del qual Anglaterra va apoderar-se arran de la segona guerra anglo-holandesa (1664-1667); la capital de la Nova Holanda era la ciutat de Nova Amsterdam que, el 1626, el governador Peter Minuit havia fundat a l'illa de Manhattan; en passar a domini anglès, Nova Amsterdam passà a dir-se Nova York, i Fort Orange, situada al nord del riu Hudson, va convertir-se en Albany, en honor a Jaume, duc de York i d'Albany, germà de Carles II d'Anglaterra i d'Escòcia. Una bona part de la població de les zones rurals situades entre Nova York i Albany era d'origen holandès —així, per exemple, el nom de Harlem procedeix del de la ciutat holandesa de Haarlem, i el de Brooklyn del poble holandès de Breukelen—, mentre que també s'hi van establir puritans de Nova Anglaterra i immigrants alemanys; a Nova York, doncs, s'hi va formar una població poliglota en la qual també hi havia esclaus negres.

Massachusetts, New Hampshire, Rhode Island, Connecticut, Nova York, Nova Jersey, Pennsilvània, Delaware, Maryland, Virgínia, Carolina del Nord, Carolina del Sud i Geòrgia, foren, doncs, les Tretze Colònies britàniques situades a la costa atlàntica de l'Amèrica del Nord.

1.2. EL GOVERN

Les colònies podien ser reials —propietat de la Corona— o bé senyorials, és a dir, pertanyents a una persona o entitat particular; a partir de finals del segle XVII, els reis aconseguiren posar gairebé totes les colònies nord-americanes sota dependència directa de la Corona; per això, el 1776 només en quedaven cinc de senyorials: Connecticut, Rhode Island, Delaware, Maryland i Pennsilvània. A totes les colònies, però, hi estaven establertes les mateixes institucions: el Governador i una assemblea legislativa bicameral on els membres del consell de govern, nomenats pel governador mateix, actuaven com a cambra alta. A les colònies de la Corona, el Rei, assessorat pels seus ministres, hi nomenava el Governador mentre que a les colònies senyorials, el designava el senyor, tot i que l'escollit havia de comptar sempre amb l'aprovació de la Corona; a Rhode Island i a Connecticut, però, el Governador l'elegia l'assemblea. Com a representant oficial del Rei, el Governador era la màxima autoritat de la colònia; hi actuava com a cap del govern, primer magistrat i cap de les forces armades; podia convocar i dissoldre l'assemblea, vetar-ne les lleis i nomenar els càrrecs inferiors; a la pràctica, però, depenia de les assemblees colonials, les quals n'estipulaven i pagaven el salari; per això, es trobava amb un sou força magre i, a més, sovint pagat amb retard. Les lleis elaborades per les assemblees de les colònies necessitaven l'aprovació del Consell Privat del Rei, però si eren rebutjades, situació que, entre 1691 i 1775, només va donar-se en el 5% de les 8.500 mesures legislatives enviades a Londres, els poders legislatius colonials les tornaven a promulgar després d'haver-hi introduït unes quantes esmenes no gaire importants. A les colònies de Nova Anglaterra, on els assentaments eren relativament compactes i molt organitzats, el govern local corresponia a assemblees ciutadanes on tots els homes lliures tenien dret a vot; s'hi fixaven els impostos i s'hi elegien els administradors municipals. A les Colònies del Sud, on l'hàbitat era més dispers, la unitat bàsica del govern local era el comtat, és a dir, la comarca; el Governador hi nomenava el Xèrif, qui, com a primer mandatari del comtat, havia d'encarregar-se de mantenir-hi l'ordre públic, supervisar les eleccions i recaptar els impostos; el Governador també designava, a títol vitalici, els jutges de pau que constituïen el tribunal del comtat, una entitat alhora administrativa i judicial. No hi havia pas partits polítics però les controvèrsies i les disputes eren habituals; les discussions més freqüents eren les que sostenien creditors i deutors sobre paper moneda o les que els habitants de les contrades situades més cap a l'oest tenien amb els pobles americans autòctons —els indis— o amb les oligarquies del litoral sobre la terra, la representació política i la defensa de la frontera. A les assemblees de les colònies, la cambra baixa, dita en alguns llocs cambra de representants, era electiva; només hi podien votar els propietaris, però la propietat estava tan estesa que entre el 50 i el 80% dels homes blancs hi disposava de dret a vot, de tal manera que aquestes cambres baixes resultaven ser més representatives que el mateix Parlament britànic; generalment, la participació electoral no acostumava a ser gaire alta i per ocupar escons a les cambres de representants sempre s'elegien homes de posició amb grans propietats.

La Corona esperava que, assistits pels membres del seu consell, és a dir, per la cambra alta de l'assemblea colonial, els governadors exercissin un poder il·limitat que deixés les cambres baixes en un segon pla, però, al llarg de la primera meitat del segle xviii, en cadascuna de les assemblees de les colònies, el poder va anar passant a les cambres de representants, les quals, a més, organitzaven el seu funcionament, convocaven eleccions, donaven instruccions als seus delegats a Londres i controlaven la informació que es posava en coneixement de la premsa, com també obtingueren el dret d'emetre paper moneda i, per tant, d'incrementar o disminuir els impostos; com que controlaven les despeses mitjançant assignacions pressupostàries específiques, nomenaven i pagaven comissionistes financers com també recaptadors d'impostos, regulaven les remuneracions corresponents a l'Administració i fixaven les retribucions de tots els funcionaris, començant per la del Governador. Les cambres de representants de Rhode Island i Connecticut ja havien aconseguit disposar d'amplis poders al segle xvii; durant la dècada de 1730, la cambra baixa de Pennsilvània va aconseguir l'exercici ple del poder malgrat l'oposició dels governadors; segons la nova constitució de Massachusetts (1691), la Cambra de Representants hi compartia la designació dels membres del consell del Governador i, en la dècada de 1720, va fer-se càrrec de les finances públiques; cap a 1740, el seu poder s'estenia a totes les matèries de govern; d'altra banda, durant els tres primers decennis del segle xviii, les cambres de representants de Nova York i Massachusetts van emprendre batalles constitucionals contra els governadors, els consells i la Corona rebutjant ordres i marcant l'agenda política. Vers 1770, aquest moviment cap a la democràcia representativa i el govern de la majoria estava ja consolidat en totes les Tretze Colònies; per això, la pressió fiscal hi era molt baixa, cosa que hi permeté un nivell de vida força elevat, i el govern hi quedà reduït a la mínima expressió amb els seus poders força limitats[13].

1.3. LES IDEES POLÍTIQUES

La consolidació de les colònies angleses —britàniques a partir de 1707— de l'Amèrica del Nord com a societat autosuficient i, per tant, viable

---

13 Johnson, Paul: *Estados Unidos: la historia* Buenos Aires [etc.]: Javier Vergara Editor, 2001 pàgs 111-116

des d'un punt de vista econòmic, va coincidir amb el moment de les Guerres dels Tres Regnes, l'efervescència política i ideològica de les quals va estendre's també a Amèrica; així, el 1639, a Cambridge (Massachusetts), va publicar-se el pamflet The Oath of a Free-Man —"El jurament d'un home lliure"— on s'hi atacava el jurament de fidelitat a la corona anglesa que s'obligava a prestar a tots els colons; d'altra banda, totes les turbulències esdevingudes des de l'inici de les guerres de Carles I contra els parlaments anglès i escocès fins a la restauració monàrquica de 1660 van significar per a les colònies un període d'independència de facto perquè les autoritats d'Anglaterra es veieren incapaces d'actuar a Amèrica[14]. Més endavant, a partir de 1730, els colons americans s'imbuïren de la ideologia llibertària extremista enunciada a Anglaterra pels teòrics republicans James Harrington (1611-1677), que s'enfrontà tant al règim autoritari de Cromwell com a la monarquia restaurada de Carles II, i Algernon Sidney (1623-1683), contrari al dret diví dels reis i defensor de les idees de govern limitat, d'aprovació lliure i voluntària del govern pel poble i del dret dels ciutadans a canviar o abolir un govern corrupte; el 1683, Sidney fou detingut sota l'acusació de conspirar contra la Corona, i la troballa, entre els seus papers, de l'esborrany de la seva obra inèdita Discourses on Government va resultar ser la prova concloent per condemnar-lo a mort i executar-lo; posteriorment, s'ha vist en els Discourses on Government "el llibre de text de la revolució americana". Un altre tractat polític que va gaudir de força difusió a les Tretze Colònies va ser Cato's Letters —"Les cartes de Cató"—, una sèrie de cent quaranta-quatre assaigs polítics publicats entre 1720 i 1723 en diferents diaris britànics, obra de l'anglès John Trenchard (1662-1723) i de l'escocès Thomas Gordon (1691-1750), que hi condemnaven la corrupció i immoralitat del sistema polític britànic i en denunciaven la tirania; aquests dos autors foren exponents d'un pensament republicà que no va tenir gaire influència a la Gran Bretanya, però sí a Amèrica, on va servir per afirmar-hi les idees que tot govern és opressiu per naturalesa i que només la vigilància constant pels ciutadans pot controlar-ne la tendència natural a no respectar els drets individuals, com també que certs ministres corruptes estaven conspirant per suprimir les llibertats assolides el 1688 amb la Revolució Gloriosa[15].

---

14   Ídem pàg 87

15   JONES, Maldwyn Allen: *Historia de Estados Unidos, 1607-1992*; traducción de: Carmen Martínez Gimeno Madrid: Cátedra, 1996 (Historia. Serie mayor) pàg 43

1.4. EL MERCANTILISME

Segons *A Particular Discourse Concerning Western Discoveries*, l'opuscle que, el 1584, publicà el geògraf d'Oxford Richard Hakluyt (1553-1616), establint colònies, Anglaterra assoliria l'autosuficiència en productes ultramarins com també aconseguiria un mercat per a les seves manufactures, un lloc on col·locar el seu excedent de població —un problema força candent perquè, aleshores, el pas del conreu de cereals a la cria de bestiar llaner va provocar un elevat atur al camp—, bases per atacar les possessions de la Corona espanyola i, a més, la possibilitat d'evangelitzar els indis; fou a partir d'aquestes idees que Isabel I d'Anglaterra va autoritzar expedicions de colonització a Amèrica, les quals, però, no van donar cap resultat fins que, el 1607, fou fundada Jamestown (Virgínia) —dita així en honor a Jaume I d'Anglaterra i VI d'Escòcia—, el primer assentament anglès a Amèrica que va aconseguir consolidar-se i prosperar. Jamestown va ser la capital de Virgínia fins que, el 1699, va passar a ser-ho Williamsburg, ciutat acabada de fundar, anomenada així en deferència a Guillem d'Orange; a partir d'aleshores, Jamestown va iniciar un període de decadència i, a mitjans del segle XVIII, va quedar despoblada; avui dia, al seu antic emplaçament se'n poden visitar les restes arqueològiques com també el *Jamestown Settlement*, museu històric establert el 1957 amb motiu dels tres-cents cinquanta anys de la fundació de la colònia.

Igual com les altres potències europees, doncs, Anglaterra —Gran Bretanya a partir de 1707— organitzà les seves colònies seguint els principis mercantilistes de considerar l'autosuficiència econòmica la clau de la riquesa i del poder d'una nació; per tant, la raó de ser de les colònies era servir els interessos de la metròpoli per proporcionar-li primeres matèries, consumir les seves manufactures i donar feina a la seva flota. Entre 1651 i 1673, el Parlament d'Anglaterra va aprovar les Lleis de Comerç i de Navegació, concebudes per establir el monopoli anglès sobre el transport de mercaderies, el mercat colonial i certs productes colonials de valor; en conseqüència, calia transportar les mercaderies amb vaixells construïts a Anglaterra o a l'Amèrica anglesa, de propietat anglesa i amb una tripulació predominantment anglesa; a més, certs articles "enumerats" —sucre, cotó, anyil, tabac, pal tinta o gingebre— només podien exportar-se de les colònies cap a Anglaterra, encara que el seu destí final en fos un altre, mentre que els productes europeus enviats a Amèrica sempre havien de passar per Anglaterra i ser-hi reembarcats; la llista d'articles "enumerats" va anar allargant-se fins que, el 1763, incloïa tot allò que es produïa a les colònies, tret del peix, el gra i la fusta. El 1675, va instituir-se, dins del Consell Privat del Rei, el comitè especial dels Lords del Comerç i les Plantacions, encarregat dels afers colonials; el 1684, va revocar-se la carta de població de Massachusetts perquè les seves autoritats havien violat repetidament les lleis comercials i la colònia quedà a càrrec d'un governador reial[16], com també la Junta de Comerç, instituïda el 1696, va rebre amplis poders a les colònies per fer-hi complir les lleis de navegació, que no abandonaren mai els principis del mercantilisme. Les manufactures colonials també estaven sota control; la Llei de la Llana de 1699 prohibia vendre troques i tela de llana fora de la colònia on s'haguessin produït; la Llei del Barret (1732), promulgada en resposta a les queixes dels artesans del feltre londinencs contra la competència colonial, prohibí exportar barrets de castor de les colònies i instituí un dilatat aprenentatge per als barreters americans; la Llei del Ferro (1750) va prohibir l'ús de màquines per tallar metall o les fargues de laminat i exportar ferro americà fora de l'Imperi; a més, es restringí l'emissió de moneda colonial ja que els comerciants britànics en recelaven per la inestabilitat i ràpida depreciació.

A la pràctica, però, el control imperial no va aplicar-se mai del tot; en primer lloc, les colònies no les administrava pas un únic departament del govern ja que la Junta de Comerç compartia responsabilitats amb Hisenda, l'Almirallat i la Secretaria d'Estat per al Departament Meridional; d'altra banda, els alts funcionaris del servei de duanes es quedaven a Anglaterra i les seves funcions les exercien uns delegats que enviaven a Amèrica els quals, com que estaven molt mal pagats, eren fàcils de subornar i, així, feien l'orni amb les infraccions a les lleis de comerç; a més, calculant que l'aplicació estricta de les lleis de comerç duria a limitar les compres de les colònies a la Gran Bretanya, Robert Walpole va relaxar deliberadament els controls sobre el comerç de les colònies. A part d'això, el mercantilisme no va resultar tan perjudicial per al desenvolupament econòmic americà com hauria pogut suposar-se; certament, no resultava gaire senzill esquivar les Lleis de Comerç i de Navegació, però els productes americans gaudien d'un mercat protegit a Anglaterra com també el Parlament podia subvencionar la producció d'articles colonials; l'exclusió de vaixells estrangers

---

16   Ídem pàgs 19-20

del comerç colonial va afavorir la indústria de les drassanes americanes, de tal manera que, a mitjans del segle XVIII, una gran part de la flota britànica es construïa a Nova Anglaterra. La Llei del Barret va semblar ser efectiva mentre que la Llei de la Llana va afectar molt més Irlanda que no pas Amèrica, tal com, en realitat, es pretenia, i la Llei del Ferro, a més de no ser gaire restrictiva, no sempre es va complir.

L'economia americana no era pas gaire complexa; la majoria de les màquines talladores de metall, dels forns i de les fargues eren petites i donaven feina a poca gent, tal com passava amb les drassanes; en gran part, la manufactura era producte de la indústria interna; el 90% de la població activa es dedicava a l'agricultura, amb unes tècniques molt primitives ja que l'abundància de terra i l'escassedat de mà d'obra no feien necessari ni usar adobs ni rotar els conreus, i, a més, la terra verge donava alts rendiments; a les Colònies del Sud, les plantacions de tabac, l'article d'exportació més important, continuaven sent la base de l'economia, tot i que també s'hi desenvolupà el conreu de l'anyil i l'arròs; les Colònies del Mig exportaven blat a les altres colònies, a les Antilles i a Europa, mentre que amb melassa procedent de les Antilles, a Nova Anglaterra s'elaborava rom, que es consumia al mercat intern com també s'exportava cap al Carib i l'Àfrica occidental[17].

1.5.GRUPS SOCIALS

Vers 1700, ja havien sorgit a les Tretze Colònies diferents grups oligàrquics: grans plantadors de Virgínia, famílies terratinents de la vall del Hudson (Nova York), com també a Boston, Filadèlfia i Nova York hi havia aparegut un patriciat mercantil; ara bé, a diferència de la Gran Bretanya, no hi havia pas noblesa ni d'altres puntals d'un ordre privilegiat com ara cortesans, corporacions municipals corruptes, una casta de dignataris, una església oficial o universitats exclusivistes; a més, arran de la gran disponibilitat de terres, la majoria dels pagesos eren propietaris de les parcel·les que treballaven. Malgrat que a les ciutats portuàries calgués establir hospicis i d'altres institucions caritatives per atendre-hi els indigents, la pobresa no hi fou tan extrema com a la Gran Bretanya, hi havia pocs captaires i també era reduït el nombre dels atesos pels serveis socials. Els grans plantadors de Virgínia pretenien imitar l'estil de vida de la noblesa britànica però, com que el seu capital estava

---

17   Ídem pàgs 20-24

molt lligat a la terra i als esclaus, les quantitats de diners que posseïen no eren gaire importants i, per això, a Virgínia i a les altres Colònies del Sud, no hi havia cap mansió que pogués comparar-se als castells d'Anglaterra o d'Escòcia; d'altra banda, malgrat que, durant el segle xviii, les desigualtats socials augmentessin i que, un cop abandonat l'estadi de frontera, les possibilitats d'ascens social minvessin, la societat colonial americana era força més mòbil que l'europea.

Entre la meitat i els dos terços dels immigrants blancs arribaren a les Tretze Colònies sota el sistema de servitud temporal escripturada, concebut per resoldre el problema de la manca crònica de mà d'obra a Amèrica. En aquest règim, el preu del bitllet per al viatge des d'Europa era la signatura d'un contracte de servitud per a un determinat nombre d'anys, generalment quatre; un cop a Amèrica, els immigrants eren oferts com a serfs en pública subhasta a qui volgués adquirir-los; quan acabava el temps de servitud, durant el qual patien certes limitacions com ara la de no poder casar-se sense el consentiment de l'amo, els immigrants blancs recuperaven la llibertat i, llavors, acabaven de jornalers en granges i plantacions, si no era que anessin a les ciutats o a la frontera o se'n tornessin a Europa. La majoria dels serfs escripturats anaren a treballar a les Colònies del Mig, principalment a Pennsilvània, o també a les Colònies del Sud, on, però, a partir del 1700, els amos de les plantacions s'estimaren més comprar esclaus negres.

Ja des de 1660, la legislació va distingir els africans portats a les colònies dels serfs blancs imposant-los una condició social inferior; a Virgínia i a Maryland s'aprovaren lleis declarant-los esclaus de per vida, situació que, a més, passava als seus descendents. El 1697, després que la Reial Companyia Africana perdés el monopoli del tràfic de negres, se n'abaratiren força els preus; per això, a partir d'aleshores, la importació i el consum d'esclaus va créixer ràpidament a les Colònies del Sud, on els amos de les plantacions de tabac no havien trobat mai prou profitosa la servitud escripturada, ja que resultava cara i el període de servei era massa curt, com també podia passar que els serfs fugissin i marxessin a un lloc on no els conegués ningú, mentre que un africà fugitiu sempre era un negre i, doncs, se'l podia identificar i localitzar; per això, si el 1700, la quantitat d'esclaus a les Tretze Colònies no arribava als dos-cents mil, el 1763 ja n'eren uns tres-cents cinquanta mil; d'esclaus se'n podien trobar a tot arreu, però les quatre cinquenes parts eren explotats a les plantacions del Sud; així, a Virgínia, el 1756 més del 40% de la població era d'origen africà, mentre que a Carolina del Sud, el 1751, hi havia quatre-cents mil negres i només vint-i-cinc mil blancs[18].

1.6.VIDA CULTURAL
1.6.1.RELIGIÓ I PENSAMENT

En dret i educació, a les Tretze Colònies es seguien els models anglesos, però l'entorn americà havia creat una societat amb un substrat ètnic variat, una estructura religiosa pluralista i amb molta fluïdesa i mobilitat; per això, els americans confiaven més en ells mateixos, eren més adaptables i emprenedors que els anglesos, més pràctics, més conscients dels seus drets i no tan inclinats a acceptar la moral i els valors tradicionals. Òbviament, les estructures familiars dels colons eren les europees, però les condicions d'Amèrica tendiren a afluixar els vincles i a minvar l'autoritat paterna; la facilitat d'aconseguir terres animava els joves a establir-se pel seu compte i afeblia la capacitat dels pares per influir en les decisions matrimonials sobre la base del dret d'herència; d'altra banda, sobretot al segle xvii, hi havia hagut a Amèrica el problema de manca de dones, per això les noies acostumaven a casar-s'hi abans que a Europa.

A Rhode Island, Pennsilvània, Delaware i Nova Jersey, la norma era la separació total entre església i estat, cosa que hi duia a un gran marge de llibertat religiosa; tanmateix, a totes les altres colònies hi havia una església oficial: l'anglicana al Sud i en quatre comtats de Nova York, i la congregacionalista —puritana— a Nova Anglaterra, amb l'excepció de Rhode Island; ara bé, vers 1700, tant Massachusetts com Connecticut havien reconegut ja el dret al culte públic a anglicans, baptistes i quàquers, els quals, cap a 1720, reberen el dret d'assignar una part dels seus impostos al manteniment de la seva església, mentre que, a mitjans del segle xviii, molts clergues de Nova Anglaterra havien abandonat la doctrina calvinista de la predestinació i predicaven que la salvació estava a l'abast de tothom qui acceptés els ensenyaments de Crist. A les colònies on l'Església Anglicana era l'oficial, els anglicans eren massa pocs com per poder imposar una teocràcia, i, fins i tot a Virgínia, van haver de reconèixer la llibertat de culte als presbiterians que s'hi establiren. Des de principis del segle xviii, l'avenç de la colonització, l'increment de la prosperitat material i la difusió de les

18   Ídem pàgs 26-29

86

idees de la Il·lustració van portar a una societat més secular i racionalista; per això, dins de les esglésies presbiteriana, luterana i holandesa reformada com també entre els quàquers va sorgir una perspectiva més humanista del cristianisme, en contrast amb l'ardor religiós dels primers temps de l'Amèrica anglesa, visible en la teocràcia puritana vigent a Massachusetts fins que l'autoritat de l'Església va entrar-hi en crisi després dels judicis per bruixeria de Salem (1692), a conseqüència dels quals van ser condemnades a mort i executades catorze dones i sis homes.

A les Colònies del Mig, les prèdiques dels reverends Theodorus Jacobus Frelinghuyser (1691-1747), de l'església reformada holandesa, i William Tennent (1673-1746), presbiterià, que destacaven la relació personal de l'individu amb Déu i la necessitat de salvar-se mitjançant la conversió, van donar origen al Gran Despertar, una revitalització del calvinisme de to evangèlic i emocional; destacades figures d'aquest moviment de renovació religiosa foren el presbiterià Samuel Davies (1723-1761), el metodista George Whitefield (1714-1770), que, amb els seus sermons, atragué multituds des de Geòrgia fins a Maine —una regió situada a l'extrem septentrional de Massachusetts—, i, sobretot, Jonathan Edwards (1703-1758), un pastor congregacionalista de Northampton (Massachusetts) que, defensant el calvinisme tradicional contra els avenços del racionalisme, terroritzava les congregacions amb les seves gràfiques descripcions del pecat, que li servien per demostrar la necessitat de confiar en la gràcia divina. El Gran Despertar va provocar controvèrsia i divisió; als conservadors de la "Llum Antiga" i als defensors d'una religió racionalista, no els agradaven gens les extravagàncies del moviment renovador, amb els seus paroxismes ploraners, cridaners i emocionals, mentre que els predicadors de la "Nova Llum" condemnaven els clergues que no s'havien regenerat per la seva manca de pietat i instaven les congregacions a desafiar-ne l'autoritat; el resultat va ser el cisma en què moltes esglésies es dividiren entre els conservadors i els renovadors; els principals beneficiaris de l'excitació religiosa del Gran Despertar foren les sectes dissidents més petites, en especial les noves presbiterianes i els baptistes de lliure albir, orientades cap als pobres i incultes oferint-los una religió personal i amb significat. Tanmateix, fora de l'àmbit religiós, el Gran Despertar no va dur pas a qüestionar les autoritats civils tradicionals, mentre que, en canvi, en el seu *A Discourse Concerning Unlimited Submission* (1750), el reverend Jonathan Mayhew (1720-1766), un dels crítics més acèrrims del moviment renovador, va rebutjar-hi la noció d'obediència absoluta a l'autoritat i afirmava el dret a resistir-se a les imposicions arbitràries del poder absolut; les seves idees derivaven dels escrits d'un primer grup de radicals, així com dels conceptes de drets naturals enunciats a Anglaterra al segle XVII per John Locke.

La rapidesa amb què a les Tretze Colònies s'acceptaren les idees lockianes dels drets naturals, de la llei natural, de la bondat innata de l'home, de fe suprema en la raó i en la perfectibilitat humana ens indica l'arrelament que va aconseguir-hi el pensament de la Il·lustració, el qual va impregnar-hi totes les branques del l'activitat intel·lectual i espiritual, des de la religió fins a la ciència, l'economia i la literatura. El teòleg purità ortodox Cotton Mather (1662-1727), que va participar en els judicis per bruixeria de Salem, fou del tot receptiu a les idees científiques d'Isaac Newton (1642-1727) perquè, igual com Jonathan Edwards o Newton mateix, considerava les troballes de la raó com una confirmació de la revelació divina; el matemàtic, físic i astrònom John Winthrop (1714-1779) —nascut a Boston, rebesnét de l'advocat purità John Winthrop (1587-1649), el fundador de la colònia de Massachusetts— difongué explicacions científiques i racionals de fenòmens naturals com ara eclipsis i terratrèmols; d'altra banda, el quàquer John Bartram (1699-1777), nascut a Darby (Pennsilvània), va distingir-se com a botànic amb els seus estudis i treballs de classificació de les plantes, arbres i arbusts americans. L'exemple més significatiu de la il·lustració americana fou Benjamin Franklin (1706-1790), nascut a Boston però establert a Filadèlfia, on va prosperar com a amo d'un negoci d'impremta i com a editor de la Pennsylvania Gazette, autor de molts opuscles sobre política, economia, religió i d'altres temes, i fundador de la Societat Americana de Filosofia (1744) així com del College of Philadelphia (1749). Franklin es féu famós a Europa i Amèrica pels seus invents —el parallamps, una mena de xemeneia de ferro i les lents bifocals— i per les seves investigacions sobre l'electricitat, com també va mostrar sempre una actitud escèptica, fe en la raó i el progrés, passió per la llibertat i un humanisme propi de la Il·lustració, mentre que no s'interessà gaire per la ciència pura i l'especulació filosòfica abstracta; tenia, doncs, una configuració mental típicament americana[19].

---

19   Ídem pàg 34

1.6.2. ENSENYAMENT

Els puritans creien que, per obtenir l'estat de gràcia, un home havia de ser capaç de llegir la Bíblia; en conseqüència, les lleis de Massachusetts de 1642 i 1647 establien que els pares tenien l'obligació d'assegurar-se que els seus fills aprenguessin a llegir, com també preveien fundar escoles elementals en les ciutats de més de cinquanta famílies, i de gramàtica llatina en les de més de cent; per això, en sistemes d'educació, Nova Anglaterra estigué més avançada que les colònies del Mig o del Sud; així, a Pennsilvània i Nova York hi havia poques escoles i, a més, mantingudes per les esglésies mentre que al Sud, els grans terratinents educaven els seus fills a casa amb mestres particulars o bé els enviaven a estudiar a Anglaterra.

Les diferents esglésies consideraven necessari disposar de clergues i predicadors cultes i instruïts; per això, es van fundar universitats, les quals sempre eren confessionals, és a dir, vinculades a una església; tanmateix, no seguien pas un pla d'estudis sectari. La Universitat de Princeton pot considerar-se resultat del moviment espiritual del Gran Despertar; en canvi, el *College of Philadelphia* (1749) de Benjamin Franklin, origen de l'actual Universitat de Pennsilvània, va tenir un caràcter completament laic i secular. A diferència de les universitats britàniques, les universitats americanes no eren pas corporacions autònomes d'estudiants i professors, sinó que les governaven grups externs de laics o de fideïcomissaris no residents.

UNIVERSITATS DE LES TRETZE COLÒNIES			
UNIVERSITAT	SITUACIÓ	CONFESSIÓ	ANY DE FUNDACIÓ
Harvard	Cambridge (Massachusetts)	Puritana	1636
William and Mary	Williamsburg (Virgínia)	Anglicana	1693
Yale	New Haven (Connecticut)	Congregacionalista	1701
Princeton	Princeton (Nova Jersey)	Presbiteriana renovada	1746
King's College	Nova York	Interconfessional	1754
Brown	Providence (Rhode Island)	Baptista	1764
Queen's College	Nova Brunswick (Nova Jersey)	Església reformada holandesa	1766
Dartmouth	Hanover (New Hampshire)	Congregacionalista	1769

La Universitat de Harvard porta el nom del predicador John Harvard (1607-1638), que hi féu una donació testamentària; la Universitat William and Mary fou fundada a partir de cartes reials expedides per Guillem III i la seva muller Maria II. El noms de Yale i Brown homenatgen els mecenes de les respectives universitats; en un cas, el comerciant Elihu Yale (1649-1721) i, en l'altre, la família Brown, comerciants de Providence; el 1784, el King's College va passar a dir-se Universitat de Columbia, igual com el 1825 el Queen's College va convertir-se en la Universitat Rutgers, i el nom Darmouth fa honor a Lord Dartmouth (1731-1801)[20].

1.7.CREIXEMENT DEMOGRÀFIC I EXPANSIÓ

Durant la primera meitat del segle xviii, les Tretze Colònies van multiplicar per vuit el seu nombre d'habitants, un creixement molt més important que el d'Europa, atribuïble a la joventut relativa de la població, a la manca de fams, epidèmies i d'altra mena de crisis demogràfiques, com també a la millora de la dieta resultat de la més alta productivitat de l'agricultura americana. Naturalment, aquest ràpid increment de població va deure's no pas únicament al creixement vegetatiu sinó també a l'arribada d'immigrants; ara bé, segons els principis del mercantilisme, la gent era una mena de riquesa que no podia malbaratar-se enviant-la fora; per això, el govern britànic va deixar d'estimular l'emigració a les colònies, les quals passaren a ser concebudes com a lloc per col·locar-hi els socialment indesitjables, d'ací que, el 1717, el Parlament instituís la pena de deportació a les colònies, en aplicació de la qual, durant el segle XVIII, uns trenta mil criminals i delinqüents de la Gran Bretanya van ser enviats cap a Virgínia i Maryland; els convictes, se'ls portava a les colònies amb un sistema similar al de la servitud escripturada, només que, per a ells, el període de servitud acostumava a durar catorze anys.

D'altra banda, a les Tretze Colònies, hi començaren a arribar també immigrants de procedència no anglesa. El 1685, Lluís XIV va revocar l'Edicte de Nantes, promulgat el 1598 per Enric IV, que reconeixia un certs drets als hugonots, és a dir, als calvinistes francesos; per això, davant del nou ambient de persecució, molts protestants marxaren de França, establint-se alguns d'ells a les Tretze Colònies, principalment a les ciutats portuàries de Charleston, Filadèlfia, Nova York i Boston, on

---

20   Ídem pàgs 34-35

la majoria treballà com a artesans, comerciants o professionals liberals. De territoris culturalment alemanys, van arribar adeptes de sectes pietistes —mennonites, moravians, dunkers i amish— fugitius de persecucions religioses; a més, també hi hagué alemanys que emigraren a Amèrica a conseqüència de les devastacions que patí el Palatinat durant les guerres de Lluís XIV; els alemanys s'establiren a Carolina del Nord, Geòrgia i el nord de Nova York però, principalment, a Pennsilvània; tots ells acabaren integrant-se a la societat colonial excepte els amish, coneguts pel seu sectarisme radical, que els duia a menar una vida austera i aïllada, que, avui dia, continuen practicant. La majoria dels immigrants arribats a les Tretze Colònies després de 1700 foren descendents de presbiterians escocesos establerts a l'Ulster al segle XVII després d'haver-ne expulsat la població irlandesa, catòlica; primer, es dirigiren cap a Nova Anglaterra, però com que no s'hi trobaren una rebuda gaire amistosa, acabaren marxant cap a Pennsilvània, on les autoritats miraren d'emplaçar-los a la frontera com a primera línia de defensa contra possibles atacs dels indis; molts d'ells van entrar a la vall de Cumberland i a la regió d'Allegheny, com també, ja fora de Pennsilvània, es traslladaren cap al sud fins a l'oest de Maryland, la vall de Virgínia i la part posterior de Carolina, fins a formar una cadena d'assentaments fronterers des de Pennsilvània fins a Geòrgia. D'altres grups ètnics foren escocesos, gal·lesos, irlandesos catòlics, holandesos i jueus sefardites; ara bé, excepte a les ciutats, es barrejaven poc i cada ètnia tendia a agrupar-se en zones separades. Dins d'aquest cosmopolitisme, Nova Anglaterra fou l'excepció ja que, per garantir-hi el predomini purità, rebutjava els nou vinguts[21].

Cap al 1700, els assentaments anglesos només ocupaven una molt estreta franja costanera ja que la frontera amb els territoris indis no havia ultrapassat mai la línia de descens dels rius, però, vers 1750, el límit de l'àrea colonitzada ja havia avançat milers de quilòmetres cap a l'oest, fins a duplicar-ne l'extensió. A Nova Anglaterra, els colons anaren poblant el curs del riu Connecticut amunt fins arribar a New Hampshire, i, per la costa, feren cap a Maine. A l'interior de Nova York, els assentaments van estendre's fins a les valls dels rius Hudson, Mohawk i Schoharie, mentre que a Tidewater, una regió de terres planes dividida entre Maryland, Virgínia i Carolina del Nord, els plantadors abandonaren les terres exhaurides pel conreu de tabac i arribaren

---

21   Ídem pàgs 24-26

fins al piemont situat entre l'inici de l'altiplà i la Serralada Blava. A Pennsilvània, en la seva expansió cap a l'oest, els colons alemanys i ulsterians es trobaren amb la barrera dels Apalatxes, un sistema de serralades paral·lel a la costa estès des de la península de Labrador fins a Alabama, que constitueix la més gran elevació en la regió oriental de l'Amèrica del Nord; llavors, es dirigiren cap al sud, a les grans valls interiors entre els Apalatxes i la Serralada Blava; el 1730, penetraren a la vall de Virgínia, a les Carolines el 1740 i 1750 i a Geòrgia el 1760; així, va crear-se una regió de frontera, exposada a atacs dels indis i relativament primitiva.

Les cinc principals ciutats eren ports de mar: Boston, Newport, Nova York, Filadèlfia i Charleston; en conjunt, el 1720 representaven un 7% del total de la població de les Tretze Colònies, i, el 1760, només un 3'5% del total. Boston fou la ciutat principal fins que, a partir de 1700, Nova York i Filadèlfia la superaren. El 1776, Filadèlfia, amb 40.000 habitants, era la segona ciutat de l'Imperi Britànic, però no podia competir pas amb Londres, que tenia 750.000 habitants[22].

1.8. LES RELACIONS AMB ELS INDIS

Durant el segle XVII, sovintejaren els enfrontaments bèl·lics entre els colons anglesos i els indis; els anglesos —cristians— consideraven pagans els indis, i, per això, en menyspreaven la cultura, com també els veien com una nosa que calia eliminar si es volia continuar la colonització, cada cop més cap a l'oest[23], cosa que, lògicament, duia a envair els territoris de caça dels indis. El 1622, Opchanacanough (1554-1646), cabdill de la tribu dels Powhatan, va atacar els assentaments anglesos més avançats de Virgínia i va matar unes tres-centes cinquanta persones; a partir d'aleshores, les hostilitats van continuar d'una manera gairebé intermitent fins que, cap a 1645, els indis foren pràcticament eliminats de Virgínia. A Nova Anglaterra, la Guerra dels Pequot (1637) va dur a l'anihilació d'aquest poble autòcton, cosa que va permetre iniciar la colonització de la vall del Connecticut. El 1675, Metacomet (1638-1676), cabdill dels Wampanoag, a qui els anglesos coneixien pel nom de Rei Felip, va atacar una vintena d'assentaments de Nova Anglaterra i matà un miler de blancs; la Guerra del Rei Felip s'acabà el 1678 amb el

---

22   Ídem pàgs 28-29
23   Ídem pàgs 10-11

sotmetiment dels indis, tal com va passar a Carolina amb la Guerra dels Tuscarora (1711-1712) i la Guerra dels Yamassee (1715-1718). Després de la Guerra Anglo-Wabanaki (1722-1725), en què els colons de Nova Anglaterra s'enfrontaren als indis de la Confederació Wabanaki, la zona del Maine va passar a Massachusetts.

En aquests enfrontaments bèl·lics, el salvatgisme dels indis només era superat pel dels blancs i a la inversa; els colons cremaven poblats i camps de conreu dels indis i massacraven poblacions senceres; els únics anglesos que es preocuparen pels drets dels indis foren els quàquers; a vegades, tal com ho feren els presbiterians de l'Ulster establerts a Pennsilvània al segle XVIII, la despossessió dels indis podia justificar-se amb l'argument religiós que els pagans no tenien pas dret a ocupar unes terres que els cristians necessitaven per conrear el seu pa[24].

2.LES GUERRES CONTRA FRANÇA I ESPANYA

Lògicament, els conflictes bèl·lics en què a Europa les diferents potències colonials poguessin enfrontar-se tenien repercussions a Amèrica. Des de finals del segle XVII i durant tot el segle XVIII, va viure's a Europa un sentiment d'eterna rivalitat entre França i la Gran Bretanya, comparable només al que, posteriorment, es donà entre França i Alemanya des de la fi de la Guerra Franco-Prussiana (1871) fins a l'establiment del Govern de Vichy (1940). Per això, recordant la Guerra dels Cent Anys (1337-1453), en què s'havien enfrontat les cases reials de França i Anglaterra, sovint s'engloben les guerres que es donaren a Europa entre l'inici de la Guerra dels Nou Anys (1688) i la fi de les guerres napoleòniques (1815), en les quals França i Gran Bretanya sempre foren enemigues, dins del concepte de "Segona Guerra dels Cent Anys". D'altra banda, a Espanya, a partir de l'entronització de la dinastia dels Borbó en la persona de Felip V, nét de Lluís XIV, reconeguda en el Tractat d'Utrecht (1713), que posà fi a la Guerra de Successió Espanyola, la política exterior es regí pels Pactes de Família que Lluís XV va signar el 1733 i 1743 amb el seu oncle Felip V (1700-1746), i, el 1761, amb el seu cosí germà Carles III (1759-1788). Per tant, en gairebé totes les guerres de l'Europa del segle XVIII, Espanya hi participà com a aliada de França, la qual cosa, en el context del cicle bèl·lic de la Segona Guerra dels Cent Anys (1688-1815), significà un enfrontament perpetu amb la Gran Bretanya.

---

24   Ídem pàgs 36-37

A partir de les fundacions de Port Royal (1605), Quebec (1608) i Montreal (1642), França havia dut a terme a l'Amèrica del Nord una colonització desenvolupada en tres fases; entre 1603 i 1654, es crearen assentaments a la vall del riu Sant Llorenç i dels seus afluents; la zona dels Grans Llacs, situada avui dia a la frontera entre els EUA i el Canadà, va ser ocupada entre 1654 i 1673, mentre que les colònies dels marges del riu Mississipí van fundar-se entre 1673 i 1684[25]. Aquest va ser l'origen de Nova França, dividida en quatre colònies:

a) Canadà: organitzada en tres districtes: Quebec, Trois-Rivières i Montreal; era la colònia més important i desenvolupada de totes; el seu territori correspon a les actuals províncies canadenques de Quebec i Ontàrio
b) Acàdia: les parts orientals de l'actual Quebec així com el que avui dia són les províncies canadenques de Nova Brunswick, Illa del Príncep Eduard i Nova Escòcia, a més de la part de l'actual estat americà de Maine fins al riu Kennebec
c) Terranova, illa que en l'actualitat pertany al Canadà
d) Louisiane, territori corresponent als actuals estats americans de Missouri, Illinois, Indiana, Louisiana, Arkansas, Mississippí i Alabama; les capitals de Louisiane van ser Mobile (Alabama), entre 1702 i 1720, Biloxi (Mississippí) des de 1720 fins 1722 i, a partir de 1722, Nova Orleans (Louisiana), ciutat fundada el 1718 per la Companyia Francesa del Mississipí que li donà aquest nom en atenció al duc d'Orleans, regent de França durant la minoria d'edat (1715-1723) de Lluís XV (1715-1774)

En la Guerra dels Nou Anys o de la Gran Aliança (1688-1697) i en la Guerra de Successió Espanyola (1701-1713), denominades a l'Amèrica anglesa, respectivament, "la Guerra del Rei Guillem" i "la Guerra de la Reina Anna" en referència als monarques regnants a Anglaterra durant aquestes guerres, els colons anglesos de l'Amèrica del Nord es mostraren força disposats a lluitar contra els francesos perquè, en primer lloc, eren catòlics i, en segon lloc, els feien la competència en el comerç de pells i en la pesca. Els francesos i els seus aliats indis incendiaren els assentaments de Schenectady (Nova York) i Deerfield

25   GUARDIA HERRERO, Carmen de la: *Historia de Estados Unidos* Madrid: Sílex, 2009 (Serie historia) pàg 25

(Massachusetts) i en massacraren els habitants, en molts casos després d'haver-los torturat; en resposta, els colons anglesos realitzaren incursions en territori indi i atacaren els assentaments francesos del riu Sant Llorenç[26]; pel Tractat d'Utrecht (1713), passaren a domini britànic Terranova i Acàdia, a la qual els britànics donaren el nom de Nova Escòcia perquè entre 1629 i 1632, aquesta regió l'havia intentat colonitzar Escòcia; tanmateix, Lluís XIV va aconseguir conservar el domini d'una petita part d'Acàdia: les illes Royale —actualment, Illa del Cap Bretó (Nova Escòcia)— i Saint-Jean, com també el territori de la Nova Brunswick d'avui dia.

Gran Bretanya i Espanya s'enfrontaren pel control del comerç del Carib en la Guerra de l'Orella d'en Jenkins (1739-1742), dita així perquè, posteriorment, va veure-s'hi la resposta a un incident esdevingut el 1731: a la costa de Florida, una fragata guardacostes espanyola va capturar un vaixell britànic acusat de contraban i al seu capità, Robert Jenkins, el comandant espanyol li va fer tallar una orella. Les tropes britàniques, reclutades i finançades per Geòrgia i Carolina del Sud, tenien l'objectiu d'envair Florida i Cuba i de prendre Cartagena d'Índies; aquests plans fracassaren, i els colons ho atribuïren a la incompetència dels oficials procedents de la Gran Bretanya.

Durant la Guerra de Successió Austríaca (1744-1748), dita a les Tretze Colònies la Guerra del Rei Jordi perquè s'esdevingué durant el regnat de Jordi II de la Gran Bretanya (1727-1760), francesos i britànics s'enfrontaren pel control dels boscos del Maine, com també d'Illinois, la vall de l'Ohio i la regió dels Grans Llacs, corresponent a l'actual província canadenca d'Ontàrio i als actuals estats americans de Pennsilvània, Nova York, Ohio, Minnesota, Wisconsin, Illinois, Indiana i Michigan. Els colons britànics eren una població en expansió de gairebé dos milions de persones, establertes en colònies independents, mentre que els colons francesos, centrats al Quebec, només n'eren vuitanta mil, escampats per un enorme territori que anava des dels Grans Llacs fins a Nova Orleans tot seguint el curs del Mississipí; a Nova França, la població era homogènia i l'autoritat estava centralitzada, com també, els francesos comptaven amb l'aliança dels indis ja que, a diferència dels britànics, no estaven pas

26 JONES, Maldwyn Allen: *Historia de Estados Unidos, 1607-1992*; traducción de: Carmen Martínez Gimeno Madrid: Cátedra, 1996 (Historia. Serie mayor) pàgs 37-38

interessats a establir colònies agrícoles en territori indi; així, en la Guerra Anglo-Wabanaki, la confederació dels indis havia comptat amb el suport de Nova França. Gràcies als recursos econòmics i humans de Nova Anglaterra, el 1745, les forces britàniques van aconseguir prendre la fortalesa de Louisbourg (illa Royale), però, en el Tractat d'Aquisgrà (1748), que posà fi a la Guerra de Successió Austríaca, Gran Bretanya restituí Louisbourg a França a canvi de rebre'n Madràs (Índia); per tant, a Londres van ignorar els interessos dels colons de Nova Anglaterra, la guerra dels quals contra els indis micmac (1749-1755), aliats dels francesos, va significar l'adquisició per Gran Bretanya de la futura Nova Brunswick; a partir d'aleshores, pescadors de Nova Anglaterra començaren a explotar la riquesa de Nova Escòcia i Terranova en verat i bacallà, exportats juntament amb bestiar i fusta.

A l'Amèrica del Nord, el 1754 les ambicions dels colons de Virgínia, que aspiraven a expandir-se cap a la vall de l'Ohio, i les dels de Nova Anglaterra, que pretenien apoderar-se del Canadà, van donar origen al conflicte que, a les Tretze Colònies, se'n digué la Guerra Franco-Índia, nom que, avui dia, encara s'usa als EUA. Després que a l'Ohio els virginians fossin derrotats pels francesos, Gran Bretanya va enviar a Amèrica un petit exèrcit que fou vençut pels francesos el 1755. A partir de 1756, aquesta guerra americana va quedar inclosa dins de la Guerra dels Set Anys (1756-1763) en què la Gran Bretanya, Prússia i Portugal s'enfrontaren a França, Espanya, Àustria i Rússia; aleshores, els combats bèl·lics van estendre's cap a l'Atlàntic, la Mediterrània, les Antilles, l'Oceà Índic i l'Àsia. A l'Amèrica del Nord, els francesos van continuar guanyant fins que el govern britànic, on, el 1757, William Pitt el Vell (1708-1778), fou nomenat secretari d'estat del Departament del Sud, i, doncs, responsable de les colònies, va enviar a Amèrica un gran contingent d'exèrcit. El 1759, els britànics s'apoderaren de la vall de l'Ohio i del Quebec, i, el 1760, de Montreal; a més, també obtingueren importants victòries a l'Índia i l'Àfrica.

Segons el Tractat de París, signat el 10 de febrer de 1763, Gran Bretanya adquirí el domini del Canadà igual com, a canvi de restituir-li Cuba —ocupada pels britànics el 1762—, Espanya li cedí Florida; d'altra banda, per compensar-la de les seves pèrdues, França va donar a Espanya la Louisiane així com tots els drets sobre el territori situat a l'oest del Mississipí. A partir de 1763, doncs, les úniques colònies franceses d'Amèrica foren illes caribenyes de Saint-Domingue, Guadalupe i la Martinica, així com una part de la Guaiana, regió situada a l'Amèrica del Sud[27].

COLÒNIES BRITÀNIQUES A L'AMÈRICA DEL NORD 1763-1776		
REGIÓ	COLÒNIES	
Les Tretze Colònies de la Costa Atlàntica	Massachusetts	
	New Hampshire	
	Rhode Island i Providence	
	Connecticut	
	Nova York	
	Nova Jersey	
	Pennsilvània	
	Delaware	
	Maryland	
	Virgínia	
	Carolina del Nord	
	Carolina del Sud	
	Geòrgia	
Badia del Hudson	Terra de Rupert	
Territoris cedits per França al Tractat d'Utrecht (1713)	Terranova	
	Nova Escòcia	
Territoris adquirits pel Tractat de París (1763)	Cedits per Espanya	Florida Oriental
		Florida Occidental
	Cedits per França	La Reserva Índia, territori situat entre les colònies britàniques i l'antiga Nova França
		Les illes Royale i Saint-Jean, denominada després Illa de St. John's (1763-1798) i, des de 1798, Illa del Príncep Eduard
		Quebec

---

27   BOSCH, Aurora: *Historia de Estados Unidos, 1776-1945*. Barcelona: Crítica, 2005 (Serie mayor) pàgs 4-6

3.L'AMÈRICA DEL NORD 1763-1776
3.1.LES MESURES DEL GOVERN BRITÀNIC

Com que consideraven preocupant l'elevada presència de colons francesos a Nova Escòcia, les autoritats britàniques van intentar concentrar-ne uns deu mil per dispersar-los per les altres colònies, on, però, no estaven gaire disposats a rebre'ls perquè eren catòlics, d'ací que a Virgínia volguessin enviar cap a Anglaterra els colons francesos que se li havien assignat; a més, els britànics també van deportar cap a França colons establerts al Quebec on hi instal·laren presbiterians de l'Ulster, metodistes del Yorkshire i muntanyencs escocesos.

El maig de 1763, els indis de l'Ohio, dirigits per Pontiac, cabdill dels ottawa, aliat amb els francesos durant la Guerra Franco-Índia, assolaren les fronteres occidentals de les Tretze Colònies des de Nova York fins a Virgínia. Les hostilitats s'havien iniciat en el moment mateix que els britànics havien començat a prendre possessió de les antigues fortaleses franceses de l'Ohio; com sempre, els indis temien que, a diferència dels francesos, els britànics volguessin prendre'ls les terres per colonitzar-les. Per resoldre aquesta crisi, l'octubre de 1763, Jordi III de la Gran Bretanya (1760-1820) va promulgar la Proclamació Reial establint una "frontera imaginària" al llarg de la serralada dels Apalatxes que els colons tenien prohibit d'ultrapassar.

La guerra contra Pontiac no va finalitzar fins 1766; llavors, a Londres van calcular que, per poder defensar la frontera occidental d'Amèrica, necessitaven desplegar-hi un exèrcit permanent de deu mil soldats, el doble dels que hi havia hagut abans de la Guerra dels Set Anys; per pagar les despeses d'aquesta tropa i els deutes que havia deixat pendents la Guerra, el govern britànic necessitava apujar els impostos; a Anglaterra, però, les classes populars estaven descontentes i s'havien alçat unes quantes vegades demanant tenir també dret a vot en les eleccions parlamentàries, mentre que a Irlanda n'eren molts, fins i tot entre les classes altes, els que consideraven opressiu el govern britànic; ara bé, les colònies d'Amèrica suportaven la tributació més baixa de tot el món occidental; calia, doncs, fer-les contribuir a les despeses de l'exèrcit, primer, amb reformes duaneres que fessin complir efectivament les Lleis de Navegació, i, quan amb això no n'hi hagués prou, amb nous impostos. L'Almirallat va establir un tribunal amb seu a Halifax (Nova Escòcia), la principal base de la marina britànica a Amèrica, per imposar l'estricta observança de les Lleis de Navegació, i, a més, el 1764, el parlament britànic va aprovar dues lleis:

a) La Llei del Sucre que amplià la llista dels productes colonials que calia exportar directament a la Gran Bretanya ja que al tabac i al sucre hi va afegir les pells, el ferro i la fusta, incrementà els registres i fiances que els comerciants havien d'obtenir, va imposar aranzels als teixits, el sucre, l'indi, el cafè i el vi importat a les colònies i reduí els drets de duana de la melassa amb la idea que, així, aconseguiria eliminar-ne el contraban

b) La Llei de la Moneda que estenia a totes les colònies la prohibició d'emetre paper moneda, imposada a Nova Anglaterra el 1751

A part d'això, considerant que el govern britànic no disposava encara de prou recursos per mantenir les tropes estacionades a l'oest d'Amèrica, el març de 1765, el ministre George Grenville va fer aprovar pel Parlament dues noves lleis:

a) La Llei del Timbre que establia un impost sobre l'ús de paper a les colònies, ja que tot el material imprès a Amèrica —diaris, almanacs, fullets, documents legals, factures comercials, documentació de vaixells, pòlisses d'assegurances, llicències de matrimoni o, fins i tot, jocs de cartes— s'havia de fer utilitzant un paper produït a Londres amb el seu corresponent timbre fiscal que calia pagar

b) La Llei de Casernes que obligava les colònies a proveir i allotjar les tropes britàniques construint casernes o encabint-les en edificis buits; aquesta llei afectà, principalment, la província de Nova York, on l'Exèrcit britànic hi tenia la Caserna general[28]

3.2. LA RESPOSTA DELS COLONS

Fins al Tractat de París, sempre havia existit la possibilitat que, a conseqüència d'una guerra, les Tretze Colònies passessin a domini francès, el pitjor malson imaginable per als colons ja que això hauria significat caure sota el poder d'una monarquia catòlica i absolutista, que exigia als seus súbdits la prestació de serveis militars i el pagament d'elevats impostos; a partir de 1763, doncs, va desaparèixer un dels factors en què

---

28   Ídem pàgs 9-11

s'havia basat la fidelitat dels colons a la Corona britànica, i, precisament, les mesures que la Gran Bretanya va prendre amb els colons francesos del Quebec i de Nova Escòcia van fer que a les Tretze Colònies molts comencessin a preguntar-se si, arribat el cas, aquesta mena d'accions també podrien usar-se amb ells[29]. D'altra banda, ja durant la Guerra, els colons s'havien mostrat contraris als intents de Gran Bretanya d'enfortir el seu poder a Amèrica; el 1761, el recurs a ordres judicials de registre per eradicar el contraban i el comerç amb l'enemic va ser denunciat per l'advocat de Boston James Otis (1725-1783) sobre la base de considerar que el Parlament britànic només posseïa un poder limitat per legislar sobre les colònies; en conseqüència, com que violava els drets naturals, l'ús d'ordres judicials de registre era un acte nul de ple dret. Dos anys després, el Consell Privat del Rei va rebutjar una llei de Virgínia sobre el salari dels clergues anglicans; el polític virginià Patrick Henry (1736-1799) va respondre-hi declarant que, actuant així, el Rei havia esdevingut un tirà i, per tant, havia perdut el dret a ser obeït pels seus súbdits.

La nova legislació de 1764 i 1765 va agreujar la crisi econòmica i monetària que patien les Tretze Colònies, conseqüència de l'enorme dependència de la seva producció i comerç envers el crèdit britànic. Per augmentar les vendes a les colònies, els financers anglesos i escocesos havien amplificat i diversificat les seves línies de crèdit, i aquesta fou la base de l'expansió econòmica americana de mitjans del segle XVIII, però també va saturar el mercat de productes britànics i algun d'americà com el tabac; la demanda extraordinària de la Guerra Franco-Índia va salvar, momentàniament, molts productors i comerciants de la ruïna, però la dependència del crèdit britànic va fer-los patir les conseqüències de la crisi financera de 1762-1764. La instauració d'un impost, com el de la Llei del Timbre, que afectava totes les colònies, i el temor dels americans que el govern britànic pogués usar l'Exèrcit de l'Oest per obligar-los a pagar-lo van mobilitzar els diferents sectors de la societat colonial. La contestació va començar entre les elits —plantadors, comerciants, advocats i impressors— que expressaven el seu descontent a les assemblees colonials i el difongueren per tot arreu de les Tretze Colònies mitjançant els comitès de correspondència, la distribució de pamflets i la creació d'organitzacions denominades Fills de

---

29   JOHNSON, Paul: *Estados Unidos: la historia* Buenos Aires [etc.]: Javier Vergara Editor, 2001 pàgs 129-132

la Llibertat, mentre que sectors de la classe mitjana de petits agricultors, artesans i botiguers, organitzats espontàniament en clubs i tavernes, formaven grups de resistència locals per expressar el seu rebuig a la Llei del Timbre. A la Cambra dels Burgesos de Virgínia —la cambra baixa de l'assemblea colonial—, Patrick Henry va presentar-hi mocions defensant que els americans tenien tots els drets dels anglesos, per la qual cosa només l'assemblea de la colònia podia instaurar impostos a Virgínia; la Cambra no aprovà pas aquestes mocions però com que en circularen exemplars impresos del text, la decisió de la cambra virginiana no va tenir importància[30]. Les protestes foren violentes a Boston on, l'octubre de 1765, fou destruïda la casa del sotsgovernador Thomas Hutchinson (1711-1780) —natural de Boston i descendent dels primers colons anglesos de Massachusetts— i la del distribuïdor del paper timbrat; a partir d'aleshores, a tot arreu de les Tretze Colònies hom cremà efígies dels funcionaris reials. La protesta es legitimava en la defensa dels drets de l'individu contra l'Estat com també en la identificació de llibertat amb representació política i igualtat; precisament, considerant-se "anglesos lliures", els americans no acceptaven pas que pogués obligar-los a pagar impostos una institució —el Parlament britànic— en la qual no hi tenien representació. A Gran Bretanya, es considerava que el Parlament, on, per exemple, no hi elegien diputats tampoc les ciutats industrials angleses de Manchester i Birmingham, representava, virtualment, els interessos de tot el país, colònies incloses, mentre que a Amèrica, on la participació política en els afers locals estava molt estesa i, a més, hi havia una relació proporcional entre població, electors i representants, aquest concepte de "representació virtual" resultava incomprensible. El 7 d'octubre de 1765, va reunir-se a Nova York un Congrés contra la Llei del Timbre, format per vint-i-set representants de nou colònies —Nova York, Nova Jersey, Rhode Island, Pennsilvània, Connecticut, Carolina del Sud, Delaware, Maryland i Massachusetts— que redactà la Declaració de Drets i Queixes de les Colònies. Benjamin Franklin —impressor i, doncs, directament afectat per la Llei del Timbre— va començar a qüestionar els beneficis econòmics de la relació amb Gran Bretanya, però la majoria dels colons encara con-

---

30   JONES, Maldwyn Allen: *Historia de Estados Unidos, 1607-1992*; traducción de: Carmen Martínez Gimeno Madrid: Cátedra, 1996 (Historia. Serie mayor) pàgs 43-44

fiava poder recuperar la seva autonomia econòmica sense trencar amb l'Imperi.

Davant la magnitud de les protestes a Amèrica, el 21 de febrer de 1766 el Parlament britànic va derogar la Llei del Timbre, mesura, però, que va anar acompanyada de l'aprovació de la Llei Declaratòria segons la qual només el Parlament britànic disposava de la sobirania i de la potestat d'aprovar lleis que obliguessin els colons de tot arreu de l'Imperi[31].

3.3.ELS ARANZELS DE TOWNSHEND

Com que la retirada de la Llei del Timbre va significar la constatació del fracàs en l'intent d'instaurar un impost intern a Amèrica perquè els colons negaven que el Parlament britànic hi tingués dret, el govern de Londres va tornar a recórrer als tradicionals drets de duanes, més indirectes i externs. El 1767, el ministre d'hisenda Charles Townshend va aconseguir del Parlament l'aprovació de nous aranzels sobre el vidre, la pintura, el paper i el te importats de les colònies, com també va crear una Junta de Duanes per a Amèrica amb seu a Boston, que depenia directament del Tresor britànic, establí tres nous tribunals del Vicealmirallat a Boston, Filadèlfia i Charleston, un nou secretariat d'estat, dedicat exclusivament a afers colonials, i, després que, el 1766, s'hagués signat la pau amb Pontiac, retirà l'exèrcit de l'oest i l'estacionà a les colònies costaneres.

Totes aquestes mesures encengueren de nou les protestes a les Tretze Colònies; a les seves *Letters of a Pennsylvania Farmer* —"Cartes d'un pagès de Pennsilvània"— (1768), l'advocat de Filadèlfia John Dickinson (1732-1808) va argumentar que fins i tot els impostos externs eren contraris a la Llei si es decretaren amb la intenció d'obtenir ingressos; d'altra banda, també condemnava la Llei de Casernes perquè hi veia un intent d'imposició directa i denunciava la suspensió de l'assemblea de Nova York, disposada perquè s'havia negat a complir amb la Llei de Casernes, com un atac a la llibertat de totes les colònies. El centre de la protesta fou Boston; Samuel Adams (1722-1803) va destacar-hi com un dels líders patriotes més radicals que, amb els seus Fills de la Llibertat,

---

31   Bosch, Aurora: *Historia de Estados Unidos, 1776-1945*. Barcelona: Crítica, 2005 (Serie mayor) pàgs 12-13

escrivia incendiaris articles a la premsa, organitzava protestes en tavernes i a l'Assemblea colonial. El febrer de 1768, l'Assemblea de Massachusetts va aprovar i enviar a les altres cambres colonials una circular, redactada per Samuel Adams i James Otis, on denunciava els Aranzels de Townshend com una violació inconstitucional del principi de "cap contribució sense representació", segons el qual el Parlament britànic no podia establir impostos a Amèrica perquè les colònies no hi elegien diputats; com que va desobeir l'ordre de revocar la circular, el governador va dissoldre l'Assemblea, però els colons convocaren una Convenció de Representants Ciutadans com també es cometien actes de violència contra duaners i s'organitzaven boicots als comerciants fidels a l'ordre britànic[32].

3.4.ELS ANYS 1770-1772

A partir de 1768, van començar a arribar a Boston tropes britàniques procedents d'Irlanda, i esdevingué molt tensa la relació de la gent amb els soldats; el 5 de març de 1770, va esdevenir-se la "massacre de Boston": un incident amb la tropa, que va tenir com a balanç cinc morts; l'exèrcit va retirar-se de la ciutat, però s'establí a les rodalies i la Marina britànica continuà patrullant les costes; d'altra banda, no es recaptaven la totalitat dels aranzels i les exportacions britàniques es ressentien dels boicots americans.

L'abril de 1770, el govern britànic va abolir tots els Aranzels de Townshend menys el del te, i, durant els dos anys següents, a les Tretze Colònies es va viure una certa tranquil·litat, destorbada, només, pels conflictes que es donaven dins de les colònies, generalment entre les regions costaneres, de poblament més antic, i les noves terres de frontera de l'oest on els colons feia poc que s'hi havien establert; n'havia estat un exemple la marxa sobre Filadèlfia dels *Paxton Boys* el 1763; es tractava d'un grup format per uns sis-cents colons de la frontera de Pennsilvània, en la seva majoria presbiterians de l'Ulster, descontents perquè, segons ells, l'oligarquia quàquera de Filadèlfia no els reconeixia una representació adequada a l'assemblea de la colònia, els imposava uns tributs força alts i no els defensava contra els indis. A Carolina del Nord, va viure's una situació de guerra civil fins que, en la batalla d'Alamance (1771), la

---

32   Ídem pàgs 13-14

milícia del governador va esclafar els Reguladors, una força armada creada pels pagesos de l'interior per lluitar contra les oligarquies del litoral[33].

Tanmateix, no havien desaparegut pas del tot les tensions de les colònies amb Londres. La goleta britànica *Gaspée* va ser abordada i enfonsada el juny de 1772 no pas per l'armada de cap potència enemiga, sinó pels colons de Rhode Island com a protesta contra la imposició repressiva de les Lleis de Navegació; el govern britànic va trametre-hi una comissió reial amb poder per enviar els sospitosos a Gran Bretanya per ser-hi jutjats. Aquell mateix mes, Thomas Hutchinson, governador de Massachusetts (1769-1774), va comunicar a l'assemblea de la colònia que el seu sou i el dels jutges del tribunal suprem, ja no l'establiria l'Assemblea sinó que es pagaria amb els beneficis de les duanes; el novembre següent, totes les ciutats de Massachusetts, començant per Boston, organitzaren Comitès de Correspondència i la meitat aprovaren *The Votes of Proceeding*, un document on els bostonians enumeraven totes les violacions dels drets dels colons perpetrades per les autoritats britàniques:

a) Imposició de tributs fiscals i de lleis sense el consentiment dels colons
b) Tramesa d'exèrcits permanents en temps de pau
c) Supressió del judici amb jurat
d) Restricció de les manufactures
e) Amenaça d'establir bisbes anglicans a Amèrica

El març de 1773, l'Assemblea de Virgínia va proposar la formació de Comitès de Correspondència intercolonials, i, en diaris i pamflets, es començà a parlar obertament de la independència com la millor manera de protegir els interessos econòmics americans; així doncs, es va passar de lluitar pels "drets de l'anglès nascut lliure" a defensar la llibertat americana contra la tirania britànica[34].

---

33 Jones, Maldwyn Allen: *Historia de Estados Unidos, 1607-1992*; traducción de: Carmen Martínez Gimeno Madrid: Cátedra, 1996 (Historia. Serie mayor) pàgs 45-46

34 Bosch, Aurora: *Historia de Estados Unidos, 1776-1945*. Barcelona: Crítica, 2005 (Serie mayor) pàg 15

4.LA REBEL·LIÓ DE LES TRETZE COLÒNIES
4.1.EL MOTÍ DEL TE A BOSTON I LES LLEIS COERCITIVES

El Parlament britànic va concedir a la Companyia d'Índies Orientals el privilegi exclusiu de vendre directament te a les colònies, sense passar pels magatzems dels distribuïdors locals; a les Tretze Colònies, els comerciants van témer que a aquest monopoli en seguissin d'altres, i els Comitès de Correspondència van veure-hi un intent de comprar la passivitat del poble oferint-li te barat. Com a acció de protesta, als principals ports, es va impedir descarregar el te de la Companyia d'Índies Orientals; a Nova York i a Filadèlfia, els agents de la companyia es van veure obligats a dimitir, i a Charleston es va descarregar el te però va vendre's després per finançar la revolució; a Boston, el governador Hutchinson va obligar els capitans dels vaixells a descarregar, però, el 30 de novembre de 1773, sota la direcció de Samuel Adams, un grup de colons, disfressats d'indis mohawk —els pobladors autòctons del territori delimitat al nord pel riu Sant Llorenç, al sud per Nova Jersey i Pennsilvània i a l'est per les Muntanyes Verdes de Vermont— van llençar al mar tot el carregament de te. La resposta britànica al Motí de Te fou l'aprovació, l'abril de 1774, de les Lleis Coercitives:

a) La Llei del Port de Boston: des de l'1 de juny de 1774, el port quedava tancat fins que es pagués el valor del te destruït
b) La Llei d'Administració Imparcial de la Justícia: els funcionaris acusats de delictes greus havien de ser jutjats a Gran Bretanya o en una altra colònia, per evitar així jurats hostils
c) Llei de Casernes: el governador disposava de poders per allotjar tropes en edificis privats, confiscant-los si calia

Llei del Govern de Massachusetts: reformava el govern de la colònia modificant-ne la carta de 1691; els membres del Consell o cambra alta els nomenaria el Governador i, doncs, deixarien de ser elegits per la Cambra Baixa; es restringien les reunions ciutadanes i es reforçava el poder del Governador per nomenar jutges i xèrifs. A més, va nomenar-se governador de Massachusetts el general anglès Thomas Gage, comandant en cap de les tropes britàniques de l'Amèrica del Nord

El poble de Massachusetts va negar-se a pagar el te destruït i a acceptar la nova llei de govern de la colònia; des de 1772, el patriciat comercial, en aliança amb els menestrals i, a vegades, amb la col·laboració de la multitud, havia impulsat la formació dels Comitès de Correspondència a tot arreu de Massachusetts; a partir de 1774, a la protesta s'hi van afegir pagesos perjudicats pel tancament del port de Boston; a cada ciutat i a cada comtat, els comitès revolucionaris desplaçaren les autoritats constituïdes i, a més, formaren milícies que impedien l'obertura dels tribunals. Inicialment, l'elit mercantil i les classes mitjanes lluitaven pel restabliment de l'antiga Carta de Massachusetts de 1691 però, aviat, el poder va desplaçar-se cap als sectors radicals de classe mitjana i el poble menut, més interessats en la igualtat política i econòmica, d'ací que una acció limitada de resistència esdevingués un moviment popular[35].

4.2.EL PRIMER CONGRÉS CONTINENTAL

Encara que les Lleis Coercitives només es proposaven castigar Boston i el conjunt de Massachusetts, les altres colònies s'hi van solidaritzar i, per això, a tot arreu, des de Nova York fins a les Carolines, s'enviaven vaixells de mercaderies per ajudar Boston, igual com a totes les colònies s'organitzaren comitès de correspondència i s'alçaren milícies. El maig de 1774, l'assemblea de Virgínia va enviar una convocatòria per a una reunió intercolonial, celebrada a Filadèlfia des del 5 de setembre fins al 26 d'octubre de 1774 i denominada, posteriorment, el Primer Congrés Continental; hi participaren delegats de totes les colònies britàniques de l'Amèrica del Nord excepte Geòrgia, Quebec, Nova Escòcia i les dues Florides, que no secundaren pas la protesta. A part de les Lleis Coercitives —denominades les Lleis Intolerables pels rebels de les colònies perquè hi veien la prova que Gran Bretanya usava el seu poder contra els seus interessos polítics i econòmics—, un altre greuge dels americans fou la Llei del Quebec (juny de 1774) que hi reconeixia el caràcter oficial de l'Església catòlica, una decisió que a Nova Anglaterra es condemnà com un gest de "papisme", com també hi mantenia el sistema legal francès, que no admetia el judici per jurat, cosa que a les Tretze Colònies s'interpretà com a prova de la voluntat del govern britànic d'establir a Amèrica un sistema autocràtic; a més, la llei del 1774 també declarava incloses a la província del Quebec les terres occidentals al nord de l'Ohio, que Pennsilvània, Virgínia i Connecticut reclamaven com a seves; amb aquesta disposició, la Corona pretenia obligar els

---

35 BOSCH, Aurora: *Historia de Estados Unidos, 1776-1945.* Barcelona: Crítica, 2005 (Serie mayor) pàgs 16-18

colons a respectar el límit dels Apalatxes, establert en la Proclamació Reial de 1763, i força impopular a les Tretze Colònies.

Al Primer Congrés Continental, els delegats estaven d'acord en la necessitat d'una acció coordinada de les colònies, però hi havia divisió sobre quin n'havia de ser el resultat; Joseph Galloway (1731-1803), de Pennsilvània, va proposar un Pla d'Unió que pretenia estrènyer els vincles de les colònies mitjançant una constitució escrita —inexistent en el sistema legal britànic— i la creació d'un poder legislatiu continental que, en afers colonials, compartiria el poder amb el Parlament britànic; aquesta proposta va ser rebutjada per només un vot de diferència. El Congrés, en canvi, va donar suport a les Resolucions del comtat de Suffolk, aprovades per una convenció de comtats de Massachusetts, que havia instat a la resistència a les Lleis Coercitives; les Resolucions proposaven crear un govern colonial que hauria de retenir els impostos i establir una milícia com també recomanava adoptar severes sancions econòmiques contra la Gran Bretanya. Abans de clausurar-se, el Congrés redactà una Declaració de Drets, va demanar al Rei i al Parlament la reparació dels greuges i va decretar un boicot econòmic a la Gran Bretanya, amb la qual, a partir de l'1 de novembre de 1774, no s'hi havien de mantenir relacions comercials de cap mena ni d'importació ni d'exportació.

El 20 de febrer de 1775, el ministre britànic Lord North va formular un Pla de Conciliació que només prometia la renúncia per part del Parlament a establir impostos a les colònies que es paguessin el cost de la seva administració civil i que contribuïssin satisfactòriament a la defensa imperial; a més que no derogava les Lleis Coercitives, quan la notícia d'aquest pla arribà a Amèrica ja hi havien començat els enfrontaments militars amb les batalles de Lexington i Concord (19 d'abril de 1775), on la milícia de Massachusetts s'enfrontà a l'exèrcit britànic, i els efectius britànics desplegats a Boston foren assetjats des dels ports de Charleston i Dorchester[36].

4.3. LA SITUACIÓ A LES DIFERENTS COLÒNIES

A Virgínia, no hi havia hagut tensions socials després que, el 1676, la Rebel·lió de Bacon hagués unit els blancs pobres de la frontera amb els

---

36   JONES, Maldwyn Allen: *Historia de Estados Unidos, 1607-1992*; traducción de: Carmen Martínez Gimeno Madrid Cátedra, 1996 (Historia. Serie mayor) pàgs 46-48

serfs escripturats i els negres lliures i esclaus contra els indis i l'elit dels plantadors; a més, com que, a conseqüència de l'expansió de l'esclavitud dels negres, els blancs estaven units per la propietat, el conreu de tabac i la noció de llibertat, la majoria dels plantadors va optar per la revolució. El maig de 1774, el governador lord Dunmore va dissoldre la cambra de representants per haver votat un dia de dejuni i oració contra les "Lleis Intolerables"; llavors, els seus diputats es constituïren en congrés provincial; els comitès revolucionaris virginians reflectiren el poder de les oligarquies de plantadors.

Els grans plantadors de Maryland també van unir-se a la revolució, però, ací la situació era diferent de la de Virgínia. Les terres de l'est, situades entre la badia de Chesapeake i l'oceà Atlàntic, eren d'agricultura familiar i, més al nord, blancs pobres i negres lliures conreaven blat; aquests dos sectors socials acabaren unint-se contra els plantadors i, per això, dins de les milícies revolucionàries hi hagué un intens republicanisme radical. A la frontera de Nova York, al comtat de Tyron, els petits propietaris i els comerciants s'uniren, primer, per ajudar Boston i, després, per lluitar contra el poder caciquil de la rica família Johnson amb la idea de repartir-se'n les terres; durant la tardor de 1775, els Johnson, que s'oposaren als patriotes amb l'ajuda d'arrendataris seus catòlics escocesos i també dels indis iroquesos, fugiren cap a la frontera del Niagra però la guerra civil va continuar-hi fins que es va aconseguir la independència. Tanmateix, igual com a Boston i a Filadèlfia, a la ciutat de Nova York la classe mitjana radical va aconseguir el poder desplaçant-ne el patriciat mercantil.

Arran de la lluita contra les "Lleis Intolerables", Filadèlfia, el centre econòmic, polític i cultural de les Tretze Colònies, esdevingué la ciutat més radicalment revolucionària de totes. Malgrat que els menestrals gaudien de dret a vot, fins 1774, l'elit de rics comerciants quàquers i anglicans va controlar la vida política local mitjançant la Corporació de la Ciutat de Filadèlfia, formada per dotze homes que no havien d'enfrontar-se ni a mítings populars ni a eleccions obertes, i l'Assemblea Provincial de Pennsilvània, dominada pels moderats, que s'havien mantingut al marge del moviment de resistència. Amb motiu de la lluita contra els impostos decretats pel govern britànic, el 1770, els menestrals constituïren la Societat Patriòtica per promoure els seus candidats i oposar-se a la importació de manufactures britàniques; després de l'aprovació de les "Lleis Intolerables", comptant amb el suport de petits comerciants i de la comunitat menestral, un grup de joves mercaders i advocats, principalment presbiterians, va prendre el control del moviment de resistència formant un comitè de dotze membres, i, el juny de 1776, aquesta classe mitjana radical va enderrocar la vella assemblea provincial. D'altra banda, mitjançant la milícia, entre 1775 i 1776, els menestrals més pobres, els jornalers i els criats, grups exclosos de la vida política colonial, van anar radicalitzant-se, i, per això, demanaren el sufragi universal masculí, sense limitacions d'edat o de propietat, i el servei militar universal.

En la majoria dels casos, incorporant-hi la classe mitjana, les antigues elits colonials van conservar el control dels nous organismes revolucionaris que prenien el poder en detriment dels governadors i de d'altres agents de l'autoritat britànica; ara bé, a les principals ciutats —Boston, Nova York, Filadèlfia— els nous estrats de la classe mitjana arribaren al poder gràcies al suport dels blancs pobres; a tot arreu, doncs, van formar-se aliances que anaven des de les elits fins a les classes mitjanes i el poble menut; per tant, l'enfrontament no es donà pas entre pobres i rics, sinó entre patriotes i cortesans, és a dir, es lluità contra aquells que devien la seva posició i rang al favor de la Corona britànica[37].

4.4. EL SEGON CONGRÉS CONTINENTAL
4.4.1. ELS PRIMERS MESOS

El Primer Congrés Continental s'havia clausurat disposant que si amb l'apel·lació a la Corona i al Parlament no s'aconseguia pas la derogació de les "Lleis Intolerables", llavors caldria aplegar un nou congrés. El Segon Congrés Continental va començar a reunir-se a Filadèlfia el 10 de maig de 1775; les colònies que hi van enviar delegats foren les mateixes que en l'anterior congrés però, a partir del 20 de juliol de 1775, s'hi afegiren delegats de Geòrgia.

Els propagandistes radicals usaren les batalles de Lexington i Concorde per fomentar el sentiment patriòtic i la solidaritat americana; per això, el Segon Congrés Continental no va trigar gens a decretar que totes les colònies s'havien de posar en situació de defensa i a autoritzar la creació d'un exèrcit. El 15 de juny, George Washington (1731-1799) fou nomenat "general i comandant en cap de l'exèrcit de les Colònies Unides", és a dir de l'Exèrcit Continental; la seva experiència militar es

37   BOSCH, Aurora: *Historia de Estados Unidos, 1776-1945*. Barcelona: Crítica, 2005 (Serie mayor) pàgs 18-20

limitava a haver servit com a coronel de la milícia virginiana durant la Guerra Franco-Índia, però el Congrés va considerar que posant un virginià al capdavant d'un exèrcit format, majoritàriament, per contingents de Nova Anglaterra, ajudaria a consolidar la unitat colonial; d'altra banda, Washington era un membre conservador de l'oligarquia plantadora de Virgínia i, per tant, se'n podia esperar que evités una deriva radical del moviment de protesta. El 17 de juny de 1775, el general britànic William Howe va aconseguir prendre la fortalesa de Bunker Hill (Massachusetts) però al preu d'haver-hi perdut el 40% de les seves tropes; aquesta victòria pírrica dels britànics significà un triomf moral per als americans, que Washington hagué d'aprofitar per posar remei a les deficiències de l'Exèrcit Continental: indisciplinat, desorganitzat i mancat d'armes i de pólvora.

Com que només estava defensada per una petita guarnició britànica, l'Exèrcit Continental va atacar Quebec, confiant, a més, que els canadencs s'unirien a la rebel·lió americana; en realitat, però, amb la Llei del Quebec de 1774, s'havien calmat els recels dels canadencs envers Gran Bretanya mentre que, en canvi, al Quebec havia causat molt mal efecte la reacció anticatòlica de Nova Anglaterra després de l'aprovació de la llei de 1774. El 13 de novembre de 1775, les tropes continentals del general Richard Montgomery van prendre Montreal, però l'intent d'apoderar-se de la gran fortalesa de Quebec, realitzat el 30 de desembre de 1775, fou un fracàs total i Montgomery hi resultà mort; l'Exèrcit Continental va continuar el setge de Quebec fins que, a la primavera de 1776, l'arribada de reforços britànics l'obligà a retirar-se. D'altra banda, el general Howe va decidir el març de 1776 traslladar la seva base d'operacions de Boston a Halifax, amb la qual cosa els britànics renunciaren al seu darrer punt de suport dins de les Tretze Colònies[38].

4.4.2.LA INDEPENDÈNCIA DE LES COLÒNIES

El Congrés s'havia convocat per defensar els drets de les colònies americanes, però encara no hi havia pas una clara voluntat de trencar amb la Gran Bretanya; a part que es mantinguessin vincles afectius amb Anglaterra, molts dels congressistes creien que les seves reivindicacions

---

38   JONES, Maldwyn Allen: *Historia de Estados Unidos, 1607-1992*; traducción de: Carmen Martínez Gimeno Madrid: Cátedra, 1996 (Historia. Serie mayor) pàgs 48-49

gaudien d'un ampli suport entre l'opinió pública de la Gran Bretanya com també temien que la desaparició de l'autoritat britànica posés en perill la seva posició social; per això, en la Declaració de les Causes i Necessitats de Prendre les Armes (6 de juliol de 1775), el Congrés proclamà no tenir cap mena d'intenció de "separar-se de la Gran Bretanya i formar estats independents" com també en la "Petició de la Branca d'Olivera" (5 de juliol de 1775), manifestà la seva adhesió al rei Jordi III de la Gran Bretanya i li demanava que evités l'adopció d'altres mesures hostils que destorbessin un possible pla de reconciliació. Aviat, però, les esperances d'una reconciliació amb Gran Bretanya començaren a esvair-se perquè Jordi III no sols no va respondre a la "Petició de la Branca d'Olivera" sinó que, en el seu discurs al Parlament d'octubre de 1775, va reafirmar-se en la intenció d'usar la força per liquidar la revolta americana, tal com va quedar clar el 22 de desembre de 1775 quan, promulgant la Llei Prohibitòria, va declarar que totes les colònies rebels estaven fora de la protecció de la Corona i va decretar l'embargament del comerç colonial; per tant, qualsevol vaixell de les Tretze Colònies podia ser capturat per la marina britànica; en aquestes mesures, John Adams (1735-1826), nebot de Sam i relativament conservador, hi va veure l'expulsió de les colònies de l'Imperi. D'altra banda, la notícia que s'anaven a reclutar mercenaris alemanys per lluitar contra la revolta americana va encendre els ànims contra la Gran Bretanya.

El 10 de gener de 1776, va publicar-se a Filadèlfia el text *Sentit comú*, on s'hi argumentava que l'objectiu de la lluita de les colònies havia de ser la independència i la instauració d'una república igualitària, perquè com a alternativa només hi havia la submissió; n'era autor Thomas Paine (1737-1809), un anglès que, el 1774, havia emigrat a Amèrica, on, segons creia, hom era reconegut pels seus mèrits personals i no pas pels seus orígens socials; establert a Filadèlfia, hi féu coneixença de Benjamin Franklin. Com que el seu pare era un quàquer de Norfolk, Paine es va mostrar partidari d'un cert igualitarisme, contrari a les jerarquies, tant a l'Església com a l'Estat; a Anglaterra, la seva feina com a recaptador d'impostos li havia fet veure directament les tribulacions que causaven a la població les càrregues fiscals i, a Londres, hi havia conegut els barris baixos on entrà en contacte amb l'ideari popular radical de la menestralia; a Filadèlfia, la feina d'editor del *Pennsylvania Magazine*, que aconseguí mitjançant Franklin, li va permetre fer amistat amb el metge Benjamin Rush (1746-1813), així com amb d'altres destacats patriotes com els virginians George Washington i Thomas Jefferson (1743-1826). Amb el seu llenguatge senzill i directe, pensat per fer-se entenedor a gent que, a part de la Bíblia, no havia llegit gaire, és a dir, als menestrals i petits pagesos que ja s'havien mobilitzat a lluitar contra el poder britànic, *Sentit comú*, que en només tres mesos vengué cent mil exemplars, començava amb una crítica demolidora del sistema polític britànic, i, a més, argumentava que la monarquia era una institució del tot contrària al pla diví que mostra la Bíblia; posteriorment, analitzant la situació d'Amèrica, hi defensava la independència perquè hi afavoriria la manufactura i el comerç, com també l'arribada d'immigrants i, a més, permetria estar en pau amb França i Espanya, els eterns rivals de la Gran Bretanya; d'altra banda, Amèrica era el lloc més adient per instaurar-hi un govern republicà i democràtic.

La ruptura amb l'ordre britànic va començar a plantejar-se durant la primavera de 1776 quan cadascuna de les colònies va demanar als seus delegats al Congrés Continental que votessin per la separació; d'altra banda, el 6 d'abril, el Congrés va decidir obrir els ports d'Amèrica als vaixells de totes les nacions, excepte, precisament, la Gran Bretanya, i, el 10 de maig, recomanà la constitució a les colònies de governs independents. El 2 de juliol, el Congrés va aprovar per unanimitat la resolució presentada pel delegat virginià Richard Henry Lee (1732-1794) que "aquestes Colònies Unides són, i per dret han de ser, estats lliures i independents" i, dos dies després, el 4 de juliol de 1776, va votar la Declaració d'Independència, escrita per Thomas Jefferson, amb alguna col·laboració de Benjamin Franklin i John Adams, la qual, per proporcionar a la rebel·lió una justificació moral i legal, enumerava tots els greuges perpetrats contra els colons des de 1763 culpant-ne, tot i que amb no gaire justícia, Jordi III, acusant-lo de proposar-se establir una "tirania absoluta sobre aquests estats". El preàmbul de la Declaració és una exposició de la filosofia política en què es basava l'afirmació d'independència dels colons; proclamant "autoevidents" determinades veritats, Thomas Jefferson, que només aspirava a mostrar "una expressió de la ment americana", es fonamentava en la filosofia dels drets naturals que es remuntava a Aristòtil i Ciceró, i a la qual John Locke havia atorgat una formulació clàssica amb el seu *Tractat sobre el govern civil*; aquesta filosofia afirmava que els homes posseïen certs drets naturals que Jefferson identificà amb "la vida, la llibertat i la recerca de la felicitat". Els governs, doncs, s'establien per assegurar aquests drets, derivaven els seus poders justos del consentiment dels governats i podien ser enderrocats legítimament si subvertien els propòsits per als quals foren creats. Afirmant, malgrat les desigualtats existents dins de la societat americana, que "tots els homes són creats iguals", no se sap a què deuria estar referint-se exactament Jefferson, propietari d'esclaus durant tota la seva vida; no hi ha pas proves que proposés una igualtat en riquesa, possessions o condició social; potser només es referia a la igualtat de drets i oportunitats. Encara que hagi dotat els homes amb capacitats desiguals, la naturalesa els ha atorgat a tots per igual els "drets inalienables" a la vida, la llibertat i la recerca de la felicitat; a més, la societat ideal ha de procurar que tot individu tingui la mateixa oportunitat d'explotar al màxim els talents que posseeixi.

La Declaració va provocar divisions; la van celebrar els qui, seguint les idees de Thomas Paine, consideraven que ja havia arribat el moment de trencar amb la Gran Bretanya, mentre que la blasmaren els contraris a renunciar a les seves lleialtats tradicionals. A tot arreu de les Tretze Colònies va haver-hi lleialistes, és a dir, gent contrària a la independència, com per exemple, fou el cas de Joseph Galloway; probablement, a Nova York i Nova Jersey eren majoria, mentre que només estaven en minoria a Nova Anglaterra, Virgínia i Maryland, les colònies més antigues; molts lleialistes col·laboraren amb l'exèrcit britànic proporcionant-li vitualles i fent d'espies39.

5.LA GUERRA 1776-1783
5.1.CARACTERÍSTIQUES

Els membres de les milícies de cadascun dels tretze estats —és a dir, de les antigues colònies que, el 4 de juliol de 1776, s'havien proclamat independents— no es mostraven gaire disposats a traslladar-se als altres estats i a integrar-se en l'Exèrcit Continental; llavors, el Congrés de Filadèlfia va haver de cridar voluntaris i quan va veure que no disposava de prou efectius, va recórrer a l'allistament. D'altra banda, se suposava que l'Exèrcit Continental l'havien de finançar els estats; d'ací, els constants problemes de Washington per disposar de diners per a l'Exèrcit i de mantenir-hi un nombre permanent de soldats, la majoria dels quals eren blancs pobres, treballadors itinerants, immigrants alemanys i irlandesos, serfs escripturats, presidiaris, indis, esclaus negres, motivats per la paga, per la possibilitat de rebre en propietat 40 acres de terra, la ciutadania americana o la llibertat; també hi faltaven oficials experts,

---

39   Ídem pàgs 49-51

principalment enginyers, que calgué reclutar a França, Alemanya i Polònia; a més, les tendències igualitaristes de les forces americanes creaven problemes de disciplina.

Al segle XVIII, la Gran Bretanya era una potència imperial al zenit del seu poder, i, a l'Amèrica del Nord, on va trametre-hi un exèrcit d'uns vuitanta mil homes com també la meitat de la seva flota de guerra, podia comptar amb el suport dels indis i de la població americana lleialista; ara bé, a Londres, van trobar-se que enviar un exèrcit a lluitar a una terra desconeguda situada a l'altra banda de l'oceà implicava haver de patir importants problemes de logística i de comunicació; d'altra banda, com que es tractava d'una guerra revolucionària, l'actitud de la població civil era un element fonamental; d'ací que Washington optés per una estratègia defensiva, evitant la confrontació directa i dirigint escaramusses per destorbar l'avituallament de l'enemic[40]; a més, gran part de la lluita, principalment a les Colònies del Sud, fou una guerra de guerrilles on els combatents americans se'n sortien força millor que les tropes regulars britàniques. D'altra banda, el govern britànic va confiar massa en el suport dels lleialistes americans com no va acabar tampoc de decidir-se sobre si seguir una política de reconciliació o de coerció. El principal problema de l'exèrcit britànic fou que controlar el territori no significava un avantatge durador; totes les ciutats importants de les Tretze Colònies foren ocupades pels britànics, els quals, però, no disposaven de prou efectius per establir-hi guarnicions; per tant, sempre que sotmetien una regió, al cap d'un temps hi rebrotava la rebel·lió[41].

5.2. LES CAMPANYES DE 1776 I 1777

Des de Halifax (Nova Escòcia), el general Howe va planejar l'assalt a Nova York, un punt clau en la ruta de la vall del Hudson fins al Canadà, i, a més, un dels principals centres del lleialisme; d'altra banda, Washington havia concentrat les seves tropes en la defensa del port de Nova York, situat a l'extrem sud de l'illa de Manhattan. La batalla de Long Island (27 d'agost de 1776) fou una victòria total de Howe, qui, el 15 de setembre, entrà a Nova York, ciutat sota control britànic fins al final de la guer-

---

40   Bosch, Aurora: *Historia de Estados Unidos, 1776-1945*. Barcelona: Crítica, 2005 (Serie mayor) pàgs 25-26

41   Jones, Maldwyn Allen: *Historia de Estados Unidos, 1607-1992*; traducción de: Carmen Martínez Gimeno Madrid: Cátedra, 1996 (Historia. Serie mayor) pàgs 51-52

ra; a continuació, les seves tropes envaïren Nova Jersey i perseguiren les forces americanes fins a passar el riu Delaware; el general britànic hauria pogut prendre Filadèlfia sense gaire dificultat, però, acostumat a les convencions bèl·liques europees, va retirar les tropes a les casernes d'hivern; llavors, aprofitant l'oportunitat de colpejar les extenses línies britàniques que, involuntàriament, Howe li havia donat, durant la nit de Nadal de 1776, Washington va passar el riu Delaware i, a Nova Jersey, va capturar un gran nombre de presoners a Trenton i a Princeton; amb aquestes derrotes, els britànics van perdre tots els guanys de la seva campanya anterior. Howe no va reprendre les operacions fins que, el juliol de 1777, va embarcar la major part del seu exèrcit a Nova York i va dirigir-se cap a la badia de Chesapeake; d'altra banda, després d'haver vençut les tropes de Washington a Brandywine Creek (11 de setembre) i Germantown (4 d'octubre) va aconseguir apoderar-se de Filadèlfia, i l'Exèrcit Continental va haver de retirar-se cap al desolat altiplà de Valley Forge (Pennsilvània), uns trenta quilòmetres al nord-oest de Filadèlfia.

A mitjans de juny de 1777, el general John Burgoyne, al capdavant de les tropes britàniques del Canadà, va emprendre la marxa cap al sud per aconseguir el control de la vall del Hudson i deixar aïllada Nova Anglaterra; ara bé, a les seves tropes els resultà molt difícil moure's per un terreny boscós on els camins estaven bloquejats i els ponts destruïts; a principis de la tardor, la manca de provisions i l'augment de la resistència americana va deturar-ne l'avenç; a més, les tropes britàniques i índies procedents del llac Ontàrio no van aconseguir reunir-se amb els efectius de Burgoyne, la situació del qual va esdevenir crítica perquè les desercions dels canadencs i dels indis van reduir els seus contingents a la meitat. Davant de l'arribada de les tropes d'Horatio Gates, formades per efectius de l'Exèrcit Continental i milícies de Nova Anglaterra, Burgoyne va intentar trencar les línies americanes per arribar a Albany, a només trenta quilòmetres; al final, però, el 17 d'octubre de 1777, va haver de rendir-se a Saratoga (Nova York)[42].

5.3. L'ALIANÇA FRANCESA

A partir de la derrota de Saratoga, comprenent que no podrien liquidar els rebels en una batalla decisiva, els britànics, mitjançant les Proposicions Conciliatòries anunciades per Lord North el febrer de 1778,

---

42   Ídem pàgs 52-53

intentaren negociar amb els americans el retorn a la situació vigent fins 1763 i més autonomia. D'altra banda, els tradicionals enemics de la Gran Bretanya van decidir implicar-se en la guerra; des del principi, França havia ajudat els rebels de sota mà, i, el 6 de febrer de 1778, el comte de Vergennes, ministre francès d'afers estrangers, va signar un acord comercial amb Benjamin Franklin, cap de la missió diplomàtica americana a París, com també va comprometre-s'hi a enviar ajuda militar als rebels americans, i, el 1779, seguint la lògica dels Pactes de Família, a l'aliança contra els britànics va afegir-s'hi Espanya; el 1780, Gran Bretanya va declarar la guerra a Holanda perquè continuava comerciant amb els francesos i els americans, mentre que Suècia, Dinamarca i Rússia s'uniren a una Lliga de Neutralitat Armada, la qual tancà el Bàltic als vaixells de guerra britànics, en protesta a les interferències de Gran Bretanya en el seu comerç.

L'entrada dels francesos en la guerra va obligar els britànics a posar-se a la defensiva, si més no al nord de les Tretze Colònies. Henry Clinton, nou comandant en cap de les forces britàniques a Amèrica en substitució de Howe, va rebre l'ordre d'evacuar Filadèlfia i concentrar les seves forces a Nova York; el 28 de juny, Clinton va derrotar a Monmouth Court House (Nova Jersey) les forces del general Charles Lee i, poc després, va entrar a Nova York sense cap contratemps; des d'aleshores, ja no va haver-hi batalles importants al nord tot i que forces lleialistes i indis van llençar continus atacs contra els colons de les fronteres de Pennsilvània i Nova York[43].

5.4. L'OFENSIVA A LES COLÒNIES DEL SUD

Considerant que a les Colònies del Sud la població era majoritàriament lleialista, les forces britàniques van decidir concentrar-hi l'activitat. Certament, a les colònies meridionals les oligarquies de les plantacions no comptaven pas amb el suport dels blancs pobres, els quals, mostrant una actitud desafecta o neutral, podien passar a col·laborar amb els britànics si els exigien menys sacrificis que els independentistes, mentre que els esclaus —entre el 40 i el 45% de la població— estaven disposat a aprofitar la crisi d'autoritat per rebel·lar-se, i també podien deixar-se seduir per les promeses dels britànics. A finals de 1778, els britànics s'apoderaren de Geòrgia i, poc després, prengueren el port

---

43   Ídem pàgs 53-54

de Charleston (Carolina del Sud); en aquestes dues colònies, aconseguiren organitzar-hi milícies lleialistes que feien lluita irregular contra les partides dels rebels; el resultat fou l'inici, a partir de la primavera de 1780, d'una guerra civil extremadament cruel a tot el sud profund —Carolina del Nord, Carolina del Sud i Geòrgia— continuació dels enfrontaments que, el1771, hi havien dut a la batalla d'Alamance; si els grans plantadors i les elits de la costa eren independentistes, els homes de la frontera, els hereus dels Reguladors, es feren lleialistes; a l'alt sud —Maryland i Virgínia—, en canvi, les concessions que l'elit féu a la majoria dels blancs pobres va permetre-li mantenir una fràgil autoritat durant la guerra.

El 19 d'octubre de 1781, les forces britàniques patiren una contundent derrota a Yorktown (Virgínia), on les forces de Lord Cornwallis hagueren de rendir-se; d'ençà d'aleshores, la guerra a l'Amèrica del Nord ja es podia donar per acabada, tot i que, durant dos anys més, van continuar les accions militars a la Mediterrània i a les Antilles[44.]

5.5.LA PAU DE PARÍS

A partir de la desfeta de Yorktown, l'opinió pública de la Gran Bretanya va mostrar-se ja disposada a renunciar a les Tretze Colònies; la guerra havia afeblit el comerç i el seu cost era ruïnós, com també l'exemple americà atiava el descontent d'Irlanda envers la dominació britànica; la posició britànica a l'Índia era precària i, a Europa, Gran Bretanya estava aïllada; així doncs, l'abril de 1782, la Cambra dels Comuns del Parlament aprovà una moció de renúncia a la coerció amb els rebels americans. Lord North va dimitir i els ministres Lord Rockingham (març-juliol de 1782) i Lord Shelburne (juliol 1782-abril 1783) es mostraren tots dos partidaris de la pau amb Amèrica, mentre que, malgrat les seves reticències inicials, Jordi III va acabar acceptant la decisió d'enviar un emissari a París per entrevistar-s'hi amb Franklin.

El Congrés de Filadèlfia havia donat instruccions als seus comissionats de la pau —Benjamin Franklin, John Jay (1745-1829) i John Adams— de no actuar mai al marge de França, però Jay va sospitar, amb força fonament, que Vergennes planejava convertir els estats americans independents en satèl·lits de França; per això, sense con-

---

44   BOSCH, Aurora: *Historia de Estados Unidos, 1776-1945.* Barcelona: Crítica, 2005 (Serie mayor) pàgs 29-31

sultar amb Franklin i Adams ni, menys encara, amb els francesos, va iniciar contactes amb la Gran Bretanya; així, va arribar-se al tractat preliminar que els comissionats americans signaren amb el govern britànic el 30 de novembre de 1782, els acords del qual van ser confirmats pel Tractat de París del 3 de setembre de 1783, que també signaren França, Espanya i els Països Baixos. Segons el Tractat de París, Gran Bretanya reconeixia la independència de les antigues Tretze Colònies i els cedia tots els territoris nord-americans situats a l'est del Mississipí, al sud dels Grans Llacs i al nord del paral·lel 31 que feia frontera amb Florida, cedida a Espanya. Amb la seva defensa dels interessos de Nova Anglaterra, John Adams va aconseguir que els americans rebessin el dret a pescar als bancs de Terranova i d'assecar i salar el peix a les costes no colonitzades de Nova Escòcia i de Labrador; d'altra banda, els comerciants britànics no havien de trobar impediments legals a l'hora de recobrar els seus deutes americans d'abans de la Guerra i el Congrés Continental de Filadèlfia havia de recomanar seriosament als estats restituir les propietats confiscades als lleialistes.

En el moment de signar-se aquest tractat, els britànics disposaven encara de trenta mil soldats acantonats a Nova York com també conservaven el domini de Charleston i Savannah, així com el control de tota la zona situada entre els Apalatxes Occidentals i el Mississipí, però Lord Shelburne s'havia mostrat partidari d'una pau generosa per apartar els americans de l'aliança francesa i posar els fonaments d'una entesa comercial anglo-americana[45].

6.ELS TRETZE ESTATS INDEPENDENTS
6.1.LES TRANSFORMACIONS SOCIALS

El grup d'homes conservadors i de bona posició que, entre 1776 i 1783, dirigí la rebel·lió de les Tretze Colònies no pretenia pas crear cap mena de nou ordre social; tots ells partien de la base que les distincions de classe eren naturals i inevitables, i, per això, no intentaren ni redistribuir la riquesa ni instaurar un ordre igualitari, ni tan sols consideraren incompatibles amb els seus ideals llibertaris la servitud escripturada o l'esclavitud; d'altra banda, els lleialistes procedien tant de les elits com del poble menut, per tant, la seva fugida després de 1783 no va tenir

---

45   Jones, Maldwyn Allen: *Historia de Estados Unidos, 1607-1992*; traducción de: Carmen Martínez Gimeno Madrid: Cátedra, 1996 (Historia. Serie mayor) pàgs 58-59

efectes socials. A tot arreu dels tretze estats, les propietats confiscades als lleialistes foren venudes en pública subhasta, és a dir, ni es posaren sota administració de l'Estat ni van repartir-se entre els pobres; a Nova York, els latifundis subhastats foren dividits en parcel·les petites i, per això, persones de classe popular pogueren adquirir terres, mentre que als altres estats, la subhasta de les finques es féu sense fragmentar-les i, per això, sortiren a la venda a un preu que només estava a l'abast dels rics.

Un dels greuges dels colons contra la Corona britànica havia estat la Proclamació Reial de 1763 que, havent declarat reserva índia la zona delimitada pels Grans Llacs i pels rius Ohio i Mississipí, els prohibia establir-se més enllà dels Apalatxes; ara bé, en el Tractat de París de 1783, Gran Bretanya havia cedit als tretze estats totes les terres situades a l'est del riu Mississipí; per tant, les noves autoritats americanes consideraren que havien aconseguit el dret a estendre la colonització cap a l'oest. Si després de la Guerra dels Set Anys, els recels dels indis de l'Ohio envers els britànics havien dut a la Guerra de Pontiac (1763-1766), el 1785 els indis van anar a la guerra contra els americans en resposta a l'intent dels tretze estats d'iniciar la colonització del Territori del Nord-Oest, situat al curs alt de l'Ohio i al sud del llac Erie; més enllà, doncs, dels Apalatxes; al capdavall, durant la Guerra de 1776-1783, la majoria dels pobles indis s'havia aliat amb els britànics per així protegir les seves terres de les ambicions expansionistes dels colons americans. El general Anthony Wayne derrotà els indis a la batalla de Fallen Timbers (1794) i, el 1795, el tractat de Grenville reconeixia el dret dels pobles indis, vistos com a nacions estrangeres, a ocupar les contrades situades a l'oest del Mississipí, a canvi de cessions al Territori del Nord-Oest. La colonització d'aquestes noves regions, on la terra es venia a un preu molt més barat que a les zones del litoral, va oferir opcions de mobilitat i d'ascens social als blancs pobres —treballadors, serfs escripturats, immigrants alemanys o irlandesos— que, participant en l'exèrcit i en les milícies independentistes, havien radicalitzat la coalició revolucionària; així va ser com va desaparèixer la servitud escripturada i s'inicià el procés polític de convertir un règim representatiu en una democràcia per a homes blancs, ja que en els nous estats les dones no tingueren dret a vot. Segons els registres del comtat de Lunenburg (Virgínia), aleshores una zona de frontera, uns dos terços de les persones que, el 1764, no tenien terres, n'adquiriren el 1782; naturalment, la mobilitat social va minvar quan va acabar-se l'etapa de frontera i la societat es féu més estable.

Encara que s'acceptés l'estratificació social, el republicanisme duia a rebutjar els privilegis hereditaris perquè l'èxit d'un home havia de resultar, únicament, dels seus mèrits individuals; així, dos estats prohibiren la creació de títols nobiliaris, com també va fer-ho la constitució federal de 1787, igual com les constitucions de molts estats van prohibir explícitament la creació de càrrecs hereditaris ja que "la idea d'un home nascut per esdevenir magistrat, legislador o jutge és absurda i antinatural". La simplicitat republicana va decretar una reducció de la cerimònia als tribunals de justícia on els jutges van deixar de dur perruca i toga escarlata a l'estil britànic; d'altra banda, l'increment dels viatges, en diligència per les noves carreteres, va dur a simplificar els costums socials. A més, durant el període revolucionari va donar-se un ascens de l'humanitarisme que portà a suavitzar els codis penals i a intentar millorar les condicions de les presons i el tractament dels bojos[46.]

La guerra i la revolució no aboliren pas l'esclavitud, que encara es reforça al sud profund, però, arran del nou humanitarisme, es va començar a qüestionar-la com a institució incompatible amb els ideals de llibertat dels nous estats, tot i que, en molts casos, l'esclavitud es rebutjava només pel temor que frenés la immigració blanca. L'impuls antiesclavista de la Guerra va tenir com a resultat l'increment del nombre de negres lliures i la prohibició, mitjançant les Ordenances del Nord-Oest (1787), de la pràctica de l'esclavitud a les noves terres de l'Ohio, mentre que els estats del nord, començant pels de Nova Anglaterra, iniciaren el procés gradual d'abolició de l'esclavitud, afavorit per la menor importància econòmica que hi havia tingut el treball esclau i per l'arribada d'immigrants europeus. A Nova York i a Nova Jersey, però, els únics estats del nord on la població esclava era considerable, l'oposició dels propietaris d'esclaus va obligar a retardar l'aprovació de les lleis sobre l'emancipació gradual fins el 1799 —Nova York— i el 1804 —Nova Jersey— i encara el procés d'emancipació hi va trigar dècades a consumar-s'hi. A l'alt sud, la diversificació agrícola amb l'increment de conreu del blat i el desenvolupament d'una indústria lleugera hi afavoriren una liberalització de les Lleis de Manumissió i hi relaxaren les crítiques a les demandes de llibertat; en aquests estats, no hi havia compromís d'abolir l'esclavitud però la pràctica de les manumissions hi incrementà el nombre de negres lliures. En canvi, al sud profund, on des dels inicis mateixos de la colonització, hi estava concentrada la

---

46   Ídem pàgs 61-62

major part de la població esclava i, a més, els esclaus eren essencials en una economia de plantació, durant la Guerra, els estats rebutjaren les peticions del Congrés Continental d'armar els esclaus, i, després de la independència, no s'hi formaren pas societats antiesclavistes i s'hi donaren molt poques manumissions; a més, l'extensió del conreu de l'arròs i del cotó encara hi féu incrementar el nombre d'esclaus ja que se'n compraren a l'alt sud o a l'Àfrica mateix, com es féu a les Carolines a partir de 1803. Alguns negres lliures emigraren al Canadà, Haití o Àfrica però la majoria es quedaren a les antigues Tretze Colònies i s'establiren a les ciutats; tanmateix, el racisme dels blancs els abocava a ser ciutadans de segona o, potser, fins i tot, de tercera categoria. A finals del segle XVIII, l'impuls antiesclavista de la Revolució havia desaparegut però els canvis socials i institucionals van permetre l'aparició d'un fort moviment abolicionista als estats del nord entre 1830 i 1840[47], mentre que al sud profund els propietaris d'esclaus cada cop es trobaren més en la necessitat de buscar justificacions per a l'existència de l'esclavitud.

L'escepticisme de la Il·lustració i l'ardent lleialisme del clero anglicà van acabar d'afeblir la noció d'una església oficial, ja discutit, d'altra banda, en l'època colonial; ara bé, a diferència del cas de la França revolucionària, els americans no mostraren actituds ni anticlericals ni contràries a la religió, però afirmaren el principi que les creences religioses, el culte i les esglésies eren afers estrictament privats. Tanmateix, la total separació entre església i estat va costar d'aconseguir; tots els estats de Nova Anglaterra, excepte Rhode Island, continuaren requerint als contribuents donar suport al "culte públic protestant", tot i que als que no eren congregacionalistes se'ls permetia destinar els seus impostos a les seves esglésies, mentre que l'Església Congregacionalista no va deixar de ser oficial fins 1817 a New Hampshire, el 1818 a Connecticut i el 1833 a Massachusetts. A Virgínia, el principal baluard de l'anglicanisme, la forta pugna confessional va quedar resolta amb l'Estatut de Llibertat Religiosa, redactat per Jefferson, que no sols eximia els ciutadans d'assistir i sostenir els llocs de culte sinó que també els garantia la llibertat de consciència declarant que les opinions religioses no havien de tenir mai conseqüències civils[48].

47   Bosch, Aurora: *Historia de Estados Unidos, 1776-1945*. Barcelona: Crítica, 2005 (Serie mayor) pàgs 30-38

48   Jones, Maldwyn Allen: *Historia de Estados Unidos, 1607-1992*; traducción de: Carmen Martínez Gimeno Madric: Cátedra, 1996 (Historia. Serie mayor) pàgs 63-64

6.2.LES CONSTITUCIONS DELS ESTATS

El 15 de maig de 1776, el Segon Congrés Continental va recomanar a cadascuna de les colònies establir nous sistemes de govern republicans i democràtics; aviat, cadascuna va aprovar la seva constitució mentre que no fou fins 1781 que el Congrés Continental va aconseguir arribar a un acord per formar una confederació d'estats. Ací, hi hem de veure una conseqüència lògica de l'absència, en època colonial, de cap mena d'autoritat d'àmbit americà situada per damunt de les colònies, cadascuna de les quals depenia directament del govern britànic; per això, a mitjans del segle xviii, el gentilici "americà" tenia un valor merament geogràfic perquè la majoria dels colons es consideraven anglesos i, d'altra banda, els molts conflictes i rivalitats entre les diferents colònies impedia la formació de cap mena de sentiment patriòtic americà, ja que hom se sentia identificat amb la seva colònia però no pas amb "Amèrica"; així doncs, per posar només un exemple entre tretze, a Williamsburg se sentien virginians però no pas americans.

APROVACIÓ DE LES CONSTITUCIONS DELS TRETZE ESTATS		
ANY	DATA	ESTAT
1776	5 de gener	New Hampshire
	26 de març	Carolina del Sud
	27 de juny	Virgínia
	2 de juliol	Nova Jersey
	20 de setembre	Delaware
	28 de setembre	Pennsilvània
	9 de novembre	Maryland
	18 de desembre	Carolina del Nord
1777	5 de febrer	Geòrgia
	20 d'abril	Nova York
1780	15 de juny	Massachusetts

El 1776, Rhode Island i Connecticut no elaboraren pas constitucions sinó que mantingueren les seves antigues cartes de població només que eliminant-hi les referències a l'autoritat reial. La redacció d'aquestes constitucions fou ràpida perquè les elits, que hagueren de compartir espai polític amb els blancs pobres i la classe mitjana, sectors que, per primera vegada, entraven en política, estaven determinades a evitar que la manca d'autoritats legítimes provoqués una situació de buit de poder. D'altra banda, malgrat les similituds, cadascuna d'aquestes constitucions —redactades en la majoria dels casos pels nous poders legislatius sense autorització específica de l'electorat— reflectia la correlació de forces polítiques dins dels diferents estats.

A Pennsilvània, on la majoria de la vella elit fou lleialista, la direcció política l'assumí la classe mitjana, influïda per tres dirigents revolucionaris:

a) Timothy Matlack (1736-1826), fill d'un cerveser quàquer i vinculat als medis del poble menut de Filadèlfia

b) Benjamin Rush, qui, com a metge, atenia només persones de classe baixa; igual com d'altres presbiterians, compartia la visió millenarista que, sent Jesucrist l'únic rei, la república era la conseqüència natural del vertader cristianisme; a més, considerava que la revolució americana "anunciava el regnat de Crist a la terra"

c) Thomas Paine i el conjunt de professionals i d'artesans qualificats propers al seu deisme racionalista: el matemàtic James Cannon (1740-1782), el metge Thomas Young (1731-1777), el científic i rellotger David Rittenhouse (1732-1796) i el també rellotger i retratista Charles W. Peale (1741-1827)

Qualsevol membre de la milícia major de vint-i-un anys, que hagués residit a Pennsilvània durant un any i hagués pagat impostos, pogué participar en les eleccions dels cent vuit delegats de la Convenció Constitucional, la majoria dels quals eren pagesos de la frontera i menestrals, que havien participat als comitès locals o eren oficials de la milícia. El resultat va ser la constitució més radical de totes, amb un parlament legislatiu unicameral que substituïa el governador amb dret de vet per un consell executiu elegit on hi havia un president i un vicepresident. Per evitar diferències entre els legisladors i el poble, la constitució va establir l'elecció anual de representants, la rotació dels càrrecs, els debats legislatius sempre oberts al públic i l'elecció cada set anys d'un consell censor, encarregat de determinar si s'havia violat la constitució. A més, s'establien mesures com ara eliminar les penes de presó per als deutors no culpables de frau o determinar quotes baixes per accedir a les escoles dels comtats. El dret de sufragi es va fer extensiu a tots els homes blancs majors de vint-i-un anys que paguessin impostos; en quedaren exclosos, doncs, els esclaus, els serfs escripturats, les dones i aquells homes blancs tan pobres que no paguessin impostos.

A Maryland, on l'elit de plantadors s'havia adherit a la revolució només per mantenir el poder davant de la desintegració social de la colònia, la Constitució considerà la possessió de grans propietats la condició necessària per ser elegit i ocupar càrrecs públics. A més, els votants només elegien directament els membres de la Cambra Baixa i els xèrifs dels comtats, mentre que els quinze membres del Senat els elegia cada cinc anys un col·legi electoral format per ciutadans propietaris de finques valorades, almenys, en cinc-centes lliures; el Governador, l'elegia cada any el conjunt de les dues cambres. Per tant, el 90% dels homes blancs que pagaven impostos estaven exclosos de la possibilitat d'ocupar càrrecs de govern; només el 7% podia ser elegit per al Senat i el 10% per a la Cambra Baixa.

Tant a Nova York com a Massachusetts, l'elit va intentar evitar la repetició de l'experiència de la "democràcia participativa de Filadèlfia" reforçant el poder del Senat, de l'Executiu i de la Judicatura. A Nova York, com que l'elit que havia controlat l'antiga assemblea colonial, en la seva majoria lleialista, va fugir durant l'hivern de 1775/76 i, a més, la presència militar britànica, que va convertir aquesta regió en camp de batalla, va fer desaparèixer les disputes internes de la coalició revolucionària i liquidà el poder radical de menestrals i "Fills de la Llibertat", les noves elits independentistes van aconseguir redactar una constitució que garantís els seus interessos però que, també, resultés acceptable per a la majoria dels ciutadans de l'Estat. La Legislatura era bicameral; les dues cambres tenien els mateixos poders, només que els representants de la Cambra Baixa s'elegien cada any i els senadors, cada tres; el Governador, elegit per a tres anys, formava el Consell de Revisió-Modificació juntament amb els jutges del Tribunal Suprem, disposava de dret de vet a no ser que la llei l'haguessin votada dos terços de la Cambra; a més, el Governador i quatre senadors formaven el Consell de Nomenaments per designar els càrrecs públics. No s'exigien qualificacions de propietat per exercir càrrecs però per poder votar a les eleccions de la Cambra Baixa calia posseir una propietat mínima de quaranta lliures, i de cent per elegir senadors. La Constitució de Massachusetts, aprovada el 1780 perquè, arran de les circumstàncies de la guerra, el 1775 es va decidir mantenir provisionalment l'antiga carta colonial, fou encara més conservadora que la de Nova York; l'Assemblea o Cambra

Baixa representava les ciutats i al Senat cada districte hi tenia una representació proporcional segons la seva riquesa sense relació amb el nombre d'habitants; per votar, calia posseir propietats valorades en seixanta lliures, per ser elegit senador calia posseir tres-centes lliures en béns immobles i sis-centes en propietat personal, mentre que per ser elegit governador, càrrec amb amplis poders per vetar lleis i designar càrrecs, calia posseir mil lliures.

Les constitucions de Pennsilvània i de Maryland foren casos extrems mentre que els exemples de Nova York i Massachusetts ens mostren la pauta general d'entesa entre les elits i les classes mitjanes. Com a garantia contra l'establiment d'un govern tirànic, sempre s'optà per constitucions escrites que, a més, incloïen una declaració de drets individuals —elaborada segons el model de la Declaració de Drets de Virgínia redactada el 1776 per George Mason (1725-1792)—, enumerant-hi les llibertats fonamentals angleses que els americans havien arribat a considerar com a pròpies i que, per això, el govern no podia envair pas sota cap mena de pretext: llibertat d'expressió, de culte, de reunió, de premsa, dret a petició o a reclamació, judici per jurat, *habeas corpus*, protecció contra càstigs cruels i inusuals i subordinació de l'exèrcit al poder civil, mentre que la declaració de drets de Pennsilvània no va incloure pas les postures més radicals dels membres de la milícia que exigien redistribuir la riquesa; a més, es partia de la base que el poder emana del poble i, per tant, els càrrecs de govern havien de ser elegits, directament o indirecta, pel poble; l'exercici dels càrrecs públics acostumava a limitar-se a un any, excepte en el cas dels jutges. Generalment, sempre es conferia més poder al Legislatiu que no pas a l'Executiu; excepte en el cas de Pennsilvània, va continuar havent-hi un governador només que molt controlat pel Legislatiu que, en molts estats, l'elegia i el destituïa; menys a Pennsilvània i Geòrgia, el parlament era bicameral ja que, segons John Adams, la cambra alta o senat havia de servir perquè "l'aristocràcia natural" —els homes influents per la seva riquesa, talent o naixement— pogués participar en el govern sense posar en perill les llibertats de les masses, representades per la Cambra Baixa. Ni tan sols a Pennsilvània va establir-se el sufragi universal masculí, però les designacions de candidats es feren més regulars i obertes, els col·legis electorals més nombrosos i començà a introduir-se el vot secret.

PERCENTATGE D'HOMES BLANCS AMB DRET A VOT	
%	ESTAT
	Nova Jersey
	Pennsilvània
	Geòrgia
90	Carolina del Nord
	Carolina del Sud
	New Hampshire
	Moltes ciutats de Massachusetts
Del 70 al 90	Virgínia
70	Maryland
60	Nova York

A Rhode Island i Connecticut, podien votar tots els homes blancs adults que fossin protestants i posseïssin alguna propietat[49]. En molts estats, des de Pennsilvània cap al sud, les zones de frontera de l'oest estaven menys representades que les de l'est, però, tot i així, van obtenir una representació més alta que en temps colonials; per això, homes de fortuna relativament modesta començaren a ser mes prominents en la vida pública, ja que, abans de la Revolució, els petits pagesos i els menestrals només significaven el 20% de les assemblees colonials, mentre que, després, constituïren una majoria en algunes assemblees legislatives dels estats del nord i una minoria considerable als del sud. Un indicador clar que el poder polític no es reservava pas en exclusiva a les oligarquies del litoral fou la transferència cap a l'interior de les capitals d'alguns estats: a Virgínia, de Williamsburg a Richmond, a Nova York, de la ciutat de Nova York a Albany, a Pennsilvània de Filadèlfia a Harrisburg i, a Carolina del Sud, de Charleston a Columbia.

Les colònies de Nova York i New Hampshire s'havien disputat una zona situada a l'oest del riu Connecticut, la qual, avui dia, limita al sud amb Massachusetts, a l'est amb New Hampshire, a l'oest amb Nova York i, al nord, amb la província de Quebec (Canadà); el 1764, Jordi III va declarar aquest territori inclòs dins del comtat d'Albany; ara bé, les relacions dels seus habitants amb les autoritats de Nova York sempre resultaren conflictives. El 15 de gener de 1777, és a dir, durant la

---

49   Bosch, Aurora: *Historia de Estados Unidos, 1776-1945*. Barcelona: Crítica, 2005 (Serie mayor) pàgs 38-44

Guerra, aquesta contrada va constituir-se, d'una manera unilateral, en un estat independent denominat República de Vermont, proclamant abolits els drets que hi poguessin tenir tant la província britànica del Quebec com els nous estats de Nova York i de New Hampshire; mesos després, el 8 de juliol, aquest nou estat es dotà d'una constitució que seguí el mateix model democràtic radical de la de Pennsilvània perquè, en tot el procés revolucionari, els pagesos pobres de la frontera resultaren determinants en l'elecció del model polític. L'objectiu dels dirigents polítics de la República era integrar-se a la Confederació, juntament amb els nous tretze estats, però, com que Nova York i New Hampshire s'hi oposaren, el Congrés Continental no va reconèixer mai l'estat de Vermont; per això, alguns dels seus dirigents iniciaren contactes amb les autoritats britàniques del Quebec. Després de 1783, aquest afer va quedar en un punt mort fins que, vençudes les reticències de Nova York i New Hampshire, el 1791 Vermont va ser admès com a estat dels EUA[50.]

6.3.LA CONFEDERACIÓ
6.3.1.ELS ARTICLES DE LA CONFEDERACIÓ

El 12 de juliol de 1776, el Congrés Continental va encarregar a un Comitè dels Tretze —un representant per cada estat— redactar una constitució que hauria de definir una nova autoritat d'àmbit continental, superposada a les de cadascun dels tretze estats. Després d'un mes de debat, va presentar-se un esborrany, conegut com els Articles de la Confederació, obra en gran mesura de John Dickinson, que establia un govern central amb poders limitats ja que disposava de les potestats de declarar la guerra, concloure tractats i aliances, repartir les despeses comunes entre els estats, emetre moneda, establir un servei de correus i regular les relacions amb els indis, però no posseïa dos dels atributs essencials de la sobirania: la competència de recaptar impostos i la de regular el comerç. Tots els poders no atorgats de forma específica a la Confederació, els assumien els estats, els quals, segons els Articles mateixos, conservaven la seva "sobirania, llibertat i independència". No s'estipulava pas un poder executiu o una judicatura continentals, sinó que els poders de la Confederació corresponien en exclusiva al Congrés, una

---

50   JONES, Maldwyn Allen: *Historia de Estados Unidos, 1607-1992*; traducción de: Carmen Martínez Gimeno Madrid Cátedra, 1996 (Historia. Serie mayor) pàgs 64-66

assemblea legislativa unicameral on cada estat tenia un vot. Les mesures importants, com ara els tractats, necessitaven obtenir l'aprovació de, com a mínim, nou estats, i els Articles no podien esmenar-se si no era amb el consentiment de tots els tretze estats. Evidentment, els poders de la Confederació eren molt reduïts i els lligams d'unió entre els tretze estats, molt febles, però, fins i tot així, no fou fins al novembre de 1777 que el Congrés no va aprovar els articles de la Confederació, els quals van trigar gairebé quatre anys, fins al febrer de 1781, a ser ratificats pels estats, i encara perquè, estant la badia de Chesapeake i Maryland sota atac dels britànics, l'ambaixador francès va avisar que la protecció naval de França només arribaria si Maryland ratificava els Articles de la Confederació.

L'absència d'un sentiment patriòtic o nacional americà com també les rivalitats entre les antigues colònies feia que molts concebessin el nou poder central supraestatal com una solució provisional necessària, només, mentre duressin les hostilitats amb la Gran Bretanya; per això, durant la Guerra, el Congrés Continental va funcionar —de fet més que no pas de dret— com un govern central del conjunt del territori de les antigues Tretze Colònies, però un cop arribada la pau, els estats deixaren de donar importància a la unitat i, per això, continuaren exercint drets a què, segons els Articles de la Confederació, havien renunciat de forma específica, com també respongueren amb retard —i això suposant que hi responguessin— a les requisitòries del Congrés, el qual, d'altra banda, com que estava en sessió només intermitentment, no tenia pas una seu fixa; el 1783, va marxar de Filadèlfia per fugir d'un motí d'antics soldats de l'Exèrcit Continental que reclamaven el pagament dels salaris endarrerits; llavors, va reunir-se primer a Princeton i, després, a Annapolis fins que, el 1785, va estar-se una temporada a Nova York; a més, l'assistència a les sessions era escassa i irregular i els comitès que creava per realitzar les seves tasques executives no resultaven gaire eficaços[51.]

6.3.2.LA COLONITZACIÓ DE L'OEST

La colonització de les terres de l'Oest era l'única matèria en què el Congrés podia legislar. Durant la Guerra, una allau de pobladors va començar a establir-se a l'altra banda dels Apalatxes; entre 1775 i 1790, a l'àrea al sud de les muntanyes i del riu Ohio, és a dir, a la regió on, el 1792, va consti-

---

51   Ídem pàgs 66-67

tuir-s'hi l'estat de Kentucky i, el 1796, el de Tennessee, el nombre d'habi-
tants —blancs— va passar de petits grups dispersos a unes cent vint mil
persones. D'altra banda, els estats sense frontera amb l'oest —Nova Jersey
i, principalment, Maryland— creien que el Congrés havia d'intervenir-hi
per limitar les pretensions dels estats que, segons les seves cartes colonials,
tenien l'Oceà Pacífic com a frontera occidental —Geòrgia, Carolina del
Nord, Carolina del Sud, Virgínia, Connecticut i Massachusetts— de dispo-
sar de l'exclusiva en la conquesta de l'oest; segons Nova Jersey i Maryland,
el dret a colonitzar l'Oest, obstaculitzat per la Proclamació Reial de 1763,
s'estava guanyant en una guerra on hi participaven tots els estats; en con-
seqüència, les noves terres havien de constituir-se en un "domini nacional"
del conjunt dels estats; grups d'especuladors de diferents estats hi estaven
d'acord per evitar ocupacions espontànies a l'Oest; al final, Virgínia, l'estat
amb més terres a l'Oest, va acceptar-ho però posant la condició que, un
cop poblat, aquest domini nacional es dividís en estats, els quals tindrien
els mateixos drets i deures que els estats ja constituïts.

L'Ordenança de 1784, redactada principalment per Thomas Jefferson,
dividia el Territori del Nord-Oest —la regió al nord-oest del riu Ohio,
corresponent als actuals estats d'Ohio, Indiana, Illinois, Michigan i Wis-
consin, com també el nord-est de Minnesota— en deu districtes —o
més—, que serien admesos com a nous estats de la Confederació en els
mateixos termes que els primitius tretze estats tan aviat com arribessin
a tenir un nombre d'habitants igual al del més petit dels estats; mentres-
tant, cadascun dels districtes s'autogovernaria segons les constitucions i
lleis de qualsevol estat, però sense interferir en els acords del Congrés so-
bre les terres públiques. Segons l'Ordenança de Terres del 1785, agrimen-
sors governamentals havien de dividir primer el Territori del Nord-Oest
en trenta-sis seccions de vint-i-sis hectàrees cadascuna; quatre seccions
de cada municipalitat havien de reservar-se com a gratificació per als
ex-soldats i una per mantenir-hi escoles; la resta de les terres s'havia de
subhastar en lots de vint-i-sis hectàrees a un preu no inferior a un dò-
lar l'hectàrea. Ara bé, prèviament, la Companyia d'Ohio, constituïda per
especuladors de Nova Anglaterra, havia comprat un milió i mig d'hec-
tàrees a només deu cèntims l'hectàrea; el Congrés estava disposat a ac-
ceptar-ho perquè molts congressistes participaven en el negoci i, a més,
si les terres les ocupaven lliurement els colons, llavors el Congrés no tin-
dria diners per pagar els seus deutes; per tot això, el Congrés va aprovar
el 13 de juliol de 1787 les Ordenances del Nord-Oest, segons les quals,
els territoris que s'hi constituïssin no disposarien pas d'autogovern —es

contradeia, doncs, l'Ordenança de 1784—, sinó que estarien controlats per un governador, un secretari i tres jutges elegits pel Congrés fins que arribessin a residir-hi cinc mil homes adults, els quals, llavors, podrien elegir una assemblea general, en la qual, però, el governador tindria dret de vet; el sufragi només es reconeixia als que posseïssin cinquanta hectàrees de terra i l'assemblea no podria pas aprovar lleis que afectessin contractes privats. Es formarien entre tres i cinc estats als territoris, admesos a la Confederació en situació d'igualtat amb els altres tan aviat arribessin a tenir seixanta mil habitants; cadascun d'aquests nous estats hauria de reconèixer la llibertat de religió, la representació proporcional a les legislatures, el judici per jurat, l'habeas corpus i els privilegis de la llei comuna, mentre que, en atenció a la creixent oposició que hi havia a Nova Anglaterra contra aquesta institució, l'esclavitud hi estaria abolida per sempre[52]. Tanmateix, el Congrés va suavitzar aquesta darrera disposició insistint que només s'havia proposat prohibir que es continuessin important esclaus; a la pràctica, doncs, al Territori del Nord-Oest, l'esclavitud hi va ser abolida per l'acció dels nous estats que s'hi constituïren, més que no pas pel Congrés o, a partir de 1787, pel govern federal. Aquests mateixos principis, amb l'excepció de l'abolició de l'esclavitud, s'aplicaren també als territoris del sud-oest, és a dir, on es constituïren els estats de Kentucky i Tennessee. Les Ordenances del Nord-Oest foren importants perquè, establint el principi que les terres de l'oest no es convertirien en cap mena de domini colonial sinó en una part més de la nació amb els mateixos drets que els tretze estats originals, van servir de model per a l'organització política i administrativa de tots els territoris de l'Amèrica del Nord que al llarg del segle xix foren incorporats als EUA[53].

6.3.3.LES RELACIONS EXTERIORS

Després del Tractat de París (1783), Gran Bretanya va conservar a l'Amèrica del Nord el domini de quatre colònies: Terranova, Nova Escòcia, Quebec i l'illa de Saint John's, separada de Nova Escòcia el 1769; ací s'establiren una bona part dels lleialistes americans que fugiren de les antigues Tretze Colònies, mentre que d'altres marxaren cap a les

---

52 Bosch, Aurora: *Historia de Estados Unidos, 1776-1945*. Barcelona: Crítica, 2005 (Serie mayor) pàgs 46-47

53 Jones, Maldwyn Allen: *Historia de Estados Unidos, 1607-1992*; traducción de: Carmen Martínez Gimeno Madrid: Cátedra, 1996 (Historia. Serie mayor) pàgs 67-68

Antilles o a la mateixa Gran Bretanya. Els lleialistes eren persones de llengua anglesa i, en la seva immensa majoria, protestants, mentre que una bona part dels habitants de Nova Escòcia i, sobretot, del Quebec eren catòlics i francòfons; els exiliats americans que s'establiren a la part occidental de Nova Escòcia obtingueren del govern britànic la constitució, el 1784, d'aquesta regió en la colònia de Nova Brunswick, separada de Nova Escòcia, mentre que, el 1791, la província del Quebec va ser dividida entre les províncies de l'Alt Canadà —més o menys, l'actual província d'Ontàrio—, on s'hi establiren els lleialistes, i el Baix Canadà —la província del Quebec d'avui dia—, on la majoria de la població continuà sent d'origen francès. Com que confiava en un ràpid fracàs del projecte d'unió política de les tretze ex-colònies, Gran Bretanya mirà d'accelerar-ne el procés de dissolució organitzant la resistència índia a l'expansió americana i atiant dissensions internes com ara la qüestió de Vermont. D'altra banda, si els estats de la Confederació americana demanaven a Gran Bretanya que, en compliment de les clàusules del Tractat de París, evacués les seves posicions situades al sud dels Grans Llacs, Londres hi responia exigint als americans el compliment de les clàusules que estipulaven el pagament dels deutes anteriors a la Guerra, en la seva majoria contrets per plantadors del Sud amb comerciants britànics, i la restitució als lleialistes dels béns que se'ls havien confiscat.

A l'Amèrica del Nord, Espanya posseïa no sols Mèxic, Florida i la Louisiane sinó també el territori corresponent als actuals estats americans de Califòrnia, Nevada, Colorado, Nou Mèxic, Arizona i Texas. Per evitar l'expansió americana, les autoritats espanyoles buscaren l'entesa amb les tribus índies del sud-oest com també tancaren als americans la navegació pel Mississipí, cosa que privava als colons de l'Oest d'una sortida vital per a les seves mercaderies. El 1786, John Jay va negociar amb Espanya un tractat en què, com a contrapartida a un accés limitat als mercats espanyols, la Confederació renunciava durant vint-i-cinc anys al dret a navegar pel Mississipí; ara bé, aquest tractat no va arribar a formalitzar-se perquè, el Congrés, no va obtenir l'aprovació mínima de nou estats; d'altra banda, els habitants dels territoris de l'Oest s'enfuriren en considerar que Jay havia pretès sacrificar els seus interessos per beneficiar els comerciants de l'Est, d'ací que alguns plantegessin l'opció de constituir una república independent sota protecció espanyola[54].

---

54   Ídem pàgs 68-69

6.3.4.LES FINANCES

Com que no disposava de la potestat de decretar impostos, el Congrés només podia finançar-se amb aportacions dels estats, els quals, al seu torn, no podien pagar ni les pensions als veterans de l'Exèrcit continental ni els deutes de guerra amb Holanda i França; per això, entre 1781 i 1786, el Congrés únicament va obtenir-ne una sisena part de la quantitat de diners que els va demanar, una suma del tot insuficient per pagar deutes i cobrir les despeses ordinàries del govern. A més, els estats rebutjaren les propostes d'esmenar els Articles de la Confederació per concedir al Congrés la competència de recaptar un 5% dels impostos sobre importacions.

Els diners continentals, és a dir, el paper moneda emès pel Congrés durant la Guerra, va devaluar-se tant que va deixar de circular, mentre que també havia patit una important depreciació el paper moneda dels estats, els quals, a més, establiren elevats impostos per pagar els seus grans deutes de guerra. D'altra banda, molts pagesos estaven endeutats i, a més, es trobaren amb el problema de la deflació de la postguerra; aquests pagesos deutors, contraris a la puja dels impostos, van demanar un augment de l'emissió de paper moneda; set estats hi accediren, entre els quals, Rhode Island arribà, fins i tot, a decretar l'obligació dels creditors d'admetre el seu paper moneda com a mitjà de pagament; aquest paper moneda va devaluar-se abruptament i els creditors fugiren de Rhode Island per eludir l'obligació d'acceptar-lo. A Massachusetts, en canvi, l'estat, controlat pels creditors, no va incrementar el paper moneda en circulació sinó que apujà fortament els impostos, una mesura que va perjudicar els pagesos pobres ja que els impostos s'havien de pagar en diners; per això, molts d'ells perderen les terres, que hagueren d'hipotecar per obtenir diners amb què poder pagar els impostos, o, fins i tot, acabaren a la presó per morosos, després que els tribunals els haguessin embargat el bestiar i les collites. Durant l'estiu de 1786, el descontent era notori a l'oest de Massachusetts, on, després que l'assemblea legislativa estatal desestimés les peticions dels pagesos d'emissió de més paper moneda i de suspensió de les execucions d'hipoteques, multituds de desvagats assaltaven els tribunals per impedir que donessin sentències en els casos de deutes; a la tardor, va esdevenir dirigent de la protesta Daniel Shays (1747-1825), un pagès en fallida que havia servit com a capità en l'Exèrcit Continental[55]: la banda armada de Sahys marxà sobre Boston, on Samuel Adams redactà la Llei de Motins que eliminava l'*habeas corpus* i permetia condemnar els "esvalotadors" sense judici; d'altra banda, vista la simpatia de la milícia envers els pagesos, els comerciants de Massachusetts finançaren un exèrcit que aconseguí derrotar les tropes de Shays; alguns dels amotinats foren condemnats a mort i Shays, que fugí a Vermont, fou indultat. Tanmateix, es concediren algunes de les reivindicacions dels insurgents: abolir els impostos directes de l'Estat, abaratir els costos judicials i declarar els instruments de treball inembargables[56].

7.LA CREACIÓ DELS ESTATS UNITS D'AMÈRICA
7.1.UNA NOVA IDENTITAT NACIONAL

Ben mirat, tenint en compte la tradició de l'època colonial, l'evolució més lògica hagués estat que la derrota dels britànics a l'Amèrica del Nord el 1783 hagués donat origen a la constitució de tretze països independents, o catorze, si hi comptem Vermont. Tanmateix, la Guerra va crear la necessitat d'actuar conjuntament i, després, l'imperatiu de regular la colonització de noves terres a l'Oest, d'establir una política exterior i d'assumir els deutes de la Guerra va fer imprescindible bastir un poder central fort, i ací va haver-hi les raons de crear el 1787 els Estats Units d'Amèrica (EUA), és a dir, la unió dels tretze estats sota l'autoritat d'un govern federal.

A part d'això, després del començament de la Guerra, s'havia començat a teoritzar una idea nacional americana, visible en nous elements simbòlics: l'adopció, el 1777 pel Congrés, de l'ensenya de les barres i les estrelles com a bandera nacional, o de l'emblema de l'àguila calba com a escut i del lema E pluribus unum —de molts, un—, emprat a les monedes. Un teòric del nou nacionalisme americà fou el lingüista de Connecticut Noah Webster (1758-1843), que, el 1783, remarcà les característiques particulars de l'anglès americà, diferenciant-les de les de l'anglès britànic, mentre que la nació americana fou glorificada en els poemes èpics The Conquest of Canaan (1785), de Timothy Dwight (1752-1817), natural de Massachusetts, i The Vision of Columbus

---

55   Idem pàgs 69-70

56   Bosch, Aurora: *Historia de Estados Unidos, 1776-1945*. Barcelona: Crítica, 2005 (Serie mayor) pàgs 47-50

(1787), escrit per Joel Barlow (1754-1812), originari de Connecticut; a més, l'artista John Trumbull (1756-1843), ex-combatent de l'Exèrcit Continental, pintà quadres sobre temes de la Guerra com ara The Batlle of Bunker's Hill o The Surrender of Lord Cornwallis at Yorktown[57;] Trumbull era de Connecticut, i, com sabem, la batalla de Bunker's Hill va esdevenir-se a Massachusetts, i la de Yorktown, a Virgínia.

7.2. LA CONVENCIÓ FEDERAL DE 1787

Un cop va signar-se la Pau de París (1783), als estats de la Confederació van poder tornar-se a consumir manufactures britàniques igual com exportar tabac a la Gran Bretanya, però no hi havia llibertat de comerç amb les colònies britàniques del Carib; en la recerca de nous mercats a Europa, molts estats no estaven pas disposats a acceptar la llibertat de comerç, però els aranzels amb què pretenien protegir les seves manufactures no resultaven efectius si no els adoptaven els altres estats; calia, doncs, una regulació del comerç que la Confederació no podia pas imposar. D'altra banda, la pugna entre Virgínia i Maryland sobre els impostos de navegació pel riu Potomac i la badia de Chesapeake va resoldre's el 1784 amb l'acord de tots dos estats, sorgit de l'acció mitjancera de James Madison (1751-1836), membre de la cambra baixa virginiana, d'imposar una tarifa única.

El parlament de Virgínia encarregà a Madison convocar una reunió de tots els estats per demanar-los que atorguessin al Congrés la potestat de regular el comerç; aquesta reunió va celebrar-se el setembre de 1786 a Annapolis (Maryland), però només amb l'assistència de delegats de cinc estats; tanmateix, Madison i Alexander Hamilton (1755-1804), delegat al Congrés de la Confederació per Nova York, proposaren la convocatòria d'una reunió a Filadèlfia on s'hi hauria de parlar de tots els problemes econòmics, financers i polítics del país, és a dir, del conjunt dels tretze estats, un dels quals era la impotència dels estats per resoldre un conflicte armat local, tal com s'havia vist amb la rebel·lió de Sahys a Massachusetts; a més, també s'hi hauria de discutir sobre els conflictes d'interessos entre els estats del Nord i els del Sud, els quals havien impedit aprovar el tractat comercial amb Espanya negociat per Jay. A part de Hamilton i de Madison, d'altres dirigents polítics com Robert Morris (1734-1806) —superintendent de finances de la Confederació

---

57   Jones, Maldwyn Allen: *Historia de Estados Unidos, 1607-1992*; traducción de: Carmen Martínez Gimeno Madrid: Cátedra, 1996 (Historia. Serie mayor) pàgs 70-71

que, el 1784, havia dimitit arran del fracàs de la proposta de permetre al Congrés obtenir el 5% dels impostos de les importacions—, John Jay i George Washington estaven convençuts que només un govern central fort podria assegurar la independència, prosperitat i prestigi dels tretze estats, com també preveien que les mancances dels Articles de la Confederació auguraven una propera desintegració que duria al caos.

El 1787, el 21 de febrer, el Congrés va aprovar la celebració d'una convenció constitucional a Filadèlfia, que va reunir-se des del 25 de maig fins al 17 de setembre; hi van participar cinquanta-cinc delegats de dotze estats, ja que Rhode Island no va voler enviar-hi representants, i, per unanimitat, George Washington va ser elegit president de la Convenció. Només començar, els delegats van adoptar dues decisions molt importants: la primera, deliberar en secret per així aïllar la Convenció de pressions externes, i la segona, redactar una constitució federal malgrat que el Congrés havia autoritzat la reunió de la Convenció amb la condició de limitar-se a revisar els Articles de la Confederació. El punt de partida dels delegats era la necessitat de reforçar el govern central atorgant-li la capacitat de recaptar els seus impostos, aprovar lleis i fer-les complir mitjançant la seva administració, però es va rebutjar la proposta de Hamilton d'establir un règim centralista que abolís tota la sobirania dels estats; d'altra banda, comparant les diferents formes de govern i analitzant els vicis del sistema americà, Madison va proposar-se establir un govern nacional, basat en la divisió de poders eliminant "la tirania de les assemblees", és a dir, el total predomini de les cambres parlamentàries sobre els òrgans executius i judicials que havien instaurat moltes de les constitucions dels estats[58]. Tot i que eren homes pertanyents al món dels grans interessos econòmics, als delegats no els semblava just que les classes riques oprimissin la massa del poble, però, alhora, desconfiaven de la democràcia; en conseqüència, segons ells, encara que el poble havia de tenir veu en el govern, calia trobar mecanismes per evitar que, gràcies al vot de la majoria, es poguessin adoptar mesures d'espoli als rics. L'acord existent sobre aquests principis no es donava, però, sobre certs detalls com ara la manera com caldria elegir l'òrgan executiu federal, quant de temps hauria de durar el seu mandat i quins poders se li haurien d'atribuir, com també si l'assemblea legislativa hauria de tenir només

---

58   BOSCH, Aurora: *Historia de Estados Unidos, 1776-1945*. Barcelona: Crítica, 2005 (Serie mayor) pàgs 50-51

una cambra o bé ser bicameral; a més, també es discutia si en l'assemblea federal, tots els estats haurien de tenir-hi el mateix nombre de representats sense prendre'n en consideració la quantitat d'habitants, tal com ho establien els Articles de la Confederació, o bé si la representació havia de basar-se en el volum de la població, de tal manera que Virgínia, amb 749.000 habitants, disposaria de dotze vegades més representants que Delaware, que només tenia 60.000 habitants.

A la pràctica, el treball de la Convenció va consistir a debatre sobre el Pla de Virgínia, un esborrany de constitució federal presentat per Madison i pel seu paisà Edmund Randolph (1753-1813). Segons aquest projecte, el Congrés, és a dir, l'assemblea legislativa federal, seria bicameral, i a les dues cambres la representació seria proporcional a la població; a més, el Congrés s'encarregaria d'elegir tant els òrgans executius com els judicials, com també disposaria de dret de vet sobre la legislació dels estats que contradigués la constitució federal. Aquest model fou contestat pels estats petits així com pels delegats contraris a la concentració del poder en el Congrés; llavors, per defensar els drets dels estats petits, William Paterson (1745-1806), de Nova Jersey, va proposar un Congrés unicameral, on cada estat hi tindria un vot, dotat de competències en instauració d'impostos i regulació del comerç, però preservant en gran mesura la sobirania dels estats. La representació dels estats al Congrés va ser una qüestió difícil que va estar a punt de fer fracassar la Convenció però, després d'un mes de discussions, es va arribar a un compromís: en la Cambra de Representants, la cambra baixa del Congrés, la representació dels estats hi seria proporcional al seu nombre d'habitants, mentre que al Senat, la cambra alta del Congrés, tots els estats hi tindrien el mateix nombre de senadors.

Les rivalitats i els enfrontaments territorials van donar-se no tant entre estats com entre regions; si el nombre de diputats dels estats a la Cambra de Representants havia de ser proporcional a al nombre d'habitants, s'hi havien de comptar també els esclaus? Segons els estats del Sud, amb una economia de plantació basada en el treball esclau, els esclaus calia comptar-los dins del total de la població per repartir els escons de la Cambra de Representants però no pas quan es tractés d'establir la tributació directa; en canvi, els estats del Nord —Nova Anglaterra i les antigues Colònies del Mig— volien excloure els esclaus de la representació ja que no eren ni ciutadans ni votants però els volia incloure en la tributació ja que eren una mena de propietat; la qüestió va resoldre's amb un altre compromís: un esclau comptava com a tres cinquens d'una persona tant per a la representació com per a la tributació directa. Un altra causa de desacord fou la política comercial; el Sud, que depenia de l'exportació de productes bàsics, tenia por que si el Congrés regulava el comerç, llavors gravés les exportacions o interferís en el tràfic d'esclaus; com a concessió al Sud, es va prohibir al Congrés establir impostos a l'exportació o prohibir el tràfic d'esclaus durant vint anys, com també s'establí que els tractats internacionals només serien vàlids si obtenien l'aprovació de dos terços del Senat.

El projecte de constitució que va elaborar la Convenció va acabar sent una versió notablement modificada del Pla de Virgínia. Igual com el Congrés de la Confederació, el nou govern federal podria mantenir un exèrcit i una flota, encunyar moneda i demanar emprèstits com també signar acords amb països estrangers, però rebé d'altres nous poders, els més importants dels quals foren els d'establir impostos i regular el comerç; a més, el Congrés podria aprovar lleis per exercir els seus poders. D'altra banda, els estats van perdre alguns poders: emetre moneda, fer tractats o aprovar lleis fonamentals, però continuaren legislant sobre processos electorals, educació, aspectes civils —matrimonis i divorcis—, comerç interior, condicions per crear negocis, seguretat pública i moral. La Constitució, així com totes les lleis i tractats aprovades a la seva empara, esdevingueren llei suprema, superior a qualsevol llei estatal; d'aquesta manera, el govern federal ja no dependria de la bona voluntat dels estats ja que podria actuar directament, mitjançant les seves autoritats, sobre els ciutadans. Al capdavant de l'executiu, s'hi va establir un càrrec unipersonal —el President—, el qual, però, hauria d'actuar d'acord amb el Senat per fer nomenaments importants i concloure tractats. El President seria comandant en cap de l'exèrcit i de la marina, podria vetar les lleis del Congrés si no comptaven amb dos terços dels vots d'ambdues cambres i només podria ser destituït per haver comès alts delictes i conductes incorrectes. Havia de prevaler la voluntat del poble, però els delegats de la Convenció volgueren controlar-ne i retardar-ne la intervenció; d'ací els diferents procediments electorals que aprovaren. Els membres de la Cambra de Representants s'elegirien de forma directa pels votants per a un període de dos anys; els requisits per poder votar, els determinarien els estats. Els senadors, els elegirien les assemblees legislatives dels estats per a un mandat de sis anys. El President ocuparia el càrrec durant quatre anys i l'elegiria un col·legi electoral elegit minuciosament. La Constitució dividia la sobirania entre el govern federal i el dels estats; tant el govern federal com els estatals disposaven de sobirania en el seu àmbit d'actuació i havien d'operar sobre una mateixa comunitat política. Tanmateix, no va intentar establir-se la frontera entre el poder estatal i el federal o decidir com havien de resoldre's els conflictes de jurisdicció; en realitat, totes aquestes qüestions van quedar pendents fins a la Guerra Civil (1861-1865)[59].

6.4.3.LA RATIFICACIÓ DE LA CONSTITUCIÓ

Perquè la nova constitució entrés en vigor, calia que els estats l'aprovessin; per esmenar els Articles de la Confederació calia l'acord dels tretze estats, però, considerant impossible assolir la unanimitat, la Convenció va decretar que la nova constitució necessités només el vot afirmatiu de nou estats; a més, la constitució no va enviar-se als parlaments estatals sinó a unes convencions estatals creades a l'efecte, les quals es basaven directament en el vot popular cosa que no passava amb les assemblees estatals, excepte a Massachusetts. En el debat sobre la Constitució, els polítics americans es dividiren en dos grups:

a) els federalistes, partidaris de la Constitució: George Washington, Benjamin Franklin, James Madison, Alexander Hamilton i John Jay
b) els antifederalistes, partidaris de continuar amb l'antiga Confederació: Patrick Henry, George Mason, Richard Henry Lee i Samuel Adams

Els antifederalistes argumentaven que el projecte de constitució era il·legal i que no calia canviar pas els Articles de la Confederació. Generalment, les seves objeccions indicaven recel envers un poder centralitzat, que podria esdevenir tan tirànic com abans ho havia estat el de la Corona britànica; segons ells, el nou poder impositiu del govern federal podria resultar opressiu o, també, el President disposaria de massa autoritat i podria tenir la possibilitat d'ocupar el càrrec de per vida, o la Cambra de Representants no seria capaç de representar els diferents interessos d'un país tan gran. La seva principal queixa era que la nova constitució no contenia cap carta de drets que garantís les llibertats públiques[60].

---

59   JONES, Maldwyn Allen: *Historia de Estados Unidos, 1607-1992*; traducción de: Carmen Martínez Gimeno Madrid: Cátedra, 1996 (Historia. Serie mayor) pàgs 71-74
60   Ídem pàgs 74-75

RATIFICACIÓ DE LA CONSTITUCIÓ PELS ESTATS				
ANY	DATA	ESTAT	VOTS A LES CONVENCIONS ESTATALS	
			AFIRMATIUS	NEGATIUS
1787	7 de desembre	Delaware	30	0
	11 de desembre	Pennsilvània	46	23
	18 de desembre	Nova Jersey	38	0
1788	2 de gener	Geòrgia	26	0
	9 de gener	Connecticut	128	40
	6 de febrer	Massachusetts	187	168
	26 d'abril	Maryland	63	11
	23 de maig	Carolina del Sud	149	73
	21 de juny	New Hampshire	57	47
	25 de juny	Virgínia	89	79
	26 de juliol	Nova York	30	27
1789	21 de novembre	Carolina del Nord	194	77
1790	29 de maig	Rhode Island	34	32

A Virgínia, aleshores l'estat més gran de tots, la Constitució fou ratificada només després d'un gran debat entre dos polítics locals: James Madison i Patrick Henry. Nova York era l'estat que connectava geogràficament el Nord i el Sud com també disposava del més gran port del país; per això. la campanya dels federalistes va ser-hi molt intensa; en només deu mesos —des d'octubre de 1787 fins a maig de 1788—, James Madison, Alexander Hamilton i John Jay publicaren vuitanta-set articles a quatre diaris de la ciutat de Nova York sota el pseudònim col·lectiu "Publius", els quals foren agrupats després amb el títol El Federalista[61.]

---

61   Bosch, Aurora: *Historia de Estados Unidos, 1776-1945*. Barcelona: Crítica, 2005 (Serie mayor) pàgs 52-55

7.4. EL NOU GOVERN

Entre el 22 de desembre de 1788 i el 5 de març de 1789, va elegir-se la Cambra de Representants, mentre que entre el 15 de desembre de 1788 i el 10 de gener de 1789 es va procedir a l'elecció dels primers President i Vicepresident dels EUA, i, al mateix temps, es va elegir també el Senat. El 4 de març de 1789, va tenir lloc a Nova York la primera reunió del Congrés dels EUA, és a dir, de la Cambra de Representants i del Senat, el qual va declarar que, aquell dia, entrava en vigor la Constitució dels Estats Units d'Amèrica. El 6 d'abril següent, després del recompte oficial dels vots de les eleccions presidencials, es va proclamar George Washington president i John Adams vicepresident dels EUA; la presa de possessió de George Washington i, doncs, l'inici de la seva presidència, va tenir lloc davant del Congrés a Nova York el 30 d'abril de 1789. Seguint el mandat constitucional, el 1792 es van convocar noves eleccions presidencials i George Washington va sortir reelegit; el 1796, Washington va anunciar que renunciava a optar a un tercer mandat i que es retirava de la política; en les eleccions d'aquell any, van sortir elegits president John Adams i vicepresident Thomas Jefferson.

7.5. LA DECLARACIÓ DE DRETS

El 25 de setembre de 1789, James Madison, membre de la Cambra de Representants, va presentar al Congrés l'esborrany de la Declaració de Drets que molts estats havien exigit com a condició per ratificar la Constitució. El projecte de Madison preveia dotze esmenes a la Constitució limitant els poders del nou govern federal tant davant dels ciutadans com davant dels estats; d'aquestes dotze esmenes, en van ser ratificades deu el 15 de desembre de 1791, les quals passaren a formar part de la Declaració de Drets; aquestes esmenes garantien la llibertat de religió, d'expressió i de premsa, el dret de reunió, el dret del poble a defensar-se i, per tant, el dret a dur armes, la prohibició als soldats d'allotjar-se en temps de pau en cases de civils sense el permís dels seus amos, la interdicció de les confiscacions arbitràries, la garantia de no ser jutjat dues vegades pel mateix delicte i de no ser mai obligat ningú a declarar contra seu; a més, es prohibien les fiances excessives i els càstigs cruels. Els individus conservaven els drets no enumerats en la Constitució i es declarava reservada als estats tota competència no atorgada específicament al govern federal[62.]

---

62   Idem pàgs 55-56

8.BIBLIOGRAFIA

Histoire des États-Unis sous la direction de Bernard Vincent. Paris: Flammarion, 2016

BOSCH, Aurora: *Historia de Estados Unidos, 1776-1945*. Barcelona: Crítica, 2005 (Serie mayor)

COTTRET, Bernard: *La Révolution américaine: la quête du bonheur, 1763-1787* Paris: Perrin,. 2004 (Tempus; 75)

JOHNSON, Paul: *Estados Unidos: la historia* Buenos Aires [etc.]: Javier Vergara Editor, 2001

JONES, Maldwyn Allen: *Historia de Estados Unidos, 1607-1992*; traducción de Carmen Martínez Gimeno Madrid: Cátedra, 1996 (Historia. Serie mayor)

MADISON, James; HAMILTON, Alexander; JAY, John: *El Federalista: recull de textos escrits a favor de la nova Constitució, segons l'ha acordada la Convenció Federal el 17 de setembre de 1787*; estudi introductori de John Kincaid Barcelona: Generalitat de Catalunya, Departament d'Interior, Relacions Institucionals i Participació, Institut d'Estudis Autonòmics, 2009 (Clàssics del federalisme)

MARTÍNEZ MAZA, Clelia: *El Espejo griego: Atenas, Esparta y las ligas griegas en la América del período constituyente, 1786-1789* Barcelona: Bellaterra, 2013 (Arqueologia)

McCULLOUGH, David G.: *1776*; traducción de Cecilia Belza Barcelona: Belacqva, 2006 (El Ojo de la historia; 29)

PAINE, Thomas: *Sentit comú*; traducció i notes de Jaume Ortolà Barcelona: Riurau Editors, 2009 (Pamflets; 2)

PÉREZ CANTÓ, María Pilar; GARCÍA GIRÁLDEZ, Teresa: *De colonias a república: los orígenes de los Estados Unidos de América* Madrid: Síntesis, 1995 (Historia universal moderna; 21)

WOOD, Gordon S.:
—*La Revolución norteamericana*; traducción de Isabel Merino Barcelona: Moncadori, 2003 (Breve historia universal)
—*La création de la république américane: 1776-1787*; traduit de l'anglais par François Delastre; introduction de Claude Lefort Paris: Belin, 1991 (Littérature et politique)

FRANÇA

1.LA CRISI DE L'ANTIC RÈGIM
1.1.L'ABSOLUTISME FRANCÈS

Un cop se superaren els entrebancs de la Guerra dels Cent Anys (1337-1453) i de les Guerres de Religió (1559-1593) que, momentàniament, destorbaren el procés de creació d'un poder monàrquic fort i autoritari, l'absolutisme s'imposà a França durant els regnats de Lluís XIII (1610-1643) i de Lluís XIV (1643-1715), sobirans que reforçaren el seu poder mitjançant la creació de sistemes d'administració estatal en substitució dels antics vincles feudals de fidelitat al Rei. El 1620, va instituir-se el càrrec d'intendent, governador reial de les províncies, la figura del qual es consolidà un cop vençuda la insurrecció de la Fronda (1648-1653), l'única crisi greu que hagué d'afrontar el naixent absolutisme francès; Lluís XIV —menor d'edat fins 1660— va organitzar una administració que depenia d'ell i dels consells que presidia o el representaven i els seus governadors exercien de fet el control sobre el conjunt de França, incloent-hi les províncies que continuaven estant dotades d'estats provincials i, doncs, enregistraven les lleis abans d'aplicar-les[63], tal com, per exemple, ho feia el Consell Sobirà del Rosselló, organisme amb seu a Perpinyà creat després de l'annexió de la Catalunya Nord a França mitjançant el Tractat dels Pirineus (1659). Per sotmetre l'aristocràcia, Lluís XIV ordenà la demolició de castells nobiliaris, pràctica legitimada com un acte de racionalització administrativa per reduir despeses eliminant fortaleses obsoletes o innecessàries, i obligà els nobles a residir cada any durant una temporada a la cort, instal·lada a partir de 1682 al palau que es féu construir al petit poble de Versalles, per així no haver d'estar-se a París, ciutat on no s'hi sentia pas a gust a causa dels records que en tenia d'haver-hi viscut durant la Fronda. D'altra banda, també es va crear una noblesa de toga, contraposada a la noblesa d'espasa dels senyors feudals, formada per alts funcionaris

---

63   MARTIN, Jean-Clément: *La Revolución francesa*; traducción de Palmira Freixas Barcelona: Crítica, 2013 (Serie mayor) pàg 45

que, així, accedien a la condició de noble mitjançant el servei a l'administració pública com a jutges o consellers reials.

Amb Les Six livres de la République (1576), Jean Bodin (1530-1596) es convertí en un dels primers teòrics de l'absolutisme, model que presentà com a mètode per superar la greu crisi en què s'havia trobat França arran de les Guerres de Religió, és a dir de tot el seguit de guerres civils motivades pels enfrontaments entre els catòlics i els hugonots que es desenvoluparen durant la segona meitat del segle xvi. A més, l'absolutisme s'afirmà d'ençà que els Estats Generals —les corts de França— reunits el 1614 incloguéren entre les lleis fonamentals del Regne la noció de l'origen diví del poder reial, és a dir, la idea que el Rei és el representant de Déu a la terra, ungit i sagrat, legitimat per filiació. Segons el cardenal Richelieu (1585-1642), ministre favorit de Lluís XIII i, alhora, un dels grans ideòlegs de l'absolutisme monàrquic, com que l'Estat necessita ser fort i potent i, a més, la persona del Rei es confon amb la institució de l'Estat, llavors no s'ha de permetre l'existència de cap oposició a l'autoritat reial, el Rei no ha de compartir el poder amb ningú, i el seu únic deure és el d'actuar segons la raó d'Estat, un principi superior a qualsevol altre. Ara bé, mentre que Richelieu proposava que el Rei havia d'exercir el seu poder absolut assessorat per un equip de govern sota la direcció d'un ministre al qual el sobirà havia d'atorgar la seva confiança, Lluís XIV considerava que el monarca encarnava ell sol el poder i, per això, l'havia d'exercir en solitari, ja que el Rei era l'únic que coneixia la raó d'Estat. Per això, a partir de la seva arribada a la majoria d'edat (1660), no va haver-hi cap estadista francès amb una posició comparable a la que havia ocupat Richelieu sota Lluís XIII o el cardenal Mazzarino (1602-1661) durant la minoria d'edat del Rei Sol (1635-1660). Cal considerar, doncs, molt pedagògica la idea de resumir la figura de Lluís XIV atribuint-li la frase, evidentment apòcrifa, "L'Estat sóc jo".

1.2. LES IDEES DE LA IL·LUSTRACIÓ

Durant el segle XVIII, es va difondre entre les elits burgeses i aristocràtiques europees el corrent filosòfic de la Il·lustració, el qual, situant la Raó com a la font primària i bàsica de tota autoritat, criticava les institucions polítiques, els costums socials, els principis morals i les creences religioses llegades per la tradició cultural europea, que considerava, en el seu conjunt, filla de la irracionalitat, la ignorància, la superstició i la tirania pròpies dels temps foscos de l'Edat Mitjana. En opinió dels il·lustrats, aplicant la Raó a la reflexió sobre tots els aspectes de la vida humana, s'aconseguiria el progrés de la societat.

A França, Charles de Montesquieu (1689-1755), que ja s'havia donat a conèixer el 1721 amb la publicació de les *Cartes perses*, on assenyalava aquells aspectes de la societat que li semblaven absurds, publicà el 1748 *De l'esperit de les lleis*; hi criticava la concentració de tot el poder en el Rei, pròpia dels sistemes absolutistes, proposant-hi com a alternativa la teoria de la separació dels tres poders de l'Estat —legislatiu, executiu i judicial—, de tal manera que la potestat d'elaborar lleis havia de correspondre a un parlament, la de jutjar a uns tribunals independents, mentre que al Rei només li havia de pertocar el poder executiu; a més, hi establia com a distinció entre les monarquies i els despotismes l'existència d'institucions que limitessin el poder del sobirà; aquestes idees es jutjaren tan radicals que, el 1751, la Santa Seu va incloure *De l'esperit de les lleis* dins de l'*Index Librorum Prohibitorum*. El 1762, el ginebrí Jean-Jacques Rousseau (1712-1778) va publicar *El contracte social*, on va rebutjar-hi la teoria de l'origen diví del poder, establint que tot govern sempre té el seu origen en el poble, i, també, *Emili o sobre l'educació*, on difongué el mite del Bon Salvatge, consistent a considerar l'estat primitiu de l'Home millor que la societat civilitzada, la qual es basa en la perversió de l'Home, bo per naturalesa, provocada per la institució de la propietat; evidentment, postular la bondat innata de l'Home entrava en contradicció amb la doctrina cristiana que, a conseqüència del Pecat Original, la naturalesa humana està inclinada sempre cap al mal. Una síntesi del pensament il·lustrat francès fou l'*Enciclopèdia o Diccionari raonat de les ciències, de les arts i dels oficis*, publicada entre 1751 i 1772 sota la direcció de Jean-Baptiste le Rond d'Alembert (1717-1783) i Denis Diderot (1713-1784), empresonat durant sis mesos l'any 1749 per haver escrit l'assaig *Carta sobre els cecs per a l'ús dels que hi veuen*, on es mostrava crític i escèptic amb les creences religioses. Els autors i col·laboradors de l'*Enciclopèdia* hi criticaven la monarquia absoluta proposant-ne la substitució per una monarquia parlamentària organitzada segons el model britànic, com també, moguts pel seu esperit de reforma, defensaven el desenvolupament de la instrucció, la valoració de les arts mecàniques, la igualtat, el dret natural i el desenvolupament econòmic, com també la lluita contra la Inquisició i l'esclavitud. En religió, els enciclopedistes sotmeteren a anàlisi històrica els textos de la Bíblia, i, així, arribaren a qüestionar els dogmes de la fe cristiana, el poder del clero i les religions revelades, com també proposaren, com a alternativa al cristianisme, el deisme, és a dir, la creença que Déu va crear l'Univers però no intervé ni en la vida humana ni en el desenvolupament de les lleis naturals; els deistes consideraven que a l'existència de Déu s'hi arriba per la Raó i no pas per la Revelació; per això, no concedien cap valor als textos presentats com a sagrades escriptures ni reconeixien cap autoritat a l'Església ni a cap altra mena d'institució que pretengués fer de mitjancera amb Déu. Anant encara més enllà, Claude Adrien Helvétius (1715-1771) va publicar *De l'Esperit* (1758) i Paul Henri Thiry d'Holbach (1723-1789) *El sistema de la natura* (1770), obres on s'hi postulava el materialisme i l'ateisme. El pensament dels enciclopedistes va difondre's, ni que fos en versions simplificades, mitjançant libels o almanacs populars, com també en les acadèmies provincials es començà a parlar sobre la felicitat dels homes, l'educació del poble, les maneres de prevenir la mendicitat o de reformar el sistema penal[64].

Alguns pensadors il·lustrats arribaren a qüestionar la propietat privada i a postular models col·lectivistes basats en la comunitat de béns. Helvétius proposava el repartiment de les terres mitjançant una llei agrària, l'abolició de la moneda, l'educació en comú i la divisió de França en petites repúbliques confederades, mentre que, per tal de donar al col·lectivisme un fonament filosòfic i moral, Étienne-Gabriel Morelly (1717-1782), autor de *El Codi de la natura o el veritable esperit de les seves lleis, sempre negligit o desconegut* (1755), partia de la idea de la bondat natural i originària de l'Home, així com en considerava legítimes totes les passions i tendències; d'aquesta manera, arribava a culpar la moral i les lleis vigents de tots els mals. La moral era l'art de fer tornar els homes dolents i perversos, les lleis feien que els homes esdevinguessin, a més, bàrbars i ferotges; de tot això, resultava el vici de l'avarícia, origen de tots els altres; la manera d'eradicar l'avarícia era instaurar la unitat de les fonts de producció i suprimir la propietat; a més, considerava l'Home com a un ésser naturalment actiu que només defugia el treball monòton i perllongat; n'hi hauria prou, doncs, de procurar-li treballs variats i atractius. Per tot això, la legislació vi-

---

64   BOIS, Jean-Pierre: *La Revolución francesa*; traducción: Jorge Barriuso Madrid: Historia 16, 1997 (Biblioteca de historia; 3) pàg 26 Volum I

gent havia de ser substituïda per un codi invariable i sagrat, constituït només per tres articles:

a) res en la societat no pertanyerà particularment a ningú, excepte les coses d'ús personal per a l'individu, per a les seves necessitats, els seus plaers o el seu treball diari
b) tot ciutadà serà home públic, mantingut i alimentat a expenses de l'Estat
c) tot ciutadà contribuirà a la riquesa pública segons la seva força, talent o edat, segons les quals se'n regularan els deures, d'acord amb les lleis distributives.

Malgrat aprovar l'esclavitud dels negres a Amèrica, Gabriel Bonnot de Mably (1709-1785) havia mostrat dubtes sobre la legitimitat de les desigualtats humanes a El dret públic d'Europa fundat sobre els tractats (1748); posteriorment, a Dubtes proposats als filòsofs economistes sobre l'ordre natural i essencial de les societats (1768), criticà els fisiòcrates per considerar la propietat individual de la terra com una institució de dret natural; la propietat provocava tota una sèrie de desordres morals en les persones, mentre que la igualtat social i econòmica portava a la moderació dels desigs, unia les persones i desenvolupava sentiments d'amor mutu; la desigualtat degradava els individus perquè hi sembrava la discòrdia. Els fisiòcrates tenien una concepció materialista segons la qual la societat havia de servir perquè els homes hi satisfessin els seus mòbils primaris: aconseguir el plaer i evitar el dolor; Mably hi respongué contraposant-hi un ordre social basat en l'altruisme i negant el caràcter necessari de la propietat per al desenvolupament humà; aquestes idees, les basava en els exemples d'Esparta, de les missions fundades pels jesuïtes al Paraguai, on hi eren comuns tots els béns, i en la vida i costums de pobles indígenes de l'Amèrica del Nord com ara els iroquesos i els hurons. En la societat en comunitat, on no hi existiria la possibilitat de l'enriquiment personal, l'estímul que motivaria la gent a treballar serien la glòria i la pública estimació. Mably no proposava pas l'abolició immediata de la propietat, perquè després de segles de corrupció això seria impossible, sinó la recerca d'una organització social que preparés la gent per superar l'estat corrupte i tornar així a l'ordre natural; la legislació hauria d'encaminar-se a refrenar els instints egoistes per així reduir les desigualtats i aproximar la societat actual a l'ideal col·lectivista aprovant mesures com ara suprimir els testaments, limitar les fortunes o abolir el comerç i la renda.

1.3.LES CONTROVÈRSIES RELIGIOSES

Després que, el 1685, Lluís XIV revoqués l'Edicte de Nantes, a França es féu molt estret el vincle entre el poder de la Monarquia i l'autoritat moral de l'Església catòlica. D'altra banda, al segle XVIII, la majoria dels francesos eren catòlics, i, vers 1750, l'absentisme en els serveis religiosos no superava l'1% del total de la població. A París mateix, una ciutat amb uns sis-cent mil habitants, hi havia cinquanta parròquies, igual com una quarta part del casc urbà hi estava ocupat per convents; d'imatges de sants, se'n trobaven sempre en cruïlles de camins o a les façanes de les cases, i la religió condicionava la vida personal de tal manera que, per exemple, hom no podia casar-se en època de l'Advent o de la Quaresma[65]. Per tant, les controvèrsies en matèria de religió no sorgiren pas de les actituds deistes o atees dels il·lustrats, sinó dels diferents corrents existents dins del catolicisme francès.

El 1640, va publicar-se *Augustinus*, obra del teòleg catòlic Cornelius Jansen (1585-1638), que, declarant-s'hi seguidor de les doctrines de Sant Agustí, negava que l'ànima humana disposés de lliure albir per obrar el bé i obtenir la salvació, ja que això només ho podia aconseguir mitjançant la gràcia divina; els jansenistes, que a França tingueren el seu principal centre a l'abadia parisenca de Port-Royal, es caracteritzaven per un estricte rigorisme moral i per l'oposició als jesuïtes, al poder de la Santa Seu i a l'absolutisme monàrquic. Dins del jansenisme, va sorgir a París, a partir dels voltants de 1730, el moviment dels convulsionistes, els quals aspiraven a purgar els pecats de l'Església perseguint-ne els mals guies: el Papa, el Rei i una part dels bisbes; aquest moviment de protesta contra el poder reial i l'alt clero va estendre's a d'altres llocs de França, com ara Lió, on encara se'n donaren manifestacions el 1787. D'altra banda, existia també el gal·licanisme, corrent que, sense trencar amb el dogma catòlic, pretenia organitzar l'Església a França reduint-hi al màxim l'autoritat del Papa per potenciar la dels concilis generals de l'Església i la dels bisbes dins de les seves diòcesis; així, va formar-se

---

65   FURET, François; RICHET, Denis: *La Revolución francesa*; versión española: Luis Horno
      Liria Madrid: Rialp, 1988 (Libros de historia; 27) pàgs 33-34

un cert corrent de rebuig a les autoritats constituïdes sobre la base de jutjar si la seva actuació s'adeia o no als principis de l'Evangeli. Naturalment, una part important dels bisbes va lluitar contra el jansenisme, tancant seminaris o imposant catecismes, com també els ultramuntans, és a dir, els sectors més conservadors i reaccionaris de l'Església, veieren el resultat d'una manipulació jansenista en l'edicte de 1787 que reconeixia l'existència de protestants a França, com també, el 1786, intentaren atraure's l'opinió pública avisant del risc d'una paorosa revolució que atacaria els fonaments del cristianisme; ara bé, els ultramuntans també cridaven a desobeir les ordres del Rei si les consideraven nefastes.

D'altra banda, va formar-se un corrent dins del qual s'hi podien trobar alguns clergues partidaris del matrimoni dels capellans o també hostils a l'autoritat dels bisbes, afins a la Il·lustració i favorables a l'educació popular; els més radicals arribaren a afirmar que la felicitat en la terra és el fi de la religió. Aquests capellans "patriotes" no aprovaven pas els excessos dels convulsionistes però en compartien la crítica a la societat cortesana, depravada i malgastadora, i estaven units contra els jesuïtes i els sectors conservadors i ultramuntans; un dels seus més destacats militants Guillaume-Joseph Saige (1746-1804), advocat del Parlament de Bordeus, publicà el 1775 el *Catecisme del ciutadà* on hi afirmava que el poder rau en la voluntat general, i l'autoritat en la nació. Un exemple de "capellà patriota", més o menys afí al jansenisme o al gal·licanisme, va ser l'abbé[66] Grégoire —Henri Grégoire (1750-1831)—, implicat en els moviments de reforma del clero de la Lorena, conegut per les seves intervencions a favor dels jueus com també per les seves inquietuds filantròpiques, agràries i educatives, a més de com a seguidor a la Universitat de Metz dels cursos d'Antoine-Adrien Lamourette (1742-1794), capellà autor de les *Delícies de la religió o El poder de l'Evangeli per fer-nos feliços* (1788), que pretenia millorar les condicions socials a partir de la doctrina de l'Evangeli.

Així doncs, el clero va veure's profundament afectat per reflexions que qüestionaven tant l'autoritat del Papa i dels bisbes com la legitimitat del Rei per intervenir en afers eclesiàstics. Va formar-se d'aquesta manera una "teologia política" inspirada en el pensament de l'escola tomista de Salamanca, la qual, al segle XVI, havia tingut com a màxim

---

66   La paraula francesa *abbé* cal considerar-la equivalent al català "mossèn"

exponent el teòleg Francisco de Vitòria (1483-1546), partidària d'una teoria pactista segons la qual la societat es basa en un pacte que uneix governats i governants en un vincle moral i teològic, com també contrària a qualsevol transcendència de la llei que pogués portar al despotisme, i defensora del tiranicidi i la sedició si el governant esdevenia un dèspota en violar els pactes originals. En contraposició a aquestes teories contractuals, lògicament rebutjades per les altes jerarquies eclesiàstiques, el rei i els seus consells, el teòleg i sacerdot Nicolas-Sylvestre Bergier (1718-1790), autor de El deisme refutat per si mateix, obra que, pel seu èxit, va ser reeditada cinc vegades entre 1763 i 1771, va publicar el 1789 l'opuscle Quina és la font de tota autoritat?; segons l'abbé Bergier, com que l'autoritat ve de Déu, cap altra font no pot pretendre fundar jerarquies socials, i, així, arribava a la condemna de la noció de contracte social; d'altra banda, un govern sempre és millor que l'anarquia, conseqüència inexorable de la democràcia i de l'ateisme[67].

1.4.L'HERÈNCIA DE LLUÍS XV
1.4.1.ELS PROBLEMES FINANCERS

Lluís XV (1715-1774) va involucrar França en les guerres de Successió Polonesa (1733-1738), de Successió Austríaca (1740-1748) i dels Set Anys (1756-1763). Per tal d'eixugar el deute creat per la Guerra de Successió Austríaca, Jean-Baptiste de Machault d'Arnouville, controlador general de finances des del desembre de 1745, va intentar presentar un pla de supressió, en gran part, dels privilegis fiscals de la noblesa i el clero, exempts del pagament de molts tributs i impostos; davant de l'oposició dels estaments privilegiats a les seves reformes, Machault va haver d'acabar dimitint el 1754. El 4 de març de 1759, en temps de la Guerra dels Set Anys, el càrrec de controlador general de finances passà a Étienne de Silhouette (1709-1767), qui intentà combatre el dèficit provocat pel conflicte bèl·lic decretant una "subvenció general", basada en el model britànic de fer pagar als privilegiats i als més rics; l'oposició a la seva política fou tal que, el 20 de novembre de 1759, va haver de dimitir després d'haver ocupat el càrrec només durant vuit mesos; evidentment, després d'acabada la Guerra, el dèficit públic francès era força quantiós. Joseph Marie Terray (1715-1778), nomenat responsable de finances el 1769,

---

67   Martin, Jean-Clément: La Revolución francesa; traducción de Palmira Freixas Barcelona: Crítica, 2013 (Serie mayor) pàgs 88-93

va convèncer Lluís XV que, a causa dels greus problemes de tresoreria, França no podia pas anar a una nova guerra contra la Gran Bretanya tal com ho proposaven alguns ministres disposats a intervenir en el conflicte que, el 1770, va enfrontar les corones britànica i espanyola pel domini de les Illes Falkland —dites Malvinas en el món hispànic, i Malouines en l'àmbit francòfon—, per així assolir una revenja per les humiliants condicions que havia hagut d'acceptar en el Tractat de París de 1763. Posteriorment, Terray va intentar resoldre el dèficit públic mitjançant declaracions de fallida i emprèstits forçosos, però, aquestes mesures, a part que també van generar protestes, no van evitar que, al final del regnat de Lluís XV, continuessin sense resoldre's els problemes de pressupost.

1.4.2. ELS PARLAMENTS

A França, existien els parlaments de París, Besançon, Tolosa, Grenoble, Bordeus, Dijon, Normandia, Provença, Bretanya, Pau, Dombes, Metz, Flandes i Nancy, unes institucions que els reis havien anat creant al llarg dels segles per administrar justícia, però que havien anat adquirint moltes d'altres competències administratives dins dels seus territoris. Els Parlaments gaudien de la potestat, revocada per Lluís XIV però restablerta pel duc d'Orleans, regent durant la minoria d'edat de Lluís XV, de negar-se a enregistrar un reial decret, deixant-lo així sense força legal; el Rei podia forçar els Parlaments a enregistrar un decret mitjançant un lit de justice, és a dir, compareixent en persona a presidir la sessió del Parlament, però una actuació com aquesta sempre alçava controvèrsies. D'altra banda, com que els Estats Generals no s'havien tornat a reunir des de 1614 —Lluís XIV i Lluís XV no els convocaren mai, doncs—, els Parlaments reivindicaren ser reconeguts com a representants dels estaments del Regne mentre no hi hagués reunió dels Estats Generals. Els Parlaments, que coordinats sempre pel Parlament de París, aconseguiren durant el regnat de Lluís XV certs èxits com ara la revocació de totes les mesures financeres del ministre John Law, destituït pel duc d'Orleans el 1720, o l'expulsió dels jesuïtes de França el 1764, vista també com triomf dels jansenistes o dels gal·licans, foren els principals opositors a aquelles mesures de reforma fiscal que qüestionaven les exempcions tributàries dels estaments privilegiats. Lamoignon de Malesherbes, president des de 1750 de la Cour des aides, tribunal de comptes del Parlament de París, va justificar la postura dels parlaments definint-los com a baluard del poble contra l'arbitrarietat del poder reial i invocant la idea de la defensa del dret natural dels pobles mitjançant les institucions intermèdies[68]. El 1763, el Parlament de París, a més de declarar que els francesos eren "homes lliures i no pas esclaus", va demanar la convocatòria d'Estats Generals, i els magistrats invocaren el dret de resistència; Lluís XV hi respongué dient:

> "Només de Déu hem rebut la nostra corona. El dret de legislar ens correspon a nós exclusivament; no volem pas ni delegar-lo ni compartir-lo".

Precisament, Montesquieu, un dels teòrics del rebuig a l'absolutisme monàrquic, era un important magistrat del Parlament de Bordeus.

La tensió entre el poder reial i els parlaments s'acabà el 1771 quan el ministre René-Nicolas de Maupeou (1714-1792), actuant en nom del rei, destituí els magistrats del Parlament de París i els condemnà a desterrament; llavors, nomenà un nou Parlament de París, desposseït de qualsevol mena d'autoritat política, i, a més, en retallà les atribucions creant sis nous tribunals denominats Consells Superiors; aquestes mesures, també s'aplicaren als altres parlaments de França. La noblesa de toga i l'aristocràcia condemnà l'acció de Maupeou com un triomf de la tirania.

1.4.3.EL DESPRESTIGI DE L'AUTORITAT REIAL

Malgrat ser intel·ligent i haver après força sobre gestió dels afers públics gràcies als ensenyaments del cardenal André Hercule de Fleury (1653-1743), a qui, durant la seva minoria d'edat, tingué com a tutor, i, després, durant el seu regnat efectiu, com a home de confiança, Lluís XV, que després de mort Fleury no va nomenar cap nou primer ministre i intentà administrar ell mateix el regne, igual com, abans, ho havia fet Lluís XIV, patia d'una gran inseguretat que li impedia prendre decisions a no ser que s'hi veiés forçat per trobar-se en una situació límit; per això, se'l considerava un indolent i se li retreia una actitud negligent en els afers d'estat. A més, per la manera que tenia de comportar-s'hi, als seus ministres els resultava molt difícil entendre si les seves accions comptaven o no amb l'aprovació del rei, qui, a més, permetia la formació de faccions enfrontades en el seu govern, la qual

---

68   BERGERON, Louis: *Las revoluciones europeas y el reparto del mundo I.* Barcelona, Argos Vergara, 1979 (Gran Historia Universal, 13) pàg 92.

cosa, sovint, duia a situacions de paràlisi administrativa com també impedia seguir una línia d'acció coherent. D'altra banda, en política exterior, petits èxits com ara les conquestes de Lorena (1766) i Còrsega (1768) no podien pas compensar un gran fracàs com ho havia estat la pèrdua de gairebé totes les colònies de l'Amèrica del Nord, sancionada en el Tractat de París de 1763; a més, a Europa, Lluís XV, casat amb la princesa polonesa Maria Leszczyńska, no va poder impedir que, el 1772, Àustria, Prússia i Rússia es repartissin Polònia.

A partir dels anys 1740-1750, el poble menut de les ciutats va deixar de venerar el Rei i va començar a donar crèdit a rumors que es dedicava a raptar criatures petites, o, a París, va córrer la llegenda urbana del "Pacte de la fam", una suposada especulació ordida pel rei amb el proveïment de gra. La degradació de la imatge de Lluís XV, a qui es presentava com un vividor despreocupat dels afers de govern, esdevingué una preocupació policial i política[69]. D'altra banda, durant els seus darrers anys, el rei va convertir-se en el blanc de totes les crítiques; per això, els intel·lectuals francesos encunyaren el terme "despotisme il·lustrat" per referir-se als governs de Frederic II de Prússia (1712-1786), Caterina II de Rússia (1762-1796) c Carles III d'Espanya (1759-1788), que contraposaven al desgovern que es patia a França, igual com per a Voltaire (1694-1778), el "Gran Segle" era l'època de Lluís XIV i no pas la seva. En una monarquia, sempre s'acostuma a donar sepultura als reis amb unes grans i pomposes cerimònies on s'espera que el poble mostri la seva pena per la mort del sobirà. Era tal l'odi acumulat envers Lluís XV, mort el 10 de maig de 1774, que el seu enterrament es va fer de nit, gairebé en la clandestinitat. Seguint el costum de definir els personatges històrics atribuint-los una frase, generalment espúria, que en resumeixi el caràcter, en boca de Lluís XV, el regnat del qual es considera com la decadència del model absolutista francès bastit al segle XVII per Richelieu i Lluís XIV, es posa l'afirmació de "Després de mi, el Diluvi".

2.LA FRANÇA DE LLUÍS XVI
2.1.EL REI I LA REINA

Dels vuit fills que tingueren el delfí Lluís de França, fill i hereu de Lluís XV, i la seva muller, Maria Josepa de Saxònia, els que arribaren a

---

69   MARTIN, Jean-Clément: *La Revolución francesa*; traducción de Palmira Freixas Barcelona: Crítica, 2013 (Serie mayor) pàgs 45-46

l'edat adulta foren Lluís August, duc de Berry, Lluís Estanislau, comte de Provença, Carles Felip, comte d'Artois, a qui s'havia posat el nom de Carles perquè havia tingut com a padrí de bateig Carles III d'Espanya, Maria Clotilde i Elisabet. El 1765, a la mort del seu pare, el duc de Berry esdevingué delfí, i, el 1774, heretà la corona del seu avi, convertint-se així en Lluís XVI de França, quan només li faltaven uns tres mesos per fer vint anys. Mogut per la seva curiositat intel·lectual, durant els seus anys de formació, Lluís August havia assolit bastants coneixements d'història, geografia, navegació i ciències, com també s'interessà per les llengües estrangeres, i, així, fou el primer rei de França que tingué un domini acceptable de l'anglès. D'altra banda, semblava disposat a prendre's seriosament les seves responsabilitats reials i a usar el seu poder per al bé del seu poble, encaixant així en el perfil del "dèspota il·lustrat". Tanmateix, Lluís XVI dedicava massa temps als seus hobbies de fusteria i treballs manuals, així com a anar de cacera; a més, no es veia mai amb cor de prendre decisions importants, i patia d'una forta desconfiança en les seves forces; per això, massa sovint, es deixava manipular pel seu entorn, i la seva indecisió li impedia actuar amb coherència; d'ací que se'l veiés a vegades com un pobre babau.

El 1770, Lluís August s'havia casat amb la princesa austríaca Maria Antonieta, un matrimoni concebut per estrènyer els vincles entre la casa de Borbó i la d'Àustria, igual com d'altres casaments organitzats entre prínceps Borbó de les branques napolitana i parmesana i d'altres arxiduquesses austríaques. Aquesta política d'enllaços dinàstics, però, resultava impopular a França on s'atribuïa a l'aliança amb Àustria les causes de la desfeta patida en la Guerra dels Set Anys; a més, dins de la cort, Maria Antonieta aviat va destacar com una persona frívola i, sobretot, extremadament malgastadora per les seves grans despeses en reformes i decoracions del Palau de Versalles, com també en festes, vestits i perruqueria; per això, la seva mare, l'emperadriu Maria Teresa d'Àustria (1740-1780), i el seu germà, l'emperador Josep II (1780-1790), arribaren a viatjar a França d'incògnit per mirar de parlar-hi i fer-la entrar en raó[70]. El 1785, la imatge pública de Maria Antonieta es veié greument afectada per un afer en què, de fet, ella no hi tenia cap culpa: el cas del "Collar de la Reina" en què el cardenal Príncep de Rohan fou estafat lliurant un collar de diamants a una dona que

---

70   GOUBERT, Pierre: *Historia de Francia*; traducción castellana de Marta Carrera y Marga Latorre Barcelona: Crítica, 1987 (Serie mayor) pàg 180

li feren creure que era Maria Antonieta; al final, però, la versió que es difongué entre el poble era que a un cardenal li havia semblat possible seduir i enganyar la Reina. Amb el pas del temps, però, Maria Antonieta, una persona que havia rebut una instrucció més aviat mediocre, va interessar-se per intervenir en els afers d'estat, però, aleshores, va manifestar el seu caràcter obstinat i obtús, desoint sempre els consells que no li agradava sentir: per això, les seves intervencions en política acostumaren a no resultar gaire afortunades. Al segle xi, en una època de crisi als comtats catalans, el comte Ramon Berenguer I de Barcelona, un príncep enèrgic i decidit, va poder disposar de l'ajuda i del consell de la seva muller Almodis, una persona intel·ligent, perspicaç i ben dotada per als afers d'estat, mentre que a la França de la crisi de l'Antic Règim i de la Revolució, al costat d'un monarca feble i indecís com Lluís XVI, només hi havia Maria Antonieta.

2.2.PROBLEMES POLÍTICS I ECONÒMICS 1774-1789
2.2.1.EL MINISTERI DE TURGOT

Poc després d'haver accedit al tron, Lluís XVI va destituir els ministres Maupeou, Terray i el duc d'Aiguillon (1720-1788) —el responsable de la política exterior—, coneguts conjuntament com el "triumvirat", els quals, com a puntals de l'administració dels darrers anys de Lluís XV, havien esdevingut molt impopulars, i, a més, va restablir els Parlaments, dissolts el 1771, precisament, per Maupeou. Entre els nous ministres que el rei nomenà el 1774, hi havia Jacques Turgot (1727-1781), un pensador proper a les teories dels fisiòcrates, qui, anteriorment, havia ocupat el càrrec d'intendent de Llemotges. El seu primer acte com a ministre d'Hisenda fou posar en coneixement del rei els principis de la seva política econòmica: "Res de fallides, res d'increment dels impostos i res d'emprèstits". Per tal d'enfrontar-se al gran dèficit de la hisenda pública llegat per la mala administració de Lluís XV, Turgot va intentar, en primer lloc, racionalitzar la despesa en tots els departaments de govern, suprimint càrrecs i llocs innecessaris, fiscalitzant totes les despeses, així com revisant les concessions de certs monopolis com ara el de fabricació de pólvora i el del servei de correus. Malgrat l'èxit d'aquestes mesures, però, el dèficit públic francès encara continuava sent molt gran.

Partidari decidit de la Llibertat de comerç i d'indústria, el 13 de setembre de 1774, Turgot va aconseguir que Lluís XVI signés el decret de liberalització del comerç de gra, amb el qual s'abolien els mitjans de control que hi exercia l'Estat dictant preus màxims, limitant les acumulacions de gènere pels comerciants i prohibint les exportacions, com també la pràctica seguida pels Parlaments d'emmagatzemar gra dins del territori de la seva jurisdicció en temps de males collites. A més de la gran oposició que aquesta política trobà en els cercles cortesans, sobretot entre aquells que es beneficiaven de les operacions especulatives que permetia l'antic sistema, la collita de 1774 va resultar força dolenta, la qual cosa va provocar una gran pujada del preu del pa durant l'hivern d'aquell any i la primavera del següent. Per això, durant els mesos d'abril i maig de 1775, es van esdevenir les "Guerres de la Farina": un conjunt de motins de subsistències, és a dir, les revoltes motivades per l'escassetat d'aliments, que s'estengueren pel nord, l'est i l'oest de França. La fermesa de Turgot en la repressió de les revoltes comptà amb l'aprovació del rei, mentre que les protestes del Parlament de París, que va aprofitar la Guerra de la Farina per criticar el ministre, no tingueren cap conseqüència.

El gener de 1776, Turgot va presentar a Lluís XVI dos edictes suprimint les corvees, una pràctica d'origen medieval consistent en l'obligació de treball forçós que es podia exigir als pagesos, i els privilegis dels gremis. En el preàmbul del decret de supressió de les corvees, el ministre hi expressava el seu objectiu d'abolir els privilegis i fer pagar impostos a tots els estaments del Regne; la derogació dels privilegis gremials va justificar-la invocant el dret de tothom a triar lliurement la seva professió. Per tal que els Parlaments enregistressin aquests edictes, el 12 de març, el rei va haver de fer un lit de justice; d'altra banda, l'oposició a Turgot dins dels cercles de govern anava en augment; els nobles i els Parlaments li retreien les seves crítiques als privilegis; la seva actitud de tolerància i la petició de suprimir del jurament de coronació del rei una frase ofensiva per als protestants va indisposar-lo amb el clero, com també Maria Antonieta no estava pas disposada a perdonar-li la seva negativa a concedir favors als seus protegits; al final, el 12 de maig de 1776, el rei li ordenà que presentés la dimissió.

2.2.2.LA REVOLUCIÓ AMERICANA

L'opinió pública francesa va alegrar-se amb l'esclat de la insurrecció de les Tretze Colònies perquè hi veia l'ocasió de venjar-se de la Gran Bretanya per la pèrdua de l'Amèrica del Nord en el Tractat de París de 1763. Malgrat tot, però, el govern francès no va voler precipitar-se; en primer lloc, d'ençà de la fi de la Guerra dels Set Anys, la Gran Bretanya no havia pas atacat França; d'altra banda, Lluís XVI no era tampoc un rei gaire bel·licós, i, a més, un monarca absolut com ell no podia sentir pas cap mena de solidaritat envers una gent que es rebel·lava contra el seu rei perquè els imposava tributs sense concedir-los representació al Parlament; és probable, doncs, que, anys després, Lluís XVI sentís remordiments de consciència per haver-se posat de banda dels colons rebels; a més, no es confiava pas que, després de la desfeta de la Guerra dels Set Anys, la flota francesa hagués arribat a estar en condicions d'enfrontar-se a la britànica. En un principi, doncs, el rei i el seu principal ministre, el comte de Maurepas, van decidir ajudar els independentistes americans però en secret: ara bé, sota pressió de l'opinió pública, el 1778 s'arribà a formalitzar una entesa entre França i els sobiranistes americans.

La revolució americana va tenir força repercussions ideològiques en la crisi de l'absolutisme francès. A més d'aconseguir el suport francès per a la causa americana, Benjamin Franklin va relacionar-se a París amb destacats personatges de la societat, i, així, formà part, juntament amb el metge Joseph-Ignace Guillotin (1738-1814), el químic Antoine Lavoisier i l'astrònom Jean Sylvain Bailly, de la comissió que creà Lluís XVI per investigar les teories del magnetisme animal, proposades el 1784 pel metge alemany Franz Mesmer (1734-1815). Entre 1785 i 1789, l'ambaixador dels americans a França fou Thomas Jefferson, el principal autor de la Declaració d'Independència i un dels més influents defensors dels ideals republicans, qui, a París, esdevingué una figura important dels salons culturals i filosòfics. Aquests contactes i les experiències d'alguns dels antics membres del cos expedicionari francès a Amèrica, com ara el marquès de La Fayette (1757-1834), que el 1781 s'havia distingit en la batalla de Yorktown, van crear a França un gran corrent de simpatia per l'experiència política americana, que, amb la seva constitució republicana, promulgada el 1787, dugué a la pràctica els ideals il·lustrats de llibertat, igualtat, origen popular de l'autoritat i separació de poders. A més, amb el triomf de la revolució americana, els francesos contraris a l'absolutisme pogueren disposar d'un model polític més radical encara que la monarquia parlamentària d'estil britànic.

2.2.3. LES FINANCES

Va arribar a ser tan estreta l'amistat del comte d'Artois —casat el 1773 amb Maria Teresa de Savoia, filla del rei Víctor Amadeu III de Sardenya— amb la seva cunyada Maria Antonieta, que, segons sembla injustificadament, va córrer el rumor que eren amants; en realitat, l'amant de Carles d'Artois fou Louise d'Esparbès de Lussan, comtessa de Polastron, dama del seguici de Maria Antonieta; aquesta fou una relació estable, que durà fins que la comtessa morí el 1804. Carles d'Artois comprà una finca al Bois de Boulogne el 1775, i projectà construir-hi un palau; la seva amiga Maria Antonieta va apostar que no seria pas capaç de tenir l'edifici enllestit en tres mesos; acceptant el repte, el comte d'Artois encarregà l'obra a l'arquitecte neoclàssic François-Joseph Bélanger (1744-1818) i guanyà la juguesca perquè el palau estigué acabat en només seixanta-tres dies. Aquest va ser l'origen del Castell de la Bagatelle, la construcció del qual costà més de dos milions de lliures, una despesa que, com és natural, no va contribuir gens a resoldre el problema del precari estat de les finances reials. D'altra banda, la intervenció a Amèrica fou una empresa costosíssima, que, amb el seu bon coneixement dels problemes de tresoreria del Regne, Turgot havia desaconsellat; per assumir-ne la despesa, es recorregué no pas a l'increment dels impostos sinó a la petició de nous préstecs, amb la qual cosa va doblar-se la quantia del deute nacional.

Després d'haver destituït Turgot, Lluís XVI nomenà responsable d'hisenda Jean Étienne Bernard Clugny de Nuits, intendent de colònies a Saint-Domingue —l'actual Haití— entre 1760 i 1764, de marina a Brest (1765-1770), de la província del Rosselló —la Catalunya del Nord— a Perpinyà (1773-1774) i de la Guiena a Bordeus (1775-1776). Clugny de Nuits va haver de començar la seva administració revocant moltes de les reformes de Turgot, i no va poder iniciar cap programa propi perquè, sobtadament, va morir a París l'octubre de 1776, després d'haver exercit el càrrec només durant cinc mesos; l'opinió pública el recordà com un incompetent. Mort Clugny de Nuits, el 22 d'octubre de 1776, la responsabilitat sobre les finances públiques franceses passà a Jacques Necker (1732-1804), un ginebrí que havia fet fortuna com a home de negocis, autor d'un *Elogi de Colbert* (1773), premiat per l'Acadèmia francesa, on presentava Jean-Baptiste Colbert (1619-1683), ministre de finances en temps de Lluís XIV, símbol de l'intervencionisme econòmic de l'Estat, com a l'antítesi del liberalisme econòmic de Turgot. Dos anys més tard, el 19 d'abril de 1775, en plena Guerra de les Farines, publicà *Assaig sobre la legislació i el comerç del gra*, obra que resultà un èxit de vendes, denunciant-hi les teories fisiocràtiques de llibertat del comerç de gra, proposades pel ministre Turgot, a qui Necker considerava un doctrinari.

Un cop investit del càrrec de responsable de les finances reials, Necker es va trobar amb un gran dèficit acumulat i, a més, amb la necessitat de finançar els preparatius de la guerra d'Amèrica. En primer lloc, va començar per reduir la despesa a la cort, cosa que li va crear conflictes amb Maria Antonieta, així com a l'administració pública, i també va intentar racionalitzar el sistema d'arrendament del cobrament d'impostos, però, sobretot, va recórrer als emprèstits per finançar les despeses de la guerra, renunciant a la instauració de nous impostos, cosa que li va impedir fer previsions per al pagament dels interessos o constituir un fons d'amortització. Tanmateix, per haver obrat l'aparent miracle d'haver pagat els costos de la guerra d'Amèrica sense haver apujat els impostos, molta gent considerava Necker com una mena de geni de les finances, sobretot després que, el gener de 1781, hagués publicat l'informe *Compte rendu au Roi* on donava a conèixer a l'opinió general l'estat de comptes de les finances públiques franceses. El 19 de maig de 1781, Necker, caigut en desgràcia a causa d'intrigues de cort, va presentar la dimissió; llavors, sobre tot París va abatre's un estat d'estupor i de consternació, i foren molts els que anaren a casa del ministre destituït per saludar-lo. Segurament, no deurien saber pas que les xifres del *Compte rendu au Roi* resultaven molt més optimistes del que la situació real del Tresor permetia.

Lluís XVI va confiar l'elecció del nou responsable d'hisenda al comte de Maurepas, qui donà el càrrec a Jean-François Joly de Fleury (1718-1802), nomenat pel rei el 21 de maig de 1781. El nou ministre, conegut pel seu rebuig a les idees de la Il·lustració, va avisar al sobirà de la inexistència real del superàvit que Necker havia descrit al Compte rendu au Roi, la qual cosa va despertar en el monarca un odi visceral cap a l'home de negocis ginebrí. Per tal de continuar pagant les despeses de guerra, es van tornar a demanar préstecs; ara bé, els banquers no estaven pas disposats a concedir a Joly de Fleury el crèdit que, anteriorment, havien atorgat a Necker; per això, no va quedar més remei que apujar els impostos; els Parlaments van protestar i demanaren, de nou, la convocatòria dels Estats Generals. Davant d'això, tant Lluís XVI com Joly de Fleury renunciaren als nous impostos, i el ministre tornà a una tradicional mala pràctica de la França de l'Antic Règim: la venda de càrrecs públics a l'administració, la majoria dels quals resultaven inútils o redundants.

El 1783, pel gener, es van signar els acords preliminars de la pau que posaria fi a la guerra d'Amèrica, i, lògicament, amb la fi del conflicte bèl·lic, el poble demanaria una reducció dels impostos que Joly de Fleury sabia que no podia concedir pas a causa de l'enorme dèficit acumulat a les finances públiques; poc després, en haver notat que el rei ja no li tenia confiança, el ministre va dimitir el març. Com que Henri d'Ormesson (1751-1808), el nou ministre d'hisenda que Lluís XVI nomenà el 29 de març després d'haver-lo elegit personalment, només podia compensar la seva manca d'experiència i de capacitat amb la seva imatge d'home honrat, molta gent va riure-se'n fent acudits com ara

"Vols venir a sopar a casa meva?, el meu cuiner ni tan sols sap fer un ou ferrat, però és un home honest".

I, efectivament, la mala gestió de d'Ormesson va dur a una suspensió de pagaments de les finances públiques; al final, el ministre, del tot desacreditat, va dimitir l'1 de novembre de 1783. Charles Alexandre de Calonne (1734-1802), ministre d'hisenda des del 3 de novembre, va intentar redreçar el caos provocat per la nefasta gestió de d'Ormesson amb mesures de reactivació de l'economia com ara la mecanització de la indústria tèxtil, la modernització de les instal·lacions portuàries, especialment les de Cherbourg (Normandia) que s'havia de convertir en la base del comerç amb els EUA, i la liberalització del comerç exterior amb el tractat amb Gran Bretanya del 1786. Tanmateix, el forat en el Tresor Públic francès continuava sent de gran magnitud, i, de moment, Calonne recorregué a l'habitual solució dels emprèstits, fins que, a finals de 1786, va veure's en la necessitat d'haver-li de confessar al rei que el problema d'hisenda resultava insoluble a no ser que s'adoptés una reforma fiscal que obligués a pagar també els estaments privilegiats.

Davant la Revolució Americana, malgrat la postura probritànica del príncep Guillem V d'Orange, les Províncies Unides dels Països Baixos no ajudaren pas la Gran Bretanya, com aquesta li havia demanat invocant l'aliança existent des de 1688, sinó que els republicans o patriotes —defensors dels poders dels estats generals i dels estats provincials enfront del poder dels prínceps d'Orange, governants del país— imposaren una política de neutralitat que acabà afavorint els francesos i els independentistes americans; per això, el 1780 s'arribà a una guerra contra la Gran Bretanya que resultà ruïnosa per a les Províncies Unides. El malestar que causà l'empobriment general del país va dur el 1785 a una revolta dels patriotes, els quals, influïts per l'èxit

de la Revolució Americana i les idees de la Il·lustració, volien demo-
cratitzar les institucions de govern; aleshores, Guillem V va haver de
marxar de La Haia per refugiar-se a Nimega. Des de sempre, França
havia donat suport als republicans dels Països Baixos, i, ara, el govern
francès prometé enviar tropes en ajuda dels patriotes, mesura, però,
que no es va poder dur a la pràctica per falta de diners. Per això, la
revolta va acabar sent esclafada el 1787 amb a l'ajuda de les tropes del
rei Frederic Guillem II de Prússia, cunyat de Guillem V, el qual comp-
tà amb l'aliança de la Gran Bretanya. La manca d'acció en el conflicte
holandès, a més de posar fi a la influència francesa als Països Baixos,
va deixar en evidència davant de tota Europa l'estat de feblesa i de crisi
en què es trobava França, així com, dins del Regne, va fer augmentar
el descrèdit del govern.

2.2.4. L'ASSEMBLEA DE NOTABLES

Com a solució als greus problemes financers, Calonne concebé un paquet
de reformes que incloïa una subvenció territorial que haurien de pagar
tots els propietaris de terres, la qual cosa duia aparellada la institució a
totes les províncies d'assemblees electives, sense distinció d'estaments,
encarregades de repartir-ne el cost entre els contribuents. A més, també
proposà la supressió de les corvees i de les duanes internes, així com la
llibertat de comerç del gra, reprenent doncs reformes ideades per Turgot.
Evidentment, Calonne comprenia que els Parlaments s'hi oposarien;
per això, va demanar al rei la reunió d'una assemblea de notables; en la
França de l'Antic Règim, una assemblea de notables era un organisme
consultiu encarregat d'assessorar el Rei sobre qüestions especialment
delicades, els membres de la qual els designava el sobirà entre prínceps,
nobles, arquebisbes, jutges importants i, en alguns casos, governants
de grans ciutats; l'última d'aquestes assemblees s'havia reunit el 1626,
en temps, doncs, de Lluís XIII. Fins aleshores, Lluís XVI havia intentat
resoldre el problema pressupostari actuant com a monarca absolut, és
a dir, encarregant-ne la gestió a ministres que nomenava i destituïa se-
gons la seva reial voluntat; com és lògic, des del moment que convocava
els súbdits, ni que fos en una assemblea de notables, per demanar-los
consell, el rei mateix obria la porta a l'evolució cap a una monarquia
pactista o constitucional que significaria la fi de l'absolutisme a França.
Uns zelosos defensors de les prerrogatives reials com ho eren el comte
de Vergennes i el marquès de Miromesnil, tots dos ministres del govern,

no veieren gaire clara la idea de convocar una assemblea de notables, però no s'hi oposaren perquè no podien proposar pas cap alternativa. Al seu torn, entre l'opinió pública no fou gaire ben rebuda la notícia de la reunió dels notables perquè s'hi veia un simple mitjà per simular l'existència d'un consentiment nacional a la imposició de nous tributs.

L'Assemblea de Notables, que va començar a reunir-se el 22 de febrer de 1787, va rebutjar les reformes de Calonne, qui, per intentar vèncer l'oposició que hi trobava, decidí publicar els discursos que adreçava a l'Assemblea afegint-hi una introducció on insinuava que, mogudes pel seu egoisme, les classes privilegiades s'oposaven a un projecte que resoldria el dèficit financer. L'Assemblea va respondre-hi amb una enèrgica protesta, manifestant que, segons ells, la solució al problema d'hisenda era fer economies i que, a més, el ministre sempre s'havia negat a presentar-los una relació completa d'ingressos i despeses. Permetent la publicació de la protesta de l'Assemblea, aplaudida per l'opinió pública, Lluís XVI va donar mostres d'inseguretat en no posar-se de banda del seu ministre, a qui acabà destituint el 8 d'abril després que Maria Antonieta i alguns personatges importants de la cort manifestessin el seu enuig amb Calonne, el qual, mesos després, va acabar havent de fugir a Anglaterra per evitar que el Parlament de París el processés a causa d'irregularitats en la seva administració. Maria Antonieta va aconsellar nomenar responsable d'hisenda algú hàbil i popular: l'arquebisbe de Tolosa Loménie de Brienne, qui, el 1788, aconseguí la dignitat de cardenal. Un cop esdevingut ministre, Brienne va passar de ser un dels principals opositors a Calonne dins de l'Assemblea de Notables a proposar un pla de reformes idèntic al del seu antic adversari. Com que els notables, argumentant que ells no tenien pas dret a imposar nous tributs, continuaven bloquejant el procés de reformes, el 25 de maig de 1787, Brienne féu dissoldre l'Assemblea.

Amb l'Assemblea de Notables, en què el rei mateix va donar a conèixer la desesperada situació de la hisenda francesa, van quedar en evidència els desencerts que cometia el govern. Lluís XVI hi havia anunciat la seva determinació irrevocable a dur a terme un gran pla de reforma, però, en realitat, no es va atrevir a imposar-se a una assemblea merament consultiva, sense poder legislatiu; per tant, va quedar clar que el rei no tenia prou capacitat de lideratge per encapçalar el redreç del país. D'altra banda, en un sector força important de l'opinió pública es va formar un estat d'ànim del tot hostil a la noblesa i el clero, per la seva actitud de negar-se a renunciar als seus privilegis fiscals.

2.2.5. EL CONFLICTE AMB ELS PARLAMENTS

La solució als problemes d'hisenda no n'era cap d'altra que aplicar el paquet de reformes proposat inicialment per Calonne i que Brienne havia acabat fent seu; ara bé, resultava bastant previsible que els Parlaments s'hi oposarien. Una actitud enèrgica hauria estat imposar totes les reformes de cop i obligar el Parlament a registrar-les mitjançant un lit de justice si calia; ara bé, Brienne no es veia amb cor d'afrontar el conflicte, i Lluís XVI estava decidit a mostrar-se conciliador. Per això, es va decidir sotmetre les reformes a l'aprovació dels Parlaments per parts. El Parlament de París va enregistrar sense cap problema els decrets establint la llibertat del comerç del gra, la institució d'assemblees provincials i la commutació de les corvees per un impost en diners; ara bé, rebutjà el nou impost del timbre, i va adreçar un missatge al rei declarant que només els Estats Generals podien autoritzar un tribut permanent, com també queixant-se del malbaratament de fons públics i demanant que es fessin economies. De moment, el rei i el govern van voler evitar el conflicte i presentaren el decret de la subvenció territorial, que el Parlament es va negar a enregistrar, repetint de nou la petició de convocatòria dels Estats Generals.

El 6 d'agost de 1787, mitjançant un lit de justice celebrat a Versalles, el rei va obligar el Parlament de París a enregistrar els edictes. Poc després, però, el Parlament va declarar nul i il·legal aquest enregistrament, i va repetir la petició de convocatòria dels Estats Generals, decisió aplaudida per l'opinió pública; llavors, Brienne decidí desterrar el Parlament de París a Troyes. Tanmateix, al final s'arribà a un acord en què el govern retirava els edictes aprovats el 6 d'agost, i el Parlament era autoritzat a tornar a París, on entrà el 24 de setembre de 1787, enmig de mostres d'entusiasme popular, una prova que els Parlaments havien assolit ser vistos com a contrapès del poder absolut del Rei en tant que representants de la Nació. Com que va persistir l'oposició del Parlament de París a la petició de nous emprèstits o a la instauració de nous impostos pel govern, els ministres van planejar un cop de força que va començar per la detenció dels parlamentaris més distingits per la seva actitud opositora, i va acabar amb l'obligació del Parlament de comparèixer a Versalles el 3 de maig de 1788 perquè el rei hi celebrés un lit de justice, en el qual, Lluís XVI va anunciar-hi la creació d'un nou Tribunal Plenari, que seria l'únic encarregat d'enregistrar els reials decrets i, per tant, els Parlaments de províncies es limitarien a les seves funcions judicials, com també va prometre que els Estats Generals es reunirien sempre que calgués. El president del Parlament de París va respondre que el Rei no podia pas violar les lleis fonamentals del Regne i que el Parlament era víctima d'una acció repressiva només per haver manifestat que els Estats Generals eren l'únic organisme competent per autoritzar nous impostos. Dissolt el Parlament de París, calia, tanmateix, vèncer la resistència dels parlaments de províncies, molt tenaç en alguns llocs com ara el Bearn, el Delfinat i Bretanya.

L'estiu de 1788 fou a França un moment de queixes i protestes generalitzades contra un govern completament desacreditat, que, per falta de diners, no disposava ni de tropes amb què mantenir l'ordre, i que, a més, cada cop li resultava més difícil cobrar els impostos o sol·licitar un emprèstit. Lluís XVI decidí evadir-se dedicant-se, d'una manera gairebé exclusiva, a l'esport de la caça, mentre que Brienne estava del tot esgotat. Fou en aquestes circumstàncies que s'arribà el 8 d'agost a la convocatòria dels Estats Generals, que s'haurien de reunir a partir de l'1 de maig de 1789, i el 25 d'agost a la destitució de Brienne, substituït per l'únic home capaç d'evitar el marasme total i garantir un mínim d'estabilitat fins que comencessin les reunions dels Estats Generals: Jacques Necker, el retorn del qual al govern, fet a contracor de Lluís XVI i Maria Antonieta, fou rebut amb mostres d'alegria popular. A més d'aconseguir petites quantitats amb què poder enfrontar-se a les necessitats més urgents, Necker va restituir les seves funcions als Parlaments, els quals continuaren amb la seva actitud d'oposició al govern, fins al punt que el Parlament de París cità a comparèixer davant seu un oficial de l'exèrcit, que havia ordenat disparar contra les turbes populars que volien assaltar i incendiar la casa de Brienne.

2.3. ELS ESTATS GENERALS

Des que el 8 d'agost de 1788 Lluís XVI va convocar els Estats Generals, es va plantejar la qüestió de com havia de funcionar i regir-se aquest organisme. En enregistrar el decret de convocatòria, el Parlament de París va afegir-hi que els Estats Generals es celebrarien tal com s'havia fet el 1614: formant cada un dels tres estaments —clero, noblesa i tercer estat— una cambra separada, amb un vot per a cada estament. Aquesta mesura, que permetia als estaments privilegiats —la noblesa i el clero— imposar el seu criteri, va fer perdre al Parlament de París tota la seva popularitat, ja que aleshores va quedar clar que la seva oposició a l'absolutisme anava acompanyada d'una actitud completament reaccionària de defensa a ultrança dels privilegis aristocràtics, bastant reforçats, d'altra banda, amb l'ordenança de 1781 segons la qual, dins de l'exèrcit, per esdevenir oficial calia demostrar, mitjançant proves genealògiques, posseir quatre graus de noblesa, com també era un fet que, el 1789, tots els bisbes i arquebisbes de França eren nobles.

Aviat, es va generalitzar la petició de doblar el nombre de representants del Tercer Estat, tal com es feia en algunes assemblees provincials, perquè així el total de diputats d'aquest estament equivalgués a la suma dels altres dos. Per resoldre aquesta qüestió, Necker va proposar a Lluís XVI la convocatòria d'una nova assemblea de notables, la qual, reunida del 6 de novembre al 12 de desembre de 1788, va rebutjar doblar el nombre de representants del Tercer Estat; tanmateix, per reial decret de 27 de desembre de 1788, es va concedir la duplicitat del Tercer Estat. El gener de 1789, en resposta a la invitació adreçada per Necker als pensadors de manifestar la seva opinió sobre l'organització dels Estats Generals, el capellà patriota Emmanuel Joseph Sieyès (1748-1836) publicà el pamflet *Què és el Tercer Estat?*, on, a més d'exposar que la voluntat del poble era la lliure elecció dels seus representants als Estats Generals, la duplicitat del Tercer Estat, així com el vot per diputats i no pas per estaments, hi féu una molt dura i implacable crítica als privilegis aristocràtics

> "D'una manera o altra, totes les branques del poder executiu han caigut també dins la casta fornida per l'Església, la Toga i l'Espasa. Una mena d'esperit de confraternitat fa que els nobles es prefereixin entre ells, i, per a tot, a la resta de la nació. La usurpació és completa; els nobles regnen veritablement[71]"

I d'ací, que arribés a qualificar els estaments privilegiats de cos estrany a la nació; tanmateix, la gran majoria dels francesos aspirava a assolir la unió entre els diferents estaments de la nació i, per tant, es manifestava contrària al pamflet de l'abbé Sieyès[72].

71   SOBOUL, Albert: *La Revolució Francesa*. Barcelona, La Llar del Llibre, 1983 (Nova Terra, 27) pàg 18

72   MARTIN, Jean-Clément: *La Revolución francesa*; traducción de Palmira Freixas Barcelona: Crítica, 2013 (Serie mayor) pàg 135

Entre els gairebé mil dos-cents diputats que s'elegiren per formar part dels Estats Generals, dins del clero, el capellà Jean-Sifrein Maury (1746-1817) fou un conservador defensor de les institucions tradicionals, mentre que destacaren com a reformistes Jean-Georges Lefranc de Pompignan (1715-1790), arquebisbe de Vienne, Jérôme Champion de Cicé (1735-1810), arquebisbe de Bordeus, i els sacerdots Sieyès i Grégoire. A l'estament dels nobles, Jacques Antoine Marie de Cazalès (1758-1805) va ser contrarevolucionari mentre que mostraren postures liberals el marquès de La Fayette, Adrien Duport (1759-1798), Alexandre de Lameth (1760-1829) i el comte de Clermont-Tonnerre (1757-1792), mentre que dels diputats del Tercer Estat es poden destacar Jean-Joseph Mounier (1758-1806), Antoine Barnave, Isaac Le Chapelier, Jean-Denis Lanjuinais (1753-1827), Jacques-Guillaume Thouret, Jérôme Pétion de Villeneuve (1756-1794), Maximilien de Robespierre, Jean-Baptiste Treilhard (1742-1810), Joseph-Ignace Guillotin, Jean Sylvain Bailly i el comte de Mirabeau (1749-1791), elegit dins del Tercer Estat malgrat ser noble[73].

3. L'ESFONDRAMENT DEL PODER DE VERSALLES
3.1. L'ASSEMBLEA NACIONAL CONSTITUENT

A partir del moment mateix de l'obertura dels Estats Generals, celebrada a Versalles el 5 de maig de 1789, va resultar evident que la concessió de la duplicitat del Tercer Estat no servia per a res ja que el vot continuava sent per estaments, com també alguns aspectes del protocol de la reunió semblaven concedir un estatus superior als diputats de la noblesa i el clero; a més, en les seves intervencions, Lluís XVI, Necker i el ministre Charles de Paule de Barentin (1738-1819) van mostrar, clarament, la intenció de passar directament a la discussió dels temes d'hisenda, deixant-ne de banda qualsevol altre, com pogués ser-ho la reivindicació del Tercer Estat de votar individualment i no pas per estaments. Les cambres van començar a deliberar, però no pas sobre hisenda sinó sobre l'organització de la legislatura, i, el 17 de juny, els diputats del Tercer Estat van prendre una decisió revolucionària: proclamar que la sobirania resideix en la Nació i declarar-se ells mateixos Assemblea Nacional; immediatament, van convidar els diputats de la Noblesa i el Clero a unir-se a la nova assemblea, però deixant clar que s'abolia la distinció per estaments.

---

73 BOIS, Jean-Pierre: *La Revolución francesa*; traducción: Jorge Barriuso Madrid: Historia 16, 1997 (Biblioteca de historia; 3) pàgs 36-37 Volum I

El 20 de juny, els diputats de l'Assemblea Nacional acudiren a la sala on habitualment es reunien els Estats Generals, però se la trobaren tancada i amb un rètol on s'hi anunciava una sessió reial per al dia 22. Llavors, tement que s'estigués planejant dissoldre l'Assemblea, es traslladaren a una altra cambra, coneguda com la Sala del Joc de la Pilota, on juraren no separar-se fins haver aconseguit donar una constitució a França.

Com que, seguint el seu habitual costum, Lluís XVI no havia gosat prendre cap resolució, la sessió reial quedà ajornada per al 23 de juny. D'entre els seus consellers, el sector liberal, encapçalat per Necker, volia que el rei acceptés, tot i que amb algunes reserves, la deliberació en comú i presentés un ampli programa de reformes; al final, però, s'imposà el criteri conservador de Barentin d'imposar la deliberació per estaments. Així, a la sessió reial, a la qual Necker no hi va voler assistir, Lluís XVI féu saber als diputats que la seva voluntat era mantenir la separació per estaments perquè això formava part de la tradicional constitució francesa; ara bé, si es posaven d'acord podien demanar permís al rei per poder deliberar conjuntament sempre que ho volguessin; a més, declarà nuls tots els acords presos pel Tercer Estat el 17 de juny, com també excloguè dels afers a debatre l'organització dels propers estats generals, la propietat feudal i els privilegis del clero i de la noblesa; d'altra banda, prometé no imposar nous tributs ni contractar emprèstits sense autorització dels Estats Generals, publicar els estats de comptes d'ingressos i despeses, abolir les gabelles —impostos sobre productes declarats monopoli de l'Estat— més impopulars, igual com les exempcions tributàries i la servitud. El rei concloguè la seva intervenció avisant als diputats que si no volien donar suport als seus projectes, continuaria governant sense ells, i ordenà als tres estaments continuar l'endemà les discussions cadascun en la seva cambra. Quan Lluís XVI es retirà amb la seva comitiva, el seguiren la majoria dels nobles i alguns clergues, però la resta dels diputats continuà a la sala, tot i així, el rei descartà la idea de dissoldre l'assemblea per la força. Al final, el 27 de juny, pressionat per l'ambient de revolta que es vivia a París, Lluís XVI reconeguè l'Assembla que, a partir del 9 de juliol, passà a autodenominar-se Assemblea Nacional Constituent.

3.2. LA PRESA DE LA BASTILLA

Amb el pretext de mantenir-hi l'ordre i d'evitar incidents, Lluís XVI va fer dur tropes cap a París i Versalles, on quedaren sota la direcció del mariscal duc de Broglie (1718-1804). Els diputats de l'Assemblea, que es mantenien en contacte amb els seus electors, donaren l'alarma, cosa que provocà un estat d'agitació general a molts llocs de França, principalment a París, ciutat afectada per la puja del preu del pa i per l'atur, on, el 30 de juny de 1789, un avalot popular va treure de la presó uns soldats a qui s'acusava d'haver-se compromès a no obeir ordres que anessin contra l'Assemblea Nacional. Llavors, els clubs polítics de la ciutat demanaren la intercessió de l'Assemblea, la qual sol·licità al rei una mostra de clemència per calmar la situació; al final, els soldats tornaren a la presó, de la qual sortiren poc després per reial ordre.

Maria Antonieta i el seu cercle de cortesans reaccionaris, entre els quals destacaven el comte d'Artois i Yolande de Polastron, duquessa de Polignac (1749-1793), planejaren forçar la destitució de Necker, a qui no acceptaven per les seves postures liberals properes als revolucionaris, per aconseguir que el càrrec de primer ministre passés al baró de Breteuil (1730-1807), qui, efectivament, va ser nomenat el 12 de juliol de 1789, l'endemà de la caiguda de Necker i de la designació del duc de Broglie com a nou ministre de la guerra. Un dia després, quan aquestes notícies arribaren a París, el periodista i agitador polític Camille Desmoulins, autor de la *La France Libre*, un pamflet on hi proposava un règim republicà i hi criticava el paper del rei com també els privilegis de nobles i clergues, va cridar a la insurrecció qualificant la destitució de Necker com l'inici d'un cop de força contrarevolucionari. Les tropes, acantonades al Camp de Mart i als Camps Elisis, no van actuar, i els insurrectes acabaren apoderant-se de l'edifici de l'Ajuntament, on aconseguiren agafar armes. A partir d'aleshores, París quedà sota el domini de les turbes revolucionàries que, el 14 de juliol, assaltaren l'*Hôtel des Invalides* i la fortalesa de la Bastilla, el darrer baluard de les tropes reials. Conegudes les noves dels greus aldarulls de París, a Versalles l'Assemblea Nacional va demanar al rei la retirada de les tropes i la formació d'una guàrdia cívica; el 15 de juliol, Lluís XVI comparegué a l'Assemblea a la qual manifestà que es retirarien les tropes.

A nivell polític, la Presa de la Bastilla va tenir com a conseqüència el retorn de Necker al govern, i també l'inici de l'emigració, és a dir, la fugida a l'estranger dels contrarevolucionaris. Entre els primers emigrats, hi hagué la duquessa de Polignac, el baró de Breteuil, el mariscal Broglie i el comte d'Artois, a qui Lluís XVI ordenà marxar de França per evitar que, a causa de les seves conegudes actituds reaccionàries, pogués acabar sent assassinat. Quan Calonne havia proposat com a única solució possible al problema d'hisenda obligar a tributar també els estaments privilegiats, el comte d'Artois va acceptar suprimir les exempcions fiscals de l'aristocràcia, però mantenint sempre els privilegis socials de la noblesa i del clero. Naturalment, no s'havia de fer cap mena de concessió política que qüestionés el poder absolut de la Monarquia, ja que, tal com ell mateix ho deia, el sistema polític de França calia "reparar-lo però no pas demolir-lo". Als Estats Generals, Carles d'Artois va distingir-se per la seva actitud reaccionària de negar-se a concedir cap mena d'increment de vot al Tercer Estat; per això, Lluís XVI el va criticar retraient-li ser "més reialista que el rei".

3.3.LES REVOLUCIONS MUNICIPALS

En temps de l'antic règim, París no disposava de cap autogovern municipal sinó que eren oficials reials els qui s'encarregaven de l'administració de la ciutat. Ja en el moment de la reunió dels Estats Generals, els parisencs havien mostrat el desig de dotar-se d'un govern municipal elegit. Poc després de la Presa de la Bastilla, l'Assemblea envià des de Versalles una comissió formada per tots els diputats parisencs, la qual, un cop a l'Ajuntament de París, decidí, espontàniament, elegir alcalde l'astrònom Jean Sylvain Bailly, dirigent del Tercer Estat i instigador del Jurament del Joc de la Pilota, així com nomenar el marquès de La Fayette cap de la guàrdia nacional de la ciutat. El nou ajuntament revolucionari, denominat la Comuna de París, demanà al rei que el visités, i el 27 de juliol, després d'haver fet testament i d'haver combregat, el monarca es traslladà a París, on Bailly li oferí les claus de la ciutat. Lluís XVI confirmà els nomenaments de Bailly i La Fayette, i es posà al barret l'escarapel·la tricolor —blava, blanca i vermella—, símbol de la Revolució; quan se'n tornà cap a Versalles, les multituds cridaven visques al Rei.

Gairebé totes les ciutats franceses seguiren l'exemple de París, i, doncs, recuperaren l'autogovern que havien perdut en temps de Lluís XIV, qui les havia posades sota domini d'una reduïda oligarquia tutelada sempre per l'intendent reial; així, s'hi elegiren nous òrgans de govern que assumiren les competències de policia, justícia, subsistències i s'hi constituïren nous cossos d'ordre: les guàrdies nacionals. A Tolosa, l'antiga municipalitat ja gaudia de la confiança dels patriotes —revolucionaris— però una multitud afamada va saquejar el convent dels agustins on s'hi emmagatzemava blat, el qual fou venut immediatament a baix preu, com també es va obligar els frares a enarborar l'ensenya tricolor. No va donar-se tampoc gaire violència a Ais

(Provença), on la municipalitat es mantenia gràcies a l'exèrcit, igual com a Marsella, on, pel maig, el comte de Caraman havia instituït una guàrdia formada la meitat per nobles i la meitat per comerciants; ara bé, a l'agost, una desfilada d'aquesta guàrdia va provocar l'esclat d'una revolta popular amb un balanç de quaranta morts. A Dijon, l'antiga municipalitat fou eliminada, el governador va ser arrestat i els nobles i els sacerdots, reclosos als seus domicilis; Rennes fou abandonada pel seu comandant militar en una situació d'insurrecció popular, mentre que a Tours, abans fins i tot de l'arribada de les notícies dels fets de París, la puja del preu del pa havia dut a l'assassinat de notables sospitosos d'acaparadors, i a Estrasburg l'exèrcit no va fer res per impedir el saqueig de l'ajuntament. A tot arreu, es passa a considerar que l'única dipositària de l'autoritat era l'Assemblea Nacional, però la gent només n'observava els decrets que li convenien; per això, a tot arreu es deixaren de pagar els impostos[74].

3.4.L'ABOLICIÓ DEL FEUDALISME
3.4.1.LA GRAN POR

La fam provocada per les males collites de 1788 va generar un ambient de forta tensió social al camp, que, el 1789, va esdevenir una revolta pagesa, iniciada el març als castells de Provença i pel maig als de la Picardia i el Cambresis; als voltants de París i de Versalles, els camps on el rei acostumava a anar a caçar, hi fou exterminada la cacera i s'hi arrasaren els boscos. Durant la segona quinzena de juliol de 1789, a les zones rurals va viure's l'episodi de la Gran Por; en alguns llocs de Normandia, l'Hainaut, Alsàcia, el Franc Comtat i de la vall del Saona, pagesos armats assaltaren castells i abadies i hi cremaren els documents dels títols feudals confiant que tal acció els alliberaria per sempre més del pagament de delmes i drets senyorials; a Alsàcia, també foren agredits els jueus, generalment creditors dels consells rurals. A d'altres llocs de França, les notícies de la presa de Bastilla alçaren entre els pagesos tota mena de pors irracionals a bandes armades llogades pels nobles feudals perquè els destruïssin les collites o a atacs d'exèrcits estrangers; al Delfinat, entre Lió i Grenoble, els pagesos, mobilitzats contra una

---

74   Bois, Jean-Pierre: *La Revolución francesa*; traducción: Jorge Barriuso Madrid: Historia 16, 1997 (Biblioteca de historia; 3) pàgs 45-46 Volum I

possible invasió dels exèrcits de Savoia, com que no trobaren enemics acabaren assaltant els castells dels senyors.

La revolta antifeudal de la Gran Por amenaçava no sols els interessos de la noblesa ja que, en molts casos, inversors burgesos havien adquirit senyorius; per això, era molt difícil fixar la frontera entre propietat feudal i propietat burgesa. Davant d'aquesta situació, molts dels diputats de l'Assemblea van comprendre que unir les noves milícies burgeses a les tropes reials per així restablir l'ordre al camp per la força significaria trencar el front del 14 de juliol, basat en l'aliança entre els diputats del tercer estat, burgesos en la seva majoria, amb la noblesa liberal i el baix cleró, i posar-se de nou a mercè del rei. Per tant, calia adoptar una altra estratègia, tal com va acabar fent-ho l'Assemblea Nacional a partir del 4 d'agost de 1789[75].

3.4.2.ELS DECRETS DE L'ASSEMBLEA NACIONAL

El 3 d'agost, l'Assemblea Nacional debaté sobre un projecte de decret del comitè de rendes considerant inadmissible i injustificable suspendre el pagament d'impostos o de cànons de cap altra mena; a l'endemà dia 4, però, el vescomte de Noailles proposà declarar tots els drets feudals rescatables en diners o bescanviables "sobre el preu d'una justa estimació". Immediatament després, el duc d'Aiguillon va precisar que, com que la propietat era sagrada i els drets feudals eren una propietat, la renúncia als drets feudals havia de ser compensada amb una indemnització. Admès aquest principi, s'aboliren tots els privilegis dels individus i dels ordres, de les províncies i de les ciutats, i, com a colofó, l'Assemblea proclamà Lluís XVI "restaurador de la llibertat francesa". En realitat, els decrets aprovats per l'Assemblea entre el 5 i l'11 d'agost de 1789 i el 15 de març de 1790 destruïren la feudalitat en la seva forma institucional i jurídica però, en mantingueren la vessant econòmica.

Els decrets d'agost de 1789 establiren la igualtat fiscal i suprimiren els privilegis de la noblesa en l'accés a càrrecs civils i militars, com també declararen abolits sense indemnització els drets derivats de la servitud, de la qual, en realitat, fins 1789, només n'havien continuat vigents unes raríssimes supervivències, mentre que tots els altres drets es consideraven rescatables, és a dir, serien cobrats fins al reem-

---

75   Furet, François; Richet, Denis: *La Revolución francesa*; versión española: Luis Horno Liria Madrid: Rialp, 1988 (Libros de historia; 27) pàgs 99-101

borsament, i, d'aquesta manera, es va aconseguir que per a la noblesa l'abolició dels drets senyorials no resultés ruïnosa. Aquests principis van ser sistematitzats en el decret del 15 de març de 1790 mitjançant la diferenciació entre:

a) Feudalitat dominant, és a dir, els drets usurpats al poder públic, concedits per aquest o establerts mitjançant la violència: drets honorífics, drets de justícia, drets de mà morta i servitud, serveis personals, monopolis senyorials, peatges, drets de caça, de colomer i de vedat. Tots aquests drets van ser abolits totalment.

b) Feudalitat contractant: censos, rendes de terres, parts de les collites. Aquests drets van ser transformats en una propietat burgesa i, per això, eren rescatables és a dir, la seva pèrdua havia de ser compensada amb una indemnització.

Les taxes de rescat, va fixar-les el decret del 3 de maig de 1790: vint vegades la renda anual per als drets en diners, vint-i-cinc, per als drets en espècie i per als drets casuals —sobre vendes— en proporció al seu pes. A més, els pagesos havien de pagar els drets endarrerits durant els últims trenta anys. Naturalment, els propietaris de les terres afectades per drets rescatables feren caure la càrrega del rescat sobre els seus masovers o parcers, els quals, doncs, no obtingueren cap benefici amb l'abolició del feudalisme[76].

3.4.3.ELS ALÇAMENTS PAGESOS

Els decrets d'agost de 1789 començaven afirmant, d'una manera força solemne, que "l'Assemblea constituent destrueix enterament el règim feudal", i els pagesos van acceptar aquest principi sense voler admetre les excepcions que els decrets mateixos hi feien, cosa que els va dur a ignorar les disposicions de les lleis de 1790. D'altra banda, molts pagesos no disposaven pas de mitjans per abonar els rescats que els decrets preveien com a compensació per la renúncia als drets feudals, i l'Assemblea Nacional no havia establert cap institució de crèdit que els pogués proporcionar els diners necessaris; a més, molts senyors pretengueren cobrar els endarreriments dels drets suprimits; per tot això,

---

76   SOBOUL, Albert: *La Revolució Francesa*. Barcelona, La Llar del Llibre, 1983 (Nova Terra, 27) pàgs 63-67

en moltes regions, va donar-se entre 1789 i 1792 una veritable guerra civil entre pagesia i noblesa. Al Franc Comtat, on, després de 1789, només es registrà un únic acte de violència, els monopolis senyorials van desaparèixer aquell mateix any igual com es deixaren de pagar els endarreriments de les prestacions abolides; a finals de 1789, la major part dels pobles rebutjaren els cànons que es consideraven suprimits i defensaren els pagesos perseguits. El 1790, va ser corrent el refús del delme; el 1791, molts veredictes condemnaren els pagesos a pagar i, per això, el 1792, va donar-s'hi una efervescència sorda.

A finals de 1789, va haver-hi importants revoltes pageses a l'Aisne, al Bocage de Normandia, a Anjou, al Franc Comtat, al Delfinat i al Vivarès; el gener de 1790, aquest fenomen va donar-se al Quercy, al Perigord i a l'Alta Bretanya, des de Ploërmel fins a Redon, i, pel maig, al Borbonès, com també en temps de la recol·lecció, al Gatinais no es van pagar els delmes ni tampoc les tasques, part proporcional de la collita deguda al senyor. El Quercy i el Perigord van tornar a alçar-se a l'hivern de 1791/92, mentre que a la primavera i a la tardor de 1792, la rebel·lió va donar-se en alguns indrets del Llenguadoc, el Vivarès i l'Alvèrnia; la regió de la Beauce, situada al sud-oest de París, va viure entre la primavera i la tardor de 1792 una immensa insurrecció a causa de la taxació. El juliol de 1793, van alçar-se els parcers del Llenguadoc com també el juliol i l'agost d'aquell any va haver-hi disturbis a l'Île-de-France a causa de les tasques[77].

3.5. LA DECLARACIÓ DE DRETS DE L'HOME I DEL CIUTADÀ

La situació revolucionària creada per la Presa de la Bastilla i per les revoltes pageses de la Gran Por, que havien dut a l'abolició del feudalisme, va empènyer l'Assemblea Nacional, que es legitimava en la insurrecció dels diputats del Tercer Estat del 17 de juny, presentada com una acció necessària per defensar la nació contra l'arbitrarietat reial, a discutir sobre un projecte de declaració de drets abans, fins i tot, d'haver elaborat la nova constitució de França; en resultà l'aprovació, el 26 d'agost de 1789, de la *Declaració de Drets de l'Home i del Ciutadà*. Si es parlà de *Declaració de Drets*, és perquè es considerà que els drets no calia pas afirmar-los, proclamar-los ni reivindicar-los sinó només declarar-los perquè, en realitat, ja existien per més que,

---

77   Ídem pàgs 79-80

173

en el passat, no se'ls hagués tingut en compte, una ignorància que el preàmbul de la *Declaració* assenyalava com l'única causa del malestar social i de la corrupció dels governs . D'altra banda, l'Assemblea va rebutjar la proposta d'alguns diputats, com ara l'abbé Grégoire, d'enunciar també els deures del ciutadà[78].

En els seus disset articles, la *Declaració de Drets*, que prengué com a model la Declaració d'Independència de les Tretze Colònies de l'Amèrica del Nord, proclamà "naturals i imprescriptibles" els drets ciutadans, que l'Assemblea reconegué "en presència i sota els auspicis de l'Ésser Suprem", una invocació de clar regust deista, que servia per posar en entredit la condició de religió oficial del regne de què, fins aleshores, havia gaudit el catolicisme. L'article 1 "Els homes neixen i romanen lliures i iguals en drets" negava frontalment les desigualtats per naixement o origen familiar, base de l'organització social de l'Antic Règim. En l'article 2, s'explica quins són aquests drets: la llibertat, la propietat, la seguretat i la resistència a l'opressió; es rebutjava, doncs, l'arbitrarietat política, pròpia de l'absolutisme. Segons l'article 3, "el principi de tota la sobirania rau essencialment en la Nació. Cap entitat ni cap individu pot exercir una autoritat que no n'emani expressament"; el Rei, doncs, perdia totalment la seva secular sobirania ja que no s'admetia pas la idea d'una sobirania compartida entre el Rei i l'Assemblea. La resta del text es limitava a desenvolupar les conseqüències d'aquests principis: *habeas corpus*, llibertat individual, irretroactivitat de les lleis penals, llibertat d'opinió, de paraula i de premsa, però limitada al respecte de l'ordre establert per la llei i amb obligació de respondre de l'ús abusiu que s'hagi pogut fer d'aquesta llibertat, i garantia de la propietat privada, és a dir, tot allò denominat posteriorment individualisme burgès[79], mentre que, en canvi, van aplicar-se restriccions singulars a la llibertat religiosa, de tal manera que els cultes dissidents —no catòlics— només eren tolerats.

Segons l'article 6, la llei és una i igual per a tots; en conseqüència, dignitats, col·locacions i càrrecs són igualment accessibles a tots els ciutadans, sense tenir en compte distincions de naixença, ja que, tal com ho havia establert l'article 1, les distincions socials només podien

---

78   MARTIN, Jean-Clément: *La Revolución francesa*; traducción de Palmira Freixas Barcelona: Crítica, 2013 (Serie mayor) pàgs 156-160

79   FURET, François; RICHET, Denis: *La Revolución francesa*; versión española: Luis Horno Liria Madrid: Rialp, 1988 (Libros de historia; 27) pàgs 105-107

fonamentar-se en la utilitat comuna, o, de nou segons l'article 6, en les virtuts i els talents. L'article 13 consagrà la igualtat fiscal disposant que els impostos s'havien de repartir igualment entre tots els ciutadans, en raó de les seves possibilitats. Tanmateix, proclamar la igualtat civil no va portar pas a abolir l'esclavitud a les colònies, una mesura que, òbviament, hauria perjudicat els interessos dels grans plantadors de Saint-Domingue, Guadalupe i la Martinica, els quals disposaven de grups de pressió força influents en l'Assemblea Nacional. D'altra banda, l'article 2 havia definit la propietat com a dret natural i imprescriptible, però sense preocupar-se de la ingent massa que no posseïa res, com també la igualtat civil va quedar desvirtuada per la llei del 22 de desembre de 1789 que, partint de la divisió dels francesos en "ciutadans actius", els que, a conseqüència de la seva fortuna, pagaven una determinada suma d'impostos a l'estat, i "ciutadans passius", els que, pel seu poc patrimoni i ingressos, no arribaven a haver de contribuir a l'Estat, conferia els drets polítics de votar i poder ser elegit únicament als ciutadans actius[80].

3.6.LA CRISI POLÍTICA
3.6.1.LES TENSIONS ENTRE EL REI I L'ASSEMBLEA

Un cop aprovats els decrets del 4 a l'11 d'agost de 1789 sobre l'abolició del feudalisme i la Declaració de Drets de l'Home i del Ciutadà, dins de l'Assemblea es va plantejar la discussió sobre si calia o no que el rei sancionés i promulgués aquests textos perquè entressin en vigor i, doncs, esdevinguessin llei. La majoria dels diputats hi veia una emanació del poder constituent de l'Assemblea, mentre que Lluís XVI, considerant-se dipositari d'un poder arbitral, havia comunicat per carta a l'arquebisbe d'Arles que ell no estava pas disposat a sancionar uns decrets que espoliaven la noblesa i el clero.

Durant l'estiu de 1789, la vida política francesa havia girat al voltant de l'enfrontament de dues faccions: els revolucionaris, és a dir, els defensors de l'Assemblea Nacional, i els cortesans, fidels al tradicional poder de Versalles. Ara bé, dins dels revolucionaris, hi havia un sector de nobles liberals, clergues patriotes i elements moderats de l'antic Tercer Estat en opinió del qual, d'ençà del moment del Jurament del

---

80   SOBOUL, Albert: *La Revolució Francesa*. Barcelona, La Llar del Llibre, 1983 (Nova Terra, 27) pàgs 71-72

Joc de la Pilota, tot havia anat massa de pressa. En el debat constitucional sobre la sanció reial dels decrets de l'Assemblea que es donà durant el setembre de 1789, aquests sectors, denominats posteriorment "monarquitzants" i que dins del govern van disposar del suport del ministre Necker, van considerar que podrien disposar d'un mitjà d'estabilització política si conferien al rei la potestat del vet absolut sobre les decisions del poder legislatiu i si, a més, s'establia un sistema bicameral on la cambra alta fos una mena de senat hereditari comparable a la Cambra dels Lords britànica. Contraposats a aquest grup, hi havia els patriotes, contraris al vet reial. D'altra banda, temorosos d'una nova insurrecció popular parisenca, els monarquitzants arribaren a proposar a Versalles traslladar l'Assemblea Nacional a unes vint llegües de París, fent-la reunir-se a Soissons o a Compiègne, poblacions de la província de la Picardia; tanmateix, Lluís XVI s'hi va negar perquè recelava del passat revolucionari dels monarquitzants. El 2 de setembre, el patriota Antoine Barnave va proposar el compromís d'acceptar que el rei pogués vetar una llei durant dues legislatures a canvi que Lluís XVI sancionés els decrets d'agost de 1789. Necker va fer gestions a favor de l'acord, i, l'11 de setembre de 1789, l'Assemblea va votar admetre el vet reial per a dues legislatures després d'haver rebutjat el dia abans la proposta del sistema bicameral; tanmateix, a finals de setembre, Lluís XVI no havia signat encara els decrets.

Sobretot a partir de les eleccions municipals que Bailly havia convocat per als dies 25 de juliol i 1 d'agost, cadascun dels seixanta districtes de París va tendir a constituir-se en una mena de consell autònom, amb la seva administració local, comitès i assemblees generals, on els sectors més radicals discutien l'autoritat de la Comuna i reclamaven l'exercici de la democràcia directa, per contraposició al sufragi limitat als ciutadans actius amb què s'havia elegit l'assemblea comunal. En aquests consells de districte, alguns joves patriotes, com ara Georges Jacques Danton, denunciaven amb vehemència qualsevol actuació de l'Assemblea Nacional que els semblés excessivament moderada o claudicant. A part d'això, molts diaris parisencs exhortaven a estar vigilants contra l'actitud de la Cort i, especialment, contra la reina; Jean-Paul Marat, fundador del diari L'Ami du peuple, encastellat en la defensa dels pobres i en el maximalisme revolucionari, atacava furibundament Necker, Bailly i La Fayette denunciant-los com a còmplices dels cortesans. En aquest context d'efervescència política, el debat sobre el vet reial va encendre molt els ànims fins al punt que, a finals d'agost, els més radicals dels patriotes van estar a punt d'organitzar una marxa sobre Versalles, però la Comuna va bloquejar la temptativa; evidentment, foren molts els patriotes que consideraren una capitulació vergonyosa l'acord materialitzat en el vot de l'Assemblea l'11 de setembre[31].

3.6.2. LA MARXA SOBRE VERSALLES

La collita de 1789 havia resultat força millor que la de l'any anterior, ara bé, a causa de la situació de desordre al camp i de l'acció d'alguns especuladors, a París havia pujat el preu del pa; d'altra banda, com que, a conseqüència de la situació revolucionària, moltes persones riques havien fugit de la ciutat o, fins i tot, del país, hi havia molts criats i artesans sense feina. A més, es va fer córrer el rumor que la família reial es dedicava a acaparar gra, i, entre el poble menut, s'acusava Maria Antonieta de l'escassetat de pa que es patia. D'altra banda, cridat per Lluís XVI, el regiment de Flandes, destacat aleshores a Douai, va arribar a Versalles el 23 de setembre, cosa que va disgustar molt la guàrdia nacional de París, el veritable puntal de l'ordre públic a la ciutat després de la Presa de la Bastilla; a més, molts parisencs van veure en els soldats de Flandes el mitjà per dur a terme un cop de força contrarevolucionari com també es temia que el rei pretengués fugir a la fortalesa de Metz.

El 3 d'octubre, va rebre's a París la notícia que, dos dies abans a Versalles, en presència del rei, de la reina i del delfí, oficials de la guàrdia reial i del regiment de Flandes havien trepitjat i escarnit una escarapel·la tricolor; molts hi van veure la prova clara i incontestable del complot contrarevolucionari. Durant el matí del 5 d'octubre, una multitud, formada principalment, però no pas només, per dones del poble menut, assaltà l'Ajuntament de París on hi agafà armes, i, acte seguit, sortí en direcció a Versalles, sense que les autoritats —Bailly i La Fayette— fessin cap esforç seriós per tallar-los el pas. Quan arribà a Versalles, la marxa de les dones entrà a la força en la cambra on es reunia l'Assemblea Nacional, a la qual li exigí decretar una rebaixa en el preu del pa, i es mostrà decidida a quedar-s'hi tota la nit. Aleshores, arribà Lluís XVI, que tornava d'una cacera, i hagué de rebre una delegació de les dones. A les primeres hores de l'endemà, la multitud pari-

81   FURET, François; RICHET, Denis: *La Revolución francesa*; versión española: Luis Horno Liria Madrid: Rialp, 1988 (Libros de historia; 27) pàgs 107-110

senca entrà per una porta oberta i accedí als departaments de la reina, la qual, avisada de les intencions dels assaltants, havia decidit dormir aquella nit als departaments del rei; Maria Antonieta va proposar-li a Lluís XVI fugir amb tota la família, però ell ho rebutjà. Poc després, un destacament de la Guàrdia Nacional va aturar els assaltants, i La Fayette va convèncer Lluís XVI i Maria Antonieta de sortir al balcó a saludar els manifestants. Quan el rei va anunciar que estava disposat a ratificar la *Declaració de Drets de l'Home i del Ciutadà* i a marxar cap a París, la multitud irada es va calmar. En saber-ho, l'Assemblea Nacional es declarà inseparable de la persona del rei, i es preparà per acompanyar-lo cap a París.

La Família Reial —Lluís XVI, Maria Antonieta, els seus fills Maria Teresa i Lluís Carles, i Elisabet de França, germana del rei— sortí de Versalles al migdia del 6 d'octubre i, avançant lentament entre la gentada formada pels manifestants, els diputats de l'Assemblea i per la Guàrdia Nacional arribà a París al vespre i s'instal·là al Palau de les Tulleries. I així va ser com Lluís XVI abandonà per sempre el palau que Lluís XIV havia fet construir com a símbol del poder absolut de la Monarquia[82].

4.LA MONARQUIA DE LES TULLERIES
4.1.EL NOU SISTEMA POLÍTIC

Després de la marxa sobre Versalles, a França va establir-se una mena de règim bicèfal però amb un clar predomini de l'Assemblea Nacional sobre el Rei. Segons els principis de divisió de poders, es considerava que al monarca li corresponia la direcció del poder executiu i, per això, gaudia de la potestat de nomenar i destituir els seus ministres, els quals, però, eren responsables davant de l'Assemblea; a més, privat del Tresor i dels béns de la Corona, el Rei únicament percebia un salari anual denominat Llista Civil, concedit per l'Assemblea, establint, doncs, una diferenciació, impròpia de l'Antic Règim, entre les finances de l'Estat i els comptes personals del Rei; d'altra banda, "Lluís, per la gràcia de Déu i la llei constitucional dels francesos, rei dels francesos" —en comptes de "per la Gràcia de Déu, rei de França" com fins 1789— no podia dissoldre pas l'Assemblea i a les lleis que li presentava només podia aplicar-hi un vet suspensiu durant dues legislatures; a part de

---

82   Ídem pàgs 110-111

tot això, de la seguretat del Palau de les Tulleries, se n'havia d'encarregar la Guàrdia Nacional. Els ministres que Lluís XVI havia hagut de designar després del daltabaix de la Presa de la Bastilla, tots ells nobles de tendències liberals, van continuar al govern fins a la tardor de 1790; a causa dels fracassos dels seus projectes financers, Necker va dimitir el 3 de setembre, mentre que, arran dels atacs de què eren objecte per l'Assemblea, tots els altres ministres van anar plegant entre octubre i desembre. Dels nous ministres nomenats a les darreries de 1790, no n'hi havia cap que gaudís de la total confiança del rei ja que, excepte alguns tecnòcrates, tots eren homes de l'òrbita ideològica de La Fayette; tanmateix, l'Assemblea també en recelava; els diputats respectaven massa el rei per imposar-li els seus ministres però el temien massa com per refiar-se dels ministres que designava.

A partir del 9 de novembre de 1789, l'Assemblea Nacional va reunir-se a la Salle du Manège, una dependència del Palau de les Tulleries construïda per realitzar-hi exercicis eqüestres; sovint, les seves sessions eren interrompudes pels aplaudiments o les esbroncades del públic assistent, cosa que els diputats havien de consentir perquè l'opinió pública parisenca era la seva única força davant de possibles intents contrarevolucionaris de la Cort; per això, la veritable feina legislativa de l'Assemblea es realitza no pas a les sessions públiques sinó en les reunions dels comitès: el Comitè d'Agricultura i Comerç, el Comitè de Mendicitat o el Comitè Constitucional, aquest darrer, però, creat ja el 7 de juliol; lògicament, en la seva actuació, aquests comitès envaïren sovint competències executives del Rei. Els significats polítics que, avui dia, atribuïm a les paraules "dreta" i "esquerra" tenen origen en les reunions de la Salle du Manège; a la dreta de la tribuna del president, acostumaven a seure-hi els diputats del tot contraris als decrets d'agost de 1789; hom els anomenava "aristòcrates", encara que no tots ells fossin nobles, o, també, encara no se sap per què, "negres"; dins d'aquesta facció, el noble tolosà Jacques Antoine Marie de Cazalès era partidari d'una monarquia a la britànica amb primacia de la noblesa i, igual com el polemista Antoine de Rivarol (1753-1801), un dels fundadors del Journal politique et national, considerava que per realitzar el seu projecte calia atraure's el suport del poble, allunyant-lo així de la burgesia revolucionària; per la seva defensa d'un parlament bicameral, els monarquitzants eren coneguts també com els "anglòmans"; la seva idea capital era la direcció per la noblesa d'un règim conservador i liberal on el Rei disposes d'un poder de vet absolut. Dins dels "patriotes", situats a l'esquerra, hi havia molts nobles d'antiga nissaga, com ara el marquès de La Fayette o el comte de Mirabeau; en aquest grup, adquirí relleu el triumvirat constituït pel noble d'espasa Alexandre de Lameth, el noble de toga Adrien Duport i l'advocat Barnave, hostils tots tres a La Fayette i Mirabeau[83].

4.2. L'ORGANITZACIÓ TERRITORIAL

PROVÍNCIES DEL REGNE DE FRANÇA EL 1789	
PROVÍNCIA	CAPITAL
Île-de-France	París
Berry	Bourges
Orleanès	Orleans
Normandia	Rouen
Llenguadoc	Tolosa
Lionès	Lió
Delfinat	Grenoble
Xampanya	Troyes
Aunis	La Rochelle
Comtat de Saintonge	Saintes
Poitou	Poitiers
Ducat de Guiena i Gascunya	Bordeus
Ducat de Borgonya	Dijon
Picardia	Amiens
Anjou	Angers
Comtat de Provença	Ais
Comtat d'Angoumois	Angulema
Borbonès	Moulins
Comtat de la Marca	Guéret
Bretanya	Rennes
Maine et Perche	Le Mans
Turena	Tours
Llemosí	Llemotges

83   Ídem pàgs 121-128

Comtat de Foix	Foix
Comtat d'Alvèrnia	Clermont-Ferrand
Bearn	Pau
Alsàcia	Estrasburg
Comtat d'Artois	Arras
Rosselló	Perpinyà
Flandes	Lilla
Franc Comtat	Besançon
Gran Govern de Lorena i Barrois	Nancy i Metz
Còrsega	Bàstia
Ducat de Nivernès	Nevers

Cadascuna d'aquestes províncies tenia les seves lleis i institucions, les quals derivaven de la seva història i del procés pel qual havien quedat incloses dins del Regne de França. El 4 d'agost de 1789, l'Assemblea Nacional havia declarat abolits els privilegis, és a dir, els drets i usatges particulars, de les diferents províncies, i havia proposat establir una administració territorial uniforme a tot el territori francès; en aplicació d'aquests principis, els decrets de l'Assemblea del 14 i 22 de desembre de 1789 i del 15 de gener de 1790 reorganitzaren el territori francès dividint-lo en vuitanta-tres departaments, cadascun dels quals quedava subdividit en districtes, cantons i municipis. La llista definitiva de departaments amb les seves delimitacions va establir-la el decret del 26 de febrer de 1790 i els departaments començaren a funcionar a partir del 4 de març de 1790.

DEPARTAMENTS DE FRANÇA EL 1790		
DEPARTAMENT	CAPITAL	OBERVACIONS
Ain	Bourg	
Aisne	Laon	
Allier	Moulins	
Hautes-Alpes	Gap	
Basses-Alpes	Digne	El 1970, se li va canviar el nom per *Alpes-de-Haute-Provence*
Ardèche	Privas	
Ardennes	Mézières	

Ariège	Foix	
Aube	Troyes	
Aude	Carcassona	
Aveyron	Rodés	
Bouches-du-Rhône	Ais	La capital va traslladar-se a Marsella el 1800
Calvados	Caen	
Cantal	Saint-Flour	El 1795, la capital va traslladar-se a Aurillac
Charente	Angulema	
Charente-Inférieure	Saintes	El 1941, va passar a dir-se *Charente-Maritime*; d'altra banda, el 1810 la capital va traslladar-se a La Rochelle
Cher	Bourges	
Corrèze	Tulle	
Corse	Bastia	El 1793, aquest departament va ser dividit en dos: el *Golo*, al nord de Còrsega amb capital a Bàstia, i el *Liamone*, al sud amb capital a Ajaccio. El 1811, va crear-se un nou departament de *Corse* amb capital a Ajaccio, dividit el 1975 en *Haute-Corse* i *Corse-du-Sud*
Côte-d'Or	Dijon	
Côtes-du-Nord	Saint-Brieuc	Denominat *Côtes-d'Armor* a partir de 1990
Creuse	Guéret	
Dordogne	Périgueux	
Doubs	Besançon	
Drôme	Valence	
Eure	Évreux	
Eure-et-Loir	Chartres	
Finistère	Quimper	
Gard	Nimes	
Haute-Garonne	Tolosa	

Gers	Auch	
Gironde	Bordeus	
Hérault	Montpeller	
Ille-et-Vilaine	Rennes	
Indre	Châteauroux	
Indre-et-Loire	Tours	
Isère	Grenoble	
Jura	Lons-le-Saunier	
Landes	Mont-de-Marsan	
Loir-et-Cher	Blois	
Haute-Loire	Le Puy	
Loire-Inférieure	Nantes	El 1957, va passar a dir-se *Loire-Atlantique*
Loiret	Orleans	
Lot	Cahors	
Lot-et-Garonne	Agen	
Lozère	Mende	
Maine-et-Loire	Angers	
Manche	Coutances	La capital va traslladar-se a Saint-Lô el 1796
Marne	Châlons-sur-Marne	El 17 d'octubre de 1995, Châlons-sur-Marne va passar a dir-se Châlons-en-Champagne
Haute-Marne	Chaumont	
Mayenne	Laval	
Meurthe	Nancy	Aquest departament va deixar d'existir el 1871 arran de la cessió d'Alsàcia i Lorena a Alemanya
Meuse	Bar-le-Duc	
Morbihan	Vannes	
Moselle	Metz	Aquest departament va deixar d'existir el 1871 arran de la cessió d'Alsàcia i Lorena a Alemanya
Nièvre	Nevers	
Nord	Douai	El 1802, la capital va traslladar-se a Lilla

Oise	Beauvais	
Orne	Alençon	
Paris	París	Aquest departament, que va passar a denominar-se *Seine* el 1795, va ser dividit el 1968 en quatre nous departaments: París, *Hauts-de-Seine*, capital Nanterre, *Seine-Saint-Denis*, capital Bobigny, i *Val-de-Marne*, capital Créteil
Pas-de-Calais	Arras	
Puy-de-Dôme	Clermont	
Hautes-Pyrénées	Tarbes	
Basses-Pyrénées	Navarrenx	Denominat *Pyrénées-Atlantiques* des de 1969. El 1796, la capital va establir-se a Pau
Pyrénées-Orientales	Perpinyà	
Haut-Rhin	Colmar	
Bas-Rhin	Estrasburg	
Rhône-et-Loire	Lió	Dividit el 1793 en els departaments de *Rhône*, capital Lió, i de *Loire*, capital Saint-Étienne
Haute-Saône	Gray	La capital va traslladar-se a Vesoul el 1800
Saône-et-Loire	Mâcon	
Sarthe	Le Mans	
Seine-et-Oise	Versalles	Dividit el 1968 entre els departaments de *Yvelines*, *l'Essone*, la *Val-d'Oise* i els *Hauts-de-Seine*
Seine-et-Marne	Melun	
Seine-Inférieure	Rouen	El 1955, va passar a dir-se *Seine-Maritime*
Deux-Sèvres	Niort	
Somme	Amiens	
Tarn	Albi	
Var	Toló	

Vendée	Fontenay-le-Comte	La capital va traslladar-se a La Roche-sur-Yon el 1804
Vienne	Poitiers	
Haute-Vienne	Llemotges	
Vosges	Épinal	
Yonne	Auxerre	

Tots aquestes departaments tenen una superfície similar, concebuda perquè un missatger pogués recórrer a cavall en un sol dia la distància des de la capital fins als seus extrems; d'altra banda, els seus noms sempre es prengueren d'accidents geogràfics com ara rius o muntanyes. A conseqüència de les noves tendències unificadores i uniformitzadores, la Catalunya Nord va deixar de ser la província del Rosselló per convertir-se en el departament dels Pyrénées Orientales, cosa que va significar-hi la fi de la vigència de les Constitucions de Catalunya i del sistema municipal català.

L'administració del departament corresponia a un consell de trenta-sis membres elegits per dos anys entre els ciutadans actius; l'executiu departamental anava a càrrec d'un directori format per vuit membres de l'assemblea departamental. Dins del departament, cada districte disposava d'un consell de dotze membres, del qual emanava un directori de quatre membres. Els municipis, els administrava un consell municipal i un alcalde; en totes les escales de l'administració, s'elegia un procurador síndic que hi representava l'interès públic. D'altra banda, així com en les antigues províncies, l'intendent hi actuava com a agent del poder reial, als nous departaments no existia cap càrrec amb aquesta funció, com no hi havia tampoc als departaments cap representant del govern central. A cada cantó, hi havia un jutge de pau encarregat d'afers civils, mentre que, per a afers criminals, hi havia un tribunal per departament, on es jutjava amb jurats. L'apel·lació es realitzava davant del tribunal d'un altre departament perquè els diputats de l'Assemblea Nacional van témer que establir tribunals d'apel·lació pogués portar a la reaparició dels antics parlaments regionals[84].

84   Bois, Jean-Pierre: *La Revolución francesa*; traducción: Jorge Barriuso Madrid: Historia 16, 1997 (Biblioteca de historia; 3) pàgs 61-62 Volum I

4.3.LA LLIBERTAT ECONÒMICA

Les elits socials sorgides del nou règim de 1789 aspiraven a la llibertat econòmica, mentre que les masses populars estaven aferrades als tradicionals mecanismes de reglamentació i taxació que, fins a cert punt, els garantien unes condicions de subsistència.

La llibertat de propietat va ser una conseqüència lògica de l'abolició del feudalisme. L'única limitació a la llibertat de conreu establerta pel codi rural del 27 de setembre de 1791 fou mantenir els drets de vaine patûre i de parcours, sobre ús gratuït de terres per fer-hi pasturar bestiar, sempre i quan, però, es basés en un títol o en el costum. La llibertat de producció va resultar de la supressió dels monopolis i de les corporacions com també de les manufactures de privilegi. La llibertat de comerç interior va aconseguir-se amb l'abolició de les duanes interiors i els peatges, i el comerç exterior fou alliberat abolint els privilegis de les companyies comercials. El 14 de juny de 1791, va aprovar-se la prohibició de les vagues i dels sindicats obrers mitjançant la llei proposada pel diputat Isaac Le Chapelier, ex-president de l'Assemblea Constituent, que, anteriorment, s'havia destacat en la lluita contra els privilegis nobiliaris i en la defensa de la conversió en béns nacionals del patrimoni de monestirs i convents. La Llei Le Chapelier va estar en vigor a França fins 1864, quan es va reconèixer el dret de vaga, i fins el 1884, quan es va autoritzar la constitució de sindicats obrers[85].

4.4.LA VENDA DELS BÉNS NACIONALS

El 1789, el 4 d'agost, l'Assemblea Nacional va suprimir els delmes i, el 2 de novembre, va posar a la venda els béns nacionals, és a dir, els patrimonis de convents i monestirs, prèviament confiscats per l'Assemblea; amb aquesta mesura, es pretenia resoldre els greus problemes de tresoreria de la hisenda pública, agreujats perquè, arran de l'ambient de revolta que es vivia a tot arreu, en molts pobles la gent es negava a pagar impostos. Naturalment, treure al mercat ingents quantitats de terres en poc temps implicava el risc que el seu valor de venda caigués a nivells irrisoris; per això, per llei del 19 de desembre de 1789, l'Assemblea creà els "assignats", uns bons del Tresor garantits amb els béns de l'Església

---

85   SOBOUL, Albert: *La Revolució Francesa*. Barcelona, La Llar del Llibre, 1983 (Nova Terra, 27) pàgs 69-70

i de la Corona, amb un interès del 5%, que representaven quatre-cents milions de lliures en bitllets grans, és a dir, el valor global del lot de terres posat aleshores en venda; ara bé, com que col·locar els assignats no va resultar senzill, l'agost de 1790 se'ls va convertir en bitllets de banc, amb una emissió de mil dues-centes lliures, en bitllets molt més petits, però no se'n va poder evitar una contínua depreciació. D'altra banda, de les vendes de béns nacionals, se'n van beneficiar només els grans propietaris, però no pas els petits pagesos que no disposaren mai de diners per poder comprar els grans lots de terra que es tragueren a subhasta.

Ja feia dècades que a França es discutia sobre la inutilitat dels ordes monàstics, com també corrien rumors sobre la vida no gaire exemplar ni edificant de molts monjos; per això, la venda dels béns nacionals no va crear rebuig entre els catòlics, en aquella època la majoria de la població francesa. Tanmateix, l'Església va començar a recelar de l'Assemblea Nacional per dues raons: la de la tolerància i la de la intervenció de l'Estat en qüestions religioses. La Declaració de Drets de l'Home i del Ciutadà no parlava pas ni de llibertat de cultes ni de llibertat de consciència, però en establir que ningú no podia ser perseguit per les seves opinions religioses va instaurar, de fet, la tolerància. Aquesta nova situació no va generar cap oposició ni rebuig, però l'Església va començar a veure-hi un risc de laïcització del regne quan l'Assemblea Nacional va reconèixer com a ciutadans de ple dret els protestants (desembre de 1789) i els jueus d'origen sefardita (gener de 1790). El decret del 13 de febrer de 1790 va prohibir els vots monàstics i declarava dissoltes totes les congregacions religioses excepte les que es dediquessin a l'ensenyament o a la cura de malalts, com també el 19 d'abril, l'Assemblea Nacional va posar el que quedava de la propietat eclesiàstica sota l'administració de l'Estat.

4.5. LA DESESTABILITZACIÓ
4.5.1. L'ACTITUD DEL REI

Dins de la Guàrdia Nacional, es donava el costum de crear "federacions", en què regiments de districtes veïns es juraven mútua amistat i fidelitat als decrets de l'Assemblea Nacional. A proposta de la Comuna de París, el 5 de juny de 1790, l'Assemblea va decretar que es dugués a terme la federació de tot França el dia de l'aniversari de la Presa de la Bastilla, en una cerimònia en què la Guàrdia Nacional de París i comissions dels regiments de províncies jurarien fidelitat a la Nació, a la Llei i al Rei. El 14 de juliol de 1790, en presència de Lluís XVI, de Maria Antonieta, de l'Assemblea Nacional i de nombrosos espectadors, va celebrar-se a París la Festa de la Federació, en què el bisbe d'Autun, assistit per dos-cents sacerdots amb bandes tricolors, oficià una missa, i després, La Fayette inicià la cerimònia del jurament, com a continuació ho feren el president de l'Assemblea Nacional i el rei; finalment, vingueren els juraments de les comissions. La unitat entre les autoritats de França que s'havia escenificat en la Festa de la Federació era, però, només il·lusòria. El 7 d'octubre de 1789, l'endemà, doncs, de la seva instal·lació al Palau de les Tulleries, Lluís XVI havia escrit a Carles IV d'Espanya en aquests termes:

> "He escollit Vossa Majestat, com a cap de la segona branca [de la Casa de Borbó], per dipositar en les vostres mans la solemne protesta que ara formulo contra tots els actes contraris a l'autoritat reial que m'han estat arrencats per la força des del 15 de juliol d'enguany. Prego a Vossa Majestat que mantingui secreta aquesta protesta fins al moment en què en pugui arribar a ser necessària la publicació[86]"

Mentrestant, igual com Maria Antonieta, mirava de fer bona cara a les noves autoritats com també intentava trobar aliats dins de l'Assemblea Nacional, el més destacat dels quals fou el comte de Mirabeau. D'altra banda, la parella reial encapçalava una xarxa contrarevolucionària amb ambaixadors davant de totes les corts europees, i el baró de Breteuil, emigrat d'ençà de la Presa de la Bastilla, actuava com un autèntic ministre d'afers estrangers del rei[87]. D'altra banda, des de Torí, la seu de la cort de la nissaga dels Savoia, reis de Sardenya, el comte d'Artois, gendre de Víctor Amadeu III, planejava desestabilitzar França induint el rei a fugir i provocant insurreccions armades en diferents províncies; per estar implicat en un intent de "segrestar" el rei, Thomas de Mahy, marquès de Favras va ser detingut el desembre de 1789 i penjat a la forca el 19 de febrer de 1790, i, el juliol de 1790, els "negres"

---

86   FURET, François; RICHET, Denis: *La Revolución francesa*; versión española: Luis Horno Liria Madrid: Rialp, 1988 (Libros de historia; 27) pàg 164

87   MARTIN, Jean-Clément: *La Revolución francesa*; traducción de Palmira Freixas Barcelona: Crítica, 2013 (Serie mayor) pàg 242

van preparar un projecte de fugida del rei a Lió, ciutat on hauria d'esclatar-hi una revolta[88].

4.5.2. LA CONSTITUCIÓ CIVIL DEL CLERO

El 12 de juliol de 1790, l'Assemblea Nacional aprovà la Constitució Civil del Clero, segons la qual, els anteriors cent trenta-cinc bisbats es reduïen a vuitanta-tres, un per a cada departament. Els bisbes i els rectors de les parròquies s'elegirien per les autoritats departamentals i locals, amb la qual cosa l'autoritat del Papa sobre el clero catòlic francès es reduiria al dret de ser informat sobre el resultat de les eleccions; el catolicisme continuava sent la religió de l'Estat el qual, a més, pagaria un sou als clergues. Lluís XVI va endarrerir la signatura de la Constitució Civil del Clero al·legant que necessitava un missatge oficial de la Santa Seu; el 9 de juliol, el papa Pius VI havia adreçat una carta al rei de França comunicant-li el seu rebuig a la Constitució Civil; el rei va escriure noves cartes al papa queixant-s'hi que l'Assemblea Nacional volia obligar-lo a acceptar-la i demanant-li que, per calmar els ànims, li permetés admetre'n alguns articles, opció que el pontífex també refusà. El 27 de novembre, malgrat que el rei encara no l'havia promulgada, l'Assemblea Nacional va donar als sacerdots que exercissin una funció pública un termini de dos mesos per jurar la Constitució Civil del Clero. El 26 de desembre de 1790, Lluís XVI manifestà la seva aprovació a la Constitució Civil, però per la seva banda, el Papa condemnà la Revolució i declarà cismàtics els clergues que prestessin el jurament de fidelitat a la Constitució Civil del Clero. Ací es va provocar una divisió entre clergues constitucionals, és a dir, que acceptaren prestar el jurament, i clergues refractaris, que s'hi negaren; a partir d'aleshores, foren molts els patriotes que consideraren sospitosos d'actituds contrarevolucionàries els clergues refractaris i els fidels que acudien als seus serveis[89].

La política eclesiàstica fou un motiu de greus friccions entre el rei i l'Assemblea, cosa que, a la llarga, contribuí a desestabilitzar el nou règim de monarquia constitucional que s'estava instaurant a França. Mogut pel seu rebuig a la Constitució Civil del Clero, actitud amb què va demostrar que no tenia pas la mentalitat pràctica del seu avantpas-

88   FURET, François; RICHET, Denis: *La Revolución francesa*; versión española: Luis Horno Liria Madrid: Rialp, 1988 (Libros de historia; 27) pàgs 159-160

89   Ídem pàgs 153-159

sat Enric IV (1589-1610), que, al final de les Guerres de Religió, per aconseguir la corona va convertir-se al catolicisme, Lluís XVI va disposar que els serveis religiosos del Palau de les Tulleries els duguessin a terme clergues refractaris, mentre que l'Assemblea considerava que el monarca havia de recórrer, obligatòriament, al servei de clergues constitucionals. El Diumenge de Pasqua de 1791, precisament per evitar haver d'assistir a cerimònies oficiades per clergues constitucionals, Lluís XVI va decidir acudir a l'església de Saint-Cloud, un poble situat a les rodalies de París; ara bé, els guàrdies nacionals de les Tulleries no el deixaren sortir del palau; el poble es posà de part dels guàrdies, i la Comuna de París no hi va fer res. Dos dies després, el rei fou obligat a comparèixer davant de l'Assemblea a manifestar que disposava de total llibertat. En el moment que es veié obligat a promulgar la Constitució Civil del Clero, Lluís XVI es va trobar havent d'actuar en contra de la seva consciència de catòlic aprovant una cosa que el Papa havia condemnat, i, a més, convertint-se en responsable de la persecució dels clergues refractaris. Segons sembla, fou aleshores que començà a concebre el projecte de fugir de París per demanar ajuda amb la qual restablir la seva autoritat per la força posant en vigor la declaració que havia fet el 23 de juny de 1789 davant dels Estats Generals, és a dir, acceptar limitacions a l'absolutisme i el principi d'una constitució, però rebutjant la supressió dels privilegis, excepte en l'àmbit fiscal.

4.5.3. LA NIT DE VARENNES

Cap a darreres hores del vespre del 20 de juny de 1791, va sortir de París per la carretera de Châlons un carruatge on, en principi, hi viatjaven una aristòcrata russa, les seves filles i els seus criats. L'endemà, en arribar a Varennes —Varennes-en-Argonne (Meuse), a la Lorena—, algú va reconèixer els ocupants del carruatge que, en realitat, eren la marquesa de Tourzel, institutriu del Delfí, assumint la identitat de la suposada dama russa, Maria Antonieta i Elisabet de França, que es feien passar per les seves criades, Lluís XVI disfressat de lacai, i els fills dels reis —Maria Teresa i Lluís Carles— en el paper de les filles de la noble russa. Els viatgers foren detinguts, i conduïts a París, on van ser rebuts amb un silenci hostil per part de la multitud, i posats en situació d'arrest domiciliari al Palau de les Tulleries. Aquell mateix dia, el comte de Provença, germà del rei, que havia seguit una ruta més segura, va aconseguir fugir i arribà sense problemes a Brussel·les. Segons sembla, el propòsit de Lluís XVI i la seva família era el d'atènyer la fortalesa reialista de Montmédy (Meuse), situada a prop de la frontera, cosa que hauria permès al rei dur a terme un cop de força amb el qual hauria obligat els diputats de l'Assemblea a acceptar les condicions que havia proposat en el seu discurs als Estats Generals del 23 de juny de 1789.

Després de la fugida a Varennes, la credibilitat de Lluís XVI com a monarca constitucional quedà completament anorreada; aleshores, sorgí un corrent radical que començà a qüestionar no sols la persona del rei, des de llavors sempre sota sospita de conspirar en secret contra el règim revolucionari, sinó també la institució de la Monarquia. Per això, fou en aquest moment que, a França, la paraula "república", procedent del llatí res publica que vol dir "bé comú" "cosa pública", i usada fins aleshores a tot arreu d'Europa com a sinònim "d'estat" o de "règim polític", adquirí el significat que li donem nosaltres, esdevenint així l'antònim de "monarquia". Malgrat tot, però, per temor a una radicalització social del procés revolucionari, ja que el principal defensor de les noves idees republicanes era el club dels "Cordeliers", molt proper als sectors populars parisencs, l'Assemblea Nacional, per poder continuar mantenint Lluís XVI al tron, això sí, declarant-lo suspès de les seves funcions fins que acceptés la constitució que l'Assemblea estava elaborant, arribà a l'extrem de presentar una versió oficial en què el rei no havia pas intentat fugir, sinó que l'havien raptat abusant de la seva bona fe[90].

El 16 de juliol de 1791, uns militants cordeliers posaren una tarima al Camp de Mart de París demanant signatures per a una petició de deposició del rei, el text de la qual l'havien redactat Pierre Choderlos de Laclos (1741-1803), conegut avui dia com a autor de la novel·la Les relacions perilloses (1782), i el publicista Jacques Pierre Brissot. L'endemà, una gran multitud congregada al Camp de Mart va rebre la Guàrdia Nacional a pedrades i va ferir d'un tret el seu comandant, el marquès de La Fayette. Llavors, obeint el mandat de l'Assemblea Nacional de mantenir l'ordre, Bailly va decretar la llei marcial, autoritzant, doncs, els soldats a usar les armes contra els manifestants, els quals, per la seva banda, estaven enfrontant-se a les forces de l'ordre. La manifestació va acabar sent dissolta amb una càrrega de cavalleria, i el balanç final dels incidents fou el d'una cinquantena de morts. Els fets del Camp de Mart

90   BERGERON, Louis: Las revoluciones europeas y el reparto del mundo I. Barcelona, Argos Vergara, 1979 (Gran Historia Universal, 13) pàg 315

van acabar significant la fi de les carreres polítiques de La Fayette qui, tres mesos després, el 8 d'octubre, va dimitir de tots els seus càrrecs, i de Bailly, el qual, el 12 de novembre, abandonà la presidència de la Comuna de París, la qual passà a Jérôme Pétion de Villeneuve.

4.6. L'ASSEMBLEA LEGISLATIVA

En una sessió solemne de l'Assemblea celebrada el 14 de setembre de 1791, Lluís XVI va jurar la nova constitució que l'Assemblea havia aprovat el 3 de setembre, amb la qual cosa, en principi, s'hauria hagut d'acabar la Revolució que, simplement, hauria consistit en la substitució de l'Antic Règim i de l'absolutisme monàrquic per la nova monarquia constitucional sorgida del procés revolucionari iniciat el 1789 i culminat el 1791. La nova constitució, algunes disposicions de la qual, però, ja s'havien votat a finals de 1789, es proposava aplicar els principis de la Declaració de Drets de l'Home i del Ciutadà i, per això, es basava en el principi de separació de poders. Segons la Constitució, Lluís XVI era rei dels francesos —i no pas de França— i només regnava en virtut de la llei, una autoritat superior derivada de la sobirania, la qual raïa en la Nació; el Rei nomenava els ministres però amb la condició que els diputats de l'Assemblea no podien esdevenir ministres; d'altra banda, el Rei només podia donar ordres si aquestes eren referendades per un ministre; a més, els ministres podien ser processats i havien de retre comptes a l'Assemblea quan deixessin el càrrec. La Constitució establia que l'Assemblea Nacional era unicameral i, també, permanent, inviolable i indissoluble; per tant, el Rei no hi tenia cap poder a part del de mantenir el vet a una llei durant dues legislatures; la declaració de guerra s'havia de fer a proposta del Rei però mitjançant un decret de l'Assemblea. La Constitució recollia també la distinció entre ciutadans actius i ciutadans passius91.

El 30 de setembre de 1791, l'Assemblea Nacional Constituent es declarà dissolta, i, l'endemà, va començar a reunir-se la nova Assemblea Nacional Legislativa, elegida, naturalment, per sufragi dels ciutadans actius en uns comicis als quals no es permeté presentar-se com a candidats als diputats de l'antiga Assemblea Constituent. Dins del nou cos parlamentari, hi havia una facció de dreta, la del club dels "Feuillants",

---

91   Bois, Jean-Pierre: *La Revolución francesa*; traducció: Jorge Barriuso Madrid: Historia 16, 1997 (Biblioteca de historia; 3) pàgs 59-60 Volum I

defensora decidida de la Monarquia i de la Constitució de 1791, i una altra d'esquerra, la dels "Jacobins", que havia participat en el moviment d'agitació republicana que seguí als fets de Varennes.

5.LA CAIGUDA DE LA MONARQUIA
5.1.LA GUERRA

Maria Antonieta considerava l'existència de l'Assemblea Nacional una humiliació intolerable, i, per això, demanà al seu germà, l'emperador Leopold II d'Àustria, la convocatòria d'un gran congrés acompanyat per una demostració armada, cosa que l'emperador mateix refusà per considerar-ho perjudicial per als interessos de la seva germana i del seu cunyat. A la reunió celebrada a Pillnitz (Saxònia) des del 25 fins al 27 d'agost de 1791, un cop van haver resolt les seves diferències sobre el repartiment de Polònia. Frederic Guillem II de Prússia i Leopold II d'Àustria passaren a discutir com actuar davant dels fets de França; malgrat no haver-hi estat convidat, el comte d'Artois es presentà a Pillnitz a demanar ajuda; al final, accedint a les peticions de Carles i de d'altres emigrats francesos. l'emperador i el rei de Prússia emeteren una declaració conjunta en la qual feien una crida a les potències europees a intervenir a França en el cas que Lluís XVI arribés a trobar-se amenaçat. La Declaració de Pillnitz deixava clar que l'emperador només aniria a la guerra contra França si les altres monarquies també hi anaven; per tant, com que Leopold II sabia que, al govern britànic, William Pitt el Jove no estava pas disposat a intervenir a França, la possibilitat real d'un esclat bèl·lic no era gaire propera; a més, un cop Lluís XVI va acceptar la Constitució de 1791, l'emperador va desdir-se de la proclama de Pillnitz. D'altra banda, conscient de la feblesa del seu poder i que als Països Baixos austríacs —l'actual Bèlgica—, el lloc de concentració dels exèrcits contrarevolucionaris dels emigrats francesos, hi havia molta gent favorable al nou règim de França, l'octubre de 1791, Leopold II va ordenar la dissolució dels contingents dels emigrats. Aquesta mesura també l'adoptaren els prínceps electors de Trèveris i Mainz, els quals, a més, sol·licitaren —i obtingueren— la protecció de l'emperador, cosa que el canceller d'Àustria comunicà personalment al vescomte de Noailles, l'ambaixador francès. A més de la Declaració de Pillnitz i de la presència activa dels emigrats als Països Baixos austríacs, un altre motiu de fricció entre França i Àustria eren les reclamacions dels nobles de l'Imperi sobre els seus drets senyorials a Alsàcia, abolits per l'Assemblea Constituent el 1789.

A França, hi havia diferents sectors partidaris d'anar a la guerra contra Àustria. Louis Marie Narbonne Lara (1755-1813), ministre de la guerra des de desembre de 1791 fins març de 1792, i el marquès de La Fayette es mostraven partidaris de la solució bèl·lica perquè hi veien un mitjà d'afirmar el poder de la Corona i de consolidar el nou règim constitucional. Dins del Club dels Jacobins, Brissot era bel·licista perquè considerava la guerra com el mitjà d'assegurar la revolució a França estenent-la a tot arreu d'Europa, i també com la manera de precipitar la caiguda de la Monarquia, mentre que Robespierre es manifestava partidari de la pau perquè, segons ell, si França guanyava, s'hi enfortiria el poder reial, i, en cas contrari, la intervenció de les potències estrangeres posaria fi a la Revolució. Fou la divergència sobre la qüestió de la guerra allò que dugué Brissot i els seus seguidors a abandonar el Club dels Jacobins, i a fundar una nova facció política coneguda més endavant amb el nom de "Girondins". El febrer de 1792, Leopold II va concertar una aliança defensiva amb Frederic Guillem II de Prússia, malgrat que aquests dos monarques estaven enfrontats per les seves ambicions sobre Polònia; tot i així, l'emperador confiava encara poder mantenir la pau. Tanmateix, el 20 d'abril de 1792, l'Assemblea Nacional francesa va acabar votant la declaració de la guerra a Frederic Guillem II i a l'emperador Francesc II, fill i successor de Leopold II mort l'1 de març.

Durant el seu ministeri, Narbonne havia visitat les regions de la frontera i havia adreçat un informe excessivament triomfalista a l'Assemblea Nacional sobre la situació de l'exèrcit. Els problemes de d'hisenda no sols no s'havien resolt pas sinó que s'havien agreujat perquè la inestabilitat política dificultava el cobrament dels impostos i, a més, els "assignats" havien perdut gairebé tot el seu valor i, per això, el país patia una greu inflació. D'altra banda, alguns oficials havien emigrat i, a causa de l'efervescència revolucionària, la disciplina s'havia relaxat dins de les files de l'exèrcit francès. Charles François Dumouriez (1739-1823), un dels artífexs de la declaració de guerra a Àustria, va planejar un atac als Països Baixos per tres llocs alhora: Namur, Mons i Tournai, el qual, però, a causa del deplorable estat de l'exèrcit, va fracassar estrepitosament. Aquesta desfeta va generar un fort clima de sospites de traïció a França, a conseqüència del qual un sector força important de l'opinió pública estigué disposat a creure que el rei i la reina actuaven secretament en conxorxa amb els austríacs i els prussians confiant que, un cop els seus exèrcits haguessin derrotat les forces franceses i ocupat el país, Àustria i Prússia restablirien l'absolutisme a França.

5.2. ELS VETS REIALS

Durant el mes de novembre de 1791, l'Assemblea Legislativa aprovà dos importants decrets com foren, el primer, votat el dia 9, imposant la pena de mort i de confiscació dels seus patrimonis a tots aquells emigrats contrarevolucionaris que, abans de l'1 de gener següent, no haguessin tornat a França, i el segon, presentat el dia 29, obligant tots els clergues a jurar fidelitat a la Constitució Civil del Clero sota pena de perdre la pensió o, fins i tot, de ser deportats. En el cas dels emigrats, Lluís XVI mateix havia arribat a condemnar-ne les actuacions comprenent que, en realitat, el comprometien donant arguments als revolucionaris per desconfiar d'ell acusant-lo d'estar-hi en connivència; ara bé, com que entre els emigrats hi havia els seus germans —el comte d'Artois i el comte de Provença—, va decidir exercir la potestat que li reconeixia la Constitució de vetar aquest decret, tot i que, el 30 d'octubre, havia ordenat al comte de Provença de tornar cap a França com a màxim en dos mesos. D'altra banda, si la mateixa Constitució Civil del Clero ja li havia representat un cas de consciència, resultà del tot previsible que vetés també el decret contra els clergues refractaris. Després d'haver vetat aquests dos decrets, la popularitat de Lluís XVI, sota mínims d'ençà de l'escàndol de Varennes, va caure encara més baix, perquè molts veieren en aquests dos vets la prova que el rei havia jurat la Constitució a contracor, només per conservar, ni que fos momentàniament, el tron, amb la idea d'actuar de sotamà contra el nou sistema constitucional.

El març de 1792, la destitució per Lluís XVI del ministre Narbonne havia dut a la caiguda del gabinet ministerial, format majoritàriament per Feuillants, i a la designació pel rei d'un nou govern on, a més de destacar-hi la figura de Dumouriez, hi ocuparen ministeris els girondins Jean-Marie Roland —interior—, Étienne Clavière —finances—, Pierre Marie de Grave (1755-1823) —guerra— i Jean de Lacoste (1730-1820) —marina—. L'Assemblea Legislativa va aprovar tres nous decrets que establien la deportació dels clergues refractaris, la supressió de la Guàrdia Constitucional del Palau Reial i l'establiment a prop de París d'un campament de federats, és a dir, de soldats voluntaris de l'exèrcit revolucionari. Lluís XVI va consentir el sacrifici de la seva guàrdia, però va vetar els altres dos decrets; per això, esclatà una crisi ministerial en què, comptant amb el suport de Dumouriez, el 13 de juny, el rei destituí els ministres girondins Roland, Clavière i Joseph Servan, successor de Grave al ministeri de la guerra. A Dumouriez, esdevingut ara ministre de la guerra, només el preocupava la direcció de les operacions militars; per això, urgí el rei a acceptar els decrets de l'Assemblea; tanmateix, davant de la seva negativa, Dumouriez dimití el 15 de juny al cap de només dos dies al càrrec. Llavors, per tal d'intentar obligar el rei a acceptar els decrets de l'Assemblea i a readmetre els ministres destituïts, els jacobins organitzaren una insurrecció en què, el 20 de juny de 1792, manifestants armats ocuparen la Salle du Manège així com els apartaments reials de les Tulleries. Malgrat la presència amenaçadora dels manifestants, però, Lluís XVI es va abstenir de fer cap concessió ni promesa als insurgents, la qual cosa va generar un corrent de simpatia envers el rei tant a París com al conjunt de França.

5.3. EL MANIFEST DE BRUNSWICK

Davant la presència amenaçadora d'exèrcits austríacs i prussians a la frontera de França, l'Assemblea Legislativa va votar l'11 de juliol de 1792 la declaració que "la pàtria està en perill", per iniciar una campanya de lleva de soldats, una política de reclutament que va dur a permetre allistar-se a la Guàrdia Nacional homes procedents de les classes populars. En aquest ambient exaltat, el tercer aniversari de la Presa de la Bastilla es celebrà a París amb massius actes patriòtics, com també, el 13 de juliol, l'Assemblea Legislativa va restituir en el govern de la Comuna de París Jérôme Pétion de Villeneuve, a qui les autoritats departamentals havien destituït arran de la seva tolerància envers els revoltats del 20 de juny.

L'1 d'agost, es va conèixer a París el Manifest de Brunswick, una proclama redactada pel príncep de Condé, dirigent d'un exèrcit d'emigrats contrarevolucionaris, que, el 25 de juliol, havia promulgat a Coblença el duc de Brunswick, comandant en cap dels exèrcits austríacs i prussians que es preparaven a la frontera del Rin per ocupar França. El Manifest amenaçava amb tot "el rigor de les lleis de la guerra" els francesos que gosessin resistir els invasors, i als parisencs amb una

> "venjança exemplar i inoblidable (...) lliurant la ciutat al saqueig i a la destrucció, i als culpables a la mort de què s'havien fet dignes"

en el cas que s'infligís cap humiliació o es fes cap dany a la Família Reial. En contra del que segurament, deurien esperar els seus promotors, aquest acte d'intimidació no va dur pas a la submissió de París, sinó que hi va radicalitzar el republicanisme. Ara, amb el Manifest de Brunswick, hom semblava disposar d'una prova incontestable de l'entesa de Lluís XVI amb les forces enemigues. Per això, els clubs polítics van passar a discutir obertament la possibilitat de destronar-lo.

5.4. L'ASSALT A LES TULLERIES

El 3 d'agost, Pétion va proposar a l'Assemblea Legislativa l'abolició de la Monarquia en nom de la Comuna de París i dels districtes (seccions) de la ciutat; ara bé, el poble menut no estava pas disposat a esperar els resultats d'aquesta via legalista. El 8 d'agost, la secció dels *Quinze-vingts* declarà que si no es destronava el rei aquell mateix dia, a mitjanit farien sonar les sirenes i atacarien el Palau de les Tulleries; llavors, Pétion va haver d'informar a l'Assemblea que les seccions de París havien reprès la seva sobirania i que ell no tenia pas poder per controlar-les, i, durant la nit del 9 d'agost, va constituir-se a París una nova comuna revolucionària. El pla de la facció jacobina de l'Assemblea Legislativa, que comptava amb el suport dels federats, era dissoldre el departament de París, destituir Pétion i assaltar les Tulleries.

Davant dels notoris preparatius dels jacobins, s'adoptaren algunes mesures per intentar defensar el Palau. A les cinc de la matinada, Lluís XVI va passar revista de les seves tropes, i va adonar-se que no podia comptar amb la lleialtat de totes les unitats. Quan el rei se'n va tornar, alguns batallons van abandonar els seus llocs i s'establiren al Pont Royal o a la Plaça del Carrousel amb els canons apuntant les Tulleries. Durant les primeres hores del matí del 10 d'agost, una gernació de revolucionaris parisencs així com de federats marsellesos i bretons començaren l'assalt de les Tulleries. Veient impossible la defensa del Palau, Lluís XVI va anunciar la seva intenció de dirigir-se juntament amb la seva família a l'Assemblea Legislativa per demanar-hi protecció. Aleshores, totes les unitats de defensa del Palau es rendiren, excepte una guarnició de Guàrdies Suïssos que, després d'haver intentar enfrontar-se als assaltants, acabaren sent massacrats per les turbes.

Després de l'ocupació de les Tulleries, l'Assemblea Legislativa va fer una proclama demanant al poble respecte per a la justícia, els seus governants, els drets de l'home, la llibertat i la igualtat. En realitat, el poder el tenien els revolucionaris, i la Comuna de París va demanar la deposició del rei així com també l'elecció d'una convenció nacional per redactar una nova constitució. Els diputats de l'Assemblea acabaren votant la suspensió del rei en les seves funcions, però no pas la seva destitució, i la convocatòria de la sol·licitada convenció nacional. En un principi, l'Assemblea havia assignat el Palau de Luxemburg com a nova residència del rei, però, al final, lliurà Lluís XVI i la Família Reial a la Comuna de París, la qual els empresonà a la Torre del Temple, dita així perquè formava part de l'antiga fortalesa que l'Orde dels Templers havia tingut a París, ciutat on, d'altra banda, les turbes destruïren les estàtues dels carrers i llocs públics que representaven antics reis: Enric IV, Lluís XIII, Lluís XIV i Lluís XV. El 17 d'agost, la Comuna de París va imposar a l'Assemblea Nacional la institució d'un tribunal extraordinari per perseguir els criminals contrarevolucionaris, un concepte que arribava força més enllà dels guàrdies suïssos o dels aristòcrates que havien sobreviscut a la massacre de les Tulleries; les execucions a la guillotina van començar aquell mateix dia. El 30 d'agost, l'enfrontament entre l'Assemblea i la Comuna va reflectir-se a les pàgines de *Le Patriote français*, el diari fundat per Brissot el 1789, on els girondins acusaren la Comuna de pretendre instaurar "un despotisme més dur i més odiós que el de la monarquia".

Fora de París, la caiguda de la Monarquia no va ser pas acceptada a tot arreu. El consell general del departament del Somme va negar-se a obeir les noves autoritats; a Sedan (Ardennes), el marquès de La Fayette, un revolucionari moderat partidari de la monarquia constitucional, va fer detenir els emissaris enviats des de París per l'Assemblea Nacional, i, poc després, va lliurar-se als austríacs; al Poitou, als pobles de Mauléon i de Bressuire, situats tots dos al departament de Deux-Sèvres, pagesos que recorrien els camps armats amb falçs i forques atacaren els representants del nou règim polític[92].

5.5. LES MATANCES DE SETEMBRE

El 19 d'agost, les tropes austro-prussianes del duc de Brunswick entraren a França; el dia 25, aconseguiren prendre Longwy, i, el 2 de setembre, Verdun va rendir-se als prussians. Quan la notícia de la caiguda de Verdun, juntament amb la sospita que els oficials de la seva guarnició,

---

92   Ídem pàgs 87-88 Volum I

tots ells aristòcrates, no havien volgut defensar-la, arribà a París, on la situació venia marcada per l'escassetat d'aliments, pel terror causat pel Manifest de Brunswick i per la sospita que els elements contra-revolucionaris, com ara els clergues refractaris, estaven disposats a col·laborar amb la invasió austro-prussiana, la Comuna va ordenar fer sonar les sirenes i disparar trets d'alarma, la qual cosa va difondre el pànic per la ciutat. Poc després, les turbes atacaren i massacraren uns clergues refractaris als quals s'intentava traslladar a la presó de l'abadia de Saint-Germain-des-Prés, i en mutilaren els cadàvers. Durant els dies 3 i 4 de setembre, les masses entraren en d'altres presons de París on assassinaren els presos sospitosos de ser contrarevolucionaris dispo-sats a col·laborar amb els austríacs i els prussians; una de les víctimes d'aquest esclat de violència popular fou la princesa de Lamballe, amiga de Maria Antonieta i cunyada del duc d'Orleans, a la qual les turbes la van treure de la presó del Temple, on havia estat reclosa el 10 d'agost juntament amb la Família Reial, i, després, la violaren i assassinaren i, un cop van haver-ne mutilat grotescament el cos, en passejaren el cap en una pica. Els religiosos foren també objecte de l'odi de les masses revolucionàries ja que foren assassinats tres bisbes i dos-cents capellans.

Massacres semblants també van haver-n'hi en d'altres llocs. A Meaux (Seine-et-Marne), el 4 de setembre, un destacament de gen-darmes procedent de París va excitar la població, la qual va assassinar sacerdots, i fets d'aquesta mena es donaren igualment a Reims, Lió, Marsella i Toló[93].

5.6. LA PROCLAMACIÓ DE LA REPÚBLICA

Les eleccions a la nova Convenció Nacional es dugueren a terme entre el 2 i el 6 de setembre de 1792 per sufragi universal masculí, però la intimidació i la indiferència provocà una molt alta abstenció, en què sobre un total de set milions d'electors només en van votar 630.000, la qual cosa indica una participació inferior al 10%. Del total dels set-cents quaranta nou diputats elegits, vuitanta havien format part de l'Assemblea Constituent i dos-cents, de l'Assemblea Legislativa.

La Convenció començà a reunir-se el 20 de setembre, el mateix dia que, a la batalla de Valmy, els francesos derrotaren els prussians, els quals hagueren de començar a batre's en retirada.   El 21 de se-

---

93   Ídem pàgs 89-90 Volum I

tembre de 1792, un ardorós republicà com ho era l'abbé Grégoire va proposar a la Convenció la moció de l'abolició de la Monarquia amb un discurs on pronuncià la sentència:

"Els reis són en l'ordre moral, allò que els monstres són en el món de la natura".

La proposta fou votada per la majoria, i aquest fou l'origen de la I República Francesa (1792-1804).

6.LA CONVENCIÓ NACIONAL
6.1.LES FACCIONS

Els diputats de la Convenció Nacional s'agrupaven en tres faccions polítiques:

a) Els girondins, encapçalats per Brissot, Pierre Victurnien Vergniaud, Pétion, Roland i Nicolas de Condorcet; procedien de la rica burgesia mercantil i industrial de províncies, i es malfiaven del poble menut parisenc, els representants del qual eren els *sans-culottes*, grup conegut pel seu radicalisme revolucionari i pel seu odi a qualsevol cosa que pogués identificar-se amb "l'aristocràcia"; així, s'anomenaven *sans-culottes* perquè es vestien amb pantalons llargs en comptes d'usar el pantaló curt —*culotte*—, propi de la noblesa i de les classes benestants en general. El compromís dels girondins consistia a defensar les llibertats individuals i econòmiques aconseguides durant el procés revolucionari de 1789-1791; per això, dins de la Convenció, eren els moderats.

b) Els *montagnards*. Els diputats que acostumaven a seure als bancs més alts de l'estrada se'ls coneixia com els de la Muntanya o *montagnards*; eren els més radicals i, al contrari que els girondins, es mostraven disposats a aliar-se amb el poble menut parisenc, és a dir, amb els *sans-culottes*[94]; els seus dirigents eren Robespierre, Danton, a qui es considera l'organitzador de la insurrecció del 10 d'agost de 1792, Marat, que el 2 de setembre havia llençat crides a l'execució dels pre-

94   SOBOUL, Albert: *La Revolució Francesa*. Barcelona, La Llar del Llibre, 1983 (Nova Terra, 27) pàgs 91-92

sos contrarevolucionaris, i Louis Antoine de Saint-Just. Molts dels *montagnards* eren membres del Club dels Jacobins.

c) Els de la Plana. Als escons centrals de l'estrada, hi seia una majoria dels diputats, dits de la Plana, que, segons les ocasions, donaven suport a una o l'altra de les dues faccions; d'aquest tercer grup, en formaren part Sieyès, que renuncià a la seva condició de sacerdot, Jean Jacques Régis de Cambacérès (1753-1824) i François Antoine de Boissy d'Anglas (1756-1828); el seu factor comú fou oposar-se a les lluites fratricides, com també ser més liberals que igualitaris, i també més afectes a la propietat que a les exigències populars.

Els girondins eren contraris a la influència de la Comuna de París, molt propera als sans-culottes, i, a més, atacaren Marat i Robespierre acusant-los d'aspirar a instaurar una dictadura. Tanmateix, aquestes tensions polítiques, de moment, van suavitzar-se arran del curs favorable que prengué la guerra després de Valmy; el 24 de setembre, els francesos prengueren Savoia i, el dia 29, s'apoderaren del comtat de Niça, igual com les tropes franceses entraren també a Basilea. Al front del Rin, els francesos ocuparen Spira, Worms i Magúncia, i durant el mes de novembre, les forces de Dumouriez s'apoderaren dels Països Baixos austríacs[95].

6.2. EL PROCÉS I EXECUCIÓ DE LLUÍS XVI

Segons el diputat de la Plana Jean-Baptiste Mailhe (1750-1834), que presentà un informe a la Convenció el 6 de novembre de 1792, processar Lluís XVI constituïa una necessitat d'estat, i, doncs, la Nació, en ús de la seva sobirania, podia obrar contra la Constitució, la qual concedia al Rei el privilegi de la inviolabilitat. Lluís XVI, és a dir, el ciutadà Louis Capet tal com l'anomenaven les noves autoritats republicanes donant-li com a cognom el sobrenom del seu avantpassat Hug Capet rei dels francs (987-996), havia de ser jutjat no pas per un tribunal sinó per la Nació, i, per tant, el procés l'hauria de dur a terme la Convenció, dipositària de la representació nacional. Tanmateix, la qüestió de jutjar el rei va generar molts dubtes i polemiques fins que, el 20 de novembre, es descobriren, amagats dins d'un armari de ferro al Palau de les Tulleries,

---

95   Bois, Jean-Pierre: *La Revolución francesa*; traducción: Jorge Barriuso Madrid: Historia 16, 1997 (Biblioteca de historia; 3) pàgs 95-96 Volum I

tota una sèrie de documents que provaven la complicitat de Lluís XVI amb les monarquies estrangeres, els contrarevolucionaris i els emigrats; llavors, es plantejaren tres postures:

a) Robespierre i Saint-Just: el rei havia de ser condemnat sense procés. Segons Saint-Just, Louis Capet era un criminal pel sol fet de ser rei, mentre que, en opinió de Robespierre, jutjar el rei implicava jutjar la Revolució perquè si el rei era innocent, aleshores els que l'havien destronat esdevenien culpables.

b) La majoria dels diputats, fins i tot molts dels *montagnards*, consideraven culpable Lluís XVI però, tal com ho afirmava Marat, defensaven processar-lo perquè, tant dins com fora de França, l'opinió pública quedés convençuda de la legitimitat del veredicte.

c) Els girondins no s'oposaren pas al procés del rei però feren l'impossible per endarrerir-ne l'inici; per això, proposaven apel·lar al poble perquè aquest confirmés o revoqués el veredicte de la Convenció. Aquesta opció no va prosperar pas perquè, en primer lloc, apel·lar al poble semblava dur a qüestionar el sistema representatiu i parlamentari que els girondins mateixos defensaven contra les seccions parisenques de la Comuna i, en segon lloc, sotmetre el judici contra Lluís XVI a les assemblees primàries podria dur a una guerra civil

El 5 de desembre de 1792, la Convenció va decidir que hi hauria procés i que seria ella mateixa la que jutjaria el rei, i, el 10 de desembre, presentà "l'acta enunciativa dels crims de Louis". Lluís XVI, que tingué com a advocats Chrétien Guillaume de Lamoignon de Malesherbes, François Denis Tronchet (1726-1806) i Raymond de Sèze (1750-1828), comparegué davant de la Convenció en dues ocasions: l'11 i 26 de desembre. Els *montagnards* van demanar una sentència immediata de mort, mentre que el girondí Jean-Denis Lanjuinais proposà que per jutjar el rei es constituís un veritable tribunal imparcial i independent, ja que, segons ho assenyalà, molts dels diputats de la Convenció eren enemics personals de l'acusat. En un discurs pronunciat el 28 de desembre, Robespierre presentà de nou l'execució de Lluís XVI com una necessitat de salut pública, condemnant així l'apel·lació al poble per decidir sobre la sort del rei, opció defensada pels girondins Brissot i Vergniaud. Pocs dies després, el 3 de gener de 1793, Bertrand Barère de Vieuzac (1755-1841), president de la Convenció, va cloure el debat proposant als diputats posicionar-se sobre tres qüestions:

a) És Louis Capet culpable de conspiració contra la llibertat pública i d'atemptats contra la seguretat general de l'Estat, si o no?
b) Cal sotmetre el judici de la Convenció nacional contra Louis Capet a la ratificació del poble, si o no?
c) Quina pena cal imposar a Louis?

El 15 de gener, foren sotmeses a votació les dues primeres qüestions, i, segons sembla, l'estat d'agitació revolucionària incitat pels jacobins a París, on estava força difós el temor a un nou episodi de matances com les dels 3 i 4 de setembre de 1792, va fer que cap diputat, ni tan sols Lanjuinais, gosés manifestar-se defensor de la innocència de Lluís XVI; així doncs, tots els diputats votaren la culpabilitat del rei, menys cinc que s'abstingueren. La proposta d'apel·lació al poble per decidir la sort del monarca, a la qual els jacobins hi eren del tot contraris, fou derrotada per 284 vots contra 424. Determinada, doncs, la culpabilitat de Lluís XVI i rebutjada l'apel·lació al poble, només quedava decidir quina pena calia imposar al reu, cosa que es votà l'endemà. Lanjuinais proposà que per aprovar una sentència a mort calgués el vot de dues terceres parts dels diputats, moció que Danton aconseguí fer rebutjar. El resultat de la votació fou que d'un total de 749 diputats, n'hi hagué 28 d'absents, 321 votaren a favor de penes diferents de la de mort, 26 votaren la pena de mort però demanant un debat sobre l'ajornament de la sentència; 13 assenyalaren aquest debat com a condició indispensable per votar la pena capital i 361 votaren per l'aplicació immediata de la pena de mort. Veient que la majoria a favor de la pena de mort havia resultat molt estreta, el 19 de gener es sotmeté a votació l'ajornament de l'execució, proposta que acabà rebutjada per 310 vots contra 380. Els diputats que votaren la pena de mort a Lluís XVI —denominats posteriorment regicides—, volien trencar els ponts per evitar cap mena de solució de compromís amb els contrarevolucionaris, cosa que sempre podria significar abandonar les conquestes polítiques i socials de 1789; desitjaven, doncs, tranquil·litzar els compradors de béns nacionals i tots els beneficiaris del nou règim. Els apel·lants, és a dir, els contraris a l'execució de Lluís XVI, no eren pas monàrquics malgrat que els jacobins els acusessin de ser-ho; només esperaven que una mesura de clemència amb el rei esmorteís el conflicte amb Europa, tot i que, actuant així, entressin en contradicció amb la que, fins aleshores, havia estat la política exterior dels girondins[96].

Les votacions en el procés contra el rei es feren cridant els diputats per departaments; els vots dels cinc diputats del departament dels Pyrénées Orientales, és a dir, de la Catalunya Nord foren:

a) Josep Guiter, girondí, alcalde de Perpinyà 1791-1792, votà la culpabilitat del rei, es manifestà partidari de l'apel·lació al poble, demanà que Lluís XVI fos empresonat mentre durés la guerra, i enviat a l'exili quan arribés la pau, i donà suport a l'ajornament de l'execució del rei

b) Josep Fabre, metge i jutge de pau de Vinçà (Conflent), no va votar en cap de les sessions perquè estava malalt

c) Joan Bonaventura Birotteau, secretari del districte de Perpinyà, també votà a favor de la culpabilitat de Lluís XVI i de l'apel·lació al poble, demanà per al rei la pena de mort però deixant-la suspesa fins que arribés la pau i fossin expulsats els Borbó; en conseqüència, fou també dels que votaren per l'ajornament de l'execució

d) Francesc Esteve Sebastià Montegut, dit també Montegut el Vell, votà la culpabilitat, refusà l'apel·lació al poble, demanà la pena de mort i votà contra l'ajornament de l'execució

e) Jaume Josep Cassanyes, elegit alcalde de Canet (Rosselló) en esclatar la Revolució i, posteriorment, membre del districte i del directori de Perpinyà, va votar la culpabilitat, rebutjà l'apel·lació al poble i demanà la pena de mort sense ajornament.

Montegut i Cassanyes foren, doncs, regicides, mentre que Guiter i Birotteau van ser diputats apel·lants.

El matí del 21 de gener de 1793, les autoritats enviaren a la presó del Temple un carruatge a recollir-hi Lluís XVI, qui va pujar-hi en companyia del seu confessor, i sota la vigilància de dos gendarmes. Escortat per un regiment, el carruatge féu cap a la Plaça de la Revolució — anteriorment, Plaça de Lluís XV i, des de 1795, Plaça de la Concòrdia—, on hi estava instal·lada la guillotina. Un cop a dalt del cadafal, Lluís XVI intentà dirigir-se a la multitud per proclamar la seva inno-

---

96   FURET, François; RICHET, Denis: *La Revolución francesa*; versión española: Luis Horno Liria Madrid: Rialp, 1988 (Libros de historia; 27) pàgs 208-212

cència, però el repic dels tambors n'ofegà la veu. L'execució va quedar consumada sobre un quart i mig d'onze del matí; quan el cap del reu va ser mostrat a la concurrència va sentir-se un gran crit de "Visca la Nació!, Visca la República!", i es va fer una salva d'artilleria. El cadàver de Lluís XVI fou enterrat a l'antiga església de La Magdalena, ja que la Convenció no acceptà pas sepultar-lo al costat del seu pare a la catedral de Sens; el seu funeral, l'oficiaren dos clergues constitucionals. L'execució del rei no semblà que mogués gaires manifestacions ni de condemna pels monàrquics ni de celebració pels republicans. Mort Lluís XVI, els monàrquics passaren a reconèixer com a rei el seu fill, el delfí Lluís Carles, nascut el 1785, a qui donaren el nom de Lluís XVII; a l'estranger, davant de la minoria d'edat i del captiveri del nou rei, el comte de Provença, germà de Lluís XVI, assumí la regència.

Arran de l'execució de Lluís XVI, Gran Bretanya, que, d'altra banda, no podia admetre pas l'ocupació d'Anvers pels francesos i on, a més, el govern recelava del possible contagi d'idees revolucionàries, va expulsar l'ambaixador de la República Francesa. La Convenció hi va respondre declarant, l'1 de febrer de 1793, la guerra a la Gran Bretanya i, també, a les Províncies Unides dels Països Baixos; durant els mesos següents, França va declarar la guerra també a Espanya, Portugal, Sardenya, Nàpols, els Estats Pontificis i Rússia, mentre que, naturalment, continuava la guerra contra Àustria i Prússia iniciada l'abril de 1792. Així, començà la Guerra de la Primera Coalició (1793-1797), seguida per la Guerra de la Segona Coalició (1798-1802) en què la República Francesa s'enfrontà a Rússia, la Gran Bretanya, Àustria, l'Imperi Otomà, Portugal, Nàpols i els Estats Pontificis; posteriorment, les Guerres Napoleòniques (1803-1815) foren una pura i simple continuació de les guerres de la França revolucionària; per això, es pot usar l'expressió "la Gran Guerra de França (1792-1815)" per englobar les guerres de França —republicana primer i napoleònica després— contra les coalicions que organitzaren les diferents monarquies europees, per a les quals, com és lògic, després que s'hagués destronat Lluís XVI, a França no hi havia cap govern ni cap poder legítim.

6.3. LA DEPURACIÓ DELS GIRONDINS

Durant la primavera de 1793, la Convenció va haver d'enfrontar-se a tot un seguit de greus problemes:

a) Les derrotes militars: entre març i abril, els francesos hagueren de retirar-se de Bèlgica i de la vora esquerra del Rin; d'altra banda, als Pirineus, les tropes espanyoles del general Ricardos s'apoderaren de bona part de la Catalunya Nord, arribant a amenaçar prendre Perpinyà.

b) La situació de crisi econòmica, agreujada per la Guerra, que provocà escassedat de pa i d'aliments a París; el poble menut exigí la pena de mort per als especuladors i els acaparadors de pa

c) La Guerra de la *Vendée*: no sols al departament de la *Vendée*, sinó en d'altres llocs de les antigues províncies del Poitou, l'Anjou i la Bretanya, és a dir, al sud del departament de *Loire-Inférieure*, al sud-oest de *Maine-et-Loire* i al nord-oest de *Deux-Sèvres*, va començar-hi el març un alçament monàrquic contrarevolucionari de base popular; el territori controlat pels rebels, denominats xuans, que, en defensa dels drets de Lluís XVII, organitzaren l'Exèrcit Catòlic i Reial, va quedar limitat per les places fortes republicanes de Nantes, Angers, Saumur, Thouars, Parthenay, Luçon, Fontenay-le-Comte i Les Sables-d'Olonne. El detonant de la revolta fou el rebuig a la lleva forçosa de soldats decretada per la Convenció, com també el descontent dels pagesos de no haver-se pogut beneficiar de la venda dels béns nacionals i de l'abolició del feudalisme.

A part que va començar a endurir-se la legislació contra els emigrats i els clergues refractaris, el 29 de març va decretar-se la pena de mort contra els autors i impressors de textos favorables a la monarquia o contraris a la sobirania nacional. L'1 d'abril, el girondí català Birotteau va aconseguir que la Convenció s'atribuís el dret de suspendre la immunitat dels diputats, els quals podien ser acusats per la Convenció mateixa si eren sospitosos de complicitat amb els enemics de la llibertat, de la igualtat i del govern republicà. El 3 d'abril, Dumouriez, el màxim responsable de les tropes franceses a l'actual Bèlgica, va lliurar-se als austríacs acompanyat d'onze generals; en el clima de desconfiança que generà aquesta traïció, Robespierre va assenyalar els vincles dels girondins amb Dumouriez, igual com, el 5 d'abril, Marat va denunciar com a còmplices de Dumouriez els diputats que havien demanant apel·lar al poble en el judici contra Lluís XVI; el 13 d'abril, els girondins acusaren Marat davant del Tribunal Revolucionari, òrgan judicial creat per la Convenció el 10 de març per perseguir els contrarevolucionaris i tots aquells que conspiressin contra el nou règim, però sortí absolt. El 6 d'abril, va instituir-se el Comitè de Salvació Pública, organisme encarregat de coordinar totes les mesures que afectessin la defensa interior i exterior de la República, que quedà sota la direcció de Danton, el qual, el 6 de març, havia reclamat establir taxacions sobre els rics i crear un tribunal criminal revolucionari; amb aquestes mesures, pretenia evitar la repetició d'unes matances descontrolades com les de setembre de 1792 i conservar el control sobre la pressió popular.

En principi, els montagnards eren del tot partidaris del liberalisme econòmic, però assumint les reivindicacions de les seccions populars parisenques —limitació del preu del pa i taxació dels rics— van trobar una manera de poder lluitar contra els girondins, sobretot després que, el 25 de maig, el diputat girondí Maximin Isnard (1758-1825) amenacés la Comuna amb la destrucció de París si s'hi esdevenia cap insurrecció contra la representació nacional, encarnada, lògicament, en la Convenció. El 31 de maig, amb la complicitat del Comitè de Salvació Pública, les seccions parisenques crearen un comitè insurreccional que es presentà a la Convenció, i exigí l'acusació formal de vint-i-dos girondins, una depuració i la condemna de tots els sospitosos, un emprèstit forçós sobre els rics, subsidis i ajudes, la fixació dels preus del pa i la creació d'un exèrcit revolucionari de sans-culottes a cada ciutat; el 2 de juny, les tropes de les seccions encerclaren el teatre de les Tulleries, on es reunia la Convenció, la qual, pressionada pels esdeveniments, ordenà la detenció dels principals dirigents girondins: Brissot, Isnard, Pétion, Verginaud, entre d'altres[97].

6.4.EL GOVERN DELS MONTAGNARDS
6.4.1.EL COMITÈ DE SALVACIÓ PÚBLICA

El 10 de juliol de 1793, Danton va dimitir de les seves funcions al Comitè de Salvació Pública, el qual acabà quedant sota el control de Robespierre, secundat pels seus dos principals col·laboradors: Saint-Just i Georges Couthon; d'altra banda, el Comitè va anar adquirint cada vegada més poder en detriment de la Convenció, de la qual, teòricament, depenia; entre juliol i agost de 1793, les seves competències arribaren a abastar tots els àmbits excepte els financers, i adquirí la potestat de supervisar tots els ministeris, consells i comitès de la Convenció.

---

97   Bois, Jean-Pierre: La Revolución francesa; traducción: Jorge Barriuso Madrid: Historia 16, 1997 (Biblioteca de historia: 3) pàgs 106-108 Volum I

Després del cop contra els girondins, la situació interna de França encara va agreujar-se perquè a l'alçament monàrquic de la Vendée s'hi va afegir la revolta que el govern montagnard qualificà de "federal", per així deslegitimar-la acusant-ne els dirigents de pretendre trencar la unitat nacional francesa; en realitat, aquests insurrectes, que van aconseguir fer-se forts a la Normandia, Bretanya, Bordeus —ciutat que es declarà insubmisa al govern de la Convenció i organitzà milícies armades per combatre'l—, a part del Franc Comtat, Lió i Provença, només pretenien revertir el cop del 2 de juny i dur al govern novament els girondins, els quals no havien teoritzat mai cap mena de república federal. El 13 de juliol, Marat va ser assassinat a París, a casa seva, per la simpatitzant girondina Charlotte Corday, la qual confiava que, amb la seva acció, posaria fi a la situació de terror i de govern arbitrari que patia França; detinguda, Corday fou executada sumàriament a la guillotina el 17 de juliol, cosa que provocà força alegria entre els sans-culottes, mentre que la Convenció inicià el culte a la memòria de Marat, l'agitador de masses, defensor del poble menut i partidari de les purgues polítiques com també de les matances exemplaritzant; per això, sovint, els seus incendiaris articles periodístics es traduïen en condemnes a presó o a mort; d'altra banda, el mateix 17 de juliol, a Lió fou executat el dirigent jacobí Joseph Chalier, a qui la Convenció passà a reivindicar com màrtir de la República, al mateix nivell que Marat. En previsió de possibles complots girondins o monàrquics, la Convenció va ordenar detenir tot estranger no domiciliat a França abans del 14 de juliol de 1789, com també la confiscació dels béns dels detinguts per motius polítics, força nombrosos aleshores, d'ací la saturació de les presons.

Durant l'estiu de 1793, se succeïren les derrotes franceses contra les potències de la Primera Coalició; naturalment, si els exèrcits de les monarquies europees arribessin a prendre París, llavors s'hauria acabat la Revolució; per això, el 23 d'agost, la Convenció va decretar una lleva massiva, amb la qual França va convertir-se en el país amb l'exèrcit més nombrós d'Europa; a més, va nacionalitzar les indústries militars i en va reorientar d'altres cap a la producció bèl·lica; d'aquesta manera, el Comitè de Salvació Pública va esdevenir un govern de guerra i per a la guerra[98], ja que, segons el decret del 23 d'agost, mentre els homes solters anaven a la guerra, els homes casats havien de fabri-

98   BOLINAGA, Iñigo: *Breve historia de la Revolución Francesa* Madrid: Nowtilus, 2014 (Breve Historia) pàgs 185-193

car armes i transportar l'avituallament, les dones fabricarien tendes de campanya i servirien als hospitals, els nens reciclarien roba i els vells es farien transportar als llocs públics per enaltir els valors guerrers i predicar l'odi als reis i la defensa de la unitat de la pàtria[99].

6.4.2.EL TERROR

El 2 de setembre de 1793, la notícia que les autoritats de Toló (Provença) havien lliurat la ciutat als britànics va provocar un esclat de ràbia revolucionària a París, on els sans-culottes exigiren detencions i execucions de girondins, com també fixar "els guanys de la indústria i els beneficis del comerç" mitjançant la taxació general i imposar un màxim a les fortunes de tal manera que "ningú no pugui tenir més que un obrador ni més que una botiga"; així, s'esperava fer "desaparèixer de mica en mica l'excessiva desigualtat de les fortunes i créixer el nombre de propietaris"[100]. Dos dies després, una molt nombrosa manifestació va reclamar la fi de l'escassedat d'aliments i la instauració d'un sistema de preus màxims; hi donava suport la facció dels enragés —els enfurismats— encapçalada pel clergue constitucional Jacques Roux, la qual combinava la reivindicació d'un sistema de democràcia directa amb la defensa de les reivindicacions de les classes populars i un cert igualitarisme social; el 5 de setembre, contingents armats de sans-culottes i de la guàrdia nacional encerclaren el teatre de les Tulleries i plantejaren les seves peticions: creació d'un exèrcit revolucionari controlat pels sans-culottes, purgues més intenses en els comitès polítics, enduriment de les penes per delictes econòmics i, sobretot, el control dels preus, cosa que la Convenció va concedir amb la Llei de Màxims, publicada el 29 de setembre, la qual, lògicament, va tenir com a conseqüència l'aparició d'un mercat negre d'aliments; tanmateix, aquell mateix 5 de setembre, l'abbé Roux fou empresonat i conduït al Tribunal Revolucionari; conscient que el seu destí era la guillotina, va suïcidar-se a la presó el 10 de febrer de 1794. D'altra banda, el 17 de setembre, va aprovar-se la Llei de Sospitosos, segons la qual podia detenir-se i empresonar-se qualsevol persona a qui es considerés perillosa pel seu origen social,

---

99   Bois, Jean-Pierre: *La Revolución francesa*; traducción: Jorge Barriuso Madrid: Historia 16, 1997 (Biblioteca de historia; 3) pàg 121 Volum I

100   Soboul, Albert: *La Revolució Francesa*. Barcelona, La Llar del Llibre, 1983 (Nova Terra, 27) pàgs 101-102

opinions polítiques o sospites de desafecció a la Convenció; a les seccions parisenques, sorgiren aviat comitès revolucionaris encarregats de confeccionar llistes de sospitosos.

La Convenció va aprovar el 24 de juny de 1793 una constitució força democràtica, amb una assemblea elegida anualment per sufragi universal masculí i un comitè executiu de vint-i-quatre membres elegits per l'assemblea a partir d'unes llistes preparades per les assemblees dels departaments[101]. A part d'això, s'hi definia la República com a protectora dels pobres, els vells i tots els sectors desvalguts, com també es reconeixia el dret de tots els ciutadans al treball i a l'educació; d'altra banda, la constitució mateixa considerava lícita la insurrecció popular en el cas que l'Estat negligís els seus deures socials. Ara bé, el 10 d'octubre, va declarar-se suspesa la Constitució i, a proposta de Saint-Just, la Convenció va manifestar que "el govern de França serà revolucionari fins a la pau" perquè, davant de l'emergència motivada per la guerra contra la Primera Coalició i per les insurreccions internes, calia aplicar polítiques d'excepció impossibles de dur a terme si el govern s'atenia als preceptes de la Constitució; era necessari, doncs, conferir encara més poder al Comitè de Salvació Pública per agilitzar-ne les disposicions i fer-les més eficaces. Segons Saint-Just,

"En les circumstàncies en què es troba la República, la Constitució no pot ser implantada, perquè esdevindria la garantia dels atemptats contra la llibertat en no disposar de la violència necessària per reprimir-los".

I, en opinió de Robespierre, "cal organitzar el despotisme de la llibertat per esclafar el despotisme dels reis102".

Les característiques del govern revolucionari, va enunciar-les Saint-Just en el seu informe a la Convenció del 10 d'octubre de 1793, i Robespierre en els seus textos Sobre els principis del govern revolucionari (25 de desembre de 1793) i Sobre els principis de moral política que han de guiar la Convenció (5 de febrer de 1794). En cap d'aquests documents no s'esmenta mai la sobirania popular, sinó que la sobi-

---

101 BOIS, Jean-Pierre: *La Revolución francesa*; traducción: Jorge Barriuso Madrid: Historia 16, 1997 (Biblioteca de historia; 3) pàg 112 Volum I

102 BOLINAGA, Iñigo: *Breve historia de la Revolución Francesa* Madrid: Nowtilus, 2014 (Breve Historia) pàgs 196-197

rania hi quedà concentrada en la Convenció, definida com a "centre únic de la impulsió del Govern"; els comitès governaven sota el seu —teòric— control, tot i que, en realitat, només n'hi havia dos que, realment, exercissin el poder:

a) El Comitè de Salvació Pública: situat "al centre de l'execució", "es reserva el pensament del Govern i proposa a la Convenció Nacional les mesures majors"
b) El Comitè de Seguretat General: que té "sota la seva inspecció particular totes les matèries relacionades amb les persones i la política general"

El Govern revolucionari era un govern de guerra perquè "la revolució és la guerra de la llibertat contra els seus enemics"; el seu objectiu era fundar la República i només després de la victòria es tornaria al govern constitucional. Mentre durés la Guerra, "el Govern revolucionari tenia necessitat d'una activitat extraordinària" i li calia "actuar com el llamp" i, sobretot, no es podia "sotmetre al mateix règim la pau i la guerra, la salut i la malaltia". D'altra banda, el Govern revolucionari només devia "la mort als enemics del poble"; ara bé, la seva força coactiva, el Terror, estava únicament al servei de la República, i la garantia que el Govern revolucionari no degenerés en despotisme era la virtut, "principi fonamental del Govern democràtic o popular", entesa com "l'amor a la pàtria i les seves lleis" i com "l'abnegació magnànima que confon tots els interessos privats en l'interès general103".

Afavorit pel Comitè de Salvació Pública, a partir d'octubre, el Tribunal Revolucionari va iniciar una dinàmica inaudita de sentències condemnatòries, de tal manera que, durant la tardor de 1793, només a París va pronunciar cent setanta-set penes de mort, sent els condemnats a la pena capital la meitat del total dels encausats; d'altra banda, les persecucions, els registres domiciliaris i els empresonaments preventius de sospitosos feren necessari obrir noves presons. Maria Antonieta, a qui, després de l'execució de Lluís XVI les autoritats republicanes denominaven la Vídua Capet, fou traslladada el 2 d'agost de 1793 de la Torre del Temple a la Consergeria, nom que es donava a una dependència de l'antic Palais de la Cité, usat com a presó des de

---

103   SOBOUL, Albert: *La Revolució Francesa*. Barcelona, La Llar del Llibre, 1983 (Nova Terra, 27) pàgs 104-105

finals del segle XIV. El 3 d'octubre, comparegué davant del Tribunal Revolucionari; en contra de la reina es formularen càrrecs de tipus polític com ara d'haver col·laborat amb els contrarevolucionaris, però el periodista cordelier Jacques-René Hébert, director del diari Le Père Duchesne, conegut pel to groller de la seva demagògia populista, va acusar-la d'haver tingut relacions incestuoses amb el seu fill de vuit anys Lluís Carles; a més que aquesta darrera imputació no tenia cap base, la Convenció mantenia el petit Lluís Carles empresonat al Temple en condicions inhumanes. Si bé en el judici contra Lluís XVI es va guardar una aparença de formalitat processal, en el cas de Maria Antonieta no es presentà cap prova dels càrrecs d'alta traïció que se li formulaven i, a més, els dos advocats que se li assignaren eren joves inexperts als quals ni tan sols s'havia deixat temps per llegir el plec d'acusacions; després d'unes hores de deliberació, a les quatre de la matinada del 16 d'octubre de 1793, el Tribunal condemnà a mort Maria Antonieta, la qual, aquell dia mateix, fou executada a la guillotina a la Plaça de la Revolució; el seu cos també fou enterrat a l'antiga església de la Magdalena. Per complaure Hébert i els enragés, a finals d'octubre es dictà sentència de mort contra els diputats girondins detinguts el 2 de juny, sentència que s'executà el 31 d'octubre de 1793[104]; entre els guillotinats d'aquell dia va haver-hi Brissot i Vergniaud. Naturalment, la carestia i l'escassedat d'aliments, sempre presents a París, feien els sans-culottes molt propensos a considerar un acaparador i un especulador qualsevol comerciant; per això, la seva lluita contra l'aristocràcia esdevingué una lluita contra la riquesa[105].

ALGUNES DE LES VÍCTIMES DEL RÈGIM DEL TERROR			
NOM	DEFUNCIÓ	MORT	OBSERVACIONS
Jean-Marie Roland	10 de novembre de 1793	Suïcidi	Girondí detingut el 2 de juny de 1793, va aconseguir fugir
Jean Sylvain Bailly	12 de novembre de 1793	Guillotina	Primer alcalde de París
Antoine Barnave	29 de novembre de 1793	Guillotina	Girondí

104 BOLINAGA, Íñigo: Breve historia de la Revolución Francesa Madrid: Nowtilus, 2014 (Breve Historia) pàgs 197-198

105 BOIS, Jean-Pierre: La Revolución francesa; traducción: Jorge Barriuso Madrid: Historia 16, 1997 (Biblioteca de historia; 3) pàg 115 Volum I

Madame du Barry	8 de desembre de 1793	Guillotina	Antiga amant de Lluís XV
Étienne Clavière	8 de desembre de 1793	Suïcidi a la presó	Girondí
Antoine-Adrien Lamourette	11 de gener de 1794	Guillotina	Capellà constitucional i girondí
Loménie de Brienne	19 de febrer de 1794	Morí a la presó	Antic ministre de Lluís XVI i, després, clergue constitucional
Nicolas de Condorcet	22 de març de 1794	Morí a la presó	Girondí
Lamoignon de Malesherbes	22 d'abril de 1794	Guillotina	Advocat de Lluís XVI en el seu procés
Jacques-Guillaume Thouret	22 d'abril de 1794	Guillotina	Girondí
Isaac Le Chapelier	22 d'abril de 1794	Guillotina	Antic diputat de l'Assemblea Constituent
Antoine Lavoisier	8 de maig de 1794	Guillotina	Responsable de finances de la Convenció acusat d'especulació
Jérôme Pétion de Villeneuve	18 de juny de 1794	Se suïcidà per evitar ser detingut	Girondí implicats en la insurrecció federal
Jean-Baptiste de Machault d'Arnouville	12 de juliol de 1794	Morí a la presó	Antic ministre de Lluís XV

La Convenció nomenà alguns dels seus diputats representants en missió ja fos a l'Exèrcit o en algun departament; aquests diputats, dotats de plens poders, prenien in situ tot un seguit de decisions que, a causa de la llunyania, la Convenció no podia adoptar des de París. Saint-Just, en missió a les tropes destacades als Països Baixos austríacs, va establir un control terrible sobre els generals i els proveïdors de guerra com també va imposar una molt estricta disciplina a les tropes. A conseqüència del seu radicalisme i del seu zel revolucionari, alguns d'aquests representants en missió deixaren un sinistre record de crueltat gratuïta[06], cosa, en alguns casos, no gaire sorprenent perquè, per exemple, Jean-Lambert Tallien (1767-1820), responsable de la repressió a Bordeus, havia aprovat les massacres de París de setembre de 1792. Entre novembre de 1793 i febrer de 1794, a Nantes,

---

06   Ídem pàgs 113-114 Volum I

Jean-Baptiste Carrier féu ofegar al Loira milers de presos polítics, bastants d'ells, clergues refractaris. Després que, el 8 d'octubre de 1793, Lió fos presa per un exèrcit reclutat a Alvèrnia, Robespierre va decretar-ne l'anihilament, i els diputats enviats en missió Joseph Fouché (1759-1820) i Jean-Marie Collot d'Herbois (1749-1796), membre del Comitè de Salvació Pública des del 6 de setembre, hi pronunciaren més de mil cinc-centes penes de mort, que s'afegiren a les massacres col·lectives. El desembre següent, el general Jacques François Dugommier (1738-1794) i el capità Napoleó Bonaparte prengueren Toló, ciutat que fou assolada i incendiada. El gener de 1794, Louis Turreau, al capdavant de les tropes republicanes, va emprendre a la Vendée el pla de devastació decretat l'1 d'agost, el qual preveia l'execució sumària de tot "bandit" convicte d'haver pres les armes —dones i criatures incloses— com també cremar i arrasar tots els pobles; el balanç d'aquesta repressió, qualificada de genocidi, fou de més de cent mil morts, a més de destruccions de bestiar, ciutats i boscos[107].

6.4.3.LA DESCRISTIANITZACIÓ

A partir de la tardor de 1793, la política religiosa del govern revolucionari va començar a anar més enllà de la tradicional persecució dels clergues refractaris. Alguns representants en missió van prendre la iniciativa de clausurar les esglésies, bescantades com a antres de superstició, i d'incitar els sacerdots a laïcitzar-se, presentant-ho com un deure cívic. A París, comminat per una delegació de la Comuna, el 7 de novembre de 1793, Jean-Baptiste Gobel, bisbe constitucional del departament del Seine, va renunciar al sacerdoci i lliurà la catedral —l'església de Notre-Dame— a la Convenció perquè s'hi celebrés el culte a la Raó, la primera cerimònia del qual hi va tenir lloc tres dies després; el 10 de desembre de 1793, Tallien va organitzar una cerimònia del culte a la Raó a la catedral de Bordeus. D'altra banda, els sans-culottes començaren a tancar esglésies i a organitzar mascarades paròdiques i burlesques usant vestimentes sacerdotals; a partir d'aleshores, tot creient cristià va esdevenir sospitós[108].

---

107   Ídem pàgs 123-124 Volum I
108   Ídem pàgs 119-121 Volum I

L'aspecte més destacat de la descristianització fou el nou calendari republicà que des del 24 d'octubre de 1793 fins a l'1 de gener del 1806 fou l'oficial a França. L'any hi era dividit en dotze mesos, anomenats així:

CALENDARI REPUBLICÀ FRANCÈS	
MES	PERÍODE
Veremari	22 de setembre-21 d'octubre
Brumari	22 d'octubre-20 de novembre
Frimari	21 de novembre-20 de desembre
Nivós	21 de desembre-19 de gener
Plujós	20 de gener-18 de febrer
Ventós	19 de febrer-20 de març
Germinal	21 de març-19 d'abril
Floreal	20 d'abril-19 de maig
Pradal	20 de maig-18 de juny
Messidor	19 de juny-18 de juliol
Termidor	19 de juliol-17 d'agost
Fructidor	18 d'agost-16 de setembre

Cadascun d'aquests mesos tenia trenta dies i, per això, després del 30 de fructidor, venien els cinc dies complementaris, que n'eren sis en els anys de traspàs; l'any començava l'1 de veremari que coincidia tant amb l'aniversari de la proclamació de la República com amb l'equinocci de tardor. D'altra banda, segons aquest calendari, el 1792, l'any de la proclamació de la República, era l'any I, de tal manera que el període revolucionari de monarquia constitucional (1789-1792) no entrava pas dins de l'era republicana o de la llibertat. Fent un ús retroactiu de la nova cronologia, de la constitució aprovada per la Convenció el 24 de juny de 1793 se'n va dir la Constitució de l'Any I.

CRONOLOGIA REPUBLICANA	
ANY	EQUIVALÈNCIA
I	22 de setembre de 1792-21 de setembre de 1793
II	22 de setembre de 1793-21 de setembre de 1794
III	22 de setembre de 1794-21 de setembre de 1795

IV	22 de setembre de 1795-21 de setembre de 1796
V	22 de setembre de 1796-21 de setembre de 1797
VI	22 de setembre de 1797-21 de setembre de 1798
VII	22 de setembre de 1798-21 de setembre de 1799
VIII	22 de setembre de 1799-21 de setembre de 1800
IX	22 de setembre de 1800-21 de setembre de 1801
X	22 de setembre de 1801-21 de setembre de 1802
XI	22 de setembre de 1802-21 de setembre de 1803
XII	22 de setembre de 1803-21 de setembre de 1804
XIII	22 de setembre de 1804-21 de setembre de 1805
XIV	22 de setembre de 1805-21 de setembre de 1806

6.4.4. L'UNIFORMISME LINGÜÍSTIC

El 1539, Francesc I promulgà l'edicte de Villers-Cotterêts, establint com a obligatori l'ús del francès en els documents públics de tot arreu del Regne, malgrat que hi hagués regions on la llengua que es parlava no era pas el francès sinó l'occità o el bretó. Seguint aquesta tradició, el 1700 Lluís XIV prohibí l'ús del català en els actes oficials a la *province du Roussillon* —la Catalunya Nord— perquè *cet usage répugne et est en quelque sorte contraire à Notre Autorité, à l'honneur de la Nation Française*[109]. El concepte de nació francesa és, doncs, anterior a la Revolució; naturalment, en temps de Lluís XIV, es considerava que la Nació no podia existir pas sense el Rei, idea que, com resulta obvi, va canviar després que la Convenció Nacional proclamés la República i executés Lluís XVI a la guillotina. Fins 1789, França no era altra cosa que tot un conjunt de territoris, amb llengües i cultures diferents, que no tenien pas res més en comú que estar governats pels reis de França, els quals n'havien adquirit el domini per via militar o dinàstica; el projecte dels revolucionaris fou convertir els antics dominis de la Corona francesa en un estat nacional, únic i indivisible, tan centralista com ho havia estat l'antiga monarquia, on la llengua comuna de tots els ciutadans havia de ser el francès, amb exclusió de qualsevol altra; per això, la Revolució no trencà pas amb la tradició uniformista iniciada amb l'edicte de Villers-Cotterêts, sinó que encara va radicalitzar-la.

---

109 *Prohibició de l'ús oficial de la llengua catalana a Catalunya Nord* http://catnord.cat/fets.cfm?ID=7

El 1794, la Convenció Nacional rebé informes sobre política lingüística de dos dels seus diputats, l'un el de Bertrand Barère de Vieuzac el 27x de gener, i l'altre, el de l'abbé Grégoire, el 4 de juny. Segons Barère de Vieuzac,

"La monarquia tenia motius per semblar la Torre de Babel; en democràcia, deixar que els ciutadans ignorin la llengua nacional, incapaços, doncs, de controlar el poder, és trair la Pàtria... Al país d'un poble lliure, la llengua ha de ser una i la mateixa per a tots. (...) Quantes despeses hem hagut de fer per la traducció de les lleis de les dues primeres assemblees nacionals als diferents idiomes de França! [és a dir, a l'occità, el bretó, el basc, l'arpità, el català, el cors i l'alemany] Com si ens correspongués a nosaltres mantenir aquests argots bàrbars i aquests idiomes grollers que no poden ser útils a ningú excepte als fanàtics i als contrarevolucionaris"

Barère era originari de Tarba (Bigorra) —actualment, Tarbes (*Hautes-Pyrénées*)— i, per tant la seva llengua era l'occità. Al seu informe, titulat, d'una manera molt directa i eloqüent, *Sobre la necessitat i els mitjans per eradicar els patuesos i universalitzar l'ús de la llengua francesa*, l'abbé Grégoire hi afirmava:

"Hom pot uniformitzar el llenguatge d'una gran nació... Aquesta empresa, que no va ser realitzada en cap país, és digna del poble francès, el qual centralitza totes les branques de l'organització social i que ha de mostrar-se zelós de consagrar, per damunt de tot, dins d'una República una i indivisible, l'ús únic i invariable de la llengua de la llibertat[110]".

Anteriorment, el 1790, ja havia fet una enquesta sobre l'ús dels "patuesos" i del francès a les diferents regions de França, demanant-hi quins podrien ser els mètodes més eficaços d'eradicar-los. L'abbé Grégoire denominava "patuès" —paraula pejorativa que designa un parlar propi de gent inculta, ignorant i mal educada— les llengües no franceses parlades a França, i, per tant, els negava la condició de llengües vàlides i dignes com el francès. Segons ell, els "patuesos" eren *le bas-breton, le normand, le picard, le rouchi ou wallon... le provençal*

---

110   http://ca.wikipedia.org/wiki/Henri_Gr%C3%A9goire

(l'occità)... *le catalan* (...) *"l'italien"* (de Còrsega) *et "l'allemand"* (d'Alsàcia). En els seus informes i enquestes, on va poder constatar que només en quinze dels vuitanta-tres departaments de França la gent parlava francès, Grégoire hi defensava l'anihilació total d'aquestes llengües i la seva substitució pel francès com a mitjà de fer triomfar la llibertat i difondre les idees revolucionàries entre el poble ja que, en opinió seva, l'ús dels "patuesos" fomentava la contrarevolució. En realitat, aquesta idea era totalment falsa; a Tolosa, d'escrits en occità, se'n publicaren més de revolucionaris que de contrarevolucionaris; a més, a les regions no franco-parlants es feren traduccions a la llengua local de les lleis i els textos revolucionaris, tal com va fer-ho el 1790 la *Société des Amis de la Constitution de Perpignan* amb els decrets de l'Assemblea Nacional. Aleshores, aquesta mateixa entitat havia respost a l'enquesta de l'abbé Grégoire que

> "Per destruir-la [la llengua catalana], caldria destruir el sòl, la frescor de les nits, el tipus d'aliments, la qualitat de les aigües, l'home sencer"[111].

El 2 de termidor de l'any II (20 de juliol de 1794), la Convenció promulgà un decret segons el qual:

Dins del territori de la República no es podia redactar cap document públic en una llengua que no fos el francès

No es podria tampoc enregistrar cap document, ni que fos privat, si no estava escrit en francès

Tot aquell funcionari que, en l'exercici de les seves funcions, fes servir una llengua diferent del francès seria dut davant dels tribunals, condemnat a sis mesos de presó i destituït

Aquesta mateixa pena s'aplicarà a qualsevol registrador que acceptés documents no escrits en francès[112].

6.4.5. LA LLUITA DE FACCIONS

---

111   BRUNET, Michel: *El Rosselló de cara a la Revolució Francesa*. Perpinyà, El Trabucaire, 1989 pàg. 86

112   *La politique linguistique du français http://www.tlfq.ulaval.ca/axl/Europe/france-2politik_francais.htm*

A finals de 1793, el Club dels Cordeliers va escindir-se en dues faccions:

a) Els indulgents: encapçalats per Danton i Camille Desmoulins, director del diari *Le Vieux cordelier*, que començà a publicar el 5 de desembre de 1793; aquests compartien el criteri, expressat també per bastants diputats de la Convenció, que les victòries dels exèrcits francesos contra les potències de la Primera Coalició allunyaven el perill exterior i, doncs, feien innecessari mantenir el règim del Terror

b) Els exagerats: els seguidors d'Hébert, partidaris de mantenir el Terror i de radicalitzar la descristianització fins arribar a imposar l'ateisme; en l'aspecte de l'igualitarisme social, però, encara que donessin suport a algunes reivindicacions dels *sans-culottes*, estaven a la dreta dels *enragés*.

Robespierre, membre del Club dels Jacobins i, doncs, aliè als Cordeliers, condemnà les dues faccions i defensà una via intermèdia del Terror.

A finals de l'hivern de 1793/94, el pa anava escàs perquè la collita de blat havia estat dolenta, i de carn tampoc no se'n trobava a conseqüència de les requises per a l'exèrcit i de l'abandó del bestiar per molts ramaders. El 8 de ventós de l'any ii (27 de febrer de 1794), Saint-Just va fer decretar la confiscació dels béns dels sospitosos i distribuir-los entre els indigents, i, l'endemà, es presentà el projecte d'una nova llei contra els acaparadors. Poc després, el 12 de ventós (2 de març), comptant amb la complicitat del general Charles-Philippe Ronsin, comandant de l'exèrcit revolucionari de París, Hébert llençà una crida a la insurrecció, i, dos dies més tard, atacà de paraula Robespierre. El 23 de ventós (13 de març), Robespierre va fer arrestar Hébert, Ronsin i d'altres exagerats, els quals acabaren executats a la guillotina el 4 de germinal (24 de març). Danton, del tot contrari al Comitè de Salvació Pública, va pronunciar-se contra la condemna i execució d'Hébert i els seus seguidors perquè hi va veure l'inici d'una nova purga política, i, certament, aprofitant que havia pogut liquidar els exagerats sense que els sans-culottes s'alcessin, la nit del 9 al 10 de germinal (29-30 de març), el Comitè de Salvació Pública va fer detenir Danton, Desmoulins i Jean Hérault de Séchelles, membre del Comitè sospitós de tendències moderades; tots van ser executats a la guillotina el 16 de germinal de l'any ii (5 d'abril de 1794). Eliminant els exagerats, Robespierre va aconseguir posar fi a la pressió que, des d'agost de 1792, els sans-culottes, com a avantguarda del poble menut, exercien sobre la Convenció per mitjà de les seccions de la Comuna de París. A partir de les execucions d'Hébert i de Danton, el Comitè de Salvació Pública, dirigit per Robespierre, va anar incrementant el seu poder, fins al punt que la Comuna de París va quedar a les seves ordres; d'altra banda, durant la primavera de 1794, van anar desapareixent les societats polítiques populars. En aquesta nova situació, es va tornar al liberalisme econòmic al qual, si els montagnards semblaven haver-hi renunciat, havia estat, només, com a concessió als sans-culottes. Pel delicte d'acaparament, només van imposar-se multes; el decret del 23 de ventós de l'any ii (13 de març de 1794) va establir la distinció entre "honestos comerciants" i "especuladors"; el màxim general de preus va quedar desvirtuat per les nombrosos excepcions que s'hi feien; s'abandonà, doncs, l'economia dirigida que havien propugnat els sans-culottes, mentre que, en canvi, sí que s'imposà amb tot el rigor el límit dels salaris, i, el 5 de termidor (23 de juliol), la Comuna de París va publicar un nou màxim salarial que, en realitat, era una rebaixa dels sous dels treballadors. Tanmateix, es van mantenir algunes conquestes socials; el 3 de juny de 1793, s'havia decretat la venda dels béns dels emigrats en petits lots, mesura que el 2 de frimari (22 de novembre) s'havia estès a tots els béns nacionals, amb la qual cosa alguns petits pagesos van poder esdevenir propietaris, com també la llei del 22 de floreal (11 de maig) va proporcionar als pobres de les ciutats un Llibre de beneficència nacional, que instituïa assistència mèdica, pensions per als vells o ajudes a mares de família nombrosa; a més, el govern montagnard també havia abolit la totalitat dels drets feudals sense cap mena d'indemnització a canvi.

En l'informe del 18 de floreal de l'any ii (7 de maig de 1794) a la Convenció, Robespierre va sostenir-hi que "la lluita de les faccions procedeix de la depravació moral i aquesta, de l'ateisme" i que "La idea de l'Ésser Suprem i de la immortalitat de l'ànima és una crida contínua a la justícia i, per tant, és sociable i republicana"; en conseqüència, aquell mateix dia, la Convenció va aprovar un decret segons el qual "el poble francès reconeix l'existència de l'Ésser Suprem i de la immortalitat de l'ànima"; es conferia, doncs, una base religiosa al règim. El 20 de pradal (8 de juny), Robespierre va presidir a París la gran festa de l'Ésser Suprem, una mena de versió jacobina republicana de Déu, figura central d'una nova religió natural basada en Rousseau de la qual

Robespierre semblava ser-ne el pontífex màxim; naturalment, el culte a l'Ésser Suprem duia a considerar proscrit l'ateisme.

Amb la llei del 22 de pradal (10 de juny), votada a partir d'un informe presentat per Couthor, van suprimir-se totes les garanties processals, com ara disposar d'un advocat defensor; a més, el veredicte del jurat va ser reduït a decidir entre l'absolució i la mort, igual com la definició d'enemics de la República va esdevenir tan vaga que s'hi podia englobar qualsevol. El 9 de maig de 1794, va ser enviada del Temple a la Consergeria la princesa Elisabet de França, germana de Lluís XVI, a qui el Tribunal Revolucionari formulà els càrrecs d'haver col·laborat en la fugida del rei a Varennes, d'haver donat diners als emigrats i d'haver encoratjat les tropes reials a resistir durant la jornada del 10 d'agost de 1792; a més, també la culpà d'abusar sexualment del seu nebot Lluís Carles; aquesta darrera acusació, sense cap mena de credibilitat i basada en una confessió obtinguda del nen sota tortura, va servir per despertar un corrent popular de simpatia cap a Elisabet; malgrat tot, fou condemnada a mort i guillotinada l'endemà. Entre el 10 de juny i el 27 de juliol de 1794, van dictar-se a París mil tres-centes condemnes a mort; en aquest període, conegut com el Gran Terror, es calcula que, a tot França, va haver-hi unes disset mil execucions, de les quals, més de tres mil cinc-centes a Nantes i més de dues mil sis-centes a París. Els departaments més afectats van ser els de la insurrecció de la Vendée, així com els de Nord, Rhône i Gard. El juny de 1794, va circular una caricatura on Robespierre hi sortia dibuixat entre guillotines, executant-hi el darrer francès, assegut sobre un fèretre i davant d'un monument amb la inscripció "Ací hi jau tot França"[113].

6.5. EL RÈGIM TERMIDORIÀ
6.5.1. EL COP DE TERMIDOR

En la reunió de la Convenció del 9 de termidor de l'any II (27 de juliol de 1794), va esdevenir-s'hi un fet en aparença inconcebible: els diputats no van deixar parlar a Saint-Just i a Robespierre, com també van destituir el general François Hanriot del comandament de les tropes de París i decretaren la detenció de René-François Dumas, fins aleshores president del Tribunal Revolucionari; la sessió va acabar-se amb l'em-

---

113 BOIS, Jean-Pierre: La Revolución francesa; traducción: Jorge Barriuso Madrid: Historia 16, 1997 (Biblioteca de historia; 3) pàgs 125-131 Volum I

presonament de Saint-Just, Robespierre, Couthon, Dumas i Hanriot. La Comuna de París, encapçalada per Jean-Baptiste Fleuriot-Lescot, va intentar resistir per salvar Robespierre, però, a la nit, al capdavant d'un contingent de tropa reclutat als barris benestants, el general Paul Barras (1755-1829) va ocupar la Comuna i n'arrestà tots els membres. Robespierre va ser executat a la guillotina el 28 de juliol de 1794, i, durant els dies i les setmanes següents, van fer aquesta mateixa fi Saint-Just, Couthon, Dumas, Hanriot i Fleuriot-Lescot, a més de bastants d'altres antics col·laboradors de Robespierre[114].

Entre els instigadors del cop de termidor, a més de diputats de la Plana, els quals aspiraven a posar fi al Terror per defensar les llibertats individuals, a abandonar el dirigisme en favor de la llibertat econòmica i a restituir l'autoritat a la Convenció en detriment de la camarilla que controlava el Comitè de Salvació Pública, hi hagué Jacques-Nicolas Billaud-Varenne (1756-1819), Collot d'Herbois i Barère de Vieuzac, membres del mateix Comitè de Salvació Pública temorosos de ser depurats, com també antics diputats en missió, responsables del excessos del Terror als departaments on havien actuat —Fouché a Lió, Louis Marie Stanislas Fréron (1754-1802) a Toló i a Marsella, Tallien a Bordeus i Barras mateix a Toló— els quals, amb força raó, tenien por que Robespierre els demanés retre'n comptes; a més, Fréron i Barras no trobaven manera de justificar què n'havien fet de les vuit-centes mil lliures que havien rebut del Comitè d'Hisenda; a la nit del 8 de termidor, va ser Fouché el primer a llençar la consigna de "Fora el tirà!" i, l'endemà, Tallien va ser el primer a pujar a la tribuna d'oradors de la Convenció a demanar la detenció de Robespierre[115].

El Cop de Termidor va significar el triomf de les elits burgeses contràries tant al retorn a l'Antic Règim com a l'aliança amb el poble menut parisenc en què s'havia basat el govern montagnard, la més destacada conseqüència de la qual havia estat la política de dirigisme econòmic; així, el màxim general dels preus va ser abolit el 24 de desembre de 1794, tot i que, fins al juny de 1795, les requises en profit de París i dels exèrcits continuaren sent legals; d'altra banda, la política montagnarde d'intentar aconseguir que els petits pagesos poguessin beneficiar-se de la venda dels béns nacionals va ser condemnada el 22

---

114   Ídem pàgs 131-135 Volum I

115   FURET, François; RICHET, Denis: *La Revolución francesa*; versión española: Luis Horno Liria Madrid: Rialp, 1988 (Libros de historia; 27) pàgs 318-319

de fructidor de l'any ii (8 de setembre de 1794) pel diputat Paul Augustin Lozeau (1758-1798) —un regicida que havia col·laborat en el cop del 9 de termidor— que presentà a la Convenció un informe titulat Sobre la impossibilitat material de transformar tots els francesos en propietaris de béns arrels i sobre les enutjoses conseqüències que, d'altra banda, aquesta transformació ocasionaria, on hi afirmava que transformar tots els pagesos en conreadors independents —propietaris— resultaria perjudicial per a la República perquè duria a una agricultura autàrquica de subsistència que arruïnaria "el comerç, les arts i la indústria[116]".

El Tribunal Revolucionari, un dels principals instruments del règim del Terror, va continuar funcionant, però, a partir del 9 de termidor, la seva tasca va ser anar declarant absolts la majoria dels empresonats sota el govern de Robespierre, mentre que, d'altra banda, el 16 de desembre de 1794, va ser executat a la guillotina Carrier, responsable de la sagnant repressió a Nantes amb els ofegaments al Loira. Al Comitè de Salvació Pública, la Convenció va imposar-hi la renovació mensual de la quarta part dels seus membres i, d'aquesta manera, per l'octubre de 1794, ja n'havien quedat fora tots els homes de l'any ii, com també en va retallar les competències deixant-les reduïdes a guerra i afers estrangers; als organismes administratius, es van depurar molts petits funcionaris sans-culottes o, simplement, sospitosos de simpaties jacobines; a més, el 12 de novembre de 1794, la Convenció féu clausurar el Club dels Jacobins. D'altra banda, pels carrers de París van començar a patrullar bandes armades de muscadins: escamots de joves de bona família que es dedicaven a passar comptes amb els sans-culottes i amb les societats populars[117].

6.5.2. LA CRISI SOCIAL I ECONÒMICA

Amb les limitacions dels preus i dels salaris, la persecució dels especuladors, els emprèstits forçosos i una relativa prudència en les emissions, el govern montagnard havia aconseguit mantenir la cotització de l'assignat; ara bé, la liberalització econòmica dels termidorians provocà una

116 SOBOUL, Albert: La Revolució Francesa. Barcelona, La Llar del Llibre, 1983 (Nova Terra, 27) pàg 131

117 BERGERON, Louis: Las revoluciones europeas y el reparto del mundo II. Barcelona, Argos Vergara, 1979 (Gran Historia Universal, 14) pàgs 379-383

hiperinflació que, entre juliol de 1794 i octubre de 1795, va deixar els assignats sense cap mena de valor; per això, els preus dels aliments es multiplicaren per deu durant 1795; a més, el menjar anava escàs perquè els pagesos es negaven a vendre els seus productes a canvi d'assignats; en conseqüència, per poder alimentar París, va caldre mantenir les requises, organitzar distribucions a preus taxats i establir racionaments.

Pel març de 1795, a causa de les dificultats de subsistència, París va començar a agitar-se i, el 12 de germinal de l'any iii (1 d'abril de 1795), els sans-culottes irromperen a la cambra de la Convenció, però, desarmats com anaven, hagueren de marxar davant de l'arribada de guàrdies nacionals procedents de les seccions de l'oest de París; tanmateix, la insurrecció popular va reprendre amb més intensitat els dies 1-3 de pradal (20-22 de maig); els sans-culottes, que a més de pa reclamaven l'aplicació de la Constitució de l'Any I, arribaren a apoderar-se de la Convenció i de la Comuna de París, però, el 4 de pradal, els muscadins, els guàrdies nacionals termidorians i tropes procedents dels exèrcits del Rin assetjaren i saquejaren el barri de Saint-Antoine, un dels baluards del poble menut parisenc, d'on havien sortit molts dels que, el 10 d'agost de 1792, havien assaltat les Tulleries. De resultes d'aquesta insurrecció, que alguns jacobins havien intentat aprofitar per recuperar el poder, la Convenció féu detenir diputats montagnards, es van depurar les associacions polítiques parisenques, van ser empresonades unes mil dues-centes persones i privades de tot dret unes mil set-centes més; d'altra banda, una comissió militar que va estar activa fins al 27 de juliol va dictar setanta-sis condemnes, trenta-sis de les quals a mort[118].

6.5.3. LES PAUS DE BASILEA

El 8 de messidor de l'any ii (26 de juny de 1794), les tropes de la República Francesa van derrotar les forces de la Primera Coalició a la batalla de Fleurus (Països Baixos Austríacs); uns dies més tard, els francesos entraren a Brussel·les, i, a finals de juliol, prengueren Anvers i Lieja; d'altra banda, l'octubre de 1794, el dia 6 els francesos arribaren a Colònia, el 8 a Bonn, després, va caure Coblença i, a finals del mes, els prussians evacuaren la vora esquerra del Rin, i, al cap de poc, entre desembre de 1794 i gener de 1795, el general Pichegru va apoderar-se

---

118   FURET, François; RICHET, Denis: *La Revolución francesa*; versión española: Luis Horno Liria Madrid: Rialp, 1988 (Libros de historia; 27) pàgs 349-350

de les Províncies Unides dels Països Baixos. A més, la Coalició es ressentia de les rivalitats entre Prússia i Àustria, com també Frederic II de Prússia estava més interessat a discutir el repartiment de Polònia amb Àustria i Rússia. Pel Tractat de Basilea del 5 d'abril de 1795, Prússia va acceptar l'ocupació francesa de la vora esquerra del Rin. Davant de l'avenç de les tropes franceses, que comptaven amb la col·laboració de republicans locals, el 18 de gener de 1795, el príncep Guillem V d'Orange va exiliar-se a la Gran Bretanya; els patriotes reberen Pichegru com un llibertador i l'endemà de la fugida de Guillem V fou proclamada la República Bàtava, cosa que significà la fi de les Províncies Unides dels Països Baixos constituïdes el 1581 arran de la revolta contra Felip II de Castella; tanmateix, el Tractat de La Haia (16 de maig de 1795) va convertir la República Bàtava en un protectorat de França, la qual va annexionar-se el Flandes holandès i Maastricht. D'altra banda, el 26 d'octubre de 1795, els Països Baixos austríacs foren integrats a França i dividits en nou departaments.

L'abril de 1794, el general Dugomier derrotà els espanyols al Voló (Vallespir); el 17 de setembre, després d'haver estat vençudes a Bellaguarda, les forces espanyoles hagueren d'abandonar la Catalunya Nord, i, a partir d'aleshores, la guerra va consistir en la lluita al Principat contra les tropes invasores franceses. El 28 de novembre de 1794, els francesos prengueren Figueres, malgrat que aquesta plaça forta es trobava ben proveïda d'homes i d'armes, i passaren a dominar l'Empordà; per altra banda, també caigueren Puigcerdà i Bellver de Cerdanya. En el front basc, els francesos prengueren Sant Sebastià el 4 d'agost de 1794, i el 1795 entraren a Bilbao i Vitòria, així com arribaren a Miranda de Ebro el 24 de juliol, amb la qual cosa, tenien el camí lliure cap a Madrid. Llavors, Espanya va haver de capitular; així, s'arribà a la Pau de Basilea (27 de juliol de 1795) en què, a la Península, França tornava tots els territoris ocupats, mentre que a Amèrica, adquiria la part espanyola de l'illa de Santo Domingo; a més, malgrat els anteriors Pactes de Família, la República Francesa esdevenia aliada d'Espanya.

6.5.4. EL TERROR BLANC

A tot arreu de França, van emprendre's venjances i represàlies contra tot el personal polític que s'havia comprès amb la Revolució a partir de 1792, però aquestes accions només van adquirir un caràcter massiu i violent a la regió de Lió, al corredor del Roine, a Provença i al Llenguadoc.

Des de febrer de 1795, a Lió, va perseguir-se pels carrers, com també foren llençats al Roine, els jacobins; els assassinats van començar pel març i, el maig, s'assaltaren les presons, amb un balanç de cent vint víctimes. A finals de febrer, començaren les matances a Nimes; el 10 de maig, els monàrquics es congregaren a Ais per incendiar la presó i matar seixanta jacobins que hi havia tancats. Els obrers i republicans de Toló van alçar-se el 17 de maig de 1795 i, després d'haver aconseguit el domini de la ciutat, intentaren marxar cap a Marsella per alliberar-ne els presoners; tanmateix, van ser dispersats pels monàrquics marselle-sos; en resposta, va haver-hi matances de republicans a Ais, Tarascó i Marsella[119].

6.5.5.ELS MONÀRQUICS

El 1795, els decrets del 21 de nivós (10 de gener) i del 22 de germinal (11 d'abril) havien permès el retorn de molts emigrats, ni que fos frau-dulentament; a més, la supressió del Tribunal Revolucionari el 12 de pradal (31 de maig) i la dels certificats de civisme el 18 de termidor (5 d'agost) feren menys temibles les sancions, com també alguns diputats de la Convenció aconseguiren supressions individuals de les llistes de proscrits. D'altra banda, anava afirmant-se entre l'opinió el desig d'un retorn a una monarquia constitucional que garantís les conquestes revolucionàries de 1789; aquest era, doncs, el sentiment monàrquic que, després de l'experiència republicana del Terror, creixia a França, mentre que el cercle realment contrarevolucionari organitzat al voltant del comte d'Artois, que tenia com a objectiu tornar a la monarquia absoluta de l'Antic Règim i, per això, considerava igual de culpables els diputats constituents de 1789 i els convencionals regicides de 1793, no gaudia de cap mena de suport a França i tot el que podia fer era mantenir una xarxa d'informació a París.

Barras va visitar el delfí Lluís Carles —Lluís XVII de França segons els monàrquics— a la presó del Temple, on hi estava reclòs des de 1792, i va emetre un informe on detallava la greu situació d'abandó en què es trobava el nen, separat de la seva família des del 3 de juliol de 1793. Pel maig de 1795, Lluís Carles va caure greument malalt; setmanes després, el 8 de juny, se n'anuncià oficialment la mort, esdevinguda a la Presó del Temple; el 10 de juny de 1795, va ser enterrat al cementiri

119   Ídem pàgs 354-356

de Santa Margarida en una tomba sense nom ni làpida, mentre que, el 17 de desembre de 1795, les autoritats franceses acceptaren bescanviar la seva germana Maria Teresa per quatre revolucionaris presoners dels austríacs; llavors, la filla de Lluís XVI pogué establir-se a Viena amb la cort del seu cosí germà Francesc II. En arribar-li la notícia de la mort del seu nebot, el comte de Provença es proclamà rei amb el nom de Lluís XVIII, i, el 24 de juny de 1795, va donar a conèixer a Verona (República de Venècia) un manifest contrarevolucionari on anunciava el càstig dels regicides —és a dir, la majoria dels diputats de la Convenció—, el restabliment dels antics tres estaments, la consagració del catolicisme com a religió de l'Estat i el retorn dels Parlaments; aquesta actitud obstinadament reaccionària motivà la famosa frase "els Borbó exiliats no havien après res i no havien oblidat res". A causa de l'extremisme intransigent de Lluís XVIII, els termidorians hagueren de basar el seu règim d'ordre en un sistema republicà.

Malgrat la repressió genocida empresa a principis de 1794 per Louis Turreau, la Vendée va tornar a alçar-se; el febrer de 1795, el govern termidorià va intentar pacificar-la oferint unes generoses condicions d'amnistia als rebels, d'ajuda per reconstruir els pobles devastats, d'exempció del servei militar i de llibertat de culte fins i tot per als clergues refractaris; tanmateix, durant la primavera, van continuar-hi els atemptats contra els sacerdots constitucionals i els compradors de béns nacionals, com també és possible que s'hi bastís una mena d'administració oculta dirigida per rebels, la qual es superposava a la de les autoritats republicanes. La intercepció d'una carta adreçada a un dirigent rebel va precipitar l'esclat, el 25 de maig de 1795, d'un alçament al departament de Morbihan i a d'altres llocs de la Bretanya; Joseph de Puisaye, dirigent de les insurreccions de la Vendée a qui l'estiu de 1794, el comte d'Artois havia nomenat "general en cap de l'exèrcit catòlic de la Bretanya", va considerar prematur l'alçament de Morbihan perquè la revolta de tota la regió de la Vendée estava programada per a finals de juny. Amb suport britànic, Puisaye desembarcà el 23 de juny a la localitat bretona de Quiberon, amb la idea d'ajudar les insurreccions monàrquiques de la Bretanya i el Maine, i de l'exèrcit catòlic i reial, constituït per xuans de la Vendée. El 21 de juliol, els atacants foren vençuts per les forces republicanes franceses; poc després, el 26 d'agost, el comte d'Artois, juntament amb els seus fills, s'embarcà a Portsmouth (Anglaterra) i, el 12 de setembre, recollí a l'illa d'Houat (Bretanya) els supervivents de Quiberon. El 25 de setembre, els expedicionaris arribaren a la badia de Bourgneuf (Charente-Inférieure), però, davant de la resistència de les forces republicanes, hagueren de retirar-se a l'illa de Yeu, on Carles d'Artois va desembarcar-hi el 2 d'octubre. Poques setmanes després, però, davant de la impossibilitat d'arribar a les costes franceses, els expedicionaris van haver de retirar-se cap a la Gran Bretanya. Aleshores, el comte d'Artois s'establí a Escòcia, on Jordi III l'autoritzà a residir al Palau de Holyrood, situat a les rodalies d'Edimburg, ciutat en la qual no va trobar-s'hi mai a gust a causa de l'ambient protestant que hi predominava. Els tribunals militars francesos van afusellar gairebé tots els emigrats que van capturar, mentre que van absoldre molts dels xuans[120]. L'activitat insurgent a la Vendée va continuar fins que, el 15 de juliol de 1796, les autoritats republicanes van poder declarar pacificada la regió de l'Oest.

7.EL DIRECTORI
7.1.LA CONSTITUCIÓ DE L'ANY III

Per als termidorians, resultava obvi que la caiguda de Robespierre i la fi del Terror no havia de dur pas a l'aplicació efectiva de la Constitució de l'Any I. El 29 de germinal de l'any III (11 d'abril de 1795), la Convenció va nomenar una comissió d'onze membres encarregats de preparar una nova constitució. El discurs que el diputat de la Plana Boissy d'Anglas, antic simpatitzant girondí membre de la comissió constitucional, va pronunciar el 5 de messidor (23 de juny) fou una autèntica declaració de principis del nou règim que es pretenia implantar, el qual, segons Boissy d'Anglas, havia de proposar-se "garantir la propietat del ric, l'existència del pobre, les possessions de l'home industriós, la llibertat i la seguretat de tots". La propietat constituïa el fonament de l'ordre social i, per això, el diputat avisava que calia guardar-se

> "valentament dels principis il·lusoris d'una democràcia absoluta i d'una igualtat sense límits que són incontrastablement els esculls més temibles per a la veritable llibertat. Perquè el màxim que l'home raonable pot exigir és la igualtat civil. La igualtat absoluta és una quimera".

---

120 FURET, François; RICHET, Denis: *La Revolución francesa*; versión española: Luis Horno Liria Madrid: Rialp, 1988 (Libros de historia; 27) pàgs 356-358

A més,

"hem d'estar governats pels millors: els millors són els més ins-
truïts, els més interessats en el manteniment de les lleis. Ara bé,
amb molt poques excepcions, només trobareu homes així entre
els qui, posseint una propietat, estan vinculats al país que la conté,
a les lleis que la protegeixen, a la tranquil·litat que la conserva
(...) L'home que no té propietat, per contra, necessita un constant
esforç de virtut per a interessar-se en l'ordre que no li conserva res,
i per oposar-se als moviments que li donen algunes esperances".

La llibertat econòmica estava lligada necessàriament als drets de la
propietat perquè si homes sense propietat rebien els drets polítics
sense reserva i esdevenien legisladors, llavors

"excitaran o deixaran excitar agitacions sense témer-ne els efec-
tes. Establiran o deixaran establir taxes funestes per al comerç
i per a l'agricultura, perquè no n'hauran pressentit ni temut ni
previst els deplorables resultats, i a la fi, ens precipitaran en les
violentes convulsions de què ara amb prou feines estem acabant
de sortir... Un país governat pels propietaris està dins de l'ordre
social. Però aquell en què governen els no propietaris està en
l'estat de la natura[12]".

Per tal d'evitar un règim autoritari, la nova constitució va repartir
el poder legislatiu entre dues assemblees: el Consell dels Cinc-Cents,
cambra baixa que disposava de la iniciativa de les resolucions, i el
Consell dels Ancians, cambra alta que filtrava les resolucions dels
Cinc-Cents per decidir sobre si es convertien, o no, en lleis. El poder
executiu es confià a un col·legi de cinc directors, denominat Directo-
ri, elegits pels Ancians a partir d'unes ternes que els presentaven els
Cinc-Cents; els directors no podien participar en les deliberacions de
les cambres, les quals controlaven el Directori, que, tanmateix, podia
dictar lleis per decret i nomenava tots els càrrecs civils i militars. Cada
any, calia renovar un dels cinc directors i un terç dels membres de les

---

121   SOBOUL, Albert: *La Revolució Francesa*. Barcelona, La Llar del Llibre, 1983 (Nova Terra,
27) pàgs 129-130

cambres. Tot home major de vint-i-un anys que pagués una contribució qualsevol a l'Estat podia participar en les assembles electorals dels cantons dels departaments, però el vertader exercici dels drets polítics era privatiu dels electors, designats per l'assemblea cantonal, els quals havien de ser propietaris o arrendataris prou rics com per pagar un impost territorial de trenta o quaranta francs com a mínim; generalment, a les assemblees de segon grau, reunides a les capitals dels departaments, hi acostumaven a participar menys de trenta mil persones; es tractava, doncs, d'un règim de notables[122].

En la declaració de drets que precedia la Constitució, acompanyada també d'una declaració de deures, es va precisar que la igualtat es referia, només, a la igualtat civil, abandonant així el principi, afirmat en l'article 1 de la Declaració de Drets de l'Home i del Ciutadà de 1789, que "els homes neixen i romanen lliures i iguals en drets", ja que en l'article 3 de la declaració de drets de 1795 s'hi proclama que "la igualtat consisteix només en el fet que la llei és la mateixa per a tothom"; dels drets socials que havia recollit la declaració de drets promulgada el 1793 ni se'n va parlar, mentre que, igual com en la declaració de 1793 però a diferència de la de 1789, es va precisar el dret de propietat definint-lo en l'article 5 com "el dret de fruir i de disposar dels propis béns, dels propis ingressos, del fruit del propi treball i de la pròpia indústria"; a més, segons l'article 8 de la declaració de deures, "El conreu de les terres, totes les produccions, tot mitjà de treball i tot l'ordre social reposen sobre el manteniment de les propietats[123]".

El 5 de fructidor de l'any iii (22 d'agost de 1795), la Convenció va aprovar el projecte de constitució a l'ensems que el "decret dels dos terços", segons el qual, en les properes eleccions, dos terços dels escons del Consell dels Cinc-Cents i del Consell dels Ancians havien de correspondre a antics diputats de la Convenció Nacional. Sotmesos a plebiscit, tant la Constitució de l'Any III com el decret dels dos terços entraren en vigor l'1 de veremari de l'any iv (23 de setembre de 1795). Considerant que el decret dels dos terços els impedia assolir la majoria a les noves cambres, els monàrquics optaren per la insurrecció; després d'uns primers intents fracassats a Dreux (Île-de-France)

---

122   BERGERON, Louis: *Las revoluciones europeas y el reparto del mundo II*. Barcelona, Argos Vergara, 1979 (Gran Historia Universal, 14) pàg 392

123   SOBOUL, Albert: *La Revolució Francesa*. Barcelona, La Llar del Llibre, 1983 (Nova Terra, 27) pàgs 132-133

i Nonancourt (Normandia), durant la nit del 12 al 13 de veremari (4 al 5 d'octubre), els rebels monàrquics ocuparen la major part de París. Barras va restablir-hi l'ordre republicà amb l'acció de les tropes dirigides pels generals Brune, Murat i Bonaparte.

La Convenció Nacional va dissoldre's el 4 de brumari de l'any iv (26 d'octubre de 1795) i, aleshores, començaren a funcionar les institucions del règim del Directori, definides en la Constitució de l'Any III. El 10 de brumari (1 de novembre) van ser nomenats membres del Directori Paul Barras, Louis-Marie de La Révellière-Lépeaux, Jean-François Reubell, Lazare Carnot i Étienne-François Le Tourneur.

7.2. LA CRISI ECONÒMICA I SOCIAL

Com que persistia la hiperinflanció, agreujada arran de la incapacitat de l'Estat per cobrar impostos, el 30 de plujós de l'any iv (19 de febrer de 1796), calgué abandonar l'assignat i suspendre'n les emissions. Considerant impossible el retorn a la moneda metàl·lica —en or, plata o coure—, i descartada la idea d'instituir una banca nacional d'emissió, la llei del 28 de ventós de l'any iv (18 de març de 1796) va crear un nou paper moneda: el mandat territorial, garantit amb els béns nacionals encara no venuts; tanmateix, en sis mesos, el mandat va experimentar una depreciació comparable a la que havia patit l'assignat en cinc anys, ja que l'1 de floreal (20 d'abril de 1796) arribà a perdre el 90% del seu valor primitiu; ni tan sols els captaires acceptaven els mandats o els assignats, i, com és lògic, el problema monetari dificultava el comerç i el proveïment. A més, la venda dels béns nacionals sense subhasta i acceptant el mandat pel seu valor nominal, establerta en la llei del 6 de floreal de l'any iv (26 d'abril de 1796), significà una dilapidació que només beneficià els proveïdors de l'Estat.

A finals de l'any iv (mitjans de setembre de 1796), va tornar a usar-se la moneda metàl·lica però com que només rebia paper —mandats o assignats—, l'Estat no se'n beneficiava. La llei del 16 de plujós de l'any v (4 de febrer de 1797) desmonetitzà el mandat fixant-lo a l'1% del seu valor nominal; a partir d'aleshores, però, l'Estat va poder tornar a la moneda metàl·lica gràcies al numerari obtingut dels països ocupats: els Països Baixos austríacs i Itàlia[124]. Com que la manca de confiança en l'assignat havia donat origen a un intens atresorament, particularment important

---

124   Ídem pàgs 135-137

entre els venedors de productes agrícoles, les reserves monetàries franceses havien patit notables pèrdues, l'emigració de dissidents polítics va anar acompanyada de l'exportació de béns en espècie i metalls i, a més, els administradors dels grans propietaris emigrats els enviaven fons a l'estranger, l'ús del franc, la nova moneda metàl·lica francesa encunyada a partir de l'estiu de 1796, va provocar una gran deflació dels signes monetaris i dels mitjans de pagament. El Directori només va poder aconseguir petites quantitats de moneda estrangera o de metalls preciosos i, per això, va emetre unes encunyacions de francs molt limitades, només una mica de moneda de plata i una mica de moneda de coure; d'altra banda, de resultes de la desorganització del sistema bancari i de les excepcionals dificultats del crèdit, no existia pas una abundant circulació de paper comercial —xecs, rebuts, pagarés, lletres de canvi, etc— que reforcés el franc. Naturalment, si el diner en metàl·lic anava escàs i les taxes d'interès resultaven prohibitives, molts dels qui disposaven de diners obtenien beneficis realitzant préstecs usuraris a curt termini; d'aquesta manera, es va generar una poderosa oligarquia del diner mentre que els petits empresaris havien de caure en mans dels usurers si tenien problemes amb els seus negocis. La deflació provocada per la introducció del franc va esdevenir-se, a més, en un conjuntura de baixa de preus; així, després de la collita deficitària de 1795, els anys 1796-1798 es caracteritzaren per una superabundància de cereals i de vi, i, a més, la sequera de 1798 va provocar una gran afluència de bestiar al mercat; per tot això, cap a l'any VII (setembre de 1798-setembre de 1799), els preus dels productes agrícoles caigueren fins a un 50 o 60% del seu valor de 1790; com és lògic, la indústria va ressentir-se de la minva de compres per part dels pagesos, afectats per la venda a baix preu dels seus productes.

A conseqüència de la Gran Guerra de França (1793-1815), es van perdre els mercats colonials de les Antilles i els exteriors d'Europa, i el volum del comerç exterior francès no va recuperar-se fins ben entrat el segle XIX; per això, regions que treballaven per a l'exportació van acabar desindustrialitzant-se, tal com va passar al Maine i a Bretanya amb la indústria del teixit de lli; en aquesta situació de contracció econòmica, els capitals no s'invertien en agricultura o indústria, sinó en la compra de béns immobles, vistos com els únics valors segurs a llarg termini[125].

---

125   BERGERON, Louis: *Las revoluciones europeas y el reparto del mundo II*. Barcelona, Argos Vergara, 1979 (Gran Historia Universal, 14) pàgs 399-401

7.3. LA CONJURA DELS IGUALS

De resultes de la insurrecció monàrquica de veremari, el 3 de brumari de l'any iv (25 d'octubre de 1795), és a dir, a la vigília de la seva dissolució, la Convenció Nacional va votar tornar a posar en vigor les lleis contra els capellans refractaris i les que excloïen de la funció pública no sols els inscrits en les llistes d'emigrats i les seves famílies sinó també els que s'haguessin declarat monàrquics, els quals també foren depurats de l'exèrcit. Immediatament després, el Directori va amnistiar tots els acusats d'haver col·laborat amb el règim del Terror i en va situar bastants a l'administració pública. Aquesta orientació decididament antimonàrquica del Directori va afavorir l'activitat i el desenvolupament de la "Reunió dels Amics de la República", societat política fundada a París el 25 de brumari de l'any iv (5 de novembre de 1795) que, informalment, va ser coneguda com el Club del Panteó; hi confluïren el periodista René Lebois (1769-1806?), antic seguidor de Marat, el toscà Filippo Buonarroti (1761-1837), admirador de Robespierre i comissari a l'exèrcit d'Itàlia en temps del Terror, Sylvain Maréchal (1750-1803), autor d'un diccionari dels ateus, i d'altres maratistes, hébertistes i robespierrans, units pel seu descontent amb la política moderada de la Convenció Termidoriana i del Directori, ja que volien reprendre mesures com ara la limitació de preus establerta per l'anterior govern montagnard; una personalitat propera a aquest club polític era Jean-Pierre-André Amar (1755-1816), antic diputat de la Convenció implicat en la insurrecció del 12 de germinal de l'any iii. D'altra banda, a conseqüència del desgavell monetari i de la crisi financera, durant l'hivern de l'any iv, els mercats estaven buits i les classes populars patien privacions a causa de l'alça vertiginosa dels preus; el Directori hagué de fer compres a l'estranger i racionar el consum.

François Noël Babeuf, que en temps de la Convenció havia pres partit pels jacobins contra els girondins, havia donat suport a les reivindicacions dels sans-culottes i, a més, havia participat en la insurrecció de l'1 de pradal de l'any iii, va publicar el 9 de frimari de l'any iv (30 de novembre de 1795) a Le tribun du peuple, el diari que havia fundat i que dirigia, el Manifest dels plebeus; hi proclamava la idea, sostinguda també pels sans-culottes i els jacobins, que l'objecte de la societat era la felicitat comuna i que la Revolució havia de servir per assegurar la igualtat de gaudis. Tanmateix, com que la propietat privada introduïa, necessàriament, la desigualtat i una reforma agrària que repartís les terres per igual faria que "l'endemà mateix d'haver estat establerta reaparegués la desigualtat", a la igualtat de fet només s'hi podia arribar establint

> "l'administració comuna, suprimint la propietat particular, fent que cada home depengui del propi talent, de la indústria que coneix, obligant-lo a dipositar-ne el fruit en espècie al magatzem comú i establint una simple administració de subsistències que, tenint registre de tots els individus i de totes les coses, farà que aquestes darreres siguin repartides amb la més escrupolosa igualtat".

Així doncs, a diferència de les ideologies jacobina i sans-culotte, caracteritzades per l'adhesió a la petita propietat basada en el treball personal, Babeuf, que a partir de l'any iv va passar a usar el pseudònim de Graccus, en homenatge al polític romà del segle ii a de J.C. que havia intentat dur a terme una reforma agrària, proposava la comunitat de béns i de treballs; d'altra banda, en una memòria de 1785 i en una carta de 1786, anteriors, doncs, a l'esclat de la Revolució, havia proposat organitzar grans granges col·lectives que esdevindrien comunitats fraternals ja que "esmicolar la terra en parcel·les iguals entre tots els individus és anorrear la major part dels recursos, que es podrien obtenir mitjançant el treball combinat"[126]; aquest programa social podia recollir propostes de pensadors col·lectivistes com ara Mably o Morelly, les idees dels quals potser va conèixer per mitjà de Buonarroti. A nivell d'acció política, seguint els precedents de Marat i dels hébertistes, considerava que el poble, esclavitzat i enganyat, havia de ser alliberat per una minoria insurrecta molt organitzada i decidida a instaurar una dictadura popular. Babeuf ni pertanyia al Club del Panteó ni assistia a les reunions que Amar organitzava a casa seva, però les seves idees foren compartides per gent d'aquests cercles.

Malgrat la tolerància inicial, el 8 de ventós de l'any iv (27 de febrer de 1796), el Directori envià el general Bonaparte a clausurar el Club del Panteó. Un mes després, Babeuf va crear un "Directori secret de salvació pública" format per set homes: Buonarroti, Augustin Darthé, antic membre del Tribunal Revolucionari arrestat durant el cop del 9 de termidor, Sylvain Maréchal, autor del Manifest dels Iguals, on denun-

---

126 Soboul, Albert: La Revolució Francesa. Barcelona, La Llar del Llibre, 1983 (Nova Terra, 27) pàgs 138-140

ciant com a il·lusòria la igualtat proclamada el 1789 per la Declaració de Drets de l'Home i del Ciutadà, hi propugnava abolir la propietat i repartir la riquesa, Félix Lepeletier (1767-1837), antic militant jacobí, Pierre-Antoine Antonelle (1747-1817), antic combatent contra la insurrecció monàrquica de veremari de l'any iv, Robert François Debon, autor d'una obra on argumentava la injustícia del dret de propietat, i Georges Grisel (1765-1812). La seva tasca consistia a organitzar una xarxa conspiradora clandestina; tanmateix, Barras estava al corrent del tot gràcies als seus confidents, però, seguint la seva política d'unió dels republicans contra els monàrquics no va voler fer-hi res, actitud que va haver de canviar després que, traint els seus companys, Grisel denunciés la conspiració al director Carnot. El 21 de floreal de l'any iv (10 de maig de 1796), la policia va detenir els conjurats; entre ells hi havia també els antics membres de la Convenció Jean-Baptiste Drouet (1763-1824), Robert Lindet (1746-1825), Marc-Guillaume-Alexis Vadier (1736-1828) i Amar; el 27 de maig de 1797, Babeuf i Darthé van ser executats a la guillotina[127].

7.4. LES ACCIONS MILITARS

Després de les paus que la Convenció havia signat a Basilea el 1795, França continuava en guerra contra Gran Bretanya, Sardenya i Àustria. De cara a la campanya de 1796, Lazare Carnot, encarregat de la direcció de la guerra, va planejar un atac contra Àustria pel Rin i el Mosel·la, com també una ofensiva a Itàlia per obligar Sardenya a deixar la coalició i aconseguir apoderar-se de la Llombardia, és a dir, del ducat de Milà, domini austríac d'ençà del Tractat d'Utrecht (1713). Per la Pau de París, signada el 15 de maig de 1796, Víctor Amadeu III de Sardenya es veié obligat a cedir a França la Savoia, Niça, Breuil i Tenda, a permetre el lliure pas de les tropes franceses pel Piemont i a no autoritzar l'ús dels ports del regne a navilis de països enemics de França, com també va haver de comprometre's a no donar asil a emigrats contrarevolucionaris francesos; mentrestant, aquell mateix dia 15 de maig, les tropes franceses entraren triomfals a Milà. La guerra contra Àustria va acabar-se amb la signatura del Tractat de Campoformio el 18 d'octubre de 1797; Àustria va haver de reconèixer l'existència de la República Cisalpina, estat cons-

---

127   FURET, François; RICHET, Denis: *La Revolución francesa*; versión española: Luis Horno Liria Madrid: Rialp, 1988 (Libros de historia; 27) pàgs 396-400

235

tituït sobre l'antic ducat de Milà, al qual s'hi afegiren els antics ducats de Màntua i Mòdena, a més de les regions de la Romanya i la Valtellina; d'altra banda, va haver d'acceptar repartir-se els territoris de l'antiga República de Venècia, ocupada pels francesos el 1796, amb França i la República Cisalpina, admetre l'ocupació francesa de la vora esquerra del Rin, excepte Colònia, i cedir formalment els Països Baixos a França.

La República Cisalpina fou una de les "repúbliques germanes" constituïdes en territoris ocupats pels francesos; es tractava d'estats satèl·lits de França, dotats d'una constitució semblant a la del Directori, i on s'hi aplicava una mena de barreja a parts iguals entre reformisme revolucionari i imperialisme francès, ja que, segons les instruccions que el Directori donava als generals francesos, l'exèrcit havia de viure a partir dels recursos que obtingués dels països ocupats, als quals calia imposar fortes contribucions o, fins i tot, sotmetre'ls a saqueig generalitzat. Durant la primavera de 1797, l'ocupació francesa de Gènova va donar origen a una altra "república germana": la República Ligur; l'11 de febrer de 1798, va constituir-se la República Romana després que els francesos ocupessin els Estats Pontificis i se'n duguessin presoner cap a França el papa Pius VI, i, el 12 d'abril de 1798, va proclamar-se la República Helvètica sobre el territori de l'antiga Confederació Suïssa.

A finals de 1797, el Directori va decidir preparar una invasió de la Gran Bretanya, però, el febrer de 1798, un informe desfavorable va aconsellar abandonar el projecte; llavors, es va decidir emprendre una expedició a Egipte, per així dificultar la ruta dels britànics cap a l'Índia i mirar d'establir una base per dominar la Mediterrània. Els francesos van aconseguir desembarcar a Alexandria i entrar a El Caire, però, l'1 d'agost de 1798, els britànics anihilaren la flota francesa a Abukir, amb la qual cosa el contingent militar francès va quedar-se aïllat a Egipte. Arran de la intervenció a Egipte, l'Imperi Otomà i Rússia declararen la guerra a França, i, el 29 de desembre de 1798, el Regne de Dues Sicílies i Rússia van aliar-se amb la Gran Bretanya, i així va començar la Guerra de la Segona Coalició (1798-1802).

7.5. LA INESTABILITAT POLÍTICA

En les eleccions de germinal de l'any v (març-abril de 1797), convocades per renovar la part corresponent dels consells del Directori, els republicans només van obtenir majoria en deu departaments i no passaren d'onze els antics diputats de la Convenció elegits per a les noves cambres, mentre que aconseguiren escons notoris monàrquics com ara l'home de negocis lionès Jacques Imbert-Colomès (1729-1808) o el general Pichegru, destituït del comandament de l'exèrcit perquè havia iniciat contactes amb els emigrats contrarevolucionaris; a més, el 1797, Pichegru esdevingué president del Consell dels Cinc-Cents. Pocs mesos després, les cambres votaren derogar les lleis dictades contra els clergues refractaris i els monàrquics; d'altra banda, en molts departaments, van tornar els sacerdots refractaris els quals actuaven com a propagandistes dels monàrquics, com també a molts dels emigrats que tornaren se'ls restituïren els patrimonis confiscats malgrat que la República els hagués venuts com a béns nacionals; d'altra banda, a Provença i al Roine va reprendre's el Terror Blanc. L'agost de 1797, els Consells votaren reconstituir les companyies d'elit de la Guàrdia Nacional per poder disposar així d'una força armada monàrquica.

A mitjans de juliol, els directors d'orientació més republicana — Barras, Reubell i La Revellière, coneguts com "els triumvirs"— van fer dur tropes cap a París, i, el 18 de fructidor de l'any v (4 de setembre de 1797), ordenaren als comandants d'aquests contingents ocupar les cambres dels Consells; sota aquesta coacció, l'endemà, els Consells accediren a votar una llei que declarà nul·les les eleccions de germinal en quaranta-nou departaments i també la deportació d'una cinquantena de diputats; acte seguit, es restabliren les lleis revolucionàries d'excepció, i s'emprengueren depuracions de capellans refractaris i de monàrquics. Vençut el perill monàrquic, les autoritats del Directori van passar a veure com una amenaça la represa de les activitats de cercles jacobins i demòcrates; per això, va començar la pràctica de falsejar els resultats dels comicis enviant a les assemblees electorals dels departaments llistes de candidats oficials, i si aquests no guanyaven, llavors es buscava qualsevol pretext o argúcia per anul·lar les eleccions, tal com va passar el 22 de floreal de l'any VI (11 de maig de 1798), quan el Directori va aconseguir que els Consells anul·lessin les eleccions en la meitat dels departaments; evidentment, amb aquesta manera d'actuar, s'anava deslegitimant cada cop més el règim de la Constitució de l'Any III, i la continuïtat del Directori, que tenia dificultats per fer-se obeir per les administracions dels departaments i estava assetjat per tot arreu per escàndols de corrupció, depenia de l'actitud dels generals i comandaments militars, els quals, durant l'estiu de 1797, intervingueren per lluitar contra el Terror Blanc a Lió i a Marsella[128]. D'altra banda, la lleva general aprovada pels Consells el 19 de fructidor de l'any vi (5 de setembre de 1798) va tenir com a conseqüència la represa, a tot França, del bandolerisme rural, revestit d'un cert activisme polític contrarevolucionari que acostumava a acarnissar-se amb les persones afins al règim, els compradors de béns nacionals i els capellans constitucionals. Allà on l'acció dels bandolers fou més intensa va ser a les zones afectades per les insurreccions de la Vendée, és a dir, una desena de departaments de l'Oest situats entre Le Mans (Sarthe) i Vannes (Morbihan), i també a les regions del Terror Blanc de Provença i la vall del Roine.

Al Consell dels Cinc-Cents, va afirmar-se un corrent neojacobí que, a diferència dels jacobins de l'any ii, no comptava pas amb el suport del poble menut parisenc, ni tampoc el buscava, sinó que basava els seus atacs al Directori en les derrotes que, durant la primavera de 1799, van patir els exèrcits francesos en tots els fronts de guerra —el Rin, Itàlia i Suïssa—, que feien témer una invasió de França, on, d'altra banda, els monàrquics planejaven cops de força i, comptant amb el suport dels xuans de la Vendée, va arribar a plantejar-se un desembarcament del comte d'Artois. Els jacobins dels Consells hi van respondre aprovant tres mesures que semblaven voler ressuscitar l'esperit de 1793:

a) La mobilització massiva decretada el 10 de messidor de l'any VII (28 de juny de 1799)

b) La llei del 24 de messidor (12 de juliol) que organitzava el sistema dels hostatges: a tots els departaments que, a proposta del Directori, els Consells declaressin rebels, els administradors prendrien hostatges entre els parents dels emigrats o dels insurrectes, els quals serien deportats, a raó de quatre per u, cada vegada que s'assassinés un funcionari públic, un comprador de béns nacionals o un clergue constitucional; a més, els hostatges serien solidàriament responsables amb els seus béns dels danys causats per la insurrecció

c) Un emprèstit forçós sobre els rics decretat el 19 de termidor (6 d'agost)

---

128   BERGERON, Louis: *Las revoluciones europeas y el reparto del mundo II*. Barcelona, Argos Vergara, 1979 (Gran Historia Universal, 14) pàgs 410-414

L'emprèstit forçós va provocar el pànic al món dels negocis i va generar un fort corrent de frau i d'ocultació, mentre que la mobilització massiva va servir per engruixir el bandolerisme rural, com també a l'exèrcit esdevingueren freqüents les desercions i les insubmissions. Barras, director des de 1795, i Sieyès, director des del 18 de juny de 1799, se sentiren inquiets per l'ofensiva jacobina i, a finals d'agost de 1799, Sieyès en va fer clausurar els clubs, mesura que va prendre enmig d'una indiferència generalitzada. D'altra banda, l'agost de 1799, una insurrecció monàrquica al Llenguadoc va estar a punt d'amenaçar de prendre Tolosa[129].

8.EL RÈGIM BONAPARTISTA
8.1.EL 18 DE BRUMARI

El 1795, els Consells havien ofert a Sieyès un dels cinc càrrecs de director, però ho rebutjà ofès perquè la Convenció havia refusat el seu projecte de constitució; a partir d'aleshores, va dedicar-se a combatre, ni que fos dissimuladament, el règim del Directori; per això, quan, el 1799, va acceptar esdevenir director fou amb la idea de provocar un canvi constitucional. Partint de la base que l'opinió pública estava cansada d'inestabilitat política, guerra i verbalisme revolucionari, Sieyès, un home de gran reputació entre la classe política, va agrupar al seu voltant els republicans moderats —enfrontats, doncs, als jacobins— i va situar homes de confiança en llocs clau. Barras no va poder actuar en aquestes maniobres perquè l'home fort del Directori havia passat a ser-ho Sieyès. Un cop liquidats els jacobins, el principal temor de Sieyès era que els moderats acabessin cridant Lluís XVIII, provocant així una contrarevolució que rebutjava pel seu odi a l'aristocràcia i temia per la seva condició de regicida; el seu projecte, doncs, era el mateix que el dels termidorians de l'any iii: establir un poder fort que consolidés els resultats de la revolució i els protegís contra els partidaris del retorn a l'Antic Règim; per això, considerava necessari instaurar un sistema amb tres cònsols elegits per a deu anys, un senat vitalici i un sufragi universal filtrat mitjançant llistes de notables. Per realitzar aquest projecte, però, necessitava el suport d'un militar de prestigi; en principi, la seva elecció

---

129   Furet, François; Richet, Denis: *La Revolución francesa*; versión española: Luis Horno Liria Madrid: Rialp, 1988 (Libros de historia; 27) pàgs 571-577

va ser el general Joubert, el qual, però, fou vençut i mort el 15 d'agost de 1799 a la batalla de Novi (Piemont).

El 9 d'octubre de 1799, va arribar al port de Fréjus (Provença) un vaixell procedent d'Egipte; hi viatjava el general més popular i admirat de França: Napoleó Bonaparte, que s'havia guanyat la glòria com a comandant en cap dels exèrcits que havien actuat a Itàlia els anys 1796 i 1797 i del cos expedicionari enviat a Egipte; a més, havia estat Bonaparte qui havia creat les repúbliques Cisalpina i Ligur com també havia establert les condicions que Àustria havia hagut d'acceptar en la Pau de Campoformio. Evidentment, aquest era el militar que Sieyès necessitava. El 10 de brumari, el General, com es denominava Bonaparte per antonomàsia igual com si a França no hi hagués cap altre general, va acordar amb Sieyès establir un govern provisional encapçalat per tres cònsols, un dels quals seria ell, que s'encarregaria de redactar una nova constitució amb l'ajuda d'una comissió elegida pels Consells del Directori. El 18 de brumari de l'any viii (9 de novembre de 1799), sota el pretext d'un complot "anarquista", els Consells foren traslladats de París a Saint-Cloud, i Napoleó fou nomenat comandant en cap de les tropes de París; a part de Sieyès, també era còmplice dels colpistes el director Roger Ducos (1747-1816); davant d'aquesta situació, Barras va dimitir; l'endemà, les tropes dissolgueren el Consell dels Cinc-Cents, hostil a Bonaparte, i el Consell dels Ancians va votar la substitució del Directori per tres cònsols: Sieyès, Ducos i Bonaparte, igual com dues comissions de vint-i-cinc membres reemplaçarien els Consells per deliberar amb els cònsols[130].

8.2. EL CONSOLAT I L'IMPERI

A iniciativa de Sieyès, va començar a redactar-se una nova constitució que va quedar enllestida el 22 de frimari de l'any viii (13 de desembre de 1799). En principi, estava previst sotmetre-la a referèndum però va ser declarada vigent el 25 de desembre, abans doncs, del plebiscit que acabà celebrant-se el 7 de febrer de 1800. A diferència de les de 1791, de l'any i i de l'any iii, aquesta constitució no contenia cap mena de declaració de drets dels ciutadans, tot i que alguns d'aquests drets, com ara la inviolabilitat del domicili, la seguretat de les persones i el dret de petició, aparegueren afirmats en les disposicions generals. S'hi reconegué

---

130   Ídem pàgs 577-589

el sufragi universal masculí però una successió d'eleccions intermèdies designaven les llistes —definitives durant deu anys— a partir de les quals s'elegia els funcionaris i els càrrecs polítics131.

El poder executiu corresponia a tres cònsols nomenats per a deu anys i reelegibles indefinidament pel Senat; aquests cònsols, però, no eren pas iguals perquè, en realitat, l'exercici del govern corresponia al Primer Cònsol, encarregat de proposar i promulgar les lleis, de nomenar i revocar els ministres i els funcionaris i, sobretot, no era responsable davant de ningú; en canvi, el segon i el tercer cònsol només aconsellaven. Com a assessor jurídic dels cònsols, hi havia el Consell d'Estat, un organisme purament tècnic que el Primer Cònsol nomenava a partir d'una llista de candidats, i que tenia com a funció preparar les lleis i defensar els projectes de llei davant de les tres cambres legislatives:

a) El Tribunat: format per cent membres elegits per a cinc anys, un cinquena part dels quals s'havia de renovar cada any. Discutia sobre els projectes de lleis i hi donava la seva opinió però sense poder-hi votar

b) El Cos Legislatiu: format per tres-cents membres, elegits per a cinc anys, una cinquena part dels quals s'havia de renovar cada any. Podia votar els projectes de llei però no pas discutir-los

c) El Senat: format per vuitanta membres, seixanta dels quals nomenats pel Primer Cònsol, que cooptaven els altres vint; el seu mandat era vitalici i per ser senador calia ser major de quaranta anys. Nomenaven els membres del Tribunat i del Cos Legislatiu a partir d'una llista nacional, com també els jutges de cassació i els comissaris de comptes. La seva tasca consistia a anul·lar tots els actes administratius que resultessin inconstitucionals

L'11 de nivós de l'any viii (1 de gener de 1800), Napoleó va ser nomenat Primer Cònsol, mentre que el càrrec de segon cònsol fou per a Cambacérès, antic diputat de la facció de la Plana que va votar en contra de l'execució de Lluís XVI, però donà suport a la depuració dels girondins i, el 1794, fou president del Comitè de Salvació Pública; el tercer cònsol fou Charles-François Lebrun (1739-1824), antic diputat de l'Assemblea Constituent, detingut dues vegades durant el Terror i,

---

131   MARTIN, Jean-Clément: *La Revolución francesa*; traducción de Palmira Freixas Barcelona: Crítica, 2013 (Serie mayor) pàg 524

en època del Directori, conegut a monàrquic moderat. Sieyès, que dimití del càrrec de cònsol, fou president del Senat des del 27 de desembre de 1799 fins al 13 de febrer de 1800, mentre que Ducos esdevingué vicepresident del Senat.

El Senat disposava de la potestat d'emetre senatconsults, és a dir, de votar resolucions amb rang de llei que si modificaven la Constitució, llavors, es denominaven senatconsults orgànics. El Senatconsult orgànic del 16 de termidor de l'any x (4 d'agost de 1802), aprovat dos dies després que Napoleó hagués estat proclamat Primer Cònsol a títol vitalici, va introduir les següents reformes constitucionals:

a) Increment dels poders del Senat en detriment del Cos Legislatiu i del Tribunat, ja que va adquirir l'atribució de reformar la Constitució i d'adoptar mesures excepcionals com ara la dissolució de les altres dues cambres legislatives. En contrapartida, Napoleó va passar a poder nomenar nous senadors
b) Atribució al Primer Cònsol del dret de gràcia i de la potestat de signar tractats internacionals a iniciativa pròpia
c) Substitució del sufragi universal pel censatari

Segons el senatconsult orgànic del 28 de floreal de l'any xii (18 de maig de 1804), el govern de la República passava a correspondre a l'emperador dels francesos; lògicament, aquest emperador fou Napoleó, qui rebé la potestat de transmetre el poder als seus hereus ja fos per descendència o per adopció. Aquesta reforma fou aprovada pel plebiscit del 6 de novembre de 1804 i, el 2 de desembre següent, Napoleó fou coronat emperador pel Papa a la catedral de Notre Dame de París. El 1804, doncs, a França s'acabà la I República, instaurada el 1792, i començà el I Imperi (1804-1814); tanmateix, en els textos oficials va usar-se la fórmula "Napoleó, per la gràcia de Déu i de les constitucions de la República, emperador dels francesos" fins que, després del senatconsult del 19 d'agost de 1807, es passà a "Napoleó, per la gràcia de Déu i de les constitucions, emperador dels francesos". Una altra reforma del senatconsult de 1807 fou la supressió del Tribunat.

El 1796, Napoleó va casar-se amb Joséphine (1763-1814), vídua del general Alexandre de Beauharnais, executat a la guillotina pel Tribunal Revolucionari el 23 de juliol de 1794, i antiga amant de Paul Barras. En la cerimònia de coronació del 2 de desembre de 1804, Joséphine va rebre el títol d'emperadriu dels francesos. Aquest matrimoni, que no va tenir descendència, va durar fins al divorci decretat el 15 de desembre de 1809. El 2 d'abril de 1810, Napoleó va casar-se amb Maria Lluïsa, filla de l'emperador Francesc I d'Àustria i reneboda de Maria Antonieta; d'aquest matrimoni, va néixer el 20 de març de 1811 un fill, destinat a ser l'hereu de la corona, a qui, posteriorment, els bonapartistes denominaren Napoleó II.

Durant el Consolat, Lluís XVIII va oferir a Napoleó renunciar a la declaració de Verona, el perdó dels regicides, la concessió de títols de noblesa a la família Bonaparte i mantenir els canvis esdevinguts després de 1789. Ara bé, Napoleó va rebutjar la restauració monàrquica, en què ell hauria pogut ser el veritable governant, perquè deuria considerar que no necessitava pas cap rei, tal com ho demostrà coronant-se emperador. Amb el temps, la Torre del Temple, on el 1792 hi havia estat reclosos Lluís XVI, Maria Antonieta i els seus fills, esdevingué un lloc de peregrinació per als monàrquics, que la veneraven com el lloc on havia patit el seu martiri la família reial; per això, el 1808 Napoleó ordenà demolir-la.

8.3. OBRA DE GOVERN

El 1800, Napoleó va crear la figura del prefecte com a representant del govern central als departaments; dotant-los de més poders dels que havien tingut els antics intendents reials de les províncies i posant-los sota la dependència del ministre de l'interior, va fer-ne un molt eficaç instrument de centralització política. En temps del Consolat, va organitzar-se la jerarquia dels tribunals civils i criminals, com també els vint-i-nou tribunals d'apel·lació, el Tribunal de Cassació, la justícia administrativa amb el Tribunal de Comptes i, al cim, el Consell d'Estat; els jutges no eren pas elegits sinó nomenats a títol vitalici; ara bé, es trobaven sempre vigilats pels procuradors imperials, encarregats de supervisar els magistrats i els funcionaris del conjunt del departament.

El Concordat que França va signar el 15 d'agost de 1801 amb el papa Pius VII va significar una reconciliació amb l'Església que va resoldre els problemes creats a partir de l'aprovació de la Constitució Civil del Clero el 1790. Segons aquest acord amb la Santa Seu, el catolicisme només es definia com la religió de la gran majoria dels francesos; més endavant, també es van reconèixer els protestants i els jueus, com també va tolerar-se l'ateisme; per la seva banda, l'Església admetia la venda dels béns nacionals a canvi que l'Estat pagués un salari als clergues.

Igual com s'havia fet des de la signatura del Concordat de Bolonya el 1516 per Francesc I, el cap de l'Estat nomenava els bisbes amb l'acord tàcit i la immediata investidura per part del Papa. Trencant amb la política anticlerical de la Revolució, Napoleó va aconseguir desarmar ideològicament la contrarevolució monàrquica[132].

9.LA RESTAURACIÓ

9.1.LA DERROTA DE NAPOLEÓ

La campanya de Rússia, començada el juny de 1812, va marcar l'inici del declivi del poder de Napoleó, els exèrcits del qual, en retirada de Rússia, patiren una greu derrota amb grans pèrdues a la Batalla de Berezina (26 29 de novembre de 1812). Aprofitant l'ocasió, el 1813, Àustria, Prússia, Rússia, Suècia i el Regne Unit de Gran Bretanya i Irlanda formaren la Sisena Coalició contra França, a la qual, després de la Batalla de Leipzig (16-19 d'octubre de 1813), en què les forces napoleòniques foren vençudes, s'hi afegiren Baviera, Saxònia i Württemberg. El 9 de març de 1814, el tsar Alexandre I de Rússia, l'emperador Francesc I d'Àustria, el rei Frederic Guillem III de Prússia i el vescomte de Castlereagh, ministre britànic d'afers estrangers, signaren a la localitat francesa de Chaumont (*Haute-Marne*) un tractat pel qual oferien la pau a Napoleó a canvi que aquest fes retornar França a les seves fronteres de 1792, cedint així tots els territoris conquerits durant la República i l'Imperi. Com que l'oferta fou rebutjada, les potències de la Coalició decidiren continuar la guerra fins a la derrota total de Napoleó. Alexandre I i Frederic Guillem III entraren a París el 31 de març, l'endemà de l'ocupació de la ciutat per les seves tropes.

Després de l'acord de Chaumont, els vencedors semblaven tenir clar que Napoleó havia de ser enderrocat, ara bé, encara no s'havien format una idea definida sobre qui havia de passar a governar França. La idea de fer tornar els Borbó presentava el greu inconvenient que, d'ençà de la promulgació del Manifest de Brunswick el 25 de juliol de 1792, fet que va precipitar la caiguda de Lluís XVI, els francesos s'havien acostumat a veure'ls com una nissaga enemiga que conspirava des de l'estranger, idea que es veuria reforçada si recuperaven el tron per la voluntat de les forces d'ocupació. Ara bé, considerant que,

---

132   GOUBERT, Pierre: *Historia de Francia*; traducción castellana de Marta Carrera y Marga Latorre Barcelona: Crítica, 1987 (Serie mayor) pàgs 229-230

malgrat tot, els Borbó eren els únics que podien invocar una legitimitat dinàstica, Charles-Maurice de Talleyrand (1754-1838), estadista i diplomàtic que havia servit el Directori i Napoleó, va convèncer el tsar que la restauració borbònica era la millor solució per a França; per això, a proposta d'Alexandre I, els aliats manifestaren que no volien cap tracte ni amb Napoleó ni amb ningú de la seva família. L'1 d'abril, es nomenà un govern provisional de França, del qual formava part l'abbé Montesquiou, persona molt propera a Lluís XVIII, encara a l'exili, i l'endemà el Senat, a iniciativa de Talleyrand, va votar destituir Napoleó.

Mentre els aliats deliberaven a París, Napoleó era a Fontainebleau intentant dirigir una contraofensiva. Tanmateix, com que, quan ordenà marxar sobre París, els seus generals s'amotinaren, el 6 d'abril abdicà a favor del seu fill, que només tenia tres anys d'edat, per la qual cosa, caldria constituir una regència, que, segurament, hauria exercit la seva muller Maria Lluïsa d'Àustria. Malgrat la declaració anterior, el tsar va semblar disposat a acceptar-ho, fins que l'en dissuadí Talleyrand, avisant-lo que, així, fàcilment, es podria arribar a un retorn de Bonaparte. Per això, l'11 d'abril, Napoleó va haver d'acceptar el Tractat de Fontainebleau pel qual tota la seva família renunciava al poder, i ell era desterrat a l'illa d'Elba, situada a prop de la Toscana.

9.2.EL RETORN DELS BORBÓ

El 6 d'abril de 1814, el Senat aprovà una carta constitucional que oferia el tron a "Lluís Estanislau de França, germà del difunt rei". Per tant, no es plantejava pas la restauració de l'antiga monarquia perquè no es feia menció al fet que, des de 1795, Lluís Estanislau es titulava rei de França ni es reconeixia tampoc que el legítim hereu de Lluís XVI havia estat el seu fill Lluís XVII (1793-1795). A més, el comte de Provença no seria pas proclamat rei fins que hagués jurat la Carta Constitucional, la qual establia una monarquia parlamentària. Lluís XVIII encara era a Anglaterra, però, el 12 d'abril, féu l'entrada solemne a París el comte d'Artois, qui, a instàncies de Talleyrand, fou nomenat cap del govern. Ara bé, els seus consellers, ultrareialistes, afirmaren que el príncep ja era lloctinent general del regne per nomenament del seu germà, el rei, idea totalment en contradicció amb l'esperit de la Carta Constitucional. Per intervenció d'Alexandre I, s'arribà a un acord pel qual el Senat reconeixia el títol de lloctinent general del regne al comte d'Artois, i aquest admetia els principis de la Carta Constitucional.

Poc abans d'arribar a París, on hi entrà el 3 de maig, Lluís XVIII va manifestar que calia introduir alguns canvis en el projecte de Carta Constitucional, i així va arribar-se a la Carta Atorgada que el rei concedí el 4 de juny de 1814. Buscant un compromís entre la legitimitat monàrquica i la necessitat de conservar en gran part les institucions polítiques creades durant la República i l'Imperi, la Carta Atorgada establí que, en ús de la seva autoritat absoluta, Lluís XVIII, rei de França per dret diví d'ençà de la mort de Lluís XVII (1795), concedia als seus súbdits l'establiment d'un sistema de monarquia parlamentària, basada en l'existència de dues cambres: la dels Pars, formada pels nobles a títol vitalici i hereditari, i la dels Diputats, elegida mitjançant un molt restrictiu sufragi censatari. D'altra banda, el 30 de maig de 1814, s'havia signat el Tractat de París amb les potències de la coalició, segons el qual, França tornava a les seves fronteres de 1792, renunciant així als territoris conquerits durant la República i l'Imperi, tot i conservar la part occidental de la Savoia i els antics dominis papals d'Avinyó.

9.3.ELS CONFLICTES INTERNS

Malgrat l'actitud conciliadora del govern de Lluís XVIII, i la formació d'un partit constitucional al voltant del saló de Madame de Staël (1766-1817), filla de Jacques Necker, i del periòdic Le Censeur, dirigit per Charles Comte (1782-1837) i Charles Dunoyer (1786-1862), la restauració dels Borbó va provocar conflictes dins de la societat francesa.

A partir del cop de termidor de 1794, havien començat a tornar emigrats; a més, el 26 de desembre de 1799, Napoleó n'havia abandonat la proscripció; per tant, aquells que no tornaren fins 1814 eren, en la seva majoria, autèntics contrarevolucionaris desitjosos d'assolir el pur i simple retorn a l'Antic Règim, com també de passar comptes amb els que havien governat el país durant la Revolució; d'entre ells, sorgí la facció ultrareialista, liderada pel comte d'Artois, que no amagava pas el seu rebuig a les concessions fetes a la Carta Atorgada. Els ultres se sentien decebuts perquè la monarquia restaurada mantenia gran part de les institucions i reformes instaurades per la Revolució, i, a més, es mostrava benèvola amb els republicans i els bonapartistes; per això, el periòdic La Quotidienne, el seu òrgan, arribava, fins i tot, a criticar Lluís XVIII per haver acceptat la Carta Atorgada; els ultres més extremistes exigien la deportació de tots els regicides i que França no reconegués pas el deute contret pel règim de Napoleó. A més que en molts pobles hi hagué una situació de revolta davant la possibilitat que es restablissin de nou els delmes i els drets senyorials, la postura dels ultrareialistes d'exigir la restitució als emigrats i a l'Església dels patrimonis que se'ls havien confiscat durant la Revolució generava inseguretat en els propietaris de béns nacionals; per això, en va baixar el valor al mercat. El parlament que el ministre Antoine François Claude Ferrand (1751-1825) pronuncià en presentar a les cambres un projecte de llei sobre la restitució dels béns nacionals encara no venuts per l'Estat va fer témer que el govern adoptés la postura ultra, per la qual cosa es va generar una gran polèmica, atiada per la publicació de Lettre à Sa Majesté Louis XVIII sur la vente des biens nationaux, obra del jurista Ambroise Falconnet (1742-1817), on s'hi defensava la nul·litat de les vendes dels béns nacionals, i, doncs, la necessitat de restituir-los als seus antics propietaris; per tot això, malgrat les concessions que acabà fent, el govern perdé força popularitat.

El 7 de juny de 1814, es decretà la prohibició de cap mena de treball en diumenge i el respecte a la processió de Corpus, cosa que contradeia una llei, encara no abolida, de prohibició de les processons fora de les esglésies; tanmateix, a causa del rebuig que suscitaren, aquestes mesures, vistes com un nou indici que el rei pretenia violar la Carta Atorgada, hagueren de ser retirades. Sobre les noves autoritats sempre planà la sospita de deslleialtat envers el marc constitucional pactat el 1814, tal com s'havia vist en la discussió d'una llei sobre censura de premsa que amplis sectors de l'opinió consideraven massa restrictiva. En aquest ambient de tensió, a principis de 1815, l'ordre del rei que, el 21 de gener, aniversari de l'execució de Lluís XVI, se n'havien de traslladar les restes a la capella de Saint-Denis, juntament amb les de Maria Antonieta i les de la princesa Elisabet, com també de començar la construcció de monuments funeraris que n'honressin la memòria, va interpretar-se com el senyal que es duria a terme una gran matança de republicans, a càrrec d'antics dirigents de la revolta monàrquica de la Vendée traslladats expressament a París.

Un dels focus de descontentament era l'exèrcit, els principals comandants del qual eren els generals que havien servit Napoleó. A part que els Borbó havien recuperat el tron gràcies a una derrota en què França s'havia vist obligada a cedir tots els territoris conquerits després de 1792, per tal d'eixugar el dèficit d'Hisenda, el govern havia retallat els pressupostos militars, i, així, hi havia molts oficials amb la paga reduïda a la meitat. A més, la monarquia restaurada facilità ascensos a antics emigrats, que durant la República i l'Imperi havien lluitat contra França, a joves nobles sense experiència de combat o a antics rebels contrarevolucionaris. D'altra banda, s'atribuïen al duc de Berry, fill del comte d'Artois, afirmacions ofensives com ara que les guerres de Napoleó havien estat una època de bandolerisme.

9.4.L'IMPERI DELS CENT DIES

El 26 de febrer de 1815, Napoleó va aconseguir fugir d'Elba, i, l'1 de març, desembarcà a prop d'Antibes (Provença), amb només uns quants centenars d'homes. En teoria, doncs, a les autoritats franceses no els hauria hagut de representar cap dificultat capturar-lo i reduir-lo. Ara bé, la major part dels caps militars i dels batallons de l'exèrcit es passaren a l'emperador, tal com va fer-ho a Grenoble el regiment que s'hi havia enviat per combatre'l. Per això, en menys de tres setmanes, i sense haver hagut de disparar un sol tret, Napoleó va poder desplaçar-se des d'Antibes cap a París, on hi entrà el 20 de març, sent-hi rebut amb grans mostres d'entusiasme, tal com s'havia esdevingut a les altres poblacions per on havia passat —Grenoble, Lió o Châlons—, i s'instal·là al Palau de les Tulleries, del qual, només unes poques hores abans, n'havia fugit precipitadament Lluís XVIII, qui acabà refugiant-se a Gant (Països Baixos).

El 13 de març, les potències europees, reunides en el Congrés de Viena (1 d'octubre de 1814-9 de juny de 1815) per definir el nou ordre polític d'Europa després de tot el trasbals de la Revolució Francesa (1789-1814), van declarar proscrit Bonaparte; el 25, Rússia, Àustria, Prússia i el Regne Unit signaren a Viena un tractat que reafirmava els anteriors acords de Chaumont, i, a més, rebutjaren tornar contesta a una carta conciliadora que, el 4 d'abril, els havia adreçat Napoleó, amb la qual cosa es feia inevitable l'esclat d'una nova guerra. Per enfrontar-se als aliats, Napoleó va considerar més convenient organitzar un atac que no pas limitar-se a dur a terme una campanya merament defensiva; per això, va enviar un exèrcit als Països Baixos, on tenien les seves bases les forces britàniques i neerlandeses del duc de Wellington, i els prussians del mariscal Blücher, que foren vençuts el 16 de juny a Ligny; tanmateix, el 18 de juny de 1815, van ser els aliats els que triomfaren a la batalla de Waterloo.

Tres dies després de la desfeta, Napoleó va arribar a París on va intentar organitzar una operació de resistència, però va haver de desdir-se'n davant de l'actitud contrària que hi mostrà tant la classe política com l'opinió pública, i, el 22 de juny de 1815, abdicà de nou. Poc després, davant de la imminent entrada a París dels prussians, que duien ordre de capturar-lo viu o mort, va fugir cap al port atlàntic de Rochefort (Charente-Inférieure), amb la idea de mirar d'embarcar-se cap als Estats Units, cosa que no va poder ser arran del bloqueig naval britànic. Finalment, es va lliurar al contraalmirall escocès Maitland, i acabà sent deportat a Santa Eel·lena, illa de l'Atlàntic sud de sobirania britànica, on va morir el 5 de maig de 1821.

9.5.LA TORNADA DE LLUÍS XVIII

Després de l'abdicació de Napoleó, va constituir-se a París un govern provisional on destacaven Lazare Carnot i Joseph Fouché, antics republicans i també antics bonapartistes igual com regicides. Aquest govern estava dividit sobre la qüestió de quin règim calia establir a França, és a dir, sobre si calia reconèixer com a emperador Napoleó II, el fill de Napoleó i Maria Lluïsa d'Àustria nascut el 1811, acceptar el retorn de Lluís XVIII, oferir la corona al duc Lluís Felip d'Orleans o bé, fins i tot, proclamar la República. Immediatament després de la batalla de Waterloo, però, el duc de Wellington havia escrit a Lluís XVIII, encara refugiat a Gant, aconsellant-li que tornés a França amb els exèrcits aliats. El 25 de juny de 1815, a Cateau-Cambrésis (Nord), el rei va anunciar que reprenia l'exercici de la seva sobirania, atenint-se, però, als límits de la Carta Atorgada, que recompensaria els seus fidels súbdits, però també que castigaria els culpables.

El suport dels aliats a Lluís XVIII va tornar estèrils totes les deliberacions del govern provisional de París perquè es féu evident que l'única solució que les potències europees estaven disposades a acceptar era el retorn al règim establert el 1814. L'1 de juliol, hi hagué a les rodalies de París un enfrontament entre les tropes del Govern Provisional i les forces aliades de Wellington i Blücher, però, al final, Fouché mateix acabà veient clar que la resistència era inútil i, que, per tant, acceptar Lluís XVIII era, si més no, el mal menor, i, per això, va decidir capitular. El 7 de juliol, els aliats entraren a París, i, l'endemà, el rei s'instal·là de nou al Palau de les Tulleries.

9.6.EL TERROR BLANC

A Occitània, la supressió dels privilegis provincials, municipals i eclesiàstics a partir de 1789 havia resultat perjudicial per a tots els estrats socials. D'altra banda, d'ençà de la Reforma protestant i de les Guerres de Religió, l'Església ja no hi representava un poder feudal sinó que hi actuava com a font de patronatge, de llocs de treball i de beneficència; a més, la República havia reprimit els contrarevolucionaris perpetrant matances a Lió, Avinyó, Aurenja i Marsella, i, d'altra banda, la Gran Guerra de França (1793-1815) va significar-hi la imposició de requises i de lleves, com també el bloqueig naval britànic contra Napoleó va arruïnar el país[133]. Per tot això, en molts dels departaments meridionals i també a la Vendée, la Bretanya i el Maine, l'arribada de la notícia de la derrota de Napoleó a Waterloo va significar-hi l'esclat del Terror Blanc, i, a partir de l'estiu de 1815, bandes armades d'antics contrarevolucionaris, coneguts com "els Verds", per l'escarapel·la que duien, símbol del comte d'Artois, van dur a terme matances de republicans i de bonapartistes. El març de 1815, durant el seu viatge triomfal d'Antibes a París, Napoleó, conscient de la força que hi tenien els contrarevolucionaris, havia evitat haver de passar per Provença, on, el 28 de juny de 1815, les turbes alçades assassinaren els mamelucs de la Guàrdia Imperial de Marsella, i, el 2 d'agost, a Avinyó, fou linxat el mariscal Brune, heroi de l'Imperi, i el seu cos va ser llençat al Roine. Al Llenguadoc, el 15 d'agost, va ser assassinat el general Ramel, antic oficial de l'Imperi a qui Lluís XVIII havia nomenat comandant de Tolosa, on havia intentat desarmar els Verds. En reacció a la discriminació que havien patit durant l'Antic Règim, molts protestants s'havien manifestat partidaris de la Revolució; per això, dins de l'esclat de violència del Terror Blanc, al departament de Gard, la banda del guerriller Jacques Dupont, àlies "Trestaillons", hi perpetrà matances de protestants, una mostra del fanatisme catòlic de molts dels ultres francesos. La virulència de les partides ultrareialistes va començar a minvar a partir de la tardor de 1815; ara bé, ni les forces d'ocupació establertes per les potències europees, presents a França des de la liquidació de l'Imperi dels Cent Dies fins 1818, ni les autoritats franceses mateixes feren res per aturar les matances.

A causa de la frustració de veure com, a conseqüència precisament de la Carta Atorgada, la restauració dels Borbó no havia significat un autèntic retorn a l'Antic Règim, alguns ultres del *Gard* i de d'altres de-

---

133 FRITZPATRICK, Brian "L'ultrareialisme francès del Midi i les seves contradiccions internes" dins de Seminari Internacional d'Història (2n: 1988 : Girona) *Carlisme i moviments absolutistes* Josep Maria Fradera, Jesús Millan, Ramon Garrabou, eds. Vic: Eumo, 1990 (Referències; 10) pàg 117

partaments meridionals arribaren a considerar, ni que fos com a mal menor, la possibilitat de passar a formar part d'Espanya[134], on la restauració absolutista de Ferran VII havia estat molt més radical que la de Lluís XVIII. Els centres urbans meridionals com ara Tolosa, Montpeller, Nimes, Avinyó i Marsella foren els baluards de l'ultrareialisme, una força política molt important a Occitània durant tota la primera meitat del segle XIX[135].

10.BIBLIOGRAFIA

Carlisme i moviments absolutistes Josep Maria Fradera, Jesús Millan, Ramon Garrabou, eds. Vic: Eumo, 1990 (Referències; 10)

La Fin de l'Europe napoléonique, 1814: la vacance du pouvoir sous la direction de Yves-Marie Bercé Paris: Veyrier, 1990 (Kronos)

ALEMBERT, Jean Le Rond d': *Discurs preliminar de l'Enciclopèdia*; traducció i edició a cura de Ramon Alcoberro Barcelona: Edicions 62, 1992 (Textos Filosòfics; 62)

ALEXANDER, Robert S.: *Re-writing the French revolutionary tradition* Cambridge, UKNew York, N.Y., USA: Cambridge University Press, 2003 (New studies in European history)

BERGERON, Louis:
—*Las revoluciones europeas y el reparto del mundo II.* Barcelona, Argos Vergara, 1979 (Gran Historia Universal, 14)
—*Les révolutions européennes et le partage du monde* Paris: Bordas: Laffont, 1968 (Bibliothèque des connaissances essentielles)

BOIS, Jean-Pierre: *La Revolución francesa*; traducción: Jorge Barriuso Madrid: Historia 16, 1997 (Biblioteca de historia; 3)

BOLINAGA, Iñigo: *Breve historia de la Revolución Francesa* Madrid: Nowtilus, 2014 (Breve Historia)

BRUNET, Michel: *El Rosselló de cara a la Revolució Francesa.* Perpinyà, El Trabucaire, 1989

CASTELLS, Irene: *La Revolución francesa: 1789-1799* Madrid: Síntesis, 1997 (Historia universal (Síntesis). Contemporánea; 8)

DIDEROT, Denis: *Pla d'una universitat o d'una educació pública en totes les ciències*; traducció d'Eduard J. Verger; introducció i

---

134   Ídem pàg 123-124

135   Ídem pàg 115

notes d'Antoni Furió València: Publicacions de la Universitat de València, 2005 (Breviaris; 6)

EGRET, Jean:
—*Necker, ministre de Louis XVI, 1776-1790* Paris: H. Champion, 1975
—*La Pré-révolution française: 1787-1788* Paris: Presses universitaires de France, 1962

FURET, François; OZOUF, Mona:
—*Diccionario de la Revolución francesa* Madrid: Alianza, 1989 (Alianza diccionarios)
—*Dictionnaire critique de la Révolution française* Paris: Flammarion, 2007

FURET, François; RICHET, Denis:
—*La Revolución francesa* Madrid: Rialp, 1988 (Libros de historia; 27)
—*La Révolution française* Paris: Hachette, 1999 (Pluriel, 950)

GILMORE, Jeanne: *La République clandestine, 1818-1848*; traduit de l'anglais par Jean-Baptiste Duroselle avec la collaboration de France Cottin Paris: Aubier, 1997 (Histoires)

GIRAULT DE COURSAC, Paul; GIRAULT DE COURSAC, Pierrette: *Sur la route de Varennes* Paris: Table ronde, 1984

GODECHOT, Jacques:
—*Los Orígenes de la Revolución Francesa: la toma de la Bastilla, 14 de julio de 1789* Barcelona: Península, 1974 (Historia, ciencia, sociedad; 108)
—*La prise de la Bastille: 14 juillet 1789* Paris: Gallimard, 1989 (Collection Folio/histoire; 24)

GOUBERT, Pierre:
—*Historia de Francia*; traducción castellana de Marta Carrera y Marga Latorre Barcelona: Crítica, 1987 (Serie mayor)
—*Initiation à l'histoire de la France: suivi d'une chronologie, de tableaux généalogiques et d'une bibliographie* Paris: Fayard / Tallandier, 2013 (Pluriel)

JARDIN, André:
—*Histoire du libéralisme politique : de la crise de l'absolutisme à la constitution de 1875* Paris: Hachette, cop. 1985
—*Historia del liberalismo político de la crisis del absolutismo a la Constitución de 1875*; traducción de Francisco González Aramburo México: Fondo de Cultura Económica, 1989 (Política y derecho)

LEVER, Évelyne: *Louis XVIII* Paris: Fayard, 1988

MARTIN, Jean-Clément:
—*La Revolución francesa*; traducción de Palmira Freixas Barcelona: Crítica, 2013 (Serie mayor)
—*Nouvelle histoire de la Révolution française* Paris: Perrin, 2012 (Pour l'histoire)

McPHEE, Peter: *La Revolución francesa, 1789-1799: una nueva historia* Barcelona: Crítica, 2003 Libros de historia (Crítica)

MONTESQUIEU, Charles de Secondat, baró de,
—*Cartes perses*; edició i traducció d'Anna Maria Corredor; pròleg de Josep M. Terricabras
—*De la corrupció*; traducció de Josep Negre i Rigol Barcelona: Edicions 62, 2013 (Labutxaca. Assaig)
—*De l'esperit de les lleis*; traducció de Josep Negre i Rigol ; edició a cura de Xavier Arbós ; pròleg de Jordi Solé-Tura Barcelona: Edicions 62, 1983 (Clàssics del pensament modern; 5)

PÉRONNET, Michel:
—*Vocabulario básico de la Revolución Francesa*; prefacio de Jacques Godechot Barcelona: Crítica, 1984 (Serie general; 140. Estudios y ensayos)
—*Les 50 mots clefs de la Révolution Française*; préface de Jacques Godechot Toulouse: Privat, 1983

ROUSSEAU, Jean-Jacques:
—*Emili, o, De l'educació*; traducció de Montserrat Gispert; pròlegs de Josep González-Agapito, Salomó Marquès i Alain Verjat i Massmann Vic: Eumo, 1989 2ª ed. (Textos pedagògics; 5)
—*Del contracte social o Principis del dret polític*; traducció de Miquel Costa ; edició a cura de Josep Ramoneda Barcelona: Edicions 62, 1993 (Textos Filosòfics; 68)

RUDÉ, George F. E.: *La Multitud en la historia, los disturbios populares en Francia e Inglaterra, 1730-1848*; traducción de Ofelia Castillo México, D.F.: Siglo XXI, 1989 (Historia de los movimientos sociales)

SOBOUL, Albert:
—*La Revolució Francesa*. Barcelona, La Llar del Llibre, 1983 (Nova Terra, 27)
—*Le Procès de Louis XVI* Paris: Julliard, 1966 (Archives; 19)

VOVELLE, Michel:
—*La Révolution française: 1789-1799* Paris: Armand Colin, 1992 (Cursus. Histoire)

—*La Caída de la monarquía, 1789-1792* Barcelona: Ariel, 1979 (Ariel historia ; 26)
—*La Chute de la monarchie 1787-1792* Paris: Éditions du Seuil, 1972 (Points. Histoire; 101)

RÚSSIA

1.RÚSSIA A PRINCIPIS DEL SEGLE XX
1.1.L'AUTOCRÀCIA TSARISTA

Després de la derrota de Napoleó, els monarques i estadistes reunits al Congrés de Viena (1814-1815) van imposar a tot arreu d'Europa el retorn a l'absolutisme monàrquic; ara bé, el sistema de la Restauració va acabar sent escombrat per les onades revolucionàries de 1820, 1830 i 1848, després de les quals els diferents països d'Europa hi va triomfar el liberalisme, és a dir, els principis polítics derivats de les revolucions anglesa, escocesa, americana i francesa, condemnats pel Congrés de Viena. De tot aquest procés de canvi, però, Rússia se'n va quedar al marge, sobretot després que, el 1825, el tsar Nicolau I (1825-1855) hagués aconseguit esclafar la revolució desembrista —dita així perquè s'esdevingué el mes de desembre—, la qual, impulsada per nobles i oficials de l'exèrcit influïts pel liberalisme europeu, intentà establir una monarquia constitucional; per això, l'autocràcia tsarista, és a dir, la monarquia absoluta de dret diví, va mantenir-se vigent a Rússia fins a principis del segle xx.

Les derrotes en la guerra contra el Japó (1904-1905), motivades per la mala preparació de l'exèrcit rus i pels greus errors tàctics de l'alt estat major, així com els fets del Diumenge Sagnant, és a dir, la brutal repressió contra una manifestació obrera a Sant Petersburg —la capital de Rússia des del 1703 fins el 1918— el 9 (22) de gener de 1905[136], amb un balanç de centenars de morts i ferits, van provocar una situació de forta agitació revolucionària a Rússia en què sovintejaren les vagues i els motins de soldats a l'exèrcit. Un cop el van convèncer que restablir l'ordre mitjançant la força i la repressió no era pas possible,

---

136   El Diumenge Sagnant va ser el dia que, segons el calendari julià —l'oficial a Rússia fins l'1 de febrer de 1918— era 9 de gener, però segons el calendari gregorià, el que s'usa avui dia a pràcticament tot el món, era 22 de gener. Ací, en donar la data dels esdeveniments de Rússia anteriors a l'1 de febrer de 1918, usem el calendari julià però posant-hi al costat entre parèntesi la data equivalent en el calendari gregorià.

el tsar Nicolau II (1894-1917) va signar el Manifest d'Octubre en el qual concedia la reunió de la Duma, és a dir, d'un parlament; ara bé, el 15 (28) de desembre de 1905, les tropes aconseguiren esclafar una revolta obrera a Moscou, cosa que va donar origen a una ofensiva contrarevolucionària, la qual va permetre a Nicolau II promulgar, el 23 d'abril (6 de maig) de 1906, una Llei Fonamental que, tot i mantenir la convocatòria de la Duma, conferia al Tsar les prerrogatives de nomenar i destituir el govern com també les de dissoldre la Duma segons la seva voluntat i d'aprovar les lleis, amb la qual cosa, el règim parlamentari exigit pels revolucionaris de 1905 quedava reduït a la mínima expressió; ara bé, durant la resta del seu regnat, Nicolau II no va poder fer mai allò que realment hauria volgut: abolir la Duma i tornar a la situació anterior al Manifest d'Octubre, com també l'auge dels diaris, la formació de partits polítics i d'institucions públiques asseguraven que no es podria retrocedir pas a la tradicional autocràcia, sinó que la política hauria de ser àmpliament discutida encara que el poder el continués tenint el Tsar; per això, 1905 és a Rússia el mateix que 1789 a França o 1820 a Espanya: el moment en què, malgrat les posteriors restauracions absolutistes, ja res no va tornar a ser com abans, sobretot perquè, fins 1905, s'havia pogut creure que si l'autocràcia es mantenia a Rússia era perquè, realment, el poble sentia una devoció mística pel Tsar, mentre que, després, va quedar clar que era només la repressió allò que havia permès la continuïtat del règim.

A partir del Manifest d'Octubre, aparegueren a Rússia dos partits liberals: el Partit Constitucional Democràtic, el qual, per les seves sigles en rus, se'l coneixia com a "Partit Kadet", i el Partit Octubrista; els "kadets" acostumaven a mostrar unes postures més radicals que les dels octubristes, partidaris de reformes només des de dins del sistema i, sempre, amb el propòsit d'enfortir-lo. Per altra banda, a partir de 1905, el moviment revolucionari va escindir-se en una branca liberal, sostinguda per les classes burgeses i benestants, que només volia assolir les reformes polítiques pròpies d'un sistema constitucional, i una branca popular de pagesos i obrers que, sentint-se desenganyada del liberalisme, volia una revolució social radical; així, va créixer el nombre d'obrers disposats a afiliar-se als partits socialistes i, al camp, es va manifestar un profund odi de la pagesia contra la noblesa; per això, a les ciutats, les classes benestants van començar a expressar cada vegada més un sentiment de temor davant els estrats populars, conscients de l'amenaça que la següent revolució seria molt més violenta i radical que la que s'havia viscut el 1905; ara, la revolució popular es veia com una cosa que destruiria la civilització russa[137].

El jubileu de 1913, que Nicolau II va organitzar per celebrar, amb tota mena de luxe i d'espectacle, el tercer centenari de l'entronització del seu avantpassat Miquel Romanov, fou l'apoteosi propagandística del model d'autocràcia popular amb el Tsar com a pare del seu poble que l'estima amb devoció; convençut d'aquest mite per l'èxit de les celebracions, cosa que el duia a considerar, fins i tot després de l'experiència de 1905, absurds els avisos que Rússia podia precipitar-se cap a una revolució, i aconsellat pels seus ministres reaccionaris i pels seus cortesans llagoters, el tsar va concebre la idea d'accentuar el seu poder personal dissolent la Duma o, si més no, convertint-la en un cos purament consultiu com ho havia estat l'Assemblea de la Terra (Zemskii Sobor) dels segles xvi i xvii; per altra banda, molts observadors estrangers —monàrquics— veieren en els fastos de 1913 la prova de la solidesa del règim tsarista, donant a entendre que, amb tota probabilitat, el 2013 un altre tsar, besnét o rebesnét de Nicolau II, celebraria el quart centenari de la coronació de Miquel Romanov. En realitat, però, quan Nicolau II organitzà les pomposes celebracions dels tres-cents anys dels Romanov al tron de Rússia, no s'havien resolt pas la majoria dels problemes i contradiccions que el 1905 havien dut a l'esclat de la revolució; les reivindicacions pageses continuaven vigents i, en tot cas, l'únic canvi que s'havia produït des de 1905 era la radicalització de l'actitud reaccionària de la noblesa, com també les vagues obreres estaven més organitzades que les que s'havien donat a principis del segle i, a més, creixia el suport als marxistes dins de les organitzacions sindicals; per altra banda, com que Nicolau II i la seva cort bloquejaren totes les reformes liberals proposades per la Duma, els sectors burgesos benestants es distanciaven del règim, com també ho feien els seus partidaris tradicionals: el funcionariat, l'Església i l'Exèrcit ja que el tsar es resistia a les seves peticions de reforma; per tot això, fora dels cercles cortesans, els quals es deixaren enlluernar pel missatge cofoista que ells mateixos generaren amb les commemoracions del tercer centenari, existia la consciència de trobar-se en una situació de crisi i de catàstrofe imminent, d'estar vivint a sobre d'un volcà[138].

137   Figes, Orlando: *LA REVOLUCIÓN RUSA 1891-1924: LA TRAGEDIA DE UN PUEBLO*; traducción: César Vidal Barcelona: Edhasa, 2000 (Ensayo histórico) pàgs 248-253

138   Ídem pàgs 43-46

1.2.ELS PARTITS SOCIALISTES RUSSOS

El 1898, va fundar-se el Partit Obrer Socialdemòcrata Rus (POSDR) i, el 1901, el Partit Socialrevolucionari (SR); la diferència entre aquests dos partits socialistes, que, a causa del caràcter autocràtic del tsarisme havien de moure's en la clandestinitat, era que els socialdemòcrates eren marxistes, mentre que els socialrevolucionaris teoritzaven que la revolució havia de venir no pas únicament del proletariat industrial, tal com ho sostenien els marxistes, sinó de tot el poble treballador —és a dir, els pagesos i els obrers de les fàbriques—, unit per la seva pobresa i oposició al règim.

En el seu segon congrés, celebrat el 1903 entre Brussel·les i Londres, el POSDR va escindir-se en dues faccions: menxevics i bolxevics. Lenin, el cap visible dels bolxevics, afirmà el 1906 que les classes mitjanes russes feien causa comuna amb el règim tsarista; per això, els marxistes havien de buscar l'aliança del proletariat no pas amb la burgesia rural i urbana sinó amb la pagesia; a més, per enderrocar el tsarisme calia una insurrecció perquè una transferència pacífica del poder era inconcebible, i un cop caiguda la monarquia, s'hauria d'instaurar una dictadura provisional del proletariat i de la pagesia per assolir la llibertat cívica i el desenvolupament econòmic capitalista. En canvi, segons els menxevics, la societat capitalista avançada era una dictadura de la burgesia però només perquè la direcció fonamental de l'economia, les lleis i la política s'orientaven segons els interessos de la burgesia; per això, acceptaven el concepte marxista de "dictadura del proletariat" però no pas el sentit que li donava Lenin, que legitimava les seves idees de revolució violenta, dictadura i terror presentant-se com l'únic veritable defensor de l'ortodòxia del marxisme, sempre traïda per les altres faccions socialistes; els menxevics no estaven disposats, doncs, a establir cap mena de dictadura; a més, volien treballar juntament amb els liberals per liquidar el tsarisme, consideraven desitjable el sufragi universal i volien un règim basat en el respecte als drets i llibertats públiques, els quals no havien de ser restringits de cap manera en nom del socialisme, mentre que els bolxevics tenien com a objectius eradicar la religió, les tradicions rurals i la vella Rússia, com també estaven compromesos amb la planificació econòmica i l'enginyeria social; no els interessaven ni els procediments constitucionals ni les subtileses polítiques perquè tot es reduïa a formar una avantguarda monolítica encarregada de prendre el poder per realitzar la transformació revolucionària[139].

El 1889, va constituir-se a París la II Internacional, en la qual s'hi aplegaren els partits marxistes de tot arreu del món; el més fort i organitzat de tots era el Partit Socialdemòcrata d'Alemanya (SPD), el qual, d'ençà de la seva legalització (1890), anava augmentant el seu nombre d'escons al Parlament elecció rere elecció mitjançant una combinació d'apel·lacions als treballadors amb un programa liberal; per això, va passar a considerar-se possible que a Alemanya —el país més industrialitzat d'Europa—, el socialisme hi triomfés per la via democràtica i no pas per la violència, d'ací que Friedrich Engels (1820-1895) mateix arribés a admetre que, segurament, els alçaments revolucionaris que ell i Karl Marx (1818-1883) havien predit el 1848 no s'esdevindrien mai perquè el socialisme triomfaria a les urnes. L'exemple del SPD va influir fortament en els marxistes russos desacreditant-hi la idea del cop d'estat revolucionari[140]; per això, dins de la II Internacional, on, entre finals del segle XIX i principis del XX, hi predominava la idea de la via democràtica cap al socialisme, es considerava que no pas tots els revolucionaris russos eren uns fanàtics; al capdavall, els menxevics i els socialrevolucionaris semblaven raonables i s'hi podia parlar; d'altra banda, els socialistes europeus eren indulgents amb la intransigència i l'extremisme dels bolxevics perquè hi veien una conseqüència inevitable de les condicions en què es vivia a Rússia[141].

1.3.LA I GUERRA MUNDIAL
1.3.1.ELS PROBLEMES AL FRONT

Després que, el 23 de juliol de 1914, Àustria llencés un ultimàtum a Sèrbia, a qui acusava d'estar implicada en l'assassinat de l'arxiduc Francesc Ferran, nebot i hereu de l'emperador Francesc Josep, esdevingut a Sarajevo (Bòsnia i Hercegovina) el 28 de juny, la premsa russa exigia entrar en guerra en defensa de Sèrbia i s'organitzaren manifestacions davant de l'ambaixada austrohongaresa a Sant Petersburg; llavors, Ni-

139 SERVICE, Robert: Camaradas: breve historia del comunismo; traducción de Javier Guerrero Barcelona: Ediciones B, 2009 (No ficción. Historia) pàgs 79-84

140 PIPES, Richard: La Revolución rusa Barcelona: Debate, 2016 (Debate Historia) pàg 374

141 SERVICE, Robert: Camaradas: breve historia del comunismo; traducción de Javier Guerrero Barcelona: Ediciones B, 2009 (No ficción. Historia) pàg 86

colau II va trobar-se en el dilema d'haver de triar entre o bé anar a la guerra, i exposar-se així a una derrota que provoqués una revolució, tal com havia passat el 1905 en la guerra contra el Japó, o bé no anar-hi i esdevenir víctima d'una revolta patriòtica que, igualment, li prengués el poder; el 28 de juliol, Àustria declarà la guerra a Sèrbia, el 18 (31) de juliol, Nicolau II ordenà la mobilització general i, l'endemà, arribà la declaració de guerra als imperis centrals: Alemanya i Àustria, els quals s'enfrontaven a les potències de l'Entesa (França, el Regne Unit i Rússia). Durant les darreres setmanes de juliol de 1914, va produir-se a Rússia una certa reconciliació nacional; van interrompre's les vagues obreres, els socialistes s'uniren en la defensa de la Pàtria mentre que els pacifistes, derrotistes i internacionalistes van haver d'exiliar-se, així com, per posar fi a les hostilitats amb el govern, el 26 de juliol (8 d'agost) la Duma va decidir autodissoldre's fins a la fi de la guerra; enmig d'aquesta eufòria nacionalista, el govern va decidir russificar el nom de la capital canviant-lo de Sant Petersburg —un topònim d'arrel germànica que sonava massa alemany— a Petrograd; ara bé, aquest bel·licisme patriòtic era exclusiu de les classes mitjanes benestants i no el compartien pas els obrers i pagesos enviats al front com a soldats.

A partir de la tardor de 1914, quan els fronts s'estabilitzaren ja que no hi havia cap bàndol capaç d'obligar l'altre a retirar-se, va quedar clar que, en contra del que s'havia esperat i promès, la guerra seria llarga, i llavors començaren a manifestar-se les mancances i febleses de l'exèrcit rus; en primer lloc, com que els oficials eren ascendits més per la seva lleialtat al Tsar que per les seves capacitats, resultava impossible establir un comandament militar eficaç; els generals, tots ells aristòcrates, pretenien dirigir les batalles segons esquemes vuit-centistes, que els portaven a menysprear la tècnica de cavar trinxeres, essencial en una guerra de posicions com aquella, cosa que va dur a la mort de molts soldats, la majoria dels quals eren pagesos que no coneixien gens el món situat més enllà del seu poble o de la seva co-marca, i, per això, no es sentien motivats per combatre a no ser que l'enemic estigués a punt d'entrar a la seva regió d'origen ja que nocions com ara "Alemanya", "Sèrbia", "eslaus" o, fins i tot, "Rússia" els resulta-ven del tot alienes i incomprensibles. A més, el poc desenvolupament de la xarxa ferroviària impedia un transport ràpid de tropes com el que podien fer els alemanys, com no resultaven tampoc eficaces les comunicacions telefòniques o de telègraf. A més, a conseqüència de la creença que la guerra seria breu i, per tant, ja s'hauria acabat per

Nadal, a partir de l'hivern de 1914/15 a l'exèrcit van començar a faltar municions com també roba d'abric i botes per combatre el fred; per altra banda, aviat van donar-se epidèmies de còlera, tifus, escorbut i disenteria entre les tropes, cosa que causà un gran nombre de baixes, sobretot perquè no es disposava d'hospitals adequats.

Durant la primavera i l'estiu de 1915, una ofensiva conjunta austro-alemanya va obligar els russos a abandonar Galítsia, una regió de l'Imperi Austrohongarès que havien ocupat mesos abans, i també Polònia, poc després que els alemanys haguessin entrat a Varsòvia; a més, en aquesta operació de retirada, hi hagué una infinitat de baixes; llavors, a Rússia es va deixar de creure en la victòria i, per altra banda, van començar a córrer rumors de traïció entre les altes esferes basats sovint en el fet que la tsarina Alexandra —la muller de Nicolau II— era una princesa alemanya, cosa que va dur a molts soldats a perdre la lleialtat a la Monarquia. En aquesta situació de desfeta i de desmoralització, el 22 d'agost (4 de setembre) de 1915, Nicolau II va decidir assumir personalment el comandament de l'exèrcit i establir-se amb l'Estat Major a Moguilev (Bielorússia), amb la qual cosa a Petrograd el govern va caure en un desori perpetu arran de la manca d'entesa entre la tsarina, els ministres, la duma, els zemstvos —assemblees locals d'autogovern de les diferències províncies russes— i els representants de la indústria d'armament; per altra banda, al front, el tsar va demostrar no entendre-hi gens de qüestions militars i, a més, estava mancat de qualsevol mena de carisma que pogués animar les tropes[142].

1.3.2.LA CRISI POLÍTICA

En absència de qualsevol acció governamental efectiva, la Unió de Zemstvos, presidida pel príncep Georgi Lvov (1861-1925), un aristòcrata il·lustrat de tendències liberals vinculat als kadets, i sostinguda per donacions de particulars, va ocupar-se d'organitzar la tramesa de menjar i medicines cap al front, cosa que va resultar decisiva per evitar un ràpid col·lapse de l'esforç de guerra rus; aviat, els seus voluntaris assumiren la direcció en l'obertura de menjadors i en l'establiment d'unitats mèdiques al front per evacuar-ne els ferits, com també en l'ajuda als refugiats i a les famílies dels soldats; per això, el 1916, la Unió esdevingué una

---

142   Figes, Orlando: *LA REVOLUCIÓN RUSA 1891-1924: LA TRAGEDIA DE UN PUEBLO*; traducción: César Vidal Barcelona: Edhasa, 2000 (Ensayo histórico) pàgs 296-317

gran infraestructura a nivell nacional, una mena d'estat dins de l'Estat, fins al punt que, tal com durant la tardor de 1915 va lamentar-se'n un ministre, al front es considerava que era el príncep Lvov qui havia salvat el país proporcionant subministres a l'Exèrcit, alimentant els famolencs i oferint atenció als malalts i ferits. Per altra banda, en un ambient en què cada vegada creixia més la crítica a les autoritats per la mala gestió de la guerra, el ministeri de l'interior menava una lluita implacable contra la Unió per considerar, precisament, que usurpava les funcions del Govern, i és que l'obra d'organització pública no servia pas per unir el Poble al voltant del Tsar sinó, a causa del descrèdit del règim, per organitzar la transició cap a un autogovern del Poble.

Pressionat per l'oposició, el 6 (19) de juliol de 1915, Nicolau II va accedir a convocar la Duma, dos terços dels diputats de la qual, que anaven des de la dreta moderada fins a l'esquerra moderada, s'agruparen, juntament amb alguns membres del Consell d'Estat, en un Bloc Progressista per assolir la instauració d'un govern que gaudís de la confiança nacional, com a únic mitjà per evitar l'esclat d'una revolució, una amenaça cada cop més real en una situació de derrotes al front, vagues industrials i un caos social galopant; els dirigents del Bloc veien tan clar que el seu programa era l'última oportunitat per resoldre la crisi d'autoritat del règim que, fins i tot, acceptaren fer concessions perquè el tsar trobés acceptables les seves propostes; per això, Miliukov va rebutjar la proposta dels radicals —els kadets d'esquerres, Alexandr Kerenski (1881-1970), dirigent del Partit Socialrevolucionari, i els menxevics— que el govern esdevingués responsable davant la Duma, i el príncep Lvov va proposar ajornar la lluita per un règim parlamentari fins que s'hagués acabat la guerra. Per altra banda, la majoria dels ministres s'adheriren al programa del Bloc Progressista i, el 15 (28) d'agost, adreçaren una petició al tsar perquè nomenés un govern que gaudís de la confiança de la Duma. El primer ministre Ivan Goremikin, un reaccionari que es creia en el deure d'obeir el Tsar a ulls clucs, va traslladar-se a Moguilev a demanar a Nicolau II que clausurés la Duma i destituís els ministres rebels; per la seva banda, fidel a la idea que el seu marit havia de governar com un nou Ivan el Terrible, la tsarina bescantà els ministres desobedients titllant-los de ser una "gentussa pitjor que la Duma", que "mereixerien ser assotats"; al seu torn, el tsar considerava que cap de les seves concessions als liberals, que no feien pas res més que erosionar la seva autoritat, havia servit per desactivar les crítiques al seu govern; a més, segons el seu criteri, resultava intolerable que en un moment crític per a l'Imperi com era el de la guerra, quan la mà ferma de l'autocràcia es necessitava més que mai, els seus ministres li demanessin la renúncia al seu govern personal; per tot això, el 20 d'agost (2 de setembre), clausurà la Duma i renovà la seva confiança en el fidel i servil Goremikin, cosa que provocà l'inici d'una vaga de dos dies a Petrograd; a més, el tsar es va negar a rebre una delegació de les organitzacions públiques encapçalada pel príncep Lvov que volia demanar-li el nomenament d'un govern de confiança nacional. Quedava clar, doncs, que era impossible aconseguir de Nicolau II la renúncia al seu govern personal autocràtic; a més, sentint-se fort per l'èxit del seu cop de força contra la Duma, el tsar va anar destituint tots els ministres rebels, com també va posar els polítics de la Duma sota vigilància policial, radicalitzà la censura de la premsa i prohibí les reunions de les organitzacions públiques. Així doncs, davant de la fermesa reaccionària del tsar, l'oposició liberal estava atrapada entre dos focs: l'autocràcia i el temor a les forces radicals que, en cas de crisi del règim, voldrien anar més enllà de reformes polítiques per arribar a una revolució social extremista, en una situació en què les classes populars cada vegada estaven més radicalitzades a causa del deteriorament de les condicions de vida provocat per la situació de guerra.

Després que Nicolau II se n'hagués anat a Moguilev, a Petrograd el poder quedà en mans d'Alexandra; durant el "Govern de la tsarina" (setembre de 1915-febrer de 1917), van succeir-se quatre primers ministres i esdevingueren molt freqüents els canvis ministerials, amb la qual cosa la tasca de govern quedà completament desorganitzada, sobretot entre febrer i novembre de 1916, quan ocupà el càrrec de primer ministre l'incompetent Boris Stürmer, que no sabia fer res més que anar sempre a demanar consell a la tsarina. El març de 1916, Alexandra va destituir el ministre de la guerra Alexei Polivanov perquè, com que es mostrava disposat a col·laborar amb les organitzacions públiques, el considerava un revolucionari, sobretot per la seva amistat amb el dirigent octubrista Alexandr Gutxkov, cap del Comitè d'Indústries de Guerra, que, a més d'haver format part del Bloc Progressista, el novembre de 1915 s'havia assegut a parlar amb representants dels treballadors; segons va escriure-ho en una carta adreçada al seu marit, on li demanava la clausura del Comitè, que ella definia com un organisme subversiu, el millor que es podria fer amb Gutxkov seria penjar-lo. Polivanov, que havia aconseguit reconstruir l'Exèrcit després de les terribles pèrdues de la gran retirada, motiu pel qual l'agregat militar britànic el considerava l'organitzador militar més capacitat de Rússia, fou substituït pel general Dmitri Xuvaiev, els greus errors tàctics del qual van dur a creixents acusacions de traïció en les altes esferes[143].

1.3.3. LENIN I LA I GUERRA MUNDIAL

Al Congrés de Stuttgart (1907), on la II Internacional va debatre sobre el possible esclat d'una guerra general a Europa, s'hi van manifestar dues tendències:

a) La d'August Bebel (1840-1913), un dels fundadors del SPD: calia oposar-se a la guerra i si començava s'hauria de lluitar perquè s'acabés ràpidament
b) La de Lenin, Julius Martov (1873-1923) i Rosa Luxemburg (1871-1919): partint de l'experiència revolucionària russa de 1905, volien que els socialistes aprofitessin la guerra per desfermar una guerra civil internacional contra la burgesia

Fou a instàncies d'aquest segon grup que el Congrés va decidir que, cas d'iniciar-se una guerra, els treballadors i els seus delegats parlamentaris

"haurien d'intervenir en favor de la seva ràpida finalització i fer tot el possible per utilitzar la crisi econòmica i política causada per la guerra per desvetllar els pobles i, amb això, accelerar l'abolició de la dominació de la classe capitalista".

Lenin, però, va mantenir-se en la idea d'aprofitar per a fins revolucionaris una futura guerra; per això, a diferència de la majoria dels socialistes europeus, s'oposava a les polítiques pacifistes que es proposaven aturar les hostilitats per així evitar l'esclat d'un conflicte bèl·lic; malgrat que no pogués atrevir-se a manifestar-ho en públic, Lenin volia que hi hagués una guerra perquè llavors es disposaria d'una gran oportunitat de fer la revolució; així, en una carta adreçada el 1913 a l'escriptor Maksim Gorki (1868-1936), hi va escriure

---

143   Ídem pàgs 317-327

"Una guerra entre Àustria i Rússia seria de la més gran utilitat per a la revolució però no és pas gaire probable que en Francesc Josep i en Nicolau ens donin aquest plaer".

El 1914, després de la crisi de Sarajevo, els socialistes de tot arreu d'Europa convocaren mobilitzacions per la pau, però, quan arribaren les declaracions de guerra entre els diferents països, els diputats socialistes dels parlaments votaren a favor dels emprèstits militars que sol·licitaren els seus governs. Els socialistes russos, però, es mantingueren, en la seva majoria, fidels als acords pacifistes de la II Internacional perquè, a més que no estaven gaire vinculats emocionalment a Rússia ja que, a conseqüència de la seva activitat clandestina sovint havien de viure a l'exili, segurament estaven convençuts que la revolució només la podrien fer aprofitant la crisi política i social provocada per la guerra.

Arran de l'onada repressiva dels anys posteriors a 1905, Lenin va haver de marxar a l'exili i, després d'haver viscut en diferents llocs, el 1914, a conseqüència de l'esclat de la I Guerra Mundial, va establir-se a Suïssa, on va redactar la declaració programàtica titulada *Les tasques de la socialdemocràcia revolucionària en la guerra europea*; a més d'acusar de traïció les socialdemocràcies francesa, belga i alemanya, hi féu la següent proposta:

"Des del punt de vista de la classe obrera i de les masses treballadores de tots els pobles de Rússia, el mal menor seria la derrota de la monarquia tsarista i dels seus exèrcits que oprimeixen Polònia, Ucraïna i d'altres pobles de Rússia"

No va haver-hi cap altre socialista europeu important que es pronunciés a favor de la derrota del seu país a la guerra. La declaració programàtica de Lenin finalitzava amb una crida a l'agitació i la propaganda entre els civils i militars de les nacions bel·ligerants per provocar-hi una guerra civil contra els "governs i partits reaccionaris i burgesos de tots els països", una idea que després repetí en la proposta que presentà en la reunió de delegats socialistes de Rússia, Polònia, Itàlia, Suïssa, Bulgària, Romania, Alemanya, França, Holanda, Suècia i Noruega, celebrada a Zimmerwald (Suïssa) els dies 5 i 8 de setembre de 1915 per tractar de la lluita del proletariat per la pau.

El seu posicionament a favor de la derrota de Rússia va suscitar acusacions que Lenin era un agent del govern alemany, i, efectivament, a

Berlín aviat van considerar l'opció d'utilitzar-lo. El maig de 1915, actuant amb l'aprovació del govern del Reich, Alexander Parvus (1867-1924), un antic dirigent del Soviet de Sant Petersburg que, després del fracàs de la revolució de 1905, també havia arribat a la conclusió que només una derrota contra Alemanya podria destruir el tsarisme, va posar-se en contacte amb Lenin a Zuric; aquesta gestió va fracassar, però, Lenin també va tenir tractes amb Aleksander Keskula (1882-1963), un nacionalista estonià que havia passat a treballar per als serveis d'intel·ligència alemanys; d'una banda, Keskula gestionà la publicació a Suècia d'escrits de Lenin per introduir-los clandestinament a Rússia i, de l'altra, Lenin féu arribar a Keskula informes que havia rebut sobre la situació interna de Rússia[144].

2.LA REVOLUCIÓ DE FEBRER
2.1.EL DESCRÈDIT DEL TSARISME

Una ofensiva contra els austrohongaresos dirigida pel general Alexei Brusilov el 22 de maig (4 de juny) de 1916, en un principi reeixida, va acabar fracassant a causa de la ineficiència de l'Estat Major, encapçalat pel tsar mateix; malgrat la seva lleialtat monàrquica, Brusilov, esdevingut un heroi no sols a Rússia sinó dins del conjunt dels països de l'Entesa, va arribar a la conclusió que la victòria només seria possible després d'un canvi polític en profunditat, idea que acabà compartint el príncep Lvov, qui, com el conjunt dels liberals, havia esperat un èxit al front per assolir una unitat entre el govern i la societat que conjurés l'imminent perill d'una revolució violenta i radical.

Després de trenta mesos de guerra, a conseqüència del desgast i d'un manteniment inadequat, Rússia tenia en funcionament només les tres quartes parts del seu equipament ferroviari; a més, durant l'hivern de 1916/17, com que la neu dificultava encara més la circulació de trens, el subministrament d'aliments, farratge i combustible va quedar col·lapsat, cosa que va tenir efectes devastadors a les ciutats del nord, especialment a Petrograd; d'altra banda, una inflació desbocada, la corrupció del govern i un fort increment de l'índex de criminalitat auguraven l'esclat d'un gran cataclisme social. Hom parlava amb un absolut menyspreu del Tsar i del Govern, fins al punt de donar crèdit a rumors de l'existència dins de la Cort d'un sector favorable als alemanys, format per la tsarina i el mateix Nicolau II —nebot del kàiser— conspirant per aconseguir la derrota

---

144 PIPES, Richard: *La Revolución rusa* Barcelona: Debate, 2016 (Debate Historia) pàgs 409-416

de Rússia, com també hi havia una disposició general a creure's històries del tot rocambolesques i extravagants d'escàndols sexuals a l'entorn de la tsarina; la Cort, doncs, era vista com la culpable de tots els mals del país. Per tot això, durant la tardor de 1916, sobretot després que, en un discurs a la Duma, Miliukov llencés una dura crítica al govern, tothom, excepte, és clar, el reduït cercle cortesà, veia clara la necessitat d'emprendre un canvi important en les estructures polítiques del règim.

La destitució del reaccionari Stürmer i la seva substitució el 8 (21) de novembre de 1916 per Alexandr Trepov, disposat a reprendre la col·laboració amb la Duma, fou una bona notícia; ara bé, el nou primer ministre es trobà amb el rebuig tant de l'esquerra radical —els socialrevolucionaris de Kerenski i els menxevics de Nikoloz Txkheïdze (1864-1926), partidaris d'enderrocar el govern mitjançant una revolució— com de la mateixa tsarina, segons la qual Trepov hauria de ser penjat; per això, a partir d'aleshores l'única qüestió a debatre era si el règim cauria a causa d'una revolució popular o bé d'un cop de palau, com els que planejaven alguns dirigents polítics i militars[145].

2.2. LES REVOLTES I PROTESTES

El 22 de febrer (7 de març) de 1917, tres dies després que les autoritats haguessin anunciat un racionament del pa, els treballadors de la fàbrica Putilov, la més gran de Petrograd, es declararen en vaga; l'endemà, 23 de febrer (8 de març), les habituals manifestacions pel Dia de la Dona Treballadora van acabar en protestes contra la manca de pa en les quals s'exhibiren banderes roges i van proferir-se crits contra la guerra, el tsar i "l'alemanya" —la tsarina—; cap al dia 25 (10 de març), les manifestacions eren generals a la ciutat. Llavors, de Moguilev estant, Nicolau II envià un regiment a restablir l'ordre a Petrograd, però aviat molts soldats desertaren i s'uniren als manifestants en la lluita armada contra la policia; per tant, el règim tsarista va quedar-se sense efectius militars a la capital. En poc temps, Petrograd va caure sota el poder de les turbes revolucionàries que, en un clima de violència desenfrenada, destruïren els símbols de l'Antic Règim, assaltaren les comissaries de policia, els edificis judicials i les presons, com també linxaren brutalment els policies; a més, mantenir la seguretat ciutadana resultà impossible perquè,

---

145   Figes, Orlando: *LA REVOLUCIÓN RUSA 1891-1924: LA TRAGEDIA DE UN PUEBLO*; traducción: César Vidal Barcelona: Edhasa, 2000 (Ensayo histórico) pàgs 328-337

després de l'atac a les presons, van quedar lliures molts delinqüents comuns; per tot això, en els dies de la revolta, a Petrograd va haver-hi uns mil cinc-cents morts i uns sis mil ferits[146], no fou pas, doncs, una "revolució de vellut".

El 27 de febrer (12 de març), el Consell de Ministres va presentar la dimissió al Tsar; per altra banda, al Palau Tàurida, seu de la Duma, van constituir-se dos organismes: el Soviet de Petrograd, sota control dels dirigents dels diferents partits socialistes —socialrevolucionaris, menxevics i bolxevics—, en les reunions del qual hi participaven, majoritàriament, els soldats rebels que dominaven el carrer, i el Comitè per a la Restauració de l'Ordre, format per dotze membres del Bloc Progressista de la Duma, entre els quals Kerenski i Txkheïdze. L'1 (14) de març, la minoria radical del comitè executiu del Soviet exigí la creació d'un govern revolucionari provisional elegit pels soviets; es va plantejar, doncs, la possibilitat que les turbes del carrer poguessin prendre el poder; per això, els sectors moderats del Soviet iniciaren negociacions amb el comitè de la Duma per formar un govern; així, s'arribà a la constitució d'un Govern Provisional, presidit pel príncep Lvov i integrat per membres de l'oposició liberal, octubristes i kadets; ara bé, aquest govern havia de comptar amb l'aprovació del Soviet el qual, com a únic organisme que posseïa un autèntic poder, es comprometia a donar suport al gabinet només en la mesura que aquest garantís els principis dels acords revolucionaris[147], que, sota la pressió de les multitudinàries manifestacions dels carrers de Petrograd, els socialistes imposaren als partits del Govern Provisional: el reconeixement de les llibertats públiques —d'opinió, de cultes, de creences, d'associació, de reunió i de premsa—, abolició dels privilegis religiosos i socials, i, sobretot, promesa de celebració d'eleccions a una assemblea constituent, amb sufragi universal masculí i femení per a tots els majors de vint-i-un anys[148].

2.3. L'ABDICACIÓ DEL TSAR

Nicolau II s'havia desentès de Petrograd i es concentrava en les seves rutines amb l'Estat Major a Moguilev i amb la seva família al palau de

---

146   Ídem pàgs 370-371

147   Ídem pàgs 382-384

148   Service, Robert: *Historia de Rusia en el siglo xx*; traducción castellana de Carles Mercadal Barcelona: Crítica, 2000 (Memoria crítica) pàg 51

Tsarskoie Selo, localitat anomenada actualment Puixkin, situada a uns vint-i-sis quilòmetres de Sant Petersburg, que, de fet, s'havia convertit en la residència dels Romanov després que, arran de la situació creada a conseqüència del Diumenge Sagnant de 1905, haguessin deixat de considerar prou segur el Palau d'Hivern; llavors, el seu cercle de relacions es limitava als cortesans aduladors i servils; per això, igual com s'havia mostrat indiferent davant dels consellers que li demanaven nomenar un govern que gaudís de la confiança de la Duma, no va voler donar cap importància al telegrama del president de la Duma arribat al matí del 27 de febrer (12 de març) on li demanava que prengués mesures urgentment arran de la greu situació de Petrograd; durant la nit d'aquell dia, va arribar un altre telegrama informant del motí dels soldats de la capital; llavors, ordenà al general Ivanov enviar-hi tropes de càstig i establir-hi una dictadura, i emprengué viatge en tren cap a Tsarskoie Selo per reunir-se amb la seva dona i els seus fills.

Després d'haver-se hagut de desviar perquè els revolucionaris controlaven la línia, l'1 (14) de març, el tren imperial arribà a Pskov, una ciutat del nord-oest, propera a Estònia, situada a uns tres-cents quilòmetres de Petrograd. Aleshores, les últimes forces lleials havien fracassat en l'intent de prendre Petrograd; a més, quan arribaren a Tsarskoie Selo, les tropes d'Ivanov descobriren que la Guàrdia Imperial també s'havia unit al motí, igual com el general Mikhaïl Alekseiev, cap de l'estat major vinculat a les conspiracions del Bloc Progressista, va ordenar aturar l'expedició contrarevolucionària en haver rebut garanties que el nou govern el formaria la Duma i no pas el Soviet així com pel temor que fer servir tropes del front a combatre la revolució de Petrograd pogués dur a perdre la guerra; per altra banda, el Comitè de la Duma havia decidit que el tsar havia d'abdicar i, per això, a primeres hores del 2 (15) de març, Gutxkov i Vasili Xulguin, membre també del Bloc Progressista, es traslladaren a Pskov per demanar a Nicolau II que abdiqués, amb la qual cosa la corona passaria al seu fill Aleix i, durant la minoria d'edat del nou tsar, el gran duc Miquel, germà de Nicolau, actuaria com a regent. Al matí del 2 (15) de març, després d'haver vist que tots els generals de l'estat major li aconsellaven renunciar al tron, Nicolau II va anunciar que abdicava; ara bé, al vespre, després que el metge de la cort li hagués assegurat que, a causa de l'hemofília que patia, a Aleix no li quedarien gaires anys de vida, va decidir renunciar per ell i el seu fill i que la corona passés al gran duc Miquel. Aquesta voluntat contradeia la Llei de Successió segons la qual el tron no era pas una propietat personal de la qual el Tsar pogués disposar lliurement i, a més, precisament perquè Aleix era menor d'edat, el príncep hereu no podia renunciar i no ho podia fer ningú en nom seu; al seu torn, Miquel havia quedat exclòs de la successió perquè havia contret matrimoni morganàtic amb una dona divorciada.

Els octubristes i els kadets podien considerar que amb l'entronització del gran duc Miquel aconseguirien l'objectiu d'instaurar una monarquia constitucional, cosa impossible amb Nicolau II; ara bé, a Petrograd, les multituds congregades davant del Palau Tàurida protestaren aïradament contra la proclamació d'un nou tsar proferint crits a favor de la República i en contra de la dinastia; per això, quan, després d'haver tornat de Pskov, pronuncià un visca a favor del nou tsar Miquel, Gutxkov fou capturat per un escamot de treballadors que amenaçà d'executar-lo. Mentrestant, dins del Palau Tàurida, el kadet Miliukov encara s'entossudia a defensar la continuïtat de la Monarquia per legitimar i donar continuïtat històrica al traspàs de poder; ara bé, conscients que les masses no acceptarien cap nou tsar i que intentar imposar-los-n'hi un podria dur a la guerra civil, a petició de Kerenski —i també de Lvov—, el Govern Provisional decidí convèncer el gran duc Miquel de no acceptar el tron; el dia 3 (16) de març de 1917, després que el president de la Duma li comuniqués que no es veia pas capaç de garantir la seva seguretat personal si esdevenia tsar, Miquel signà la seva renúncia. La doble abdicació, primer del tsar Nicolau II i després del seu germà Miquel, se celebrà amb grans festes populars a Petrograd, Moscou i a tot arreu de Rússia on hi fou freqüent l'exhibició de banderes roges i el cant de La Marsellesa, com també la destrucció dels símbols i emblemes de l'antic règim tsarista; a més, durant tot l'any 1917, es va crear la imatge de la Monarquia com una força aliena, obscura i corrupta, contraposada a la gran renovació espiritual que havien representat els gloriosos dies de la Revolució de Febrer[149]; per això, fins i tot els kadets admetien que la monarquia s'havia acabat i que, per tant, Rússia havia de ser una república, una cosa que no es va proclamar formalment però que, després de Febrer, resultava òbvia.

Després d'haver-se acomiadat dels alts comandaments militars a Moguilev, el 9 (22) de març, Nicolau II arribà en tren a Tsarskoie Selo; en saber-ho, els dirigents socialistes van inquietar-se pel temor que

149 Figes, Orlando: *LA REVOLUCIÓN RUSA 1891-1924: LA TRAGEDIA DE UN PUEBLO*; traducción: César Vidal Barcelona: Edhasa, 2000 (Ensayo histórico) pàgs 388-401

pogués fugir a l'estranger; per això, l'executiva del Soviet va reunir-se i votà prohibir-li sortir de Rússia, com també demanà que el tanquessin a la fortalesa de Sant Pere i Sant Pau, la ciutadella de Petrograd usada tradicionalment com a presó; una delegació del soviet encapçalada per Txkheïdze es reuní amb el Govern Provisional i n'obtingué la promesa que no es permetria sortir del país a l'ex-tsar sense permís del Soviet; d'altra banda, l'executiva del Soviet envià un destacament de soldats a Tsarskoie Selo per comprovar que, realment, Nicolau II s'hi estava amb la seva família; el 21 de març (3 d'abril), Kerenski va entrevistar-se amb Nicolau i Alexandra a Tsarskoie Selo[150], on els Romanov van residir fins que, per l'agost, el Govern Provisional els traslladà a Tobolsk, ciutat de la regió dels Urals, amb la idea de poder enviar-los a l'estranger via Japó.

2.4. EL DOBLE PODER

Fins al 28 de febrer (13 de març), la revolució va limitar-se a Petrograd; la primera ciutat a reaccionar va ser Moscou, on va haver-hi vagues i manifestacions i l'1 (14) de març s'hi va elegir un soviet d'obrers; aquell mateix dia, va haver-hi mítings a Tver, Niznij Novgorod, Samara, Saratov i d'altres ciutats de províncies, on les multituds celebraren actes pacífics d'adhesió al Govern Provisional; a partir del 3 (16) de març, la difusió, a escala nacional, de la notícia de l'abdicació del Tsar va portar a tot arreu a un ràpid esfondrament de l'autoritat; durant el mes de març, a totes les ciutats es van formar soviets seguint el model del de Petrograd, on, a principis d'abril, començaren a arribar representants dels soviets provincials[151]. La tradició històrica russa havia inculcat a la massa del poble —formada per pagesos, treballadors i soldats— la creença del Tsar com l'amo del país; per tant, la sobirania resultava inseparable de la persona del sobirà la qual, doncs, era la que definia i donava realitat a l'Estat, i no pas a la inversa, de tal manera que la idea d'una Rússia sense el Tsar podia considerar-se incongruent, d'ací que la pèrdua de prestigi de la institució imperial esdevinguda des de principis del segle xx també hagués minvat el prestigi de l'Estat i del seu govern. En conseqüència, segons ho entenia el poble, sense el seu amo —el Tsar—, el

---

150   Pipes, Richard: *La Revolución rusa* Barcelona: Debate, 2016 (Debate Historia) pàgs 360-361

151   Ídem pàg 358

país es desfeia i deixava d'existir; per tant, després de la fi de la monarquia dels Romanov, Rússia havia tornat a la seva constitució "cosaca" de llibertat universal, entesa en el sentit d'una llicència sense fre, en la qual la voluntat de la comuna pagesa de poble era l'única autoritat reconeguda. Malgrat aquesta tradició, però, la pagesia no va lamentar pas la fi del tsarisme perquè considerà positiu l'adveniment d'un interludi d'anarquia durant el qual podria dur a terme una "Repartició Negra", consumada, entre la primavera de 1917 i la de 1918, en l'apropiació per les comunes pageses de tota la terra en mans privades[152]; posteriorment, ja podria tornar a establir-se un poder fort.

Si després de la caiguda dels Romanov, s'havia iniciat el procés d'instaurar a Rússia un règim republicà i democràtic havia estat, només, perquè els dos principals partits d'esquerres —els socialrevolucionaris i els menxevics— no consideraven factible anar més enllà i pretendre arribar al socialisme, segons ells, un objectiu impossible d'assolir en un país pobre i endarrerit com Rússia, amb poca indústria i una molt elevada taxa d'analfabetisme, conseqüència de la manca d'un sistema d'escolarització eficaç; seguint la doctrina clàssica del marxisme, els menxevics creien que un país només estava preparat per passar al socialisme quan s'hi havien consolidat fermament tant la democràcia com el capitalisme, és a dir, la industrialització. D'altra banda, que el Govern Provisional no disposava pas del monopoli del poder ja havia quedat clar l'1 (14) de març —quan el Tsar encara no havia abdicat— amb la promulgació pel Soviet de Petrograd de l'Ordre número 1 abolint el codi de disciplina militar en la guarnició de la ciutat, la qual quedà sota l'autoritat del Soviet, que també va decretar la reducció de la jornada laboral a vuit hores així com d'altres millores en les condicions de treball de les fàbriques[153]. A més, pel juny, va reunir-se a Petrograd un Congrés dels Soviets d'Obrers i Soldats de Totes les Rússies, format per delegats elegits pels soviets de tot arreu del país; aquest congrés va elegir un Comitè Central Executiu encarregat de coordinar els diferents soviets, cosa que plantejava la possibilitat de bastir una mena d'administració pública alternativa a la del Govern Provisional[154].

---

152 Ídem pàgs 334-335

153 SERVICE, Robert: HISTORIA DE RUSIA EN EL SIGLO XX; traducción castellana de Carles Mercadal Barcelona: Crítica, 2000 (Memoria crítica) pàgs 52-53

154 Ídem pàg 62

3.ELS PRIMERS MESOS DEL GOVERN PROVISIONAL
3.1.LES TENSIONS SOCIALS I POLÍTIQUES

El 18 d'abril (1 de maig), Miliukov, ministre d'afers estrangers, va enviar un telegrama a París i a Londres reafirmant la intenció del govern rus de mantenir-se fidel als compromisos de guerra que, el 1915, el règim tsarista havia assumit amb França i el Regne Unit, com també expressant-hi ambicions expansionistes d'adquirir Constantinoble i d'altres territoris dels Dardanels; tanmateix, fent-se portantveus de les reivindicacions de les classes populars, els socialrevolucionaris i els menxevics sostenien que, en la guerra, calia limitar-se a defensar les fronteres de Rússia, sobretot perquè aquesta era l'única manera de garantir la conservació de les llibertats assolides amb la Revolució. Molts dels treballadors de l'oficina de telègrafs de Petrograd eren simpatitzants menxevics i, per això, van informar del contingut del telegrama al Soviet, i, el 20 d'abril (3 de maig), menxevics i socialrevolucionaris organitzaren una manifestació contra el govern, de resultes de la qual Miliukov i Gutxkov dimitiren. Acte seguit, el príncep Lvov proposà als partits d'esquerres entrar al govern, i, el 5 (18) de maig, es formà un nou gabinet amb els socialrevolucionaris Kerenski com a ministre de la guerra i Viktor Txernov (1873-1952) d'agricultura, i els menxevics Matvey Skobelev (1885-1938), ministre de treball i Irakli Tsereteli (1881-1959) al capdavant del ministeri de correus i telègrafs. Skobelev va pressionar per aconseguir que als obrers els fos reconegut el dret a un arbitratge imparcial en cas de conflicte laboral com també per establir una major regulació de la indústria per part de l'estat com a mitjà per lluitar contra la corrupció financera, i Txernov permeté als pagesos aprofitar-se de la normativa que qualsevol terra caiguda en desús durant la Guerra, la podien ocupar per conrear-la els "comitès de la terra" elegits. Naturalment, aquestes polítiques havien de crear tensions amb el Partit Kadet, el qual, si bé anteriorment havia pretès resoldre la qüestió agrària repartint la terra entre els pagesos a canvi d'una indemnització en metàl·lic als terratinents, el 1917, sostenia que sobre una qüestió tan important com aquella només podria pronunciar-s'hi l'Assemblea Constituent, com també que no convenia pas emprendre una reforma agrària mentre encara durés la guerra per por que els soldats del front —la immensa majoria, d'origen pagès— desertessin en massa per anar al seu poble a prendre possessió dels lots de terra que els correspondessin; d'altra banda, tot i que, en un primer moment, havien acceptat les negociacions entre empresaris i obrers en vaga, les necessitats de mantenir la producció d'armament van dur els kadets a desaprovar les vagues.

Malgrat que no fos pas la tònica dominant, es produïren actes de violència contra capatassos de fàbrica impopulars i, en alguns vaixells de la marina, la tropa linxà oficials odiats pel seu autoritarisme, mentre que a l'exèrcit, els soldats arrencaven els galons als seus oficials, suprimien la salutació militar i discutien les ordres dels superiors; d'altra banda, els obrers creaven comitès de fàbrica, similars als que establien els soldats i els marins a les seves unitats militars. En general, hom aprofitava la fi de l'autocràcia, que havia dut a la desarticulació de l'Okhrana —la policia política del règim dels Romanov, fundada després de l'assassinat del tsar Alexandre II (1881)—, els agents de la qual o bé havien fugit o bé havien caigut presoners, per expressar les seves opinions sense por i per implicar-se en debats polítics. El Govern no semblava tenir gaire pressa per convocar les eleccions a l'Assemblea Constituent i, llavors, no havent-hi un govern elegit, és a dir, una autoritat legítima, els diferents grups sectorials començaren a organitzar-se en la defensa dels seus interessos; els comitès de fàbrica establien un control obrer sobre la direcció de les empreses, i, ja des del març, hi hagué grups de pagesos que es quedaven les terres dels nobles, com també s'usaven terres com a pastures i es tallaven boscos al marge de la legalitat; d'altra banda, en resposta la indulgència del govern amb les "masses", grups d'empresaris constituïren la Societat de Propietaris de Fàbriques de Petrograd com també es formà una Unió de Terratinents.

A províncies, els governadors nomenats pel Tsar foren substituïts per comissaris designats pel Govern Provisional, els quals, però, no es podien imposar de cap manera als comitès locals. Fins 1917, els noms "Rússia" o "Imperi Rus" s'usaven indistintament per designar el conjunt de l'imperi governat des de Sant Petersburg, el qual no era pas un estat homogeni des del punt de vista nacional o identitari perquè resultava, simplement, de la suma dels territoris que, al llarg dels segles, els tsars havien anat conquerint per via militar. Poc després de la Revolució de Febrer, a Kiev, va constituir-se un Consell Central — denominat "Rada"— sota domini dels diferents partits socialistes, i el Congrés Nacional d'Ucraïna pressionà per assolir una àmplia autonomia; situacions similars van esdevenir-se a Finlàndia, Estònia i Letònia, mentre que el Comitè Especial Transcaucàsic que havia instituït el Govern Provisional es veia desafiat pels soviets georgians, armenis i azerbaidjanesos. Generalment, no es demanava pas la independència

per por a ser envaïts pels imperis centrals, com també les reivindi-
cacions autonomistes es basaven més en qüestions socials i econò-
miques —peticions de pa, repartiment de terres, assistència social i
pau— que no pas en reivindicacions identitàries[155]. Mentre que els so-
cialistes eren partidaris d'atorgar autonomies als pobles no russos per
així evitar que aspiressin a la independència —el ministre Tsereteli
va defensar la concessió d'una més àmplia autonomia a Ucraïna—,
els kadets volien mantenir l'administració centralista tradicional per-
què fer concessions d'autogovern podia provocar la desintegració de
l'Estat; la seva tàctica fou la d'intentar guanyar temps proposant que
només l'Assemblea Constituent hi podria prendre una decisió, però
no s'atreviren a llençar cap crida patriòtica als russos per defensar la
unitat de l'estat per por que tal acció pogués radicalitzar l'internacio-
nalisme dels menxevics i dels socialrevolucionaris[156].

3.2. LES TESIS D'ABRIL

A Rússia, durant les setmanes posteriors a l'abdicació del Tsar, els
bolxevics, una força minoritària dins del Soviet de Petrograd, no feren
res d'important ni de remarcable; l'esclat de la Revolució de Febrer els
havia agafats per sorpresa i, aleshores, a Petrograd només hi tenien
un petit comitè format per militants de segona fila, sense possibilitat
d'establir contactes ni amb Lenin, encara a Suïssa, ni amb els dirigents
desterrats a Sibèria —Lev Kamenev (1883-1936), Stalin (1878-1953) i
Matvei Muranov (1873-1959)—, els quals no aconseguiren arribar a la
capital russa fins el 13 (26) de març; després d'un cert debat intern, els
bolxevics aprovaren la política de seguir la línia dels menxevics i dels
socialrevolucionaris de col·laborar amb el Govern Provisional en la
tasca d'instaurar a Rússia un estat republicà i democràtic i de continuar
la guerra però només amb objectius de defensa.

A Zuric, Lenin va fer la seva vida normal fins que, per la premsa,
va assabentar-se de la Revolució de Febrer; llavors, va mirar de trobar
la manera de poder arribar a Suècia, país neutral, i, des d'allà, tornar
a Rússia. Ara bé, si intentava fer el camí per Alemanya, es trobaria
que, per les circumstàncies de la guerra, no hi deixaven entrar russos

---

155   SERVICE, Robert: *HISTORIA DE RUSIA EN EL SIGLO XX*; traducción castellana de Carles
      Mercadal Barcelona: Crítica, 2000 (Memoria crítica) pàgs 53-57

156   Ídem pàgs 61-62

ni ciutadans de qualsevol altre país enemic, mentre que si ho provava per França i Gran Bretanya, llavors li podia passar que, a causa de les seves conegudes posicions derrotistes i revolucionàries, també li deneguessin l'entrada. A Alemanya, però, estaven determinats a aprofitar els conflictes interns dels països enemics i, a més, havien vist que el Govern Provisional de Rússia es manifestava disposat a continuar la guerra; per això, aviat Berlín va iniciar negociacions amb Lenin per facilitar-li el retorn a Rússia. El 9 d'abril (27 de març a Rússia), Lenin, Grigori Zinóviev (1883-1936) i d'altres bolxevics sortiren de Zuric en un tren que el govern alemany havia posat a la seva disposició, amb el qual feren cap a la ciutat bàltica de Sassnitz, on agafaren un vapor suec que els deixà a Trälleborg, i continuaren cap a Estocolm. Lenin i la seva comitiva van arribar en ferrocarril a Petrograd el 3 (16) d'abril; a l'estació del tren, Txkheïdze, president de l'executiva del Soviet, va donar la benvinguda a Lenin i la seva comitiva amb una crida a la unitat dels socialistes en defensa de la "llibertat revolucionària" per enfrontar-se tant a la contrarevolució com a l'agressió estrangera[157].

L'endemà mateix del seu retorn a Rússia, Lenin va exposar davant del Soviet de Petrograd el contingut del seu document titulat Sobre les tasques del Proletariat en l'actual revolució, conegut com Les Tesis d'Abril, que, tres dies després, el 7 (20) d'abril, va aparèixer publicat al diari Pravda, l'òrgan dels bolxevics. Segons Lenin, els socialistes no havien pas de donar suport, tal com ho estaven fent des de Febrer, a un règim burgès i imperialista com el del Govern Provisional; a més, a Rússia, la Revolució estava ja llesta per passar de la primera fase —burgesa— a la segona —socialista— que havia de donar el poder al proletariat —els treballadors de les fàbriques— i als estrats pobres de la pagesia; per aconseguir-ho, no s'havia d'instaurar pas una república democràtica parlamentària —idea que qualificà de retrògrada— sinó un govern dels soviets d'obrers i pagesos, objectiu resumit en la consigna "Tot el poder per als soviets!". Al Soviet de Petrograd, la majoria —menxevic o socialrevolucionària— considerà demencials aquests plantejaments fins al punt que hi donaren respostes com ara "Deliri, el deliri d'un boig", "Lenin aspira a un tron europeu vacant des de fa trenta anys: el tron de Bakunin" o, més benèvolament, algú va veure-hi una teoria abstracta que, amb tota probabilitat, Lenin acabaria abandonant quan comencés a familiaritzar-se amb les condicions i circumstàncies de Rússia, un

---

157   PIPES, Richard: La Revolución rusa Barcelona: Debate, 2016 (Debate Historia) pàgs 418-425

país d'on havia estat absent durant deu anys. Poques hores després, Lenin va parlar en una reunió de dirigents bolxevics i també s'hi va quedar sol defensant les seves tesis; tanmateix, en les reunions celebrades el 8 (21) d'abril del comitè bolxevic de Petrograd i, deu dies després, del congrés nacional bolxevic[158], Lenin va aconseguir que les seves propostes esdevinguessin la línia oficial del Partit. Les idees de les Tesis d'Abril es basaven en la teoria de la "Revolució Permanent" formulada per Trotsky el 1905; en contradicció amb la doctrina clàssica del marxisme que el socialisme només era possible en països desenvolupats on la societat burgesa i capitalista s'hi hagués consolidat plenament, aquesta teoria afirmava que es podia instaurar el socialisme en un país endarrerit com Rússia. Segons Trotsky, que el maig de 1917 tornà de l'exili, a Rússia només la classe obrera podia enderrocar el feudalisme i guanyar-se el suport de la pagesia; a més, la classe obrera russa duria a terme la seva pròpia revolució contra la feble classe capitalista, la qual, a causa de la seva debilitat, no estava gens disposada a emprendre cap mena de revolució liberal i, per això, s'aliava amb les elits feudals; un cop feta la revolució proletària a Rússia, caldria demanar l'ajuda a la classe treballadora dels països capitalistes de tot arreu del món, i així seria com el socialisme arribaria a triomfar a nivell mundial.

A partir del retorn de Lenin, doncs, va cristal·litzar una oposició d'extrema esquerra al Govern Provisional, representada pels bolxevics, els quals sempre s'havien caracteritzat per rebutjar, per igual, tant l'autocràcia tsarista com el liberalisme. En el Congrés de Soviets de Totes les Rússies de juny, quan el menxevic Tsereteli va manifestar que no existia cap partit disposat a prendre el poder en solitari, Lenin li va replicar que aquest partit sí que existia[159]. Després de l'acceptació de les Tesis d'Abril, l'argument dels bolxevics va ser que el Govern Provisional ni repartiria la terra entre els pagesos, ni posaria les fàbriques sota el control dels obrers ni tampoc trauria Rússia de la guerra; evidentment, a partir de l'incident del telegrama de Miliukov, molts començaren a prendre's seriosament els projectes radicals de Lenin[160].

158 CARR, Edward Hallett: *The Bolshevik Revolution: 1917-1923* London: Penguin Books, 1984 (Pelican Book. History Carr, Edward Hallett. *History of Soviet Russia*; 1) Volum I pàgs 90-92

159 SERVICE, Robert: *HISTORIA DE RUSIA EN EL SIGLO XX;* traducción castellana de Carles Mercadal Barcelona: Crítica, 2000 (Memoria crítica) pàgs 63-64

160 SERVICE, Robert: *Camaradas: breve historia del comunismo*; traducción de Javier Guerrero Barcelona: Ediciones B. 2009 (No ficción. Historia) pàg 93

3.3.LA CRISI DE JULIOL

Entre el 18 de juny (1 de juliol) i el 6 (19) de juliol, l'exèrcit rus va realitzar una ofensiva a Galítsia; si el Govern Provisional, on des d'abril hi havia també ministres socialrevolucionaris i menxevics, havia abandonat la política de limitar-se a defensar les fronteres de Rússia havia estat amb l'esperança que un èxit militar unís el conjunt de la societat russa al voltant seu generant així un esperit patriòtic de defensa nacional del nou sistema democràtic; en realitat, foren només els sectors de classe mitjana els que compartiren l'entusiasme del Govern amb l'ofensiva, la qual, a més, acabà en una desfeta total perquè, després que les tropes russes haguessin patit un quantiós nombre de baixes, els alemanys s'apoderaren de gran part d'Ucraïna. D'altra banda, tres ministres kadets van dimitir com a protesta contra la decisió, presa el 2 (15) de juliol, de concedir l'autonomia a Ucraïna; en realitat, la coalició de govern no era gens estable; els kadets, defensors dels drets de propietat, de la disciplina militar, de la llei i l'ordre i de la unitat de Rússia enfront de les reivindicacions autonomistes, acusaven els ministres d'esquerres d'imposar al Govern la política del Soviet. Decebut per l'actitud dels uns i dels altres de sacrificar els interessos generals de la Nació en favor d'interessos particulars de partit o de classe, cosa que, tal com ell ho veia, havia de portar Rússia a una guerra civil, el 3 (16) de juliol, el príncep Lvov va anunciar la seva intenció de dimitir, decisió que no es va fer pública fins quatre dies després.

Petrograd va veure's ocupada els dies 3 i 4 (16 i 17) de juliol per obrers i soldats armats que exigien la dissolució del Govern Provisional i la transferència del poder al Soviet. Malgrat el programa polític de les Tesis d'Abril, els bolxevics no van voler dirigir la insurrecció pel temor que si a Petrograd es constituïa un poder revolucionari, aquest pogués acabar sent esclafat per una reacció des de la resta de Rússia, tal com havia passat a França amb la Commune de París de 1871, una idea que l'havia argumentada Lenin mateix en una reunió amb militants bolxevics el 20 de juny (3 de juliol). Al final, veient que els dirigents del Soviet, majoritàriament menxevics i socialrevolucionaris del tot fidels al dogma que no podia instaurar-se pas el socialisme a Rússia perquè la fase burgesa de la revolució encara no s'havia acabat, no volien prendre el poder i que els insurgents no tenien força per sotmetre el Soviet, la revolta va acabar desinflant-se. Tanmateix, a l'endemà, 5 (18) de juliol, els partits de dreta engegaren una campanya exigint l'empresonament dels bolxevics als quals acusaven de ser uns agents alemanys que havien preparat l'alçament de la capital en connivència amb Berlín; d'altra banda, sobre la base que molts dels dirigents bolxevics eren jueus, es va endegar també una persecució antisemita. Les autoritats van donar ordre de recerca i captura contra els líders bolxevics; Lenin i Zinóviev van aconseguir fugir a Finlàndia, mentre que Trotsky, Kamenev, Anatoli Lunatxarsky (1875-1933) i Alexandra Kollontai (1872-1952) van ser detinguts. Considerant els bolxevics també un partit socialista i que la persecució contra ells podria ser l'inici d'una acció repressiva contrarevolucionària que acabés eliminant també els menxevics i els socialrevolucionaris, els dirigents del Soviet van posicionar-se en contra de la persecució, cosa que va permetre la supervivència del partit bolxevic[161].

4.EL GOVERN KERENSKI
4.1.EL GENERAL KORNILOV

Kerenski, que el 7 (20) de juliol succeí Lvov com a primer ministre, gaudia d'un cert suport popular però també era acceptat pels comandaments militars i per la burgesia; per la seva condició de pont entre els liberals i socialistes, doncs, se'l considerava l'home capaç d'unir el país i d'evitar, així, l'esclat d'una guerra civil; d'altra banda, ell mateix, elogiat pels seus aduladors com "el ciutadà ideal" o "la personificació de la llibertat russa", es veia com un "dirigent nacional" a cavall entre l'esquerra i la dreta. Per poder formar un govern de coalició amb els kadets, va sacrificar la majoria de les peticions bàsiques del Soviet i, a instàncies dels liberals, aprovà decrets restringint les reunions públiques, restablí la pena de mort al front de guerra i, a l'exèrcit, va retallar la influència dels comitès de soldats. Dins del nou govern, hi havia nou ministres socialistes però no hi actuaven pas com a representants del Soviet; a més, tots ells, amb l'excepció de Txernov, pertanyien a les faccions més dretanes dels seus partits i estaven molt més a prop de la Duma que del Soviet. El 18 (31) de juliol, d'una banda, el Govern Provisional va instal·lar-se al Palau d'Hivern i, de l'altra, el Soviet va ser expulsat del Palau Tàurida i obligat a traslladar-se a l'Institut Smolny, una antiga escola per a filles de la noblesa situada als afores de Petrograd.

---

161   Figes, Orlando: *LA REVOLUCIÓN RUSA 1891-1924: LA TRAGEDIA DE UN PUEBLO*; traducción: César Vidal. Barcelona: Edhasa, 2000 (Ensayo histórico) pàgs 470-488

Poc després de l'abdicació del Tsar, Gutxkov i d'altres conservadors havien fet nomenar comandant militar de Petrograd el general Lavr Kornilov, el qual, durant la crisi d'abril, que dugué a les dimissions de Gutxkov i Miliukov, amenaçà de treure les tropes al carrer; el Soviet s'hi va oposar i l'obligà a dimitir. A partir d'aleshores, Kornilov va esdevenir l'esperança dels sectors dretans del tot contraris a la influència del Soviet al govern, com ara Miliukov. El 8 (21) de juliol, Kerenski va nomenar Kornilov comandant del front sud-occidental i, deu dies després, l'ascendí a comandant en cap de l'exèrcit; segurament, confiava poder usar-lo per calmar la dreta tot salvant, però, l'estructura bàsica de les seves reformes democràtiques, tanmateix, el 3 (16) d'agost, Kornilov va plantejar la possibilitat de decretar la llei marcial a Rússia, restablir la pena de mort per als civils, militaritzar els ferrocarrils i les indústries d'armament on, sota pena de mort, hi estarien prohibides tant les vagues com les reunions d'obrers i s'hi instaurarien unes quotes de producció obligatòries, amb càstigs i sancions si no s'assolien; d'altra banda, molts sectors dretans, com ara la Unió d'Oficials, polítics kadets i importants homes de negocis, esperaven que Kornilov es desempallegués de Kerenski i del Soviet.

Kerenski es trobava, d'una banda, que el Soviet, on s'estava duent a terme una tenaç campanya contra les mesures que havia proposat Kornilov, havia començat a desconfiar-ne i a posar-ne en dubte la capacitat —o la voluntat— de defensar el nou ordre social d'intents contrarevolucionaris, i, de l'altra, que la dreta li retreia ser massa indulgent amb els bolxevics; com que, des de la Revolució de Febrer, sempre havia pretès seguir una via intermèdia entre la dreta i l'esquerra, dubtava i, per això, li resultava impossible prendre una decisió, sobretot després que el 10 (23) d'agost s'hagués discutit a crits al Palau d'Hivern amb Kornilov; en aquesta baralla verbal, tots dos s'acusaven mútuament d'estar portant el país a la ruïna. Per intentar mantenir la unitat nacional al seu voltant, va convocar una conferència d'estat celebrada a Moscou, al Teatre Bolxoi, entre els dies 12 i 14 (25 i 27) d'agost; en la sessió inaugural, ja va quedar clara la polarització total entre els sectors dretans i els partits socialistes, i, a més, els bolxevics decidiren boicotejar la conferència i convocar una vaga general; per això, a Moscou ni circularen els tramvies ni obriren els bars i restaurants. D'altra banda, durant la conferència, Kornilov va entrar a Moscou, i els sectors de dretes l'aclamaren com un heroi, fins al punt que un militant kadet li va dir "Salvi Rússia, i un poble agraït el coronarà"; l'endemà, es presentà a la conferència, i els delegats de dretes l'aplaudiren mentre que els socialistes es mantingueren en silenci; a més, el seu breu parlament tingué molta més importància que no pas el discurs de clausura que pronuncià Kerenski; certament, la Conferència de Moscou va significar l'inici de la decadència política de Kerenski, i l'ascens de Kornilov entre els sectors de dretes.

El 21 d'agost (3 de setembre), els alemanys ocuparen Riga (Letònia) i, a més, Finlàndia i Ucraïna es proclamaren independents, continuaven les vagues combatives dels obrers, els ferrocarrils estaven paralitzats, els pagesos s'apropiaven de les terres dels nobles com també el crim i el desordre dominaven les ciutats; a més, a Lutsk, al nord-oest d'Ucraïna, un grup de soldats desertors, amb simpaties bolxevics, acabà assassinant Fedor Linde, enviat des de Petrograd com a delegat del Soviet per convèncer-los de tornar al front. A partir d'aleshores, els sectors conservadors començaren a dir que resultava impossible mantenir l'ordre a Rússia per mitjans democràtics i que calia, doncs, establir un règim autoritari que suprimís els soviets i eliminés els bolxevics; aquest moviment contrarevolucionari va anar acompanyat d'actituds antisemites perquè, com sempre, es culpava els jueus de tots els mals del país.

A Moguilev, seu de l'Estat Major, Kornilov va rebre dues visites de Petrograd; durant els dies 22 al 24 d'agost (4 al 6 de setembre), Boris Savinkov (1879-1925), viceministre de la Guerra —en el Govern, Kerenski era, a més de primer ministre, ministre de la Guerra i de Marina— li va assegurar que Kerenski estava disposat a acceptar les seves mesures, com també, per por a una revolta bolxevic que pogués comptar amb el suport del Soviet, va demanar-li situar tropes a prop de Petrograd; el segon visitant, que arribà a Moguilev el 24 d'agost (6 de setembre), va ser Vladimir Nikolaievitx Lvov (1872-1930), un octubrista que havia proposat a Kerenski consultar Kornilov per obrir la via cap a la creació d'un govern fort; si Kerenski va acceptar la proposta fou perquè Lvov l'avisà que l'Estat Major planejava assassinar-lo. Per iniciativa pròpia, Lvov plantejà tres possibilitats a Kornilov:

a) L'assumpció de poders dictatorials per Kerenski
b) Una dictadura col·lectiva de la qual també formaria part Kornilov
c) La dictadura de Kornilov, amb Kerenski i Savinkov com a ministres

Kornilov va respondre-li que s'estimava més l'opció tercera però també que estava disposat a subordinar-se a Kerenski si es considerava aquesta la millor solució; a més, va demanar a Lvov que convidés Kerenski a

Moguilev perquè temia per la seva vida en cas que s'esdevingués un cop bolxevic a Petrograd, i, precisament amb la idea de protegir el Govern Provisional, el 25 d'agost (7 de setembre), ordenà a un contingent de tropa ocupar la capital, dissoldre-hi el Soviet i neutralitzar la guarnició.

El 26 d'agost (8 de setembre), al Palau d'Hivern, Lvov va explicar a Kerenski que Kornilov exigia el poder absolut, cosa que implicava la dimissió del Govern i la constitució d'un nou executiu presidit pel general. Sense preocupar-se de comprovar si les informacions de Lvov eren correctes, Kerenski va idear la maniobra política de rellançar la seva figura guanyant-se el favor de les esquerres presentant Kornilov com un colpista contrarevolucionari que conspirava contra el Govern Provisional. El 27 d'agost (9 de setembre), Kerenski va adreçar un telegrama a Kornilov comunicant-li que el destituïa; en rebre'l, el general va interpretar que, a Petrograd, els bolxevics l'havien capturat; per això, envià tropes a la capital, mentre Kerenski el denuncià com a traïdor contrarevolucionari. Per la seva banda, el Soviet de Petrograd va establir un comitè especial de tres membres —un socialrevolucionari, un menxevic i un bolxevic— per defensar la capital de l'atac de Kornilov; el comitè representava la unitat de tots els socialistes però, eren només els bolxevics els que disposaven de la capacitat de mobilitzar i armar masses d'obrers i soldats; a més, al llarg de les regions industrials del nord van formar-se comitès revolucionaris subordinats al comitè especial del Soviet.

En realitat, però, no va haver-hi lluita entre les tropes del Soviet i les de Kornilov; com que els soldats enviats des de Moguilev havien acudit a Petrograd a defensar el Govern Provisional, quan se'ls va convèncer que no s'havia produït cap mena de cop contra el govern, deposaren les armes i passaren a confraternitzar amb els contingents del Soviet. L'1 (14) de setembre, Kornilov va ser arrestat i, juntament amb trenta oficials més acusats de colpisme, obligat a recloure's al monestir de Bykhov, situat a les rodalies de Moguilev[162].

4.2. L'ASCENS DELS BOLXEVICS

Arran de la lluita contra Kornilov, Kerenski havia obtingut poders dictatorials i, per això, l'1 (14) de setembre, destituí el Govern i formà un directori de cinc homes; ara bé, fora dels límits del recinte del Palau d'Hivern, van ser ignorats tots els decrets de Kerenski, un governant

---

162   Ídem pàgs 488-505

cada cop més aïllat, feble i indecís, atemorit per les forces d'esquerra però incapaç d'enfrontar-s'hi. Aquesta situació de buit de poder resultava de la seva pèrdua suport, tant a la dreta, on convertiren Kornilov en un màrtir de la causa patriòtica, com a l'esquerra perquè els obrers i soldats mobilitzats per defensar Petrograd dels contrarevolucionaris sospitaven que alguna mena complicitat hi deuria haver hagut entre Kerenski i Kornilov, tal com semblava demostrar-ho que no s'obrís cap investigació sobre l'intent colpista, o també podien creure's que tot s'havia degut a un pur i simple enfrontament entre dos candidats a establir un govern personal, és a dir, a convertir-se en la versió russa de Napoleó.

Com que la massa dels soldats suposava als seus oficials simpaties amb Kornilov, la disciplina militar va deteriorar-se encara més fins al punt que molts oficials foren linxats pels seus soldats; a més, per aquesta mateixa raó, els soldats començaren a creure que la pau no s'aconseguiria fins que l'acció revolucionària provoqués un canvi de govern; també sovintejaren les desercions massives; molts d'aquests desertors eren pagesos que, un cop al seu poble, dirigiren els atacs contra els terratinents i contribuïren a la creació de soviets locals. D'altra banda, l'organització de la defensa de Petrograd contra les forces de Kornilov havia dut a l'excarceració dels bolxevics, empresonats des de la Crisi de Juliol, com ara Trotsky, Vladimir Antonov Ovessenko (1883-1938) i Pavel Dybenko (1889-1938), alliberats el 4 (17) de setembre; a més, el 31 d'agost (12 de setembre), els bolxevics havien assolit la majoria al Soviet de Petrograd.

La crisi de Kornilov va convèncer molts sectors populars que ni la pau ni el canvi social s'aconseguirien amb la política que seguien els menxevics i els socialrevolucionaris d'entesa amb la burgesia; per això, els obrers de les fàbriques més grans de les principals ciutats foren els primers a adherir-se en massa als bolxevics; a finals del maig, el partit ja havia assolit el control de l'oficina central dels comitès de fàbrica, com també aconseguien influir en les assemblees sindicals. En les eleccions municipals d'agost i setembre a Petrograd i Moscou, les forces en ascens foren, d'una banda, els bolxevics i de l'altra els kadets, és a dir, els dos partits extrems dotats d'un clar poder de convocatòria de classe; una altra opció a l'alça fou la de l'abstenció, símptoma del desencís i l'apatia dels que, no sentint-se atrets per cap força extremista, haurien estat votants potencials dels partits moderats, és a dir, dels socialrevolucionaris i dels menxevics. La desafecció política de molts sectors populars també va ajudar els bolxevics a aconseguir el domini dels soviets, els quals, d'altra banda, si el febrer eren òrgans d'autogovern popular directe, amb el pas dels mesos havien esdevingut complexes estructures burocràtiques controlades per les maquinàries dels diferents partits d'esquerra; en molts soviets de províncies, els bolxevics aconseguiren tenir la majoria en l'executiva encara que fossin minoria a l'assemblea, tal com passà a Samara, ciutat situada a la vora oriental del Volga. El 25 de setembre (8 d'octubre), els bolxevics ocuparen els set escons de l'executiva del Soviet de Petrograd, i la presidència passà del menxevic Txkheïdze al bolxevic Trotsky, un orador brillant que sabia atreure's les masses[163].

4.3.LA CRISI SOCIAL I POLÍTICA

Després de l'afer Kornilov, va créixer l'exigència popular d'establir un govern designat pels soviets, integrat pel conjunt dels partits socialistes, dels quals s'esperava que actuessin unitàriament deixant de banda les seves disputes de facció. Aquest moviment a favor del poder dels soviets naixia de la frustració que provocava entre les classes populars veure com, sis mesos després de la Revolució de Febrer, encara no s'havia aconseguit res, ni la pau, ni el pa ni la terra; calia, doncs, trencar la coalició amb la burgesia perquè les reivindicacions populars només es realitzarien mitjançant un canvi polític radical. Molts obrers, principalment si simpatitzaven amb els bolxevics, consideraren que la solució als seus problemes, com ara el continu increment del cost de la vida provocat per la gran inflació que es patia, vindria amb la nacionalització de la seva fàbrica per un estat obrer, denominat "poder soviètic", que establiria una junta de gestió formada pels obrers, tècnics i funcionaris del Soviet per assegurar el funcionament de la fàbrica, i d'ací el gran increment de vagues a partir de setembre, sovint acompanyades de peticions polítiques de reestructuració de l'economia; a causa de la seva radicalització, les vagues acostumaven a acabar en enfrontaments violents al carrer entre els obrers i les milícies del govern com també en agressions contra empresaris i administradors; d'altra banda, també esdevingueren habituals els assalts a fleques i botigues de queviures com també de cases de suposats acaparadors de menjar; es respirava, doncs, un ambient de caiguda en l'anarquia. Al camp, on els pagesos estaven cansats d'esperar que el Govern complís les seves promeses de repartiment de les terres, es va donar l'enfrontament final contra la noblesa terratinent; a les províncies de Penza, Voronej, Saratov, Kazan, Orel, Tula, Riazan i Tambov, centenars de mansions van ser cremades i

---

163   Ídem pàgs 505-512

destruïdes per expulsar els nobles del camp. Aquesta lluita radical i violenta va ser simultània a l'establiment de soviets a les capitals dels districtes, els quals, bastint les seves forces armades, es comportaven com un poder autònom, del tot al marge de la suposada autoritat estatal de Petrograd.

Els kadets, el principal soci burgès de la coalició formada arran de la Revolució de Febrer, havien perdut credibilitat com a partit democràtic arran del seu suport a Kornilov, mentre que els partits socialistes es trobaven empesos per les seves bases cap a establir el poder dels soviets. La facció esquerrana dels menxevics, encapçalada per Julius Martov, va aconseguir que l'1 (14) de setembre, el comitè central del partit es prometés en la formació d'un "govern democràtic homogeni"; l'ala esquerra del Partit Socialrevolucionari va escindir-se'n i plantejà les exigències d'establir un govern socialista basat en el soviet, la confiscació immediata de les terres de la noblesa i la pau; ara bé, molts pagesos i soldats, decebuts amb Kerenski i Txernov, abandonaren els socialrevolucionaris i es passaren als bolxevics. Dintre dels bolxevics, Kamenev, per a qui resultava obvi que qualsevol intent revolucionari radical estava condemnat a fer la fi que, el 1871, havia fet la Commune de París, era partidari de la coalició amb els altres partits socialistes, mentre que, fins a l'afer de Kornilov i, sobretot, després de la Crisi de Juliol, Lenin havia rebutjat cap mena de compromís amb els partits aleshores majoritaris als soviets; a més, segons la seva anàlisi, el Govern provisional l'havia capturat una "dictadura militar" compromesa en una guerra civil contra el proletariat i, d'altra banda, els soviets havien perdut tot el seu potencial revolucionari; calia, doncs, provocar un alçament armat que transferís el poder no pas als soviets sinó als òrgans proletaris rivals controlats pels bolxevics; tanmateix, en les circumstàncies de setembre de 1917, Lenin va passar a estar disposat a un compromís amb els socialrevolucionaris i els menxevics, i, per això, va donar suport als esforços de Kamenev per arribar-hi a un compromís; ara bé, la idea era que si aquesta entesa no s'assolia, llavors caldria reprendre la idea d'un alçament armat bolxevic.

A la conferència democràtica, celebrada pels partits socialistes entre els dies 14 (27) i 22 de setembre (5 d'octubre) al Teatre Alexandrinsky de Petrograd, s'hi va mostrar l'existència de tres blocs polítics:

a) El de la dreta, partidari de la coalició amb els kadets
b) El del centre, defensor d'una coalició amb els partits burgesos però excloent-ne els kadets

c) El de l'esquerra, disposat a establir un govern socialista de coalició sobre la base dels soviets o dels grups democràtics representats a la conferència

La Conferència va aprovar, per 766 vots contra 688, el principi general d'una coalició amb la burgesia, però, després, votà dues esmenes excloent-ne els kadets; llavors, per despit, en una votació posterior, el bloc de la dreta va fer causa comuna amb el de l'esquerra i, així, la resolució aprovada al principi va ser derrotada per 813 vots contra 183; després de quatre dies de debat, la Conferència no va ser capaç d'arribar a cap mena de resolució. Acte seguit, Kerenski va convocar una delegació dels partits socialistes per resoldre la crisi de govern ja que, d'ençà del nomenament del directori l'1 (14) de setembre, a Rússia no hi havia cap gabinet ministerial; els delegats de la Conferència, pertanyents a les faccions dretanes dels socialrevolucionaris i els menxevics, decidiren iniciar negociacions amb els kadets; ignoraren, doncs, les votacions del Teatre Alexandrinsky; a partir d'aquests acords, el 25 de setembre (8 d'octubre), Kerenski va nomenar un govern, força similar a l'existent després de la Crisi de Juliol, on els socialistes moderats ocupaven la majoria dels ministeris però els llocs clau, els controlaven els kadets. Els socialistes haurien volgut que aquest nou executiu fos responsable davant del Consell Democràtic, organisme denominat també "Pre-parlament" constituït el 20 de setembre (3 d'octubre) per representats dels partits reunits en la Conferència Democràtica amb la idea d'actuar com a cambra parlamentària provisional fins a l'elecció de l'Assemblea Constituent, però els kadets condicionaren la seva participació en el govern a l'abandó d'aquesta exigència; per tant, el Govern actuava com a organisme plenament sobirà fins a la reunió de l'Assemblea Constituent, una altra cosa era que, de debò, Kerenski i els seus ministres disposessin dels mitjans necessaris per poder governar. El fracàs de la Conferència Democràtica va demostrar la inhabilitat de menxevics i socialrevolucionaris per complir els desigs de les seves bases: bastir un govern socialista de coalició sobre la base dels soviets; per això, aquests dos partits, del tot desacreditats, van arribar a una situació de col·lapse; d'altra banda, els pagesos eren cada cop més indiferents al resultat final de la guerra i a la política nacional, ja que només volien pau, terra i llibertat[164].

---

164   Ídem pàgs 512-521

5.LA REVOLUCIÓ D'OCTUBRE
5.1.LA DECISIÓ DE LENIN

L'adhesió de Lenin als plans conciliadors de Kamenev d'intentar assolir una entesa amb els altres partits socialistes no era pas gaire sincera perquè, el 15 (28) de setembre, el Comitè Central del Partit Bolxevic va rebre dues cartes seves, escrites dies abans al seu refugi de Finlàndia; hi afirmava que els bolxevics no sols podien prendre el poder sinó que ho havien de fer; podien perquè ja havien assolit la majoria als soviets de Petrograd i Moscou, i ho havien de fer perquè, si s'esperaven a la reunió de l'Assemblea Constituent, llavors Kerenski i la seva camarilla tindrien temps per dur a terme una acció contrarevolucionària com ara lliurar Petrograd als alemanys o bé endarrerir la inauguració de la Constituent, la qual, segons un decret del Govern Provisional donat el 9 (22) d'agost havia d'elegir-se el 12 (25) de novembre i havia de celebrar la seva obertura el 28 de novembre (11 de desembre); Lenin demanava també condemnar la Conferència Democràtica del Teatre Alexandrinsky, perquè els únics burgesos que hi participaven eren els disposats al compromís.

El comitè central bolxevic va trobar inoportunes i comprometedores aquestes cartes i, durant la Conferència Democràtica, va continuar seguint la línia de Kamenev, tot i la persistència de Lenin a adreçar cartes i missatges instant a l'alçament armat immediat, en les quals condemnava la "tàctica parlamentària" dels dirigents bolxevics i considerava positiva la possibilitat d'una guerra civil, ja que, segons ell, era "la forma més aguda de la lluita de classes". El 29 de setembre (12 d'octubre), va arribar, fins i tot, a acusar els dirigents bolxevics de ser uns "miserables traïdors a la causa proletària" per endarrerir la presa del poder fins a la reunió del Segon Congrés dels Soviets d'Obrers i Soldats de Totes les Rússies, prevista per al 20 d'octubre (2 de novembre), malgrat que, segons ell, la situació ja estava madura per a la presa del poder i que qualsevol endarreriment permetria a Kerenski usar la força militar per impedir la reunió del congrés de soviets. En canvi, Trotsky i d'altres dirigents bolxevics, amb informació de primera mà sobre l'estat d'ànim de Petrograd, consideraven necessari fer coincidir la presa del poder pels bolxevics amb el dia del congrés dels soviets per així legitimar-la presentant-la com una acció dels soviets, és a dir, com a la realització pràctica de la consigna "Tot el poder per als soviets!".

Potser sí que, desconnectat de la vida política russa per haver estat vivint a Finlàndia des de la Crisi de Juliol, Lenin creia sincerament en una idea tan absurda com la possibilitat d'un cop contrarevolucionari que, en realitat, Kerenski no tenia cap mitjà per poder dur a terme; ara bé, el principal problema era que si la presa del poder venia avalada pels vots del congrés dels soviets, llavors el resultat seria un govern de coalició dels bolxevics amb els altres partits socialistes, cosa que, d'una banda, afavoriria Kamenev, aleshores el seu màxim rival al Partit, i, de l'altra, li podria fer perdre la direcció dels bolxevics ja fos per pressions dels menxevics i dels socialrevolucionaris o, també, per la seva nul·la voluntat de col·laborar amb els altres partits socialistes; evidentment, si els bolxevics prenien el poder abans de la reunió del congrés dels soviets, llavors sí que Lenin podria afirmar el seu règim personal. Després d'haver tornat d'incògnit a Petrograd, on vivia en un amagatall, Lenin va celebrar una reunió secreta del Comitè Central bolxevic el 10 (23) d'octubre; s'hi va prendre la decisió de començar a preparar la insurrecció armada, sense, però, concretar-ne la data; en realitat, però, dels vint-i-un membres del comitè central només n'hi havia dotze de presents i, a més, dos dels reunits —Kamenev i Zinóviev— van votar-hi en contra.

Al carrer, gairebé tothom n'estava tip del govern de Kerenski perquè continuaven tant la guerra com les llargues i interminables cues per poder comprar menjar; es vivia, doncs, una situació insuportable; ara bé, els obrers i soldats de Petrograd estaven disposats a mobilitzar-se només en el cas d'una amenaça contra el Soviet, però no pas per adherir-se a una insurrecció bolxevic o de qualsevol altre partit. De l'11 al 13 (del 24 al 26) d'octubre, va reunir-se a Petrograd el Congrés Regional dels Soviets del Nord, organitzat pels bolxevics de les terres del Bàltic amb els quals Lenin hi tenia una relació molt estreta, però, en contra del que n'esperava, el Congrés va votar la prudent resolució de Kamenev de deixar que la presa del poder pels soviets la decidís el congrés nacional del 20 d'octubre (2 de novembre); ni tan sols al Bàltic, doncs, es donava suport a una insurrecció bolxevic. Pocs dies després, el 16 (29) d'octubre, en una reunió del Comitè Central bolxevic, els representants de la comissió militar, del Soviet de Petrograd, dels sindicats i dels comitès de fàbrica hi avisaren dels riscos que es corria intentant una revolta abans de la reunió del congrés nacional dels soviets; Lenin, però, va continuar amb els seus plans insurreccionals per dur a terme un cop d'estat mitjançant el concurs d'una petita força, organitzada, armada i disciplinada, i, malgrat els dubtes de Zinóviev i Kamenev, al final, va acabar imposant el seu criteri al partit[165].

5.2. LA REACCIÓ A L'AMENAÇA BOLXEVIC

El 18 (31) d'octubre, Kamenev va exposar al diari de Gorki *Novaia zhizn* les seves postures contràries a una insurrecció abans de la celebració del congrés dels soviets; es van confirmar, doncs, els rumors d'un cop d'estat bolxevic, i resultaren infructuosos els esforços de Trotsky per desmentir-los al Soviet de Petrograd. Enrabiat i furiós, Lenin va denunciar a la premsa bolxevic Zinóviev i Kamenev com a traïdors i en demanà l'expulsió del Partit. Havent-se fet públics, doncs, els plans conspiratius dels bolxevics, els dirigents dels soviets —menxevics i socialrevolucionaris— van ajornar el congrés nacional per al 25 d'octubre (7 de novembre); si pretenien disposar de cinc dies més per poder reunir els seus partidaris procedents de regions llunyanes, en realitat, només van aconseguir donar més temps als bolxevics per preparar la insurrecció; a més, l'ajornament va fer creïble l'acusació que els dirigents dels soviets pretenien sabotejar el congrés nacional des de dins per evitar ser-hi derrotats; d'altra banda, com que els bolxevics també eren un partit socialista i, a més, en temps del Tsar, havien estat companys de lluita revolucionària clandestina, menxevics i socialrevolucionaris rebutjaven, gairebé per principi, usar la força contra ells; per això, es limitaren a exigir-los donar explicacions davant del Soviet de Petrograd.

Kerenski havia perdut tota la credibilitat en els medis liberals on, malgrat l'obvi rebuig i temor als bolxevics, no hi havia ningú motivat a lluitar pel Govern Provisional. En els cercles de dretes, principalment entre els monàrquics, s'estimaven més esperar que els bolxevics enderroquessin Kerenski amb l'esperança que no durarien gaire al poder i que la ruïna del país provocada per la seva mala gestió acabaria desacreditant tots els partits socialistes, cosa que prepararia el camí per a una dictadura de dretes. D'altra banda, confiant, sense cap motiu més aviat al contrari, conservar encara tota la popularitat que havia tingut en el moment d'accedir al govern, Kerenski, que, en el seu aïllament dins del Palau d'Hivern envoltat només de llagoters, es creia l'home providencial encarregat de guiar el poble rus cap a la llibertat, va ser

---

165   Figes, Orlando: *LA REVOLUCIÓN RUSA 1891-1924: LA TRAGEDIA DE UN PUEBLO*; traducción: César Vidal Barcelona: Edhasa, 2000 (Ensayo histórico) pàgs 521-530

incapaç de veure l'amenaça revolucionària; per això, no va prendre cap mena de mesura preventiva com ara fer detenir els dirigents bolxevics, intentar posar l'Institut Smolny sota el seu control o, simplement, reforçar les guarnicions de Petrograd amb tropes lleials; en tot cas, confiava que la insurrecció dels bolxevics, naturalment condemnada al fracàs, li proporcionaria l'oportunitat d'esclafar-los[166].

5.3. LA INSURRECCIÓ

El 20 d'octubre (2 de novembre), va celebrar-se la primera reunió del Comitè Revolucionari Militar (CRM); en teoria, les seves tasques eren defensar Petrograd tant de l'avenç dels alemanys com de qualsevol possible cop contrarevolucionari. El constituïen tres bolxevics i dos socialrevolucionaris d'esquerres, un dels quals, Pavel Lazimir, n'era el president; d'aquesta manera, el CRM podia presentar-se com una organització emanada del Soviet, un detall força important perquè era indiscutible que els soldats només sortirien al carrer si els hi cridava el Soviet; en realitat, però, el CRM estava sota el control efectiu dels bolxevics Trotsky, Antonov-Ovseenko i Pavel Dybenko. L'ordre, donada per Kerenski, de trasllat al front per lluitar contra els alemanys va provocar un motí a la guarnició de Petrograd, i la majoria dels soldats es declararen fidels al CRM així com disposats a sortir contra el Govern Provisional si el Soviet ho disposava; el 21 d'octubre (3 de novembre), el CRM va proclamar formalment la seva autoritat sobre la guarnició; dos dies després, aquest organisme revolucionari va prendre el poder, també, sobre la fortalesa de Sant Pere i Sant Pau, on hi havia un canó que apuntava al Palau d'Hivern; el Govern Provisional, doncs, havia perdut el control militar de la ciutat.

Fins a últimes hores del vespre del 24 d'octubre (6 de novembre), la majoria del comitè central bolxevic i del CRM no contemplava pas l'opció d'enderrocar el Govern Provisional abans que, a l'endemà, s'hagués obert el congrés nacional dels soviets; naturalment, per guanyar-se el suport dels soldats i dels obrers, els bolxevics necessitaven que el congrés dels soviets aprovés la seva presa del poder; a més, a l'Institut Smolny, Kamenev encara buscava adhesions al seu projecte que el Soviet demanés la formació d'un govern de coalició dels diferents partits socialistes, pla que comptava amb l'aprovació

---

166   Ídem pàgs 530-533

dels delegats menxevics i socialrevolucionaris. Tanmateix, malgrat les consignes donades per Trotsky, resultava impossible impedir que les accions del CRM passessin d'objectius merament de defensa a emprendre una ofensiva; d'altra banda, l'actitud dels bolxevics va canviar radicalment després que, a la mitjanit del dia 24, Lenin arribés a l'Institut Smolny procedent del seu amagatall. Al matí del 25 d'octubre (7 de novembre), a Petrograd, les forces bolxevics del CRM ja controlaven les estacions de tren, les oficines de correus i telègrafs, el banc estatal, la central telefònica i l'elèctrica, com també, després d'haver-se apoderat de les comissaries, els guàrdies rojos — els combatents bolxevics— passaren a fer de policies; l'única part de la ciutat que encara no dominaven era l'entorn del Palau d'Hivern, on Kerenski hi estava atrinxerat amb els seus ministres. Considerant que la insurrecció popular de la Crisi de Juliol havia fracassat perquè s'hi havien mostrat dubitatius, els èxits del CRM a Petrograd incitaven els dirigents bolxevics a pressionar per realitzar la presa del poder, i, al final, el comitè central bolxevic va donar l'ordre de començar la insurrecció.

Cap a migdia del dia 25, un grup de soldats i mariners bolxevics irromperen al palau Marinsky, on es reunia el Consell Democràtic o "Pre-parlament", que, per cert, el dia anterior havia aprovat una moció de censura contra el Govern Provisional, i obligaren els diputats a dispersar-se; tanmateix, tot un seguit d'errors tècnics, com ara l'arribada amb retard dels mariners del Bàltic, van obligar a esperar unes quantes hores per poder començar l'assalt del Palau d'Hivern, defensat per unes tropes poc nombroses i sense gaire moral de lluita; mentrestant, Lenin es posava cada vegada més nerviós perquè volia que la presa del poder hagués quedat consumada abans de la inauguració del congrés dels soviets, i Kerenski havia sortit del Palau d'Hivern per anar a buscar tropes lleials, cosa que va provocar la desesperació dels altres ministres. Cap a les set del vespre, el CMR va enviar un ultimàtum al Govern exigint-li rendir-se, i unes hores més tard, al voltant de tres quarts d'onze, el creuer Aurora, controlat per mariners bolxevics, va disparar una salva contra el Palau d'Hivern; després d'aquest primer avís, va començar l'atac amb foc real des de la fortalesa de Sant Pere i Sant Pau, l'Aurora i la Plaça del Palau[167].

---

167   Ídem pàgs 533-543

5.4.EL CONGRÉS DELS SOVIETS

Mentre les forces bolxevics bombardejaven el Palau d'Hivern, a l'Institut Smolny va inaugurar-se el Segon Congrés de Soviets d'Obrers i Soldats de Totes les Rússies, format per delegats elegits pels soviets de tot arreu del país, la majoria dels quals eren obrers i soldats. Els bolxevics no hi disposaven pas de majoria absoluta, però amb el suport dels socialrevolucionaris d'esquerres podien aconseguir que s'aprovessin les seves mocions; d'altra banda, els bolxevics s'havien assegurat una proporció d'escons superior a la que realment els corresponia; els soviets del nord industrial, on la influència bolxevic era predominant, havien enviat més representants dels que els pertocaven per les seves dimensions, mentre que els de les regions agrícoles del Volga i del sud, amb predomini socialrevolucionari, n'enviaren menys i, fins i tot, en alguns casos, boicotejaren la reunió; per regla general, el nord, més bolxevitzat, sempre disposà d'una representació més gran que la del sud, no bolxevitzat. Amb aquesta correlació de forces, va resultar senzill que els antics dirigents de la comissió executiva del Soviet —menxevics i socialrevolucionaris— fossin desplaçats pels bolxevics.

La majoria dels delegats era favorable a un govern de coalició socialista constituït pels soviets; per això, la proposta de Martov (menxevic) de formar un govern democràtic unit basat en tots els partits del soviet va ser aprovada per unanimitat; ara bé, uns quants menxevics i socialrevolucionaris van formular una condemna al violent assalt que havia patit el Govern Provisional, qualificant-lo d'aventura criminal que havia d'acabar duent a l'esclat d'una guerra civil i, en senyal de protesta, abandonaren la sala del congrés, enmig d'una esbroncada i escridassada organitzada pels bolxevics. A partir d'aquest moment, doncs, va esfondrar-se la possibilitat de formar un govern de coalició entre tots els partits socialistes que hauria implicat un acord dels menxevics i els socialrevolucionaris amb els bolxevics moderats; Lenin, doncs, va quedar més a prop del seu objectiu d'una dictadura bolxevic basada en el Soviet. Martov va llençar una crida desesperada en favor d'un govern democràtic de coalició, però, l'ànim de la majoria dels delegats era que, abandonant el Congrés, els socialrevolucionaris i els menxevics havien demostrat que eren uns contrarevolucionaris i, per això, estaven disposats a adherir-se a la línia bolxevic de no voler-hi cap compromís. Trotsky va respondre a Martov amb aquestes paraules referides als que havien marxat del Congrés:

"Miserables derrotats, el vostre paper ha conclòs; marxeu on heu d'anar: a l'abocador de deixalles de la història"

I Martov també se'n va anar. Fent la feina de Lenin, Trotsky va proposar, amb la idea d'aconseguir l'aprovació legitimadora dels soviets a una dictadura bolxevic, una resolució de condemna dels intents traïdors de menxevics i socialrevolucionaris de soscavar el poder soviètic, i la moció fou aprovada.

Kamenev va donar la notícia que la presa del Palau d'Hivern ja s'havia consumat i que tots els ministres del Govern Provisional estaven reclosos a la fortalesa de Sant Pere i Sant Pau. Un delegat pagès socialrevolucionari, força empipat, va denunciar la detenció dels ministres socialistes reivindicant-los com a companys en la lluita per la llibertat contra la tirania del Tsar; Trotsky va contestar-li que es tractava de falsos companys que no es mereixien cap consideració. Poc després, cap a les cinc de la matinada del 26 d'octubre (8 de novembre), la reunió del Congrés va finalitzar quan Lunatxarsky va llegir el manifest de Lenin A tots els soldats i pagesos, on proclamava que el poder havia passat als soviets i hi anunciava unes promeses sobre terra, pau i llibertat; es va crear la il·lusió que la insurrecció bolxevic era la culminació de la revolució duta a terme per les masses[168].

5.5.REVOLUCIÓ O COP D'ESTAT?

Les poques fotografies que queden dels fets del 25 d'octubre (7 de novembre) mostren clarament les petites dimensions de la força rebel, un fet del tot lògic per l'absència d'un contingent militar a Petrograd disposat a defensar el Govern Provisional. Al contrari de com van havien anat les coses vuit mesos abans, entre l'inici de les vagues a Petrograd el 22 de febrer (7 de març) i l'abdicació del Tsar el 2 (15) de març, no va haver-hi ni multituds al carrer ni lluites de barricades; més aviat, els escamots bolxevics es mogueren per carrers deserts. D'altra banda, a Petrograd, els fets de la insurrecció només van afectar la vida urbana a les zones properes al Palau d'Hivern mentre que a la resta de la ciutat hi havia un ambient de normalitat total: els tramvies i els taxis circularen com cada dia, la gent passejava per la perspectiva Nevsky, les botigues, els restaurants, els teatres i els cinemes van obrir sense cap

---

168   Ídem pàgs 543-546

mena d'incident, i aquest ambient de tranquil·litat també va donar-se a les barriades obreres, fins i tot en una de tan bolxevitzada com la de Víborg; per tant, els obrers de Petrograd no van implicar-se en la insurrecció de Lenin; el punt màxim de la crisi econòmica i la por a perdre la feina van dissuadir-los de sortir al carrer i, a més, ells estaven molt més compromesos amb els soviets que no pas amb els bolxevics.

Un cop els bolxevics van aconseguir el control del Palau d'Hivern, s'hi van trobar un dels cellers més grans del món, i, aviat, amb les innombrables ampolles de vi i licor que hi havia, començà una gran bacanal. Les turbes borratxes van lliurar-se al vandalisme, saquejant brutalment el Palau, robant a les botigues, assaltant cases als barris de classe alta i matant gent com si fos un esport; l'ambient d'anarquia i de borratxera general no va acabar-se fins a finals de desembre. A partir d'ací, es pot concloure que la insurrecció bolxevic no va ser tant la culminació d'una revolució social sinó, més aviat, la degeneració de la revolució urbana, i, en particular, del moviment obrer com a força organitzada i constructiva, cosa que va tenir com a conseqüència el vandalisme, el crim, la violència generalitzada i el saqueig com a principals expressions d'aquesta crisi social. Els agents d'aquesta violència destructiva no foren pas la "classe obrera" organitzada sinó les víctimes del seu esfondrament i de la devastació dels anys de guerra: el creixent nombre d'aturats de les ciutats, els refugiats de les regions ocupades, soldats i mariners congregats a les ciutats, delinqüents comuns alliberats de les presons i treballadors no especialitzats procedents de pagès, des de sempre els més propensos als esclats de violència a les ciutats[169].

6.EL CONSELL DE COMISSARIS DEL POBLE
6.1.LA RESISTÈNCIA DEL Vikzhel

El 29 d'octubre (11 de novembre), el Vikzhel, el sindicat de ferroviaris, va llençar un ultimàtum exigint als bolxevics iniciar converses amb els altres partits socialistes per formar un govern soviètic de coalició; lògicament, la massa treballadora els va donar suport perquè, segons ells, l'objectiu de la revolució, tal com, d'altra banda, s'havia expressat en el congrés dels soviets, era la formació d'un govern obrer però no pas d'un govern de partit; així doncs, centenars de fàbriques, assemblees de front i de la flota enviaren peticions al Smolny de realitzar el pla del

---

169   Ídem pàgs 546-550

Vikzhel; segons ho veien molts treballadors, discutint i enfrontant-se entre ells, els dirigents dels diferents partits traïen la revolució i precipitaven el país cap a la guerra civil.

El Vikzhel amenaçava de paralitzar els ferrocarrils, cosa que empitjoraria més encara el subministrament de menjar i combustible a Petrograd; d'altra banda, a Moscou, els bolxevics encara no controlaven la situació perquè s'hi havien d'enfrontar a les forces lleials al Govern Provisional organitzades pel consell municipal i el seu Comitè de Seguretat Pública i, a més, que Kerenski hagués marxat del Palau d'Hivern no significava pas que s'hagués donat per vençut ja que havia establert el seu quarter general a Gatxina, als afores de Petrograd, i podia comptar amb les tropes del general Krasnov com també amb la possibilitat que, quan aquest contingent arribés a la ciutat, hi provoqués un alçament el Comitè per a la Salvació de Rússia i de la Revolució, organitzat pels socialrevolucionaris. A Petrograd, Lenin no disposava de gaires forces per poder enfrontar-se a Krasnov, i els bolxevics de Moscou eren partidaris de resoldre la qüestió del poder mitjançant una negociació semblant a la que exigia el Vikzhel; per tant, el mateix 29 d'octubre (11 de novembre), el comitè central bolxevic autoritzà Kamenev a representar el partit en les converses amb el sindicat de ferroviaris; el principal problema era, lògicament, la reticència de les faccions dretanes dels menxevics i dels socialrevolucionaris a acceptar un acord amb els bolxevics després que haguessin abandonat el Congrés dels Soviets en protesta pel cop contra el Govern Provisional. Confiant que els bolxevics estaven a la vora de la derrota, menxevics i socialrevolucionaris presentaren unes condicions maximalistes:

a) Excarceració dels ministres empresonats en la presó del Palau d'Hivern
b) Un armistici amb les tropes de Kerenski
c) L'abolició del CMR
d) Posar la guarnició de Petrograd sota control de la Duma
e) La participació de Kerenski en la formació del nou govern cosa que, com és natural, significava excloure'n Lenin.

L'endemà, però, com que l'ofensiva militar de Kerenski havia quedat aturada, menxevics i socialrevolucionaris van haver de rebaixar els seus plantejaments i passar a condicionar la seva participació en un govern de coalició només a l'ampliació de la direcció del Soviet per incloure-hi membres del Primer Congrés dels Soviets —celebrat el juny—, dels consells municipals de les ciutats, del Soviet pagès —que encara havia de convocar-se— i dels sindicats. Kamenev va estar-hi d'acord i, a més, va arribar a afirmar que els bolxevics acceptarien deixar fora del govern Lenin i Trotsky; tanmateix, des de bon principi, aquests dos dirigents havien estat contraris al pla del Vikzhel i si s'havien avingut a parlar-hi era només per por a una derrota militar, però a part del fracàs de Kerenski a Petrograd, els combats als carrers de Moscou estaven adquirint un caire favorable als bolxevics; per això, es posaren a torpedinar les converses amb els altres partits. L'1 (14) de novembre, en una reunió del comitè central bolxevic, Trotsky condemnà el compromís assumit per Kamenev i exigí que el 75% de les carteres ministerials del nou govern fossin per als bolxevics, mentre que Lenin, partidari de mantenir les converses només mentre això ajudés a guanyar els combats de Moscou, va proposar detenir els dirigents del Vikzhel per contrarevolucionaris.

Les converses amb el sindicat de ferroviaris es trencaren el 6 (19) de novembre. Per assegurar la dictadura dels bolxevics sobre Rússia, Lenin necessitava, en primer lloc, establir la seva dictadura dins del partit; el 2 (15) de novembre, el comitè central va acusar Kamenev d'activitats antimarxistes contra la Revolució d'Octubre i s'ordenà als seus partidaris de retirar-se del Comitè Central sota l'amenaça de ser expulsats del partit si no se sotmetien a la línia d'abandonar les converses amb el Vikzhel; a més, s'obligà tots els membres del Comitè Central a comparèixer a l'oficina de Lenin a signar una declaració contrària a les converses amb els altres partits socialistes avisant-los que s'exposaven a ser expulsats del partit si s'hi negaven; tanmateix, un important grup de dirigents bolxevics publicà una carta de protesta avisant que un govern exclusivament bolxevic només podria mantenir-se mitjançant el terror i la repressió, cosa que duria a "establir un règim irresponsable i a la destrucció de la revolució i del país"[170].

6.2.LA CONSOLIDACIÓ

Tots els opositors es refiaven que, en qüestió de setmanes, el règim bolxevic cauria, principalment per la ineptitud dels seus dirigents en l'administració de la complexa maquinària de l'Estat, que els impedia ser

---

170   Ídem pàgs 550-557

capaços de subministrar aliments a les ciutats o d'evitar l'esfondrament de l'economia russa; a més, el Consell de Comissaris del Poble —el nom que quan, a l'Institut Smolny, el comitè central bolxevic ordenà iniciar la insurrecció, Lenin i Trotsky van decidir donar al gabinet ministerial que constituirien un cop els milicians bolxevics s'haguessin apoderat del Palau d'Hivern i haguessin enderrocat Kerensky i el Govern Provisional— no comptava pas amb el suport dels pagesos, és a dir, de la majoria de la població de Rússia, els governs de l'Europa occidental no el reconeixien i tota la intelligentsia socialista no bolxevic hi estava en contra. Tanmateix, precisament per la seva confiança en l'imminent col·lapse del govern bolxevic, els kadets i els socialrevolucionaris, les forces polítiques més indicades per encapçalar l'oposició, no van fer cap mena d'esforç organitzatiu; per això, el Comitè per a la Salvació de Rússia i de la Revolució, creat pocs dies després de la presa del Palau d'Hivern, no comptava amb el suport de cap força, igual com no es va materialitzar tampoc la iniciativa de constituir un govern socialista opositor, presidit per Txernov, a Moguilev, a l'antiga seu de l'Estat major de l'exèrcit. D'altra banda, els alts comandaments militars encara no havien organitzat cap exèrcit capaç d'enfrontar-se als bolxevics.

Naturalment, que, durant els mesos finals de 1917, els bolxevics aconseguissin consolidar la seva dictadura va deure's no sols a aquestes circumstàncies sinó també al doble procés que, sense seguir cap mena de pla preconcebut i improvisant sobre la marxa, endegaren de construcció i de destrucció: als nivells superiors de l'Estat, centralitzaren tot el poder en mans del Partit i, mitjançant l'ús del terror, escombraren tota l'oposició política, mentre que al nivell inferior, estimularen la destrucció de les antigues jerarquies estatals desplaçant tot el poder cap als soviets locals, les organitzacions de fàbrica, els comitès de soldats i d'altres formes descentralitzades de govern de classe. Creant aquest buit de poder, soscavaren la democràcia en el seu centre, al mateix temps que, en el seu propi entorn local, les masses quedaven neutralitzades per l'exercici del poder sobre els seus antics enemics de classe o ètnics. Als districtes rurals, els soviets eren assemblees de poble que, al marge de qualsevol mena de control, s'autogovernaven i, sobretot, repartien les terres de la noblesa; per això, a pagès es va deixar de veure necessari elegir una assemblea nacional constituent, cosa que va destruir la base política dels socialrevolucionaris; d'altra banda, el control obrer mitjançant els comitès de fàbrica va desmantellar l'antiga infraestructura industrial russa —el sistema capitalista, segons els bolxevics— i desplaçà la culpa de la crisi industrial als mateixos treballadors, igual com el poder dels soldats dins de l'exèrcit va impedir als generals mobilitzar tropes contra el govern bolxevic; a més, es va completar la fragmentació de l'antic imperi amb la Declaració de Drets de les Nacions de Rússia, promulgada el 2 (15) de novembre, que reconeixia als pobles no russos el dret a l'autodeterminació, a l'empara de la qual, es proclamaren independents Finlàndia el 23 de novembre (4 de desembre), Lituània el 28 de novembre (9 de desembre), Letònia el 30 de desembre de 1917 (12 de gener de 1918), Ucraïna el 9 (22) de gener, Estònia el 24 de febrer, Transcaucàsia el 22 d'abril i Polònia el 3 de novembre de 1918. Lenin sempre va concebre l'estat revolucionari com un poder altament centralitzat; per això, si donà suport als pagesos que es repartien els latifundis de la noblesa fou amb el propòsit final de substituir les petites propietats resultants del repartiment per immenses granges col·lectives, i si admetia el control obrer sobre les fàbriques era bo i sabent que això duria al caos, cosa que enfortiria la necessitat de tornar a uns mètodes de gestió centralitzats sota control del partit.

Durant els dies que seguiren a la presa del Palau d'Hivern, en totes les seus dels ministeris, quan el comissari bolxevic corresponent hi acudí a fer-se'n càrrec, la resposta dels funcionaris fou la de declarar-se en vaga i marxar cap a casa; als comissaris del poble, doncs, no els va quedar més remei que establir les seves oficines al Smolny ja que als ministeris no hi havia ningú disposat a treballar amb ells. A més, als bancs, les oficines de correus i telègrafs, l'administració del ferrocarril, els organismes municipals, els tribunals de justícia, les escoles, les universitats i en d'altres institucions vitals, l'opinió general era que calia oposar-se al govern bolxevic perquè era il·legítim. Com que el Banc de l'Estat i del Tresor es negava a respondre a les peticions econòmiques del Consell de Comissaris del Poble perquè les considerava il·legals, el règim bolxevic no disposava de diners amb què poder pagar els seus partidaris; al final, el 17 (30) de novembre, un escamot bolxevic va haver d'obligar, a punta de pistola, els empleats del Banc de l'Estat a obrir les caixes i lliurar-los els diners que foren traslladats al Smolny; els bolxevics s'apoderaren del Banc però entre ells, no hi havia pas ningú que sabés com gestionar-lo. Al cap d'unes quantes setmanes, els dirigents de la vaga de les oficines públiques i alguns funcionaris veterans van ser arrestats; es nomenaren comissaris polítics per supervisar la buròcracia i, allà on es desconfiava de l'antic funcionariat, s'hi va dur a terme una purga a fons, amb el resultat de la promoció de militants bolxevics de tercera fila, oportunistes corruptes i gairebé analfabets d'origen humil que així trobaren un mitjà de ràpid ascens social. D'altra banda, mentre va durar la vaga de funcionaris, és a dir, fins a mitjans de novembre, el CMR va actuar com a govern efectiu.

La Revolució d'Octubre s'havia realitzat en nom del Congrés dels Soviets de Totes les Rússies, però Lenin no creia pas en el principi de la sobirania parlamentària i, per això, no estava pas disposat a permetre que el congrés dels soviets, o la seva executiva, funcionessin com un parlament; el 4 (17) de novembre, el Consell de Comissaris del Poble va atorgar-se el dret a legislar per via d'urgència sense l'aprovació del Soviet, i, el 17 (30) de novembre, el govern bolxevic va presentar a l'executiva del Soviet una instrucció constitucional on, d'una banda, s'hi reiterava que el Consell de Comissaris del Poble era responsable davant del Soviet i que, per tant, havia de presentar-hi tots els seus projectes de llei per obtenir-ne l'aprovació, però, de l'altra, no s'especificava pas quan havia de fer-ho; en conseqüència, el Consell de Comissaris podia publicar un decret legalment vinculant però sense l'aprovació prèvia del Soviet, cosa que esdevingué la pràctica habitual; així per exemple, el 12 (25) de desembre, va reunir-se, per primera vegada en dues setmanes, l'executiva del Soviet i, mentrestant, el Consell de Comissaris del Poble havia iniciat converses de pau amb els Imperis Centrals, havia declarat la guerra a Ucraïna i havia imposat la llei marcial a Petrograd i Moscou.

Partint de la base que tots els partits que s'havien oposat al cop d'octubre eren contrarevolucionaris, el 27 d'octubre (9 de novembre), el Consell de Comissaris del Poble va prohibir tota la premsa de l'oposició, i, malgrat les protestes, fins i tot d'alguns bolxevics, el CMR va enviar escamots a destruir la premsa de l'oposició, a confiscar el material que acabaven d'imprimir i a arrestar els editors; la majoria dels diaris de l'oposició passaren a la clandestinitat i, poc després, van tornar a sortir amb el nom canviat[171].

6.3.ELS SOCIALREVOLUCIONARIS D'ESQUERRES

El 26 d'octubre (8 de novembre), és a dir, a l'endemà mateix de la presa del Palau d'Hivern, Lenin va presentar al Congrés dels Soviets el Decret de la Terra, en aplicació del qual, les comunitats locals pageses van disposar de carta blanca per apoderar-se de totes les terres que volguessin i

---

171   Ídem pàgs 557-562

repartir-se-les. Tal com el màxim dirigent bolxevic mateix ho va admetre, aquest decret era el programa agrari dels socialrevolucionaris d'esquerres, els quals, a partir de la Revolució d'Octubre, havien trencat tots els vincles amb els socialrevolucionaris de dretes i, per això, a la pràctica, funcionaven com dos partits diferents que es disputaven el control de les organitzacions provincials socialrevolucionàries i del Soviet pagès. Els socialrevolucionaris de dretes eren antibolxevics i confiaven poder usar l'Assemblea Constituent per enderrocar el govern de Lenin i els seus col·laboradors, mentre que, després de l'aprovació del Decret de la Terra, els socialrevolucionaris d'esquerres, el partit dominant entre els soldats i els pagesos radicalitzats, consideraren que es podia arribar a acords amb els bolxevics i, per això, el 12 (25) de desembre, entraren a formar part del Consell de Comissaris del Poble on un d'ells esdevingué comissari d'agricultura; d'altra banda, els socialrevolucionaris d'esquerres confiaven que unint-se als bolxevics podrien evitar-ne els pitjors excessos.

Animats per allò que, segons ells, era l'espontaneïtat revolucionària dels soviets, intentaven reconciliar un llibertarisme extrem —d'ací que se'ls definís com a anarquistes— amb l'ús d'un terror despietat per a la realització dels seus ideals: mantenir el sistema semianarquista de soviets descentralitzats, defensar la comuna pagesa, organitzar les fàbriques segons un model anarcosindicalista, garantir les llibertats civils i concedir l'autonomia política per a les minories nacionals, objectius tots aquests incompatibles amb les aspiracions dictatorials i totalitàries de Lenin[172].

7.L'ASSEMBLEA CONSTITUENT
7.1.LES ELECCIONS

L'oposició creia que podria posar fi al règim bolxevic un cop s'hagués elegit l'Assemblea Constituent, la qual, dipositària de la voluntat democràtica de la Nació, posseiria una autoritat que ni tan sols els bolxevics s'atrevirien a desafiar. D'altra banda, ja en les Tesis d'abril, Lenin havia manifestat que els soviets eren un poder molt més democràtic —i, doncs, més legítim— que l'Assemblea Constituent; tanmateix, la Revolució d'Octubre s'havia justificat com a mitjà per garantir la realització de les eleccions a l'Assemblea Constituent, convocades pel Govern Provisional el 9 (22) d'agost, com també s'havia dit que només un govern dels soviets podia dur el país a la celebració de les eleccions a la Constituent; per

---

172   Ídem pàgs 567-569

tant, els bolxevics perdrien tota credibilitat si suspenien la convocatòria d'una Assemblea Constituent i, a més, la seva facció moderada estava compromesa en l'elecció d'aquest organisme parlamentari, que, segons ells, a nivell local, podria resultar compatible amb els soviets[173].

Les votacions de les eleccions per a l'Assemblea Constituent començaren el 12 (25) de novembre i, a conseqüència de la immensa extensió de Rússia, van perllongar-se durant dues setmanes. No és pas possible determinar-ne els resultats amb precisió perquè, en molts llocs, els partits i les seves filials formaven coalicions, a vegades d'una naturalesa força complexa; d'altra banda, les autoritats bolxevics englobaven juntes, sota la categoria de "burgesos" i "petits burgesos" partits i agrupacions que es presentaven en llistes separades. L'estimació més fidel dels resultats finals es pot considerar que és la següent:

ELECCIONS A L'ASSEMBLEA CONSTITUENT RUSSA				
BLOCS IDEO-LÒGICS	% TOTAL DEL BLOC	PARTITS	NOMBRE DE VOTS	% DE VOTS
Partits socialistes russos	68'9	Socialrevolucionaris de dretes	17.943.000	40'4
		Bolxevics	10.661.000	24'0
		Menxevics	1.144.000	2'6
		Socialrevolucionaris d'esquerres	451.000	1'0
		D'altres	401.000	0'9
Partits liberals i no socialistes en general	7'5	Demòcrates Constitucionals (kadets)	2.088.000	4'7
		D'altres	1.261.000	2'8
Partits de les minories nacionals	13'4	Socialrevolucionaris ucraïnesos	3.433.000	7'7
		Menxevics georgians	662.000	1'5
		Musavat (Azerbaitjan)	616.000	1'4
		Daixnaktsutiún (Armènia)	560.000	1'3
		Alaix Orda (Kazakhstan)	407.000	0'9
No computats			4.543.000	10'2

---

173   Ídem pàgs 562-563

La resposta dels bolxevics a la seva derrota electoral, que invalidava la idea que el Consell de Comissaris del Poble disposés de legitimitat democràtica per mantenir-se al govern, fou intentar declarar fraudulents els resultats dels comicis, tal com semblaven demostrar-ho tot un seguit d'irregularitats que denunciaren; d'altra banda, al·legaren que l'escissió dels socialrevolucionaris en dretes i esquerres havia estat massa recent com perquè la facció esquerrana hagués tingut temps de presentar una llista separada; tanmateix, en algunes circumscripcions —Voronej, Viatka i Tobolsk—, on els dos partits socialrevolucionaris es presentaren per separat, els d'esquerres no van assolir gaire bons resultats ja que es calcula un total de 1.839.000 vots per als de dretes i només 26.000 vots per als d'esquerres[174].

ASSEMBLEA CONSTITUENT	
PARTIT	DIPUTATS
Socialrevolucionaris	380
Bolxevics	168
Partit Constitucional Democràtic	17
Menxevics	18
D'altres	120
Total	715

7.2. L'ACCIÓ DE LES DIFERENTS FORCES POLÍTIQUES

El 20 de novembre (3 de desembre), vuit dies abans de la data prevista, el govern bolxevic va ajornar indefinidament l'obertura de l'Assemblea Constituent, i, l'endemà, va decretar que els ciutadans tenien dret a revocar els diputats electes sempre i quan la iniciativa comptés amb el suport de més de la meitat de l'electorat del districte del diputat; a la pràctica, aquest decret, que Trotsky va defensar com a alternativa suau a la dissolució de l'Assemblea en el cas que s'oposés al poder dels soviets, conferia als bolxevics la possibilitat d'invalidar els resultats de les eleccions democràtiques recorrent al suport de les fàbriques i de les guarnicions; el principal objecte d'aquesta mesura foren els kadets que havien tret bons resultats a les ciutats a base d'unir tot el vot de centre dreta; quedava clar, doncs, que els bolxevics no tolerarien pas

---

174   PIPES, Richard: *La Revolución rusa* Barcelona: Debate, 2016 (Debate Historia) pàgs 585-586

l'existència d'un parlament hostil; d'altra banda, el 23 de novembre (6 de desembre), el CMR va irrompre al Palau Tàurida, que havia de ser la seu de l'Assemblea, i hi detingué tres comissionats electorals de l'Assemblea Constituent, els quals, després d'haver estat detinguts i ser interrogats al Smolny, foren substituïts per un bolxevic.

La Unió per a la Defensa de l'Assemblea Constituent, formada pels partits de l'oposició al règim, va convocar, per al 28 de novembre (11 de desembre) —el dia que, segons ho havia disposat el Govern Provisional el mes d'agost, s'hauria hagut de començar a reunir l'Assemblea Constituent—, una manifestació davant del Palau Tàurida, exigint la immediata obertura de l'Assemblea; hi van acudir desenes de milers de persones, en la seva majoria estudiants, oficials i funcionaris en vaga, a més d'alguns grups d'obrers com ara impressors i artesans especialitzats. El Consell de Comissaris del Poble va considerar-ho una acció contrarevolucionària iniciada pels kadets i, per això, el Partit Constitucional Democràtic va ser il·legalitzat i declarat "enemic del poble"; immediatament, se'n van detenir desenes de militants, entre els quals alguns delegats a l'Assemblea Constituent. Els socialrevolucionaris d'esquerres condemnaren les detencions per veure-hi un acte de terror i Gorki les denuncià com a "dissort per a la democràcia". Els dirigents bolxevics veien els kadets com "la força organitzada de la contrarevolució burgesa", i, davant de l'Executiva dels Soviets, Lenin justificà les detencions definint el comitè central dels kadets "estat major polític de la burgesia", i, segons Trotsky, "no hi ha res d'immoral en l'acció del proletariat de liquidar una classe [la burgesia] que s'està enfonsant". Els kadets detinguts acabaren a la fortalesa de Sant Pere i Sant Pau, on també hi foren reclosos alguns dirigents socialrevolucionaris i menxevics arrestats poc després per ordre dels bolxevics; fou tan elevat el nombre de presos polítics que, a finals de desembre, per poder disposar de lloc per empresonar-los, els bolxevics feren excarcerar delinqüents comuns; d'aquests presos polítics, els rics pogueren alliberar-se pagant un rescat.

El 5 (18) de desembre, va abolir-se el CMR i, en el seu lloc, va crear-se la Comissió Extraordinària de Totes les Rússies per a la Lluita contra la Contrarevolució i el Sabotatge, coneguda com la Txeca, organisme de policia política antecessor del GPU (1922-1923), l'OGPU (1923-1934), el NKVD (1934-1943), el NKGB (1943-1953), el MVD (1953-1954) i el KGB (1954-1991). Des dels seus inicis, la Txeca va actuar fora de la llei i de qualsevol direcció política; Lenin volia crear una Okhrana comunista, i el seu primer responsable, Fèliks Dzerjinski (1877-1926), va definir la tasca de la Txeca com una guerra despietada contra els enemics interns de la revolució. Els bolxevics moderats, obertament contraris a l'ús del terror polític, gaudien de força suport entre les bases del partit, però no n'hi havia cap de capaç d'enfrontar-se a Lenin qui, després de la victòria d'octubre, disposava d'un estatus autocràtic dins del partit; els cinc dirigents que, el 4 (17) de novembre havien tingut la valentia de dimitir del Comitè Central —Zinóviev, Kamenev, Miliutin, Noguin i Rykov— no trigaren gaire a reconciliar-se amb Lenin i a ser readmesos al Comitè Central.

Igual com els bolxevics, els socialrevolucionaris d'esquerres, que també passaren a formar part de la Txeca, no estaven gens disposats a permetre el predomini de l'Assemblea Constituent sobre els soviets; per això, després dels fets del 28 de novembre (11 de desembre), defensaren també la idea d'expulsar els kadets de l'Assemblea i reorganitzar-la com a Convenció Revolucionària sobre la base d'ells i dels bolxevics. Lenin, però, anava més enllà i tenia molt clar que l'Assemblea Constituent calia abolir-la, tal com va deixar-ho clar amb les tesis que va publicar el 12 (25) de desembre, segons les quals, el poder dels soviets havia fet innecessària l'existència d'una assemblea pròpia de la democràcia burgesa, que, a més, ja no era veritablement representativa a conseqüència de la divisió dels socialrevolucionaris i del desplaçament de les masses cap a l'esquerra d'ençà de la Revolució d'Octubre; tant la "lluita de classes" com la derrota de la "contrarevolució" exigien la consolidació del poder soviètic i, a no ser que l'Assemblea Constituent mateixa estigués disposada a reconèixer-ho, "tot el poble" coincidiria que estava "condemnada a l'extinció política". Deu dies més tard, a l'executiva del Soviet, els bolxevics i els socialrevolucionaris d'esquerres exigiren la clausura de l'Assemblea Constituent a menys que, en la seva sessió d'obertura, prevista per al 5 (18) de gener de 1918, prengués la resolució de subordinar-se als soviets, mentre que la reunió del Tercer Congrés dels Soviets d'Obrers i Soldats de Totes les Rússies va avançar-se dues setmanes situant-la al 8 (21) de gener perquè així, tal com va assenyalar-ho Zinóviev, "el poble oprimit pogués dictar sentència contra l'Assemblea Constituent"; segons la Declaració de Drets del Poble Treballador, que Lenin redactà perquè l'Assemblea Constituent l'aprovés en la seva sessió inaugural, Rússia era una república de soviets i aprovava tots els decrets del Consell de Comissaris del Poble, incloent-hi l'abolició de la propietat privada de la terra, la nacionalització dels bancs i la introducció del servei militar obligatori[175].

7.3.LA DISSOLUCIÓ

El 5 (18) de gener de 1918, Petrograd estava sota estat de setge perquè els bolxevics, que hi havien declarat la llei marcial, l'havien inundada de tropes com també hi havien prohibit les reunions públiques; el Palau Tàurida, on havia de reunir-se l'Assemblea Constituent, estava del tot encerclat per escamots bolxevics amb artilleria i metralladores, amb ordre d'actuar davant de la mínima acció contrarevolucionària de la Unió per a la Defensa de l'Assemblea Constituent, la qual no disposava de cap mena de força militar; unes deu persones resultaren mortes i unes dotzenes més ferides quan les tropes bolxevics obriren foc contra una manifestació convocada sota el lema "Tot el poder per a l'Assemblea Constituent!". L'enterro dels morts de la manifestació del Palau Tàurida va fer-se el 9 (22) de gener, precisament l'aniversari del Diumenge Sagnant de 1905, i una de les delegacions d'obrers que assistí als funerals va posar una corona de flors amb la inscripció: A les víctimes dels autòcrates del smolny.

Tanmateix, la reunió de l'Assemblea Constituent va arribar a celebrar-se; abans de poder entrar al Palau Tàurida, però, els diputats hagueren de tolerar ser registrats pels guàrdies bolxevics i, dins de la cambra de sessions, hi havia gairebé tants soldats com diputats; ja des de bon principi, els bolxevics xiularen i cridaren per no deixar parlar els diputats socialrevolucionaris de dretes, i quan, per 237 vots contra 146, va ser rebutjada la Declaració dels Drets del Poble Treballador, els bolxevics van manifestar que l'Assemblea Constituent havia caigut en mans dels contrarevolucionaris i marxaren. Els socialrevolucionaris d'esquerres continuaren a l'Assemblea fins que, cap a dos quarts de tres de la matinada, se n'anaren; aleshores, els milicians bolxevics van clausurar la reunió amenaçant Txernov, el president de l'Assemblea. L'endemà, el Consell de Comissaris del Poble va decretar la dissolució de l'Assemblea i els efectius bolxevics no van deixar entrar ningú al Palau Tàurida. Dos dies després, el tercer congrés nacional dels soviets, on s'havia procurat que la majoria dels delegats fossin o bolxevics o soci-

---

175   Figes, Orlando: *LA REVOLUCIÓN RUSA 1891-1924: LA TRAGEDIA DE UN PUEBLO*; traducción: César Vidal Barcelona: Edhasa, 2000 (Ensayo histórico) pàgs 563-569

alrevolucionaris d'esquerres, va aprovar totes les mesures del Consell de Comissaris del Poble.

No va esdevenir-se cap mena de resistència de masses en contra de la dissolució de l'Assemblea Constituent; els pagesos, la base principal del moviment socialrevolucionari, eren del tot indiferents a l'existència d'un parlament nacional ja que era per mitjà dels soviets locals que estaven duent a terme la seva revolució, és a dir, el repartiment de les terres de la noblesa; per això, eren contraris a qualsevol mena d'estat o de govern central d'àmbit superior als soviets dels diferents pobles i comarques. A tot arreu de Rússia, província rere província, els socialrevolucionaris de dretes perderen el control dels soviets a favor de l'extrema esquerra, mentre que a les regions industrials del nord i del centre, després de les eleccions d'octubre, els bolxevics controlaven tots els soviets. Fora de les capitals de província, no hi havia enlloc un classe mitjana urbana autèntica disposada a defensar una revolució veritablement democràtica[176].

8.LA SORTIDA DE LA GUERRA
8.1.REREFONS IDEOLÒGIC

El 26 d'octubre (8 de novembre), Lenin va llegir davant del Congrés dels Soviets el Decret de la Pau, la disposició bolxevic que aconseguí més acceptació popular que cap d'altra; la Revolució havia nascut del desig de posar fi a la guerra, després de tres anys seguits de conflicte bèl·lic Rússia estava postrada, i el poble rus anhelava la pau per damunt de tot; d'altra banda, la promesa de sortir de la guerra havia estat la base de la legitimació de la presa del poder pels bolxevics, i la petició unànime de tots els delegats de les casernes i de les fàbriques al Congrés dels Soviets. Tanmateix, el Decret de la Pau proposava a totes les nacions bel·ligerants una pau justa i democràtica sense annexions ni indemnitzacions però ni les potències de l'Entesa ni els Imperis Centrals no tenien cap desig d'assolir una pau general perquè el seu objectiu era la victòria; a més, a causa de la feblesa en què havia caigut Rússia, que li havia fet perdre la condició de gran potència, les seves crides a la pau es veieren com un argument propi de perdedors.

Per als bolxevics, la campanya per la pau era inseparable de l'expansió de la revolució socialista a l'Europa occidental, cosa que transfor-

---

176   Ídem pàgs 569-576

maria la guerra entre nacions en tot un seguit de guerres civils on els obrers de tot arreu del món s'unirien per enderrocar els seus governs imperialistes. A més, sent com eren marxistes, els resultava inconcebible que, si no comptava amb el suport del proletariat dels països avançats d'Europa, la revolució pogués sobreviure durant gaire temps en un país agrari endarrerit com Rússia, sense una base industrial i amb una pagesia hostil; al capdavall, la Revolució d'Octubre s'havia realitzat sobre la base que era imminent l'inici de la revolució socialista mundial; per tant, la política exterior del Consell de Comissaris del Poble havia de limitar-se a atiar esclats revolucionaris en d'altres països. Naturalment, si la revolució mundial no arribava a esclatar, els bolxevics, sense exèrcit per haver-ne fomentat la destrucció revolucionària amb els consells de soldats, serien impotents davant de la invasió alemanya, i, com resultava obvi, l'arribada dels exèrcits del kàiser a Petrograd significaria la fi de la Revolució. Davant d'aquesta eventualitat, cada vegada més possible, la facció més esquerrana dels bolxevics, considerant una pau per separat amb Alemanya una traïció a la causa internacionalista, propugnava una guerra revolucionària de resistència contra els invasors alemanys per cohesionar els obrers i els pagesos en la defensa de la Revolució, cosa que serviria d'exemple a les masses revolucionàries de l'estranger. Lenin, però, malgrat les seves afirmacions en les Tesis d'abril, no creia viable aquesta opció i considerava la pau amb Alemanya l'ocasió de disposar d'un respir per poder consolidar el règim bolxevic a Rússia; a més, si, després d'una pau entre Rússia i els Imperis Centrals, continuava la guerra al front occidental, augmentarien les possibilitats d'una revolució europea[177].

8.2. LES NEGOCIACIONS

El 13 (26) de novembre de 1917, Trotsky, comissari del poble d'afers estrangers, va demanar l'armistici a l'alt comandament alemany i, tres dies després, començaren les converses a la ciutat de Brest-Litovsk —l'actual Brest (Bielorússia)—, seu del quarter general alemany al Front de l'Est. En un principi, la delegació bolxevic es va mantenir ferma en la petició d'un armistici general ja que Lenin confiava que, així, els governs de l'Entesa es veurien obligats a negociar sotmesos a la pressió revolucionària dels seus pobles, però, com que les coses no van anar així, el 2 (15)

---

177   Ídem pàgs 593-597

de desembre, els bolxevics hagueren d'acceptar un armistici de només un mes que afectaria únicament el front oriental. Llavors, la tàctica de Lenin —i de Trotsky, president de la delegació bolxevic a Brest-Litovsk des de mitjans de desembre— fou la d'allargar les converses tant com fos possible a l'espera que la campanya per la pau provoqués un esclat revolucionari a l'Europa occidental. A finals de desembre, però, a Berlín començaren a perdre la paciència i a exigir seguir una política de línia dura amb els russos per obligar-los a firmar una pau per separat que permetés als alemanys enviar tropes al front occidental; d'altra banda, als banquers i industrials d'Alemanya els interessava afeblir Rússia per així poder realitzar les seves ambicions imperials sobre l'Europa oriental, del tot comparables i equiparables als objectius colonials de francesos i britànics a l'Àsia i a l'Àfrica.

Des de 1915, és a dir, des d'abans de l'inici de la Revolució, els alemanys havien mantingut contactes amb dirigents nacionalistes ucraïnesos, i, a finals de desembre de 1917, una delegació ucraïnesa acudí a Brest-Litovsk, perquè, entre els dirigents de la Rada, es considerava la supeditació econòmica a Berlín un mal menor respecte de la subordinació política a Petrograd, sobretot després que hi haguessin pres el poder els bolxevics; aleshores, considerant que l'actitud de la Rada enfortia les seves posicions, els delegats alemanys presentaren als seus homòlegs russos tot un seguit

d'exigències territorials: la independència de la Polònia russa i l'annexió de Lituània i de gran part de Letònia a Alemanya; Trotsky va demanar poder prendre's un temps per anar a fer consultes a Petrograd. En la reunió del comitè central bolxevic de l'11 (24) de gener de 1918, es van formar tres faccions:

a) La de Nikolai Bukharin: calia iniciar una guerra revolucionària contra Alemanya, per així aconseguir provocar un alçament revolucionari a l'Europa occidental.

b) La de Trotsky: també esperaven un esclat revolucionari a Occident i en veieren un anunci en les notícies de les vagues que tenien lloc a Alemanya i Àustria, però dubtaven que les partides guerrilleres pageses que proposava Bukharin fossin capaces d'aturar la invasió alemanya; per tant, calia seguir la tàctica de "ni guerra ni pau", és a dir, anar allargant les converses per guanyar temps, amb la idea que, al final, la delegació soviètica declararia la guerra i abandonaria les negociacions de Brest-Litovsk negant-se sempre a signar una pau annexionista. Evidentment, el govern bolxevic no estava en situació de poder resistir una invasió alemanya però s'esperava que, a tot arreu del món, tal acció es condemnés com a acte d'agressió contra Rússia, una potència pacifista.

c) La de Lenin: sense un exèrcit disposat a combatre, Rússia no podia pas guanyar temps i, per tant, la proposta de Trotsky era inviable; calia, doncs, signar la pau amb Alemanya tan aviat com fos possible; es tractaria, evidentment, d'un pau vergonyosa però, en cas contrari, l'avenç alemany acabaria esclafant el govern bolxevic; a més, Lenin no veia pas clar l'esclat d'una revolució a Alemanya, i, sobretot, per consolidar el règim calia la pau immediata perquè "la burgesia ha de ser aixafada i, per poder-ho fer, necessitem tenir les dues mans lliures"

D'aquestes tres opcions, la majoritària era la de Bukharin, després, venia la de Trotsky i, finalment, la de Lenin era la que comptava amb menys suport; per això, Lenin va haver d'aliar-se amb Trotsky contra Bukharin; d'aquesta manera, el lema "ni guerra ni pau" va ser aprovat pel Comitè Central, i Trotsky va tornar a Brest-Litovsk amb l'ordre d'anar allargant les converses, tal com va fer-ho durant tres setmanes més, fins que, el 9 de febrer, va arribar de Berlín un telegrama del kàiser exigint llençar un ultimàtum als bolxevics que o acceptaven les exigències alemanyes o es reprenia la guerra; d'altra banda, aquell mateix dia els bolxevics ocuparen Kiev però, al cap de poc, hagueren de retirar-se'n davant de l'avenç alemany i austríac, legitimat en el tractat que, també el 9 de febrer, els Imperis Centrals havien signat amb el govern ucraïnès. El 10 de febrer de 1918, Trotsky anuncià que Rússia es retirava de les negociacions i proclamava unilateralment la fi de les hostilitats; en resposta, el dia 18, els Imperis Centrals reprengueren l'ofensiva i, en només dues setmanes, s'apoderaren d'Ucraïna, Bielorússia, Estònia, Letònia i Finlàndia, com també començaven a acostar-se perillosament a Petrograd[178].

8.3.EL TRACTAT DE BREST-LITOVSK

En una reunió d'urgència del comitè central bolxevic, celebrada el 18 de febrer, els partidaris de Bukharin i de Trotsky encara aconseguiren

---

178   Ídem pàgs 597-603

derrotar, tot i que només per set vots a sis, la proposta de Lenin de signar la pau immediatament; al cap de poc, però, en arribar les notícies de l'avenç alemany per Ucraïna, Trotsky va passar a adherir-se a les postures de Lenin, i, així, després d'hores de debat, el comitè central va votar, ni que fos per un marge molt estret, adreçar una oferta immediata de pau a Alemanya i Lenin va enviar un telegrama a Berlín on es manifestava disposat a acceptar totes les condicions de pau que imposessin els alemanys. Aquesta comunicació, però, no va obtenir resposta fins el 23 de febrer quan els alemanys posaren unes condicions pitjors encara que les de desembre de 1917, exigint el control sobre Finlàndia, Polònia, Lituània, Letònia, Estònia, Bielorússia, Ucraïna, Geòrgia, Armènia i l'Azerbaitjan, és a dir, sobre una regió on hi vivia el 34% de la població i hi havia el 32% de la terra de conreu, el 54% de les empreses industrials i el 89% de les mines de carbó de l'antic Imperi Rus. Aquestes condicions foren acceptades en el Tractat de Brest-Litovsk signat el 3 de març pel govern bolxevic, que significà la fi de la participació de Rússia en la I Guerra Mundial. D'altra banda, no sentint-se segurs a Petrograd, bombardejada per l'aviació alemanya el 2 de març, els bolxevics decidiren traslladar la capital a Moscou, on hi quedaren establerts els òrgans centrals del règim el 12 de març de 1918; aquesta decisió va provocar un esclat de caos i de violència a Petrograd.

El Tractat de Brest-Litovsk va ser rebutjat no sols pels russos blancs, és a dir per la dreta antisoviètica, sinó també per la facció de Bukharin, denominada "comunistes d'esquerres", i pels socialrevolucionaris d'esquerres que, en protesta, dimitiren dels seus càrrecs al Consell de Comissaris del Poble i, el 6 de juliol de 1918, assassinaren el comte Mirbach, l'ambaixador alemany a Rússia, amb la idea de provocar l'esclat d'una guerra revolucionària contra Alemanya. Aquests sectors s'oposaven a qualsevol mena d'interrupció de la guerra internacional contra la burgesia, ja fos sota la forma d'una pau amb els imperialistes estrangers o d'un acord amb els capitalistes russos, i, a diferència de Lenin, creien que la revolució, entesa com una croada internacional contra el capitalisme, podia sostenir-se amb les energies revolucionàries dels pagesos i dels obrers dins d'un sistema de poder soviètic genuïnament democràtic i descentralitzat[179].

---

179   Ídem pàgs 603-607

9.LA GUERRA CIVIL
9.1.LA RÚSSIA BLANCA

Excepte, naturalment, per als bolxevics i els socialrevolucionaris d'esquerres, després de la dissolució de l'Assemblea Constituent no hi havia a Rússia cap govern legítim; així doncs, a principis de 1918 començà la Guerra Civil Russa en què s'enfrontaren els rojos —bolxevics— i els blancs, una àmplia coalició on, units pel rebuig a la Revolució d'Octubre, hi havia des de monàrquics fins a menxevics i socialrevolucionaris de dretes.

Un dels nuclis dels russos blancs fou la regió del Don, situada al sud de Rússia; a la ciutat de Novotxerkassk, hi acudiren no sols Kornilov i d'altres generals, sinó també polítics de la Duma com ara Miliukov, Vladimir Nikolaievitx Lvov i, fins i tot, el socialrevolucionari Boris Savinkov. L'objectiu estratègic de les forces blanques del Don era dominar la ciutat de Rostov, la qual, però, el 23 de febrer de 1918, fou presa pels rojos els quals, dos dies després, entraren a Novotxerkassk; per això, l'Exèrcit Voluntari, és a dir, les forces de Kornilov, emprengueren la Marxa del Gel, una retirada per l'estepa fins arribar a la regió de Kuban. Els pagesos sempre es mostraven hostils a l'Exèrcit Voluntari; per això, els oficials de Kornilov, en la seva majoria, fills de terratinents expropiats per la revolució pagesa, practicaven accions de terror per allà on passaven, com ara la cruel matança del poble de Lezhanka, perpetrada en resposta al Terror Roig dels bolxevics a Rostov. El 10 d'abril de 1918, Kornilov va morir en l'intent de prendre Ekaterinodar, capital de l'acabada de proclamar República Soviètica del Nord del Caucas; a partir d'aleshores, el nou comandant militar fou el general Anton Denikin (1872-1947), el qual va poder instal·lar-se a Ekaterinodar després que, el 18 d'agost, l'haguessin presa els blancs.

Fins que l'armistici de l'11 de novembre de 1918 va posar fi a la I Guerra Mundial amb la derrota dels Imperis Centrals, les potències de l'Entesa no havien pogut actuar al sud de Rússia a causa del control alemany sobre Ucraïna i la Mar Negra; per això, s'havien limitat a moure's pel nord i per la Sibèria, on esperaven poder ressuscitar un exèrcit rus capaç de continuar la guerra. El 23 de novembre de 1918, una flota anglofrancesa va desembarcar a Novorossiïsk, el port rus més important de la Mar Negra, i proclamaren que Gran Bretanya i França estaven disposades a donar ple suport a l'Exèrcit Voluntari. Després de quatre anys de guerra, però, els governs occidentals no es veien amb cor d'enviar tropes a l'estranger; a més, malgrat el rebuig al comunisme, molts temien que, després d'una victòria dels blancs, Rússia recuperés la seva condició de potència imperial; per tant, sempre era millor una Rússia roja però afeblida; llavors, no sabent si fer la guerra o la pau amb el règim bolxevic, americans, britànics i francesos, d'una banda, proporcionaven ajuda militar als blancs però, de l'altra, pretenien obligar-los a negociar una pau amb els rojos. El resultat final de tot plegat va ser que totes les potències implicades en la Guerra Civil Russa —Gran Bretanya, França, Canadà, Japó i els EUA— van enviar només uns petits contingents, suficients per evitar la derrota immediata dels blancs però insuficients per dur-los a la victòria.

Per molt que afirmessin la seva adhesió als principis democràtics, els dirigents blancs demostraven amb les seves actituds estar tots ells massa arrelats a les tradicions de l'antic règim tsarista com per poder representar una alternativa real als bolxevics. En qüestions polítiques importants —la propietat de la terra i les nacionalitats—, es limitaren a ajornar-ne la discussió per a quan l'Assemblea Constituent pogués tornar a reunir-se i, a més, sota la pressió dels elements més dretans, la reunió mateixa de la Constituent fou posposada; ancorats en l'antic estat rus, es negaven a emprendre cap decisió política abans que una victòria militar els hagués portat de nou a Petrograd. El lema "Una Rússia gran, unida i indivisible", inspirat tant pels octubristes i els kadets com pels valors de l'antic règim, afeblia el moviment blanc perquè els seus exèrcits tenien com a base principal territoris —Ucraïna, el Caucas i el Bàltic— on la població no russa oscil·lava entre l'autonomia i la independència; la seva negativa total a arribar a cap mena de compromís amb aquestes aspiracions nacionals convertí els nacionalistes dels pobles no russos en enemics dels blancs; d'altra banda, el programa agrari elaborat per l'entorn polític del general Denikin significava que els pagesos haurien hagut de restituir a la noblesa les tres quartes parts de la terra que li havien pres des de 1917; a més, en els territoris que conquerien, els funcionaris del govern de Denikin sempre ajudaven els nobles a reclamar les terres que se'ls havien expropiat durant la Revolució, com també el govern local s'encarregava a nobles i a antics funcionaris tsaristes, els quals, pertanyents en molts casos als sectors més reaccionaris de la noblesa, podien emprendre salvatges venjances contra els pagesos.

A Samara, ciutat situada a la vora oriental del Volga, es va constituir el Comitè de Membres de l'Assemblea Constituent (Komutx), el qual, declarant-se parlament de Rússia, va convocar tots els diputats de la Constituent, amb l'òbvia excepció dels bolxevics. El Komutx, on hi destacava la figura de Víktor Txernov, era un govern socialrevolucionari de dretes amb alguns representants de les minories nacionals, així com dels menxevics i dels kadets que s'hi uniren malgrat l'opinió de les directives dels seus partits; es tractava, doncs, d'una mena de govern Kerenski només que sense Kerenski, qui, aleshores, ja estava exiliat a París; fidels a la idea que havien sostingut abans de la Revolució d'Octubre, els dirigents del Komutx continuaren afirmant que les províncies de Rússia encara no estaven prou madures per poder arribar al socialisme i, per tant, la revolució no podia pas pretendre superar l'etapa democràtica; a la pràctica, això significava que la revolució social quedava ajornada fins després d'una nova convocatòria de l'Assemblea Constituent, l'únic organisme amb dret a poder decidir sobre qüestions socials, com també que el Komutx es considerés una administració temporal concebuda, bàsicament, per aconseguir el restabliment del parlamentarisme.

A les regions sota poder del Komutx, es suprimiren els poders dels comitès de fàbrica i el control de les empreses fou transferit als seus anteriors propietaris o, en la seva absència, a administradors nomenats pel Govern; els bancs tornaren al control privat, es restaurà la llibertat en els intercanvis mercantils i va establir-se un Consell de Comerç i Indústria, dominat pels industrials, per assessorar en política econòmica; per tot això, els obrers rebutjaren el Komutx per "burgès"; ara bé, com que es continuava garantint la jornada de vuit hores, els sindicats i soviets es mantenien en acció i, sobretot, la bandera roja onejava als edificis oficials, llavors les classes mitjanes persistiren a considerar el Komutx com a "perillosament socialista", cosa que les va dur a buscar alternatives genuïnament contrarevolucionàries, perquè, al capdavall, segons ho veien, els dirigents del Komutx només eren una mica més moderats que els bolxevics. D'altra banda, els socialrevolucionaris de dretes no volgueren prendre una mesura tan radical com reconèixer els soviets pagesos i, en el seu lloc, pretengueren restablir els antics zemstvos, en els quals hi tenien representació totes les classes socials agràries, incloent-hi la noblesa terratinent; en molts casos, els soviets es mantingueren al poder recorrent a un subterfugi tan simple com autodenominar-se zemstvo en la documentació adreçada al Komutx, incapaç, en realitat, d'enfrontar-se als soviets perquè els pagesos hi veien la garantia de la seva revolució agrària; a més,

la seva dèria de "reforçar l'imperi de la llei" després de les "anàrqui-
ques" confiscacions de terra dutes a terme pels pagesos després de la
Revolució de Febrer de 1917 duia els dirigents del Komutx a preten-
dre que, en alguns casos, s'haguessin de restituir terres a la noblesa,
cosa que va fer l'efecte, especialment entre els pagesos més pobres, que
l'objectiu era restablir l'antic règim, tal com semblava demostrar-ho
la interpretació excessivament generosa d'aquesta política que feien
alguns nobles que, comptant amb la col·laboració d'una brigada de
l'Exèrcit o de milícies privades, arribaren a fer flagel·lar en públic al-
guns dirigents pagesos com a escarment i exemple. Per lluitar en la
Guerra Civil, el Komutx va constituir l'Exèrcit del Poble, per al qual
va demanar voluntaris; el nombre que se'n va presentar fou ínfim i, en
molts casos, es tractava de refugiats o d'aturats sense mitjans de sub-
sistència; evidentment, els pagesos, que ja havien aconseguit la terra
i la llibertat, no tenien cap mena d'interès a lluitar per restablir l'As-
semblea Constituent; per això, a finals de juny, el Komutx va recórrer
al reclutament obligatori però les insubmissions i les desercions foren
massives, i la resposta repressiva de les autoritats, amb la tramesa de
regiments punitius de cosacs, la presa d'hostatges per fer sortir els de-
sertors i l'incendi de pobles on els desertors no es rendien, va fer que
molts pagesos es passessin als rojos, els quals sempre garantien el no
restabliment de l'antic règim agrari, com també va dur a l'aparició de
moviments de resistència contra l'Exèrcit del Poble.

Després que, el 7 d'octubre de 1918, els rojos prenguessin Samara,
els socialrevolucionaris de dretes fugiren a Ufa, on hagueren d'arribar
a una entesa amb les forces contrarevolucionàries establertes a Omsk,
ciutat situada al sud-oest de la Sibèria, cosa que dugué a la constitució
d'un directori format per socialrevolucionaris de dretes i liberals siberi-
ans; el 17 de novembre, aquest govern va ser dissolt mitjançant un cop
militar i, a partir d'aleshores, el poder va exercir-lo l'almirall Alexandr
Kòltxak, que arribà a compartir amb el general Denikin la condició de
dirigent màxim de la contrarevolució[180]. El 9 de juny de 1919, els rojos
van prendre Ufa i, poques setmanes després, aconseguiren passar els
Urals, mentrestant, els blancs es replegaren a Omsk, que, tanmateix, el
14 de novembre de 1919 va caure en poder dels rojos; llavors, l'almirall
Kòltxak va fugir cap a Irkutsk, on els rojos el capturaren i, el 7 de febrer
de 1920, hi fou afusellat per les autoritats bolxevics.

---

180   Ídem pàgs 612-642

Al front meridional, el 20 d'octubre de 1919, a la batalla d'Orel, els rojos derrotaren el general Denikin, les forces del qual, a partir d'ales-hores, es bateren en retirada fins que, el març de 1920, arribaren a Cri-mea; per l'abril següent, Denikin emprengué el camí de l'exili viatjant en vaixell a Constantinoble, des d'on es traslladà a Londres. La fi de la Guerra Civil Russa, i, doncs, la derrota definitiva dels russos blancs, se situa en la presa de Vladivostok per l'Exèrcit Roig —el cos militar bolxevic que fundà Trotsky per lluitar contra els blancs en la Guerra Civil— el 25 d'octubre de 1922.

9.2.EL GOVERN BOLXEVIC
9.2.1.EL TERROR

Lenin no va renunciar mai a l'ús del terror[181] perquè, segons ell, l'estat revolucionari havia de ser dictatorial i repressiu per així poder lluitar eficaçment contra la reacció burgesa[182]. El 1917, a l'Estat i la Revolució, obra escrita durant la seva estada a Finlàndia abans de la Revolució d'Octubre, hi havia afirmat que

"la dictadura del proletariat estableix una sèrie d'excepcions de la llibertat pel que fa als opressors, als explotadors, als capitalistes. Aquests darrers ha d'aixafar-los per tal d'alliberar la humanitat de l'esclavatge assalariat; llur resistència cal sufocar-la mitjançant la força; i és evident que allí on hi ha violència no pot haver-hi llibertat, no pot haver-hi democràcia"[183].

El 1919, a les *Tesis sobre la democràcia burgesa i la dictadura del pro-letariat* que presentà la primer congrés de la Internacional Comunista, ens trobem que

"La història ens ensenya que una classe oprimida no ha obtingut ni ha pogut obtenir mai el poder sense una període preliminar

181 CARR, Edward Hallett *The Bolshevik Revolution: 1917-1923* London: Penguin Books, 1984 (Pelican Book. History Carr, Edward Hallett. *History of Soviet Russia*; 1) Volum I pàgs 163-166

182 Ídem pàg 247

183 NIN, Andreu: *Les Dictadures dels nostres dies* (2ª ed.) Sant Boi de Llobregat: Lluita, 1984 (Espurna; 3) pàg 149

de dictadura, és a dir, sense la conquista del poder polític i la repressió violenta de la resistència desesperada, salvatge que no s'atura davant de cap crim, que oposen sempre els explotadors. La burgesia mateixa, el poder de la qual és defensat actualment pels socialistes, els quals es pronuncien contra la dictadura en general i que sostenen en cos i ànima la democràcia en general, assolí el poder en els països capitalistes gràcies a una sèrie d'insurreccions, de guerres civils, de l'enderrocament violent del poder reial, del dels senyors feudals i de l'aixafament de totes les temptatives de restauració"[184]

Per això, durant l'estiu de 1918, la Txeca reprimí brutalment, amb execucions sumàries indiscriminades, les revoltes contra el règim bolxevic que esclataren a Iaroslavl, Murom, Niznij Novgorod, Viatka o Penza, on Lenin mateix ordenà l'ús del terror de masses contra els rebels[185].

Un exemple del terror bolxevic fou l'extermini dels Romanov, els quals, el 30 d'abril de 1918, se'ls havia traslladat de Tobolsk a Ekaterinburg, ciutat situada també a la regió dels Urals. Durant la nit del 16 al 17 de juliol de 1918, sense cap mena de judici, van ser morts a trets a la casa d'Ekaterinburg on estaven confinats no sols Nicolau II i la tsarina Alexandra, sinó també els seus fills —tots ells menors d'edat— Olga, Tatiana, Maria, Anastàsia i Aleix, així com el seguici de servents que els acompanyaven: el metge Eugene Botkin, la cambrera Anna Demidova, el cuiner Ivan Kharitonov i el criat Alexei Trupp. En un principi, Trotsky havia pensat portar el tsar a Moscou i sotmetre-l'hi a un judici on ell mateix faria de fiscal; tanmateix, aquesta idea tenia els seus inconvenients, el primer de tots és que jutjar algú sempre significa admetre la possibilitat, per remota que sigui, que l'acusat sigui innocent, cosa que en aquest cas, segons els bolxevics, podria dur a qüestionar la legitimitat de la Revolució[186], sobretot perquè un dels arguments de la defensa hauria pogut ser comparar l'autocràcia tsarista amb el terror roig de la Rússia revolucionària; a més, certament, es

---

184   Ídem pàg 148

185   CARR, Edward Hallett *The Bolshevik Revolution: 1917-1923* London: Penguin Books, 1984 (Pelican Book. History Carr, Edward Hallett. *History of Soviet Russia*; 1) Volum I pàgs 173-174

186   Figes, Orlando: *LA REVOLUCIÓN RUSA 1891-1924 : LA TRAGEDIA DE UN PUEBLO*; traducción: César Vidal Barcelona : Edhasa, 2000 (Ensayo histórico) pàgs 699

podien formular seriosos i greus càrrecs contra Nicolau II i Alexandra, però anant per la via judicial —o pseudojudicial— resultava del tot impossible actuar contra els fills del matrimoni Romanov, sense cap responsabilitat política en el règim autocràtic, i, menys encara, contra el seguici de criats que els acompanyava. Per altra banda, en el moment que el tsar, la seva família i els seus criats hi eren retinguts com a presoners, els exèrcits blancs estaven encerclant Ekaterinburg, i l'acabaren ocupant el 25 de juliol, és a dir, només una setmana després de la matança; per això, a finals de juny, Fillip Goloixtxekin, dirigent bolxevic dels Urals conegut per ser un ferm partidari de l'assassinat dels Romanov, s'havia entrevistat amb Lenin a Moscou; el 16 de juliol, des de Ekaterinburg, Goloixtxekin envià un telegrama xifrat a Iakov Sverdlov, membre del comitè central bolxevic, i a Lenin, via Grigori Zinóviev —cap del partit a Petrograd—, informant-los que, a causa de "les circumstàncies militars" calia procedir immediatament a l'execució, idea que fou confirmada des de Moscou187. D'aquesta manera va evitar-se que els blancs alliberessin el tsar i el portessin cap a un immerescut exili daurat, amb la qual cosa s'haurien frustrat els desigs de venjança de molts bolxevics, entre els quals Lenin, el germà del qual havia mort executat per la seva implicació en un atemptat contra el tsar Alexandre III (1881-1894), pare de Nicolau II.

9.2.2. EL COMUNISME DE GUERRA

Segons la teoria marxista, en el capitalisme, els burgesos —els amos de les fàbriques i negocis— sempre exploten els treballadors ja que s'apropien de la plusvàlua, nom que Marx donà al valor que l'obrer produeix sense que el capitalista l'hi pagui; la capacitat del capital per generar riquesa es fonamenta en el fet d'apropiar-se de treball aliè sense remunerar-lo; per tant, l'existència d'empreses privades resulta una cosa tan immoral com la pràctica del tràfic d'esclaus. D'altra banda, en el socialisme, la producció de mercaderies no s'havia de guiar per l'obtenció de beneficis econòmics sinó que s'havia d'orientar a satisfer les necessitats humanes; per això, calia planificar l'activitat econòmica. En aplicació d'aquests principis, el juny de 1918, a Rússia, el Consell Suprem d'Economia del govern bolxevic implantà el següent paquet de mesures:

---

187   **Ídem** pàg 698

a) Nacionalització de tota la indústria, la qual quedà sotmesa a control del Consell de Comissaris del Poble
b) Monopoli estatal del comerç exterior
c) Estricta disciplina laboral, els vaguistes podien ser executats sense judici
d) Condemna a treballs forçats per als membres de les "classes no treballadores"
e) Requisa de les collites als pagesos per repartir-la entre els obrers de les ciutats
f) Racionament del menjar i d'altres productes bàsics
g) Il·legalització de l'empresa privada
h) Control militar de les línies ferroviàries

Aquesta política econòmica es coneix avui dia pel nom de "comunisme de guerra", tot i que alguns estudiosos argumenten que aquestes mesures no es conceberen pas com un mitjà per guanyar la guerra civil sinó, simplement, com a les pròpies d'una economia socialista i, per tant, no tenien pas un caràcter provisional sinó definitiu[188].

Els resultats pràctics del comunisme de guerra foren catastròfics. En resposta a les requises perpetrades pel govern bolxevic, els pagesos deixaren de produir i vendre, per la qual cosa molta gent hagué de marxar de les ciutats cap al camp per mirar de poder trobar aliment, i així va ser com, entre 1918 i 1920, Petrograd va perdre el 75% de la població i Moscou, el 50%; per altra banda, malgrat la repressió, es va desenvolupar un intens mercat negre, com també s'abandonà l'ús de la moneda en favor de l'intercanvi de productes. El 1921, el producte industrial rus era només un 20% del de 1913, el darrer any abans de l'esclat de la I Guerra Mundial. Tot això va provocar la mort de milions de persones en un episodi de fam, esdevingut entre 1921 i 1922, que si bé fou conseqüència de la sequera i de les gelades, va resultar molt més intens en aquelles regions que més havien patit les requises de collites per part dels bolxevics durant la Guerra Civil[189].

Per altra banda, el setembre de 1919, fou adreçat a Lenin un informe sobre la vida de luxe i corrupció que a Petrograd es donaven Zinóviev

188   SHELDON L. Richman, «War Communism to NEP: The Road From Serfdom» *Journal of Libertarian Studies*, Hivern 1981, 5(1), pàg 92. http://mises.org/journals/jls/5_1/5_1_5.pdf

189   Figes, Orlando: *LA REVOLUCIÓN RUSA 1891-1924 : LA TRAGEDIA DE UN PUEBLO*; traducción: César Vidal Barcelona: Edhasa, 2000 (Ensayo histórico) pàg 818

i els altres caps locals del partit; ja durant la Guerra Civil, havia esdevingut normal que els dirigents bolxevics disposessin de salaris més elevats, racions especials, allotjament pagat en apartaments i hotels, accés a botigues i hospitals exclusius, mansions privades, cotxes amb xofer, viatges en tren de primera classe i vacances a l'estranger. A Moscou, el Kremlin havia esdevingut una mena de residència de luxe per als jerarques del règim amb uns dos mil empleats de servei, complex de botigues, perruqueria i sauna així com tres restaurants amb cuiners francesos; el cost de tots aquests serveis, que anaven a càrrec de l'Estat perquè eren gratuïts, superava el de la seguretat social per als habitants de la ciutat. Al seu torn, a Petrograd, la cúpula bolxevic vivia al luxós Hotel Astoria, reciclat com a Primera Casa dels Soviets, on la gent no hi podia accedir pas perquè els guàrdies vigilaven l'entrada. Així mateix, els més importants dirigents del Partit s'havien apropiat de cases de l'antiga elit tsarista: Lenin s'estava als afores de Moscou en una finca que havia pertangut al general Morozov, Trotsky vivia en una casa dels Iusupov, i Stalin a la casa de camp d'un antic magnat del petroli; als voltants de Moscou, tots els dirigents del règim hi tenien una mansió amb criats i minyones[190].

9.2.3.EL NOU SISTEMA POLÍTIC

El 10 de juliol de 1918, el Cinquè Congrés de Soviets de Totes les Rússies aprovà la constitució de la República Socialista Federada Soviètica de Rússia (RSFSR), elaborada per una comissió que, l'1 d'abril, havia creat el Comitè Central Executiu dels Soviets. Aquesta constitució conferia el poder suprem al Congrés de Soviets de Totes les Rússies, format per representants dels soviets de les ciutats i de les províncies, el qual elegia un Comitè Executiu Central, que esdevenia el màxim òrgan entre congressos, a qui corresponia nomenar el Consell de Comissaris del Poble, organisme encarregat de l'administració general de la RSFSR, que també gaudia de la potestat d'emetre decrets, ordres i instruccions[191].

---

190   Ídem pàgs 743-745

191   CARR, Edward Hallett: *The Bolshevik Revolution: 1917-1923* London: Penguin Books, 1984 (Pelican Book. History Carr, Edward Hallett. *History of Soviet Russia*; 1) Volum I pàgs 134-136

El constitucionalisme sempre implica sotmetre l'acció de l'Estat a l'imperi de la Llei per tal d'impedir pràctiques abusives o arbitràries per part dels òrgans de govern; els bolxevics, però, consideraven que en la dictadura del proletariat —en l'autocràcia del poble com ho deien ells parodiant un dels títols que s'atribuïen al Tsar— els poders de l'Estat havien de ser il·limitats, indivisos i absoluts; segons Stalin, un dels membres de la comissió redactora de la Constitució, el nou règim resultava no pas d'un pacte amb la burgesia sinó del triomf de la revolució[192]. En conseqüència, la Constitució de la RSFSR no reconeixia cap dret individual dels ciutadans contra l'acció de l'Estat ja que l'interès del treballador individual era el mateix que el del conjunt de la classe treballadora; per tant, no podia haver-hi contradiccions entre un treballador i l'estat obrer. Per altra banda, com que el fi de la dictadura del proletariat no havia de ser pas el d'establir la igualtat formal entre els burgesos i els treballadors sinó destruir la burgesia, els soviets, encarnació de la dictadura del proletariat, eren organismes de classe on només hi podien participar obrers i pagesos; per això, la Constitució reconeixia el dret a vot només als proletaris[193].

Les teories marxistes sobre l'Estat duien també a rebutjar el principi de separació de poders —legislatiu, executiu i judicial— formulat al segle xviii per Montesquieu, base del constitucionalisme liberal. Segons Marx, la Commune de París de 1871 havia tingut l'encert d'haver estat "no pas un organisme parlamentari sinó una institució que, a l'ensems, legislava i executava les seves lleis" i Lenin considerava la fusió de les atribucions legislatives i executives com un dels mèrits del Soviet. Per això, resulta del tot incorrecte imaginar que entre el Comitè Executiu Central dels Soviets i el Consell de Comissaris del Poble s'hi hagués de donar el mateix tipus de relació que la que, en un sistema constitucional, es dóna entre el Parlament i el Govern; fins a tal punt es superposaven les seves atribucions legislatives i executives, cosa que va provocar constants rivalitats entre aquests dos organismes, que es va arribar a proposar-ne la fusió; evidentment, tampoc no es preveia l'existència d'un sistema judicial independent sinó que els organismes judicials estaven sota el control total del Comissariat del Poble de Justícia[194]. Deixant de banda la lletra de la Constitució,

---

192   Ídem pàgs 150-151

193   Ídem pàgs 152-154

194   Ídem pàgs 154-156

la dinàmica dels fets, condicionats, evidentment, pel transcurs de la Guerra Civil, va fer que cap a 1921 ja s'hagués consumat la concentració de tot el poder en mans del Consell de Comissaris del Poble a expenses tant del Comitè Executiu Central dels Soviets —que, al capdavall, era un organisme elegit— com del Congrés de Soviets de Totes les Rússies, el qual, ja el 1918, havia passat de reunir-se cada tres mesos a reunir-se anualment[195]. A més, des de bon principi, el partit bolxevic —denominat Partit Comunista de Rússia a partir de 1918— ja havia mostrat una clara inclinació a monopolitzar el poder; així, decisions tan importants com ara la presa del poder d'octubre de 1917 o els termes de la Pau de Brest-Litovsk es prengueren no pas dins dels soviets sinó dins del Partit[196].

Per decret del 14 de juny de 1918, tant els socialrevolucionaris de dretes, que en un congrés celebrat a Moscou el maig s'havien manifestat obertament a favor d'enderrocar la dictadura bolxevic per establir un govern basat en el sufragi universal i disposat a acceptar ajuda dels aliats en la guerra contra Alemanya, com els menxevics foren expulsats del Comitè Executiu Central dels Soviets sota l'acusació de ser uns partits contrarevolucionaris que pretenien dur a terme atacs armats contra els obrers i els pagesos. Dins dels òrgans directius dels soviets, l'únic partit que hi quedava, doncs, a part dels bolxevics, eren els socialrevolucionaris d'esquerres; ara bé, després de l'assassinat del comte Mirbach i de l'intent d'apoderar-se de Moscou i de provocar revoltes a Iaroslavl, molts dels delegats socialrevolucionaris d'esquerres al Cinquè Congrés de Soviets van ser detinguts, com també es va assassinar els que havien format part de la Txeca; a més, el partit socialrevolucionari va ser expulsat del soviet[197]. Malgrat tot, després de 1918, menxevics i socialrevolucionaris van poder continuar actuant legalment a Rússia, i, per la seva banda, els bolxevics van tenir alguns gestos conciliadors envers els altres partits socialistes; tanmateix, aquesta tolerància limitada va acabar-se en el clima que seguí a la repressió de les revoltes de 1921, moment a partir del qual l'estat bolxevic va esdevenir un règim de partit únic[198]. Segons Andreu Nin, establert entre 1921 i 1930 a Rússia on formà part de les estructures soviètiques,

---

195   Ídem pàg 220

196   Ídem pàgs 226-227

197   Ídem pàgs 170-173

198   Ídem pàgs 183-184

"El partit comunista és l'ànima de la revolució, i, per una sèrie de circumstàncies històriques, exerceix l'hegemonia política" no pas en profit propi "sinó a favor de la classe [obrera] de la qual és intèrpret i instrument i en les organitzacions econòmiques i polítiques de la qual recolza la seva acció de govern (sindicats, soviets, etc., etc.)"[199].

Cap a finals de 1920, veient-se ja clara la victòria dels rojos en la Guerra Civil, dins del partit bolxevic va donar-s'hi el debat de quin havia de ser el paper dels sindicats obrers en l'estat socialista. A partir de les seves experiències en la tasca de reconstruir les línies ferroviàries destruïdes durant la Guerra Civil, Trotsky —comissari del poble per a afers estrangers (novembre 1917-març 1918) i de guerra (1918-1925)— va defensar la postura d'incorporar els sindicats dins de les estructures estatals ja que en un estat obrer, els treballadors no havien de tenir cap mena de recel envers l'Estat, el qual, doncs, havia de controlar els sindicats. Aquestes idees, les va desenvolupar a Terrorisme i comunisme (l'anti-Kautsky) i en la seva intervenció al novè congrés del Partit, on va defensar una militarització total de la classe obrera en què si un obrer desobeïa una ordre, aquesta deserció hagués de ser castigada pels sindicats. En conseqüència, Trotsky rebutjava totalment les propostes de l'Oposició Obrera, facció del partit bolxevic, segons la qual, organitzant-se en sindicats, els obrers havien d'elegir delegats que supervisessin la política econòmica. Coherent amb la seva ideologia, el 1921 Trotsky va enviar l'Exèrcit Roig a reprimir la revolta de la base naval de Kronstadt.

9.3. LES REBEL·LIONS DE 1921

Al poble de Khitrovo, situat a la regió de Tambov, al centre de Rússia, la revolta va començar el 19 d'agost de 1920 quan un destacament de requisadors de l'Exèrcit Roig va apropiar-s'hi de tot el que va trobar i, a més, va arribar a apallissar vells de setanta anys davant de tothom; poc després, un congrés rebel va abolir el poder soviètic i elegí una Assemblea Constituent que reclamà el sufragi universal i el retorn de la terra als pagesos. Ràpidament, la rebel·lió va estendre's des de Tambov cap

---

199 NIN, Andreu: *Les Dictadures dels nostres dies* (2ª ed.) Sant Boi de Llobregat: Lluita, 1984 (Espurna; 3) pàg 140

a Samara, Saratov, Tsaritsyn —l'actual Volgograd, denominada Stalingrad entre 1925 i 1961—. Astrakhan i Sibèria, i, pel febrer de 1921, els exèrcits pagesos insurrectes combatien amb èxit les forces bolxevics, les quals, a partir del juny, començaren a usar armes químiques —gasos tòxics[200]— per sotmetre els insurgents, com també crearen set camps de concentració on hi tancaven dones, criatures i vells per tenir-los-hi com a hostatges; la revolta fou sotmesa a principis de 1922 amb un balanç de centenars de milers de morts, en gran part conseqüència de les execucions sumàries i de les condicions d'empresonament als camps de concentració.

A part de la rebel·lió de Tambov, en moltes ciutats hi hagué una onada de vagues als sectors industrials; el 28 de febrer de 1921, arran d'informacions sobre la forta repressió duta a terme pels bolxevics contra els vaguistes de Petrograd, una delegació de marins de la fortalesa naval de Kronstadt, un històric baluard bolxevic, va elaborar una taula de peticions on, entre d'altres coses, s'hi demanaven eleccions lliures al soviets, llibertat de premsa i d'expressió per a obrers i pagesos, llibertat sindical i de reunió, alliberament dels presos polítics pertanyents a partits socialistes o a la classe obrera o pagesa, així com l'abolició de les seccions polítiques de les forces armades ja que cap partit no havia de gaudir de privilegis ni tampoc rebre subvencions estatals. En resposta, el Consell de Comissaris del Poble posà Petrograd, on s'hi respirava un ambient de revolta semblant al que quatre anys abans havia dut a la fi del tsarisme, sota la llei marcial i envià un destacament que s'apoderà de Kronstadt el 19 de març.

10.LA UNIÓ SOVIÈTICA

Tots els règims que sorgiren després de la Revolució de Febrer, tant el Govern Provisional com el Consell de Comissaris del Poble o els governs que els dirigents blancs instauraren a les zones que tingueren sota el seu control durant la Guerra Civil, pretengueren dominar el conjunt de l'antic Imperi dels Tsars, és a dir, tot el territori que, fins 1917, hom denominava, indistintament, "Rússia" o "Imperi Rus". En un principi, doncs, la República Socialista Federada Soviètica de Rússia (RSFSR) havia d'incloure tots els antics dominis dels tsars; tanmateix, les reivin-

---

200   Figes, Orlando: *LA REVOLUCIÓN RUSA 1891-1924: LA TRAGEDIA DE UN PUEBLO*; traducción: César Vidal Barcelona: Edhasa, 2000 (Ensayo histórico) pàg 835

dicacions nacionals dels pobles no russos de l'antic Imperi van jugar un paper clau en la Guerra Civil, ni que fos perquè alguns sectors veieren en la independència l'únic mitjà possible per evitar caure en mans del règim bolxevic.

Després d'haver derrotat els blancs en la Guerra Civil, a part de la RSFSR, de la República Socialista Soviètica de Bielorússia (RSSB) i de la República Socialista Soviètica d'Ucraïna (RSSU), els bolxevics aconseguiren formar també la República Socialista Federativa Soviètica de Transcaucàsia (RSFST), resultat de la conquesta per l'Exèrcit Roig de Geòrgia, Armènia, i l'Azerbaidjan, països que, igual com Bielorússia i Ucraïna, després del col·lapse de l'Imperi Rus havien intentat independitzar-se. El 29 de desembre de 1922, va arribar-se a la reunió de quatre països independents —la RSFSR, la RSSB, la RSSU i la RSFST—, els quals acordaven federar-se per formar la Unió de Repúbliques Socialistes Soviètiques (URSS). A la pràctica, però, el teòric federalisme soviètic quedava completament desvirtuat pel poder omnímode i monolític que, des de Moscou —capital alhora de la RSFSR i de l'URSS—, exercia el Partit Comunista de la Unió Soviètica (PCUS), l'única organització política legal dins de l'URSS.

Lenin va morir el 21 de gener de 1924 i, immediatament, el règim soviètic va iniciar el culte a la seva memòria; així, Petrograd va passar a dir-se Leningrad, nom que fou l'oficial fins que, el 1991, la ciutat recuperà el nom de Sant Petersburg. Després de la mort de Lenin, va iniciar-se una lluita successòria dins de la cúpula bolxevic que acabà, el 1928, amb la presa del poder per Stalin i amb l'exili del seu màxim rival Trotsky, el número dos del règim en vida de Lenin. Com a fundador del partit bolxevic i com a promotor i màxim estratega de la Revolució d'Octubre, dins de la cúpula del règim soviètic, Lenin havia gaudit d'una autoritat incontestable, mentre que Stalin només podia justificar el seu poder com a hereu i continuador de Lenin, condició que, com resulta lògic, li la podia discutir qualsevol dirigent bolxevic dels temps de la Revolució d'Octubre. Així doncs, per afirmar la seva posició com a dictador de l'URSS, Stalin va fer executar tots els antics col·laboradors de Lenin —Zinóviev, Kamenev, Bukharin, entre bastants d'altres— mitjançant els Processos de Moscou (1936-1938), tot un seguit de farses judicials on, ja fos sota coaccions i amenaces o bé amb promeses de clemència, els acusats admetien tots els càrrecs de sabotatge, espionatge i traïció que se'ls imputaven, per inversemblants que fossin, i, un cop declarats culpables, se'ls condemnava a mort. Les purgues dels processos de Moscou, a conseqüència de les quals tots els membres del Consell de Comissaris del Poble nomenat per Lenin l'octubre de 1917 van ser executats, excepte els que havien mort abans i Alexandra Kollontai, també van afectar comunistes estrangers residents a l'URSS, vinculats a la Komintern, com fou el cas de comunistes alemanys que acabaren sent lliurats a les autoritats nazis.

Les revoltes de Tambov i de Kronstadt, que arribaren a posar en perill la continuïtat del règim bolxevic, no foren més que una resposta a les condicions de misèria a què havia dut el comunisme de guerra; per això, el 21 de març de 1921, al desè congrés del partit bolxevic —i no pas als soviets— va aprovar-se la Nova Política Econòmica —coneguda com la NEP, sigles de *New Economic Policy*—, en la qual, tot i mantenir-se el control estatal sobre la banca, el comerç exterior i la gran indústria, es permetia l'existència de petites empreses privades; gràcies a la NEP, l'economia russa va poder recuperar el 1928 els seus nivells de 1913. Tanmateix, precisament pel fet d'admetre certes formes de propietat privada, molts bolxevics, començant per Lenin, veien la NEP només com una solució provisional; així, el 1928, Stalin va decretar la col·lectivització de l'economia i el seu control total per l'Estat. En la indústria, es van nacionalitzar totes les empreses, amb la qual cosa l'Estat passà a dirigir l'activitat econòmica mitjançant el sistema de plans, generalment quinquennals, en què una comissió planificadora, nomenada pel govern, establia per a cadascuna de les empreses què havia de produir i quins recursos havia de rebre durant el període de vigència del pla. El règim soviètic es definia com la dictadura del proletariat, és a dir, dels treballadors industrials; tanmateix, l'URSS continuava sent un país agrari, on les classes populars venien constituïdes en la seva immensa majoria no pas per obrers industrials sinó per pagesos; per això, amb el Primer Pla Quinquennal (1928-1932), Stalin va imposar un procés d'industrialització accelerada, el qual es va dur a terme sotmetent les classes treballadores a un règim laboral autoritari i repressiu com també a unes extremadament dures condicions de vida.

11.BIBLIOGRAFIA

CARR, Edward Hallett:
    —*La Revolución Bolchevique: 1917-1923*; versión española de Soledad Ortega Madrid: Alianza, 1985 (Historia de la Rusia Soviética; 1)

—*La révolution bolchevique (1917-1923)*; traduit de l'anglais par Andrée Jacquenet et Micheline Pouteau Paris: les Éd. de minuit, 1974 (Arguments)

FIGES, Orlando:

—*La Revolución rusa 1891-1924: la tragedia de un pueblo*; traducción: César Vidal Barcelona: Edhasa, 2000 (Ensayo histórico)

—*La révolution russe: 1891-1924, la tragédie d'un peuple*; traduit de l'anglais par Pierre-Emmanuel Dauzat; préface de Marc Ferro Paris: Gallimard, 2009 (Collection Folio, ISSN 0768-0732; 170-171)

NIN, Andreu: *Les Dictadures dels nostres dies* (2ª ed.) Sant Boi de Llobregat: Lluita, 1984 (Espurna; 3)

PIPES, Richard:

—*La Revolución rusa* Barcelona: Debate, 2016 (Debate Historia)

—*La Révolution russe*; traduit de l'américain sous la direction de Jean-Mathieu Luccioni Paris: Presses universitaires de France, 1993 (Connaissance de l'Est)

PLA, Josep: *Viatge a Rússia : notícies de l'URSS: una enquesta periodística* Barcelona: Destino, 1990 2ª ed

REED, John: *Deu dies que trasbalsaren el món*; pròleg: Pelai Pagès; traducció: Roser Berdagué Barcelona: Edicions de 1984, 1986 (Soldats de ploma; 1)

SERVICE, Robert:

—*Historia de Rusia en el siglo XX;* traducción castellana de Carles Mercadal Barcelona: Crítica, 2000 (Memoria crítica) pàgs 29-30

—*Camaradas: breve historia del comunismo*; traducción de Javier Guerrero Barcelona: Ediciones B, 2009 (No ficción. Historia)

—*Lénine* traduit de l'anglais par Martine Devillers-Argouarc'h Paris: Perrin, 2016 (Collection Tempus; 649)

—*Lenin: una biografía*; prólogo Manuel Vázquez Montalbán Madrid: Siglo XXI (Biografías) de España, 2001

—*Staline*; traduit de l'anglais par Martine Devillers-Argouarc'h Paris: Perrin, 2013 (Biographies)

—*Stalin: una biografía; traducción*: Susana Beatriz Cella; revisión: Patricia Varona Codeso Madrid: Siglo XXI de España, 2006

—*Trotski*; traduit de l'anglais par Martine Devillers-Argouarc'h Paris: Perrin, 2011 (Biographies)

—*Trotski: una biografía*; traducción de Francesc Reyes Camps Barcelona [etc.]: Ediciones B, Grupo Zeta, 2010 (No ficción. Historia)

SHELDON L. Richman, 'War Communism to NEP: The Road From Serfdom" *Journal of Libertarian Studies*, Hivern 1981, 5(1)

TOLSTOI, Lev

—*El Reino de Dios está en vosotros*; traducción del ruso de Joaquín Fernández-Valdés Roig-Gironella Barcelona: Kairós, 2010 (Clásicos)

—*Le Royaume des Cieux est en vous* France: le passager clandestin, 2015

WILDE, Harry: *Lev Trotski*; traducció de Judith Vilar Barcelona: Edicions 62, 1991 (Col·lecció Pere Vergés de biografies; 26)

www.ingramcontent.com/pod-product-compliance
Lightning Source LLC
Chambersburg PA
CBHW020148090426
42734CB00008B/747